抗日战争时期中国人口伤亡和财产损失调研丛书

主　编　李忠杰
副主编　李　蓉　姚金果
　　　　霍海丹　蒋建农

山东省百县(市、区)抗日战争时期死难者名录

8

山东省委党史研究室　编

中共党史出版社

山东省抗日战争时期人口伤亡和
财产损失课题研究办公室

(2006 年 9 月)

主　　任（重大专项课题组组长）　　常连霆

副主任（重大专项课题组副组长）　　席　伟

成　员　　岳绍红　张绍麟　丁广斌　于文新　王成华

　　　　　陈金亮　李清汉　郑世诗　宋继法　亓　涛

　　　　　张启信　范伟正　李秀业　崔维志　张宜华

　　　　　刘如峰　李双安　苗祥义　韩立明　刘桂林

　　　　　魏子焱　张艳芳　王增乾

山东省抗日战争时期人口伤亡和
财产损失课题研究办公室

(2008 年 2 月)

主　　任（重大专项课题组组长）　　常连霆

副主任（重大专项课题组副组长）　　席　伟

成　员　　岳绍红　张绍麟　丁广斌　侯希杰　张开增

　　　　　陈金亮　李清汉　郑世诗　秦佑镇　亓　涛

　　　　　张启信　范伟正　李秀业　李克彬　李凤华

　　　　　刘如峰　李双安　魏玉杰　韩立明

山东省抗日战争时期人口伤亡和
财产损失课题研究办公室

(2010 年 7 月)

主　任（重大专项课题组组长）　常连霆

副主任（重大专项课题组副组长）　席　伟　韩立明

成　员　岳绍红　张绍麟　丁广斌　张开增　褚金光

　　　　李清汉　郑世诗　秦佑镇　亓　涛　张启信

　　　　范伟正　李秀业　李克彬　李凤华　刘如峰

　　　　李双安　魏玉杰

山东省抗日战争时期人口伤亡和
财产损失课题研究办公室

(2014 年 8 月)

主　任（重大专项课题组组长）　常连霆

副主任（重大专项课题组副组长）　席　伟　韩立明

成　员　刘　浩　冯　英　司志兰　张开增　褚金光

　　　　杨仁祥　郑世诗　崔　康　牛国新　肖　怡

　　　　肖　梅　李秀业　李洪彦　刘宝良　张绪阳

　　　　李文进　李允富　张　华

《山东省百县（市、区）抗日战争时期死难者名录》编纂委员会

（2014年8月）

主　任　常连霆

副主任　邱传贵　林　杰　席　伟　李晨玉
　　　　韩延明　吴士英　臧济红

成　员　姚丙华　韩立明　田同军　郭洪云　危永安
　　　　许　元　刘　浩　冯　英　司志兰　张开增
　　　　褚金光　杨仁祥　郑世诗　崔　康　牛国新
　　　　肖　怡　肖　梅　李秀业　李洪彦　刘宝良
　　　　张绪阳　李文进　李允富

主　编　常连霆

副主编　席　伟　韩立明

编　辑　赵　明　李　峰　吕　海　李草晖　邱吉元
　　　　王华艳　尹庆峰　郑功臣　贾文章　韩　莉
　　　　姜俊英　曹东亚　高培忠　刘佳慧　韩百功
　　　　李治朴　李耀德　宋元明　李海卫　封彦君
　　　　韩庆伟　刘　可　邵维霞　潘维胜　郭纪锋
　　　　刘兆东　吉薇薇　杨兴文　王玉玺　宁　峰
　　　　陈　旭　罗　丹　焦晓丽　赵建国　孙　颖

王红兵	张丽	樊京荣	曾世芳	田同军
郭洪云	危永安	许元	肖夏	张耀龙
闫化川	乔士华	邱从强	刘莹	孟红兵
王增乾	左进峰	马明	潘洋	吴秀才
张华	张江山	朱伟波	耿玉石	秦国杰
王小龙	齐薇	柳晶		

编纂说明

　　本名录以 2006 年山东省抗日战争时期人口伤亡和财产损失大型调研活动收集的见证人、知情人口述资料为基础整理编纂而成。

　　按照中央党史研究室关于开展抗日战争时期中国人口伤亡和财产损失调研方案的总体要求，在中央党史研究室的精心组织和科学指导下，山东省于 2006 年开展了抗日战争时期人口伤亡和财产损失大型调研活动。调研期间，全省组织 32 万余名乡村走访调查人员，走访调查了省内 95% 以上的行政村和 80% 以上的 70 岁以上老人，收集见证人和知情人关于日军屠杀平民的证言证词 79 万余份。此后，在中央党史研究室的指导下，山东省委党史研究室组织各市、县（市、区）委党史研究室以县（市、区）为单位认真梳理证言证词等调研资料，于 2010 年整理形成了包括 140 个县（市、区）和 16 个经济开发区、高新技术开发区的《山东省抗日战争时期伤亡人员名录》，共收录现山东行政区域范围内抗日战争期间（1937 年 7 月至 1945 年 8 月）因战争因素造成伤亡的人员 46.9 万余名。2014 年初，根据中央党史研究室关于编纂出版《抗日战争时期中国人口伤亡和财产损失调研丛书》的部署，我们以《山东省抗日战争时期伤亡人员名录》为基础，选择信息比较完整、填写比较规范的 100 个县（市、区）抗日战争时期死难人员名录，经省市县三级党史部门进一步整理、编纂，形成了《山东省百县（市、区）抗日战争时期死难者名录》，共收录死难者 169173 人。

　　本名录所收录的死难者，系指抗日战争时期因日本发动侵略战争，在山东境内造成死难的平民。包括被杀死、轰炸及其引起火灾等致死和因生化战、被奸淫、被迫吸毒等而死，以及因战争因素造成的饿死、冻死、累死等其他非正常死亡的平民。死难者信息主要来源于 2006 年乡村走访调查的口述资料，也有个别县（市、区）收录了文献资料中记载的部分死难者。死难者信息包含"姓名"、"籍贯"、"年龄"、"性别"、"死难时间" 5 项要素。在编纂过程中，我们尽量使各项要素达到规范、完整。但由于历史已经过去了 60 多年，行政区划有很大变动，人口迁徙规模很大，流动状况非常复杂，有的见证人和知情人对死难者信息的记忆本身就不完整；由于参与调查笔录和名录整理的人员多达数万人，对死难者信息各要素的规范和掌握也难以做到完全一致，所以，名录编纂工作非常复杂。为了保证科学性、规范性和准确性，我们尽可能采取了比较合理的处理方式，现特作如下说明：

1. "姓名"一栏中，一律以见证人和知情人的证言证词记录的死难者姓名为依据。证言证词怎么记录的，名录就怎么记载，在编纂中未作改变和加工。有些死难者姓名为乳名、绰号，有的乳名、绰号多则四个字，少则一个字；有些死难者姓名是以其家人或关联人的姓名记录的，用"××之子"、"××之家属之一"、"××之家属之二"等表述；还有些死难人员无名无姓但职业指向明确，如"卖炸鱼之妇女"、"老油匠"等；还有个别情况，是死难人员的亲属感到死难人员的乳名、绰号不雅，为其重新起了名字。上述情况都依据证言证词上的原始记录保留了其称谓。有的死难者只知道姓氏，如"杨某某"、"李××"等，在编纂中我们作了适当规范，其名字统一用"×"号代替，如"杨××"、"李××"等。

2. "籍贯"一栏中，地名为2006年调研时的名称。部分县（市、区）收录了少量非本县（市、区）籍或非山东籍，但死难地在本县（市、区）的死难者。凡山东省籍的死难人员均略去了省名，一般标明了县（市、区）、乡（镇）、村三级名称。但也有个别条目，由于证言证词记录不完整，只记录了县名或县、乡（镇）两级名称或县、村两级名称。村一级名称，有些标注了"村"字，有些标注了"社区"，有些既未标注"村"字，也未标注"社区"，在编纂中我们未作规范。对于死难者籍贯不明，但能够说明其死难时居住地点或工作、就业的组织（单位）情况的，也在此栏中予以保留。

3. "年龄"一栏中，死难者的岁数大多是见证人或知情人回忆或与同龄人比对后估算的，所以整数相对较多。由于年代久远，亦不可避免地存在着部分死难者年龄要素缺失的情况。

4. "性别"一栏中，个别死难者的性别因调查笔录漏记，其性别难以判断和核查，只能暂时空缺。另外，由于乡村风俗习惯造成的个别男性取女性名字，如"张二妮"性别为"男"等情况均保持原貌。

5. "死难时间"一栏中，由于年代久远，当事人或知情人记忆模糊，部分死难者遇难时间没有留下精确的记录。凡确认抗日战争时期死难，但无法确定具体年份的用"—"作了标示。另外，把农历和公历混淆的情况也较多见，也不排除个别把年份记错的情况。

在编纂中，对于见证人或知情人证言证词中缺漏的要素，在对应的表格栏目内采用"—"标示。

本名录所收录的 100 个县（市、区）的名称、区域范围，均为 2006 年山东省开展抗日战争时期人口伤亡和财产损失大型调研活动时的名称和区域范围。各县（市、区）死难者名录填报单位、填表人及填报时间，保留了 2009 年各县（市、区）伤亡人员名录形成时的记录，核实人、责任人除保留原核实人和责任人外，增加了 2014 年各县（市、区）复核时的核实人和责任人。名录所依据的证言证词原件存于各县（市、区）党史部门或档案馆。

编　者

2014 年 8 月

目　　录

编纂说明

昌乐县抗日战争时期死难者名录

姓 名	籍 贯	年 龄	性 别	死难时间
岳永贵	昌乐县城南街道北寨村	40	男	1938 年 1 月
唐汝纯	昌乐县营丘镇马宋村	44	男	1938 年 1 月 18 日
高俊锁	昌乐县营丘镇马宋村	42	男	1938 年 1 月 18 日
钟振和	昌乐县乔官镇小善地村	55	男	1938 年 1 月 18 日
钟笃友	昌乐县乔官镇小善地村	40	男	1938 年 1 月 18 日
郝顺亭	昌乐县乔官镇小善地村	40	男	1938 年 1 月 18 日
郝耀亭	昌乐县乔官镇小善地村	45	男	1938 年 1 月 18 日
刘义亭	昌乐县乔官镇小善地村	—	男	1938 年 1 月 18 日
郝 珍	昌乐县乔官镇小善地村	28	男	1938 年 1 月 18 日
任福清	昌乐县乔官镇小善地村	26	男	1938 年 1 月 18 日
刘德先	昌乐县乔官镇小善地村	30	男	1938 年 1 月 18 日
刘光先	昌乐县乔官镇小善地村	40	男	1938 年 1 月 18 日
任光明	昌乐县乔官镇小善地村	40	男	1938 年 1 月 18 日
任光德	昌乐县乔官镇小善地村	40	男	1938 年 1 月 18 日
钟振东	昌乐县乔官镇小善地村	55	男	1938 年 1 月 18 日
程 ×	昌乐县乔官镇小善地村	32	男	1938 年 1 月 18 日
钟笃敬	昌乐县乔官镇小善地村	33	男	1938 年 1 月 19 日
刘文奎	昌乐县乔官镇小善地村	39	男	1938 年 1 月 19 日
任树增	昌乐县乔官镇小善地村	39	男	1938 年 1 月
刘巨相	昌乐县朱刘街道万庄村	50	男	1938 年 1 月
赵张氏	昌乐县城南街道边下村	—	女	1938 年 1 月
潘俊街	昌乐县营丘镇大宅科村	57	男	1938 年 1 月
刘志远之四叔	昌乐县乔官镇大善地村	40	男	1938 年 1 月
高部阶	昌乐县乔官镇大善地村	30	男	1938 年 1 月
高升阶	昌乐县乔官镇大善地村	30	男	1938 年 1 月
刘志明	昌乐县乔官镇大善地村	30	男	1938 年 1 月
刘志先	昌乐县乔官镇大善地村	30	男	1938 年 1 月
王福祥	昌乐县乔官镇大善地村	50	男	1938 年 1 月
任庆余	昌乐县乔官镇小善地村	40	男	1938 年 1 月
任家林	昌乐县乔官镇小善地村	75	男	1938 年 1 月
刘志喜	昌乐县乔官镇大善地村	30	男	1938 年 1 月

姓 名	籍 贯	年 龄	性 别	死难时间
秦振升	昌乐县鄌郚镇高崖村	22	男	1938 年 1 月
尹福兴	昌乐县朱刘街道大东庄村	47	男	1938 年 1 月
张文福之母	昌乐县鄌郚镇董家庄村	25	女	1938 年 1 月
张同京之弟	昌乐县鄌郚镇董家庄村	6	男	1938 年 1 月
尹学周	昌乐县乔官镇尹家淳于村	27	男	1938 年 2 月 2 日
尹学周之父	昌乐县乔官镇尹家淳于村	—	男	1938 年 2 月 2 日
史哑巴	昌乐县营丘镇前张朱村	29	男	1938 年 2 月 5 日
李 氏	昌乐县营丘镇刘家营村	51	女	1938 年 2 月 5 日
张三忠	昌乐县鄌郚镇黄冢坡村	30	男	1938 年 2 月 5 日
张松密	昌乐县鄌郚镇黄冢坡村	20	男	1938 年 2 月 5 日
秦奎绪	昌乐县鄌郚镇高崖村	26	男	1938 年 2 月 16 日
秦明义之母	昌乐县鄌郚镇高崖村	30	女	1938 年 2 月 16 日
秦乐天	昌乐县鄌郚镇高崖村	22	男	1938 年 2 月 16 日
杨振芳	昌乐县鄌郚镇东杨庄村	34	男	1938 年 2 月 24 日
杨启田	昌乐县鄌郚镇东杨庄村	31	男	1938 年 2 月 24 日
王明志	昌乐县鄌郚镇王家河洼村	27	男	1938 年 2 月 24 日
刘喜信之祖父	昌乐县鄌郚镇刘庄村	37	男	1938 年 2 月 24 日
刘元茂之父	昌乐县鄌郚镇刘庄村	36	男	1938 年 2 月 24 日
秦茂成	昌乐县鄌郚镇高崖村	25	男	1938 年 2 月 26 日
高金满	昌乐县鄌郚镇董家庄村	28	男	1938 年 2 月
刘山英	昌乐县城南街道边丁村	43	男	1938 年 2 月
张化山	昌乐县营丘镇大宅科村	39	男	1938 年 2 月
杨金柱	昌乐县营丘镇大宅科村	19	男	1938 年 2 月
张洪起	昌乐县鄌郚镇芙蓉庄村	45	男	1938 年 2 月
冯闺女	昌乐县乔官镇乔西村	22	男	1938 年 2 月
孙洪义	昌乐县红河镇西庄皋村	38	男	1938 年 2 月
孟昭月	昌乐县乔官镇	—	男	1938 年 2 月
于新文	昌乐县乔官镇乔山前村	39	男	1938 年 2 月
李和功	昌乐县乔官镇下河	34	男	1938 年 2 月
唐召然	昌乐县营丘镇前皇村	18	男	1938 年 3 月 5 日
唐具亮	昌乐县营丘镇前皇村	60	男	1938 年 3 月 5 日
唐来材	昌乐县营丘镇后皇村	18	男	1938 年 3 月 5 日
唐 氏	昌乐县营丘镇后皇村	65	女	1938 年 3 月 5 日
唐李氏	昌乐县营丘镇后皇村	46	女	1938 年 3 月 5 日

姓　名	籍　贯	年龄	性别	死难时间
唐　妮	昌乐县营丘镇后皇村	6	女	1938 年 3 月 5 日
张唐氏	昌乐县营丘镇后皇村	27	女	1938 年 3 月 5 日
唐树轩	昌乐县营丘镇后皇村	42	男	1938 年 3 月 5 日
唐小妮	昌乐县营丘镇后皇村	5	女	1938 年 3 月 5 日
毛义合	昌乐县营丘镇后皇村	50	男	1938 年 3 月 5 日
于介成	昌乐县乔官镇北展村	—	男	1938 年 3 月 23 日
张学海	昌乐县营丘镇毕家官庄村	50	男	1938 年 3 月
于国明	昌乐县乔官镇田家泉子村	25	男	1938 年 3 月
吕　成	昌乐县乔官镇钟家庄村	32	男	1938 年 3 月
刘树升	昌乐县朱刘街道小东庄村	16	男	1938 年 3 月
刘树芳	昌乐县朱刘街道小东庄村	18	男	1938 年 3 月
马清河	昌乐县朱刘街道小东庄村	20	男	1938 年 3 月
李松声	昌乐县朱刘街道东南庄村	37	男	1938 年 3 月
李鹏声	昌乐县朱刘街道东南庄村	38	男	1938 年 3 月
李象林	昌乐县朱刘街道东南庄村	41	男	1938 年 3 月
于良山	昌乐县朱刘街道东南庄村	32	男	1938 年 3 月
于良德	昌乐县朱刘街道东南庄村	30	男	1938 年 3 月
李维峰之妻	昌乐县朱刘街道东南庄村	48	女	1938 年 3 月
李廷贵之妻	昌乐县朱刘街道东南庄村	23	女	1938 年 3 月
李振禄	昌乐县朱刘街道东南庄村	44	男	1938 年 3 月
李廷京之祖母	昌乐县朱刘街道东南庄村	42	女	1938 年 3 月
李德祥	昌乐县朱刘街道东南庄村	51	男	1938 年 3 月
李同喜	昌乐县朱刘街道东南庄村	60	男	1938 年 3 月
李象义之妻	昌乐县朱刘街道东南庄村	52	女	1938 年 3 月
李师增	昌乐县朱刘街道东南庄村	61	男	1938 年 3 月
李佩德之祖母	昌乐县朱刘街道东南庄村	61	女	1938 年 3 月
吴庄云	昌乐县红河镇小下坡村	29	男	1938 年 3 月
张贾氏	昌乐县城关街道西店村	—	女	1938 年 3 月
张文修	昌乐县乔官镇歇头仓村	27	男	1938 年 3 月
岳文禄	昌乐县城南街道辛安庄村	20	男	1938 年 4 月
张文才	昌乐县城南街道辛安庄村	22	男	1938 年 4 月
王文魁	昌乐县城南街道辛安庄村	23	男	1938 年 4 月
于锡堂	昌乐县城南街道辛安庄村	22	男	1938 年 4 月
于　羊	昌乐县城南街道辛安庄村	22	男	1938 年 4 月

姓 名	籍 贯	年 龄	性 别	死难时间
徐 俊	昌乐县营丘镇北徐村	6	女	1938 年 4 月
唐家业	昌乐县营丘镇姚家庄村	35	男	1938 年 4 月
张 氏	昌乐县营丘镇姚家庄村	40	女	1938 年 4 月
张良晨	昌乐县营丘镇姚家庄村	50	男	1938 年 4 月
张起升	昌乐县营丘镇姚家庄村	38	男	1938 年 4 月
张 明	昌乐县营丘镇姚家庄村	41	男	1938 年 4 月
李春胜	昌乐县营丘镇褚家庄村	40	男	1938 年 4 月
李子全	昌乐县营丘镇褚家庄村	45	男	1938 年 4 月
褚金福	昌乐县营丘镇褚家庄村	38	男	1938 年 4 月
刘德增	昌乐县营丘镇辛庄子村	—	男	1938 年 4 月
刘恩义	昌乐县营丘镇辛庄子村	—	男	1938 年 4 月
张临贞之父	昌乐县鄌郚镇董家庄村	23	男	1938 年 4 月
秦学文	昌乐县乔官镇宝山村	51	男	1938 年 5 月 21 日
赵百年	昌乐县营丘镇赵家崖头村	24	男	1938 年 5 月
赵光霞	昌乐县营丘镇赵家崖头村	25	男	1938 年 5 月
高文音之父	昌乐县乔官镇高家阳阜村	46	男	1938 年 5 月
王德增	昌乐县朱刘街道大桥村	21	男	1938 年 5 月
张好生	昌乐县朱刘街道大桥村	52	男	1938 年 5 月
张其田	昌乐县朱刘街道大桥村	19	男	1938 年 5 月
张义升	昌乐县朱刘街道大桥村	19	男	1938 年 5 月
于德成	昌乐县朱刘街道大桥村	19	男	1938 年 5 月
张志仁	昌乐县朱刘街道大桥村	19	男	1938 年 5 月
王继业	昌乐县朱刘街道大桥村	30	男	1938 年 5 月
李善广	昌乐县朱刘街道大桥村	31	男	1938 年 5 月
张志友	昌乐县朱刘街道大桥村	32	男	1938 年 5 月
张志忠	昌乐县朱刘街道大桥村	40	男	1938 年 5 月
张好德	昌乐县朱刘街道大桥村	57	男	1938 年 5 月
张迎喜	昌乐县朱刘街道大桥村	30	男	1938 年 5 月
张迎吉	昌乐县朱刘街道大桥村	28	男	1938 年 5 月
张迎哲	昌乐县朱刘街道大桥村	39	男	1938 年 5 月
王振鹏	昌乐县宝城街道南张村	—	男	1938 年 5 月
宋教祥	昌乐县宝城街道南张村	—	男	1938 年 5 月
宋三安	昌乐县宝城街道南张村	—	男	1938 年 5 月
宋二安	昌乐县宝城街道南张村	—	男	1938 年 5 月

姓名	籍贯	年龄	性别	死难时间
宋管住	昌乐县宝城街道南张村	—	男	1938 年 5 月
宋管住之母	昌乐县宝城街道南张村	—	女	1938 年 5 月
朱培喆	昌乐县红河镇东双庙村	12	男	1938 年 6 月 11 日
李玉海	昌乐县乔官镇北展村	61	男	1938 年 6 月 24 日
李天才	昌乐县乔官镇北展村	31	男	1938 年 6 月 25 日
杨 舜	昌乐县营丘镇自成官庄村	—	男	1938 年 6 月
高洪书	昌乐县五图街道邱家河村	28	男	1938 年 6 月
张庭聚	昌乐县营丘镇北河洼村	36	男	1938 年 6 月
张希义	昌乐县营丘镇北河洼村	22	男	1938 年 6 月
张金相	昌乐县营丘镇付家河岔村	27	男	1938 年 6 月
康 ×	昌乐县营丘镇康家庄村	35	男	1938 年 6 月
于天吏	昌乐县乔官镇于家庄村	23	男	1938 年 6 月
王怀明	昌乐县乔官镇北岩村	—	男	1938 年 6 月
赵光义之祖父	昌乐县城关街道北关村	47	男	1938 年 6 月
王怀亮	昌乐县乔官镇北岩村	—	男	1938 年 6 月
孙中华	昌乐县鄌郚镇张家台子村	37	男	1938 年 6 月
郝廷佐	昌乐县乔官镇郝家沟村	73	男	1938 年 7 月 2 日
杜西周之妻	昌乐县鄌郚镇周家沟子村	62	女	1938 年 7 月
王怀富之母	昌乐县红河镇王家埠村	39	女	1938 年 7 月
岳秀美	昌乐县城南街道黄埠村	26	男	1938 年 8 月
郑介富	昌乐县营丘镇王裒院村	22	男	1938 年 8 月
李佃奎	昌乐县营丘镇后扬村	32	男	1938 年 8 月
潘 二	昌乐县营丘镇城角头村	58	男	1938 年 8 月
任 氏	昌乐县乔官镇盖家庄村	51	女	1938 年 9 月 1 日
吴延吉	昌乐县城南街道洼子村	24	男	1938 年 9 月 3 日
刘忠文	昌乐县城南街道洼子村	20	男	1938 年 9 月 3 日
杨文智	昌乐县红河镇东韩河村	62	男	1938 年 9 月 9 日
郑长廷	昌乐县鄌郚镇郑家庄村	21	男	1938 年 9 月
郑 氏	昌乐县鄌郚镇郑家庄村	32	女	1938 年 9 月
李忻先	昌乐县营丘镇李家官庄村	28	男	1938 年 9 月
刘清云	昌乐县五图街道半截楼村	35	男	1938 年 9 月
杜超海	昌乐县营丘镇魏家官庄村	20	男	1938 年 9 月
杨忠奎	昌乐县营丘镇魏家官庄村	53	男	1938 年 9 月
吴寿俊	昌乐县营丘镇阿陀村	32	男	1938 年 9 月

姓　名	籍　贯	年　龄	性　别	死难时间
姜文升	昌乐县营丘镇泥沟村	28	男	1938 年 9 月
刘明吉	昌乐县营丘镇刘家河岔村	—	男	1938 年 9 月
唐　氏	昌乐县营丘镇前皇村	40	女	1938 年 9 月
唐具仪	昌乐县营丘镇前皇村	62	男	1938 年 9 月
杨清池	昌乐县红河镇彭家沟村	38	男	1938 年 9 月
窦兴业	昌乐县红河镇小芦沟村	27	男	1938 年 9 月
马祥绪	昌乐县红河镇吴家楼村	35	男	1938 年 9 月
朱恕德	昌乐县红河镇东皋村	28	男	1938 年 9 月
季刘氏	昌乐县营丘镇阿陀村	36	女	1938 年 10 月 2 日
田道恒	昌乐县营丘镇田家老庄村	64	男	1938 年 10 月 6 日
郑介伦	昌乐县营丘镇王裒院村	25	男	1938 年 10 月 6 日
王利仁	昌乐县营丘镇西太平村	50	男	1938 年 10 月 6 日
潘胖海	昌乐县营丘镇潘家老庄村	30	男	1938 年 10 月 6 日
王世读	昌乐县营丘镇阿陀村	30	男	1938 年 10 月 6 日
张子德	昌乐县营丘镇阿陀村	38	男	1938 年 10 月 6 日
初云升	昌乐县营丘镇阿陀村	30	男	1938 年 10 月 6 日
张培忠	昌乐县营丘镇阿陀村	32	男	1938 年 10 月 6 日
王世矣	昌乐县营丘镇阿陀村	34	男	1938 年 10 月 6 日
季同文	昌乐县营丘镇阿陀村	33	男	1938 年 10 月 6 日
宋维贞	昌乐县营丘镇阿陀村	32	男	1938 年 10 月 6 日
张继成	昌乐县营丘镇张庄村	39	男	1938 年 10 月 6 日
唐守孝	昌乐县营丘镇前店子村	45	男	1938 年 10 月 7 日
唐继连	昌乐县营丘镇前店子村	30	男	1938 年 10 月 7 日
孙希福	昌乐县营丘镇任宅村	21	男	1938 年 10 月 13 日
王　泰	昌乐县营丘镇任宅村	22	男	1938 年 10 月 13 日
刘登洲	昌乐县营丘镇南楼村	23	男	1938 年 10 月 13 日
唐　氏	昌乐县营丘镇南崔村	50	女	1938 年 10 月 13 日
唐刘氏	昌乐县营丘镇南崔村	45	女	1938 年 10 月 13 日
刘作敬	昌乐县营丘镇刘家营村	61	男	1938 年 10 月 13 日
刘下埠	昌乐县营丘镇刘家营村	60	男	1938 年 10 月 13 日
刘不理	昌乐县营丘镇刘家营村	52	男	1938 年 10 月 13 日
孙学臣	昌乐县营丘镇汶河村	49	男	1938 年 10 月 25 日
巩忠林	昌乐县营丘镇毕家官庄村	22	男	1938 年 10 月
张华子	昌乐县营丘镇毕家官庄村	51	男	1938 年 10 月

姓 名	籍 贯	年 龄	性 别	死难时间
赵 氏	昌乐县营丘镇赵家崖头村	22	女	1938 年 10 月
吴延文	昌乐县营丘镇阿陀村	44	男	1938 年 10 月
季光知	昌乐县营丘镇阿陀村	58	男	1938 年 10 月
王世贤	昌乐县营丘镇阿陀村	38	男	1938 年 10 月
刘兴然	昌乐县营丘镇阿陀村	30	男	1938 年 10 月
王义山	潍坊市潍城区大柳树镇	—	男	1938 年 10 月
潘玉保	昌乐县营丘镇阿陀村	40	男	1938 年 10 月
杨 夏	昌乐县营丘镇阿陀村	35	男	1938 年 10 月
赵辍然	昌乐县营丘镇阿陀村	33	男	1938 年 10 月
张瑞琪	昌乐县营丘镇阿陀村	34	男	1938 年 10 月
张越治	昌乐县营丘镇阿陀村	26	男	1938 年 10 月
初云倍	昌乐县营丘镇阿陀村	34	男	1938 年 10 月
初崂山	昌乐县营丘镇阿陀村	30	男	1938 年 10 月
王世英	昌乐县营丘镇阿陀村	28	男	1938 年 10 月
吴化俊	昌乐县营丘镇阿陀村	29	男	1938 年 10 月
张培治	昌乐县营丘镇阿陀村	30	男	1938 年 10 月
宋维锦	昌乐县营丘镇阿陀村	30	男	1938 年 10 月
张培房	昌乐县营丘镇阿陀村	33	男	1938 年 10 月
高 奎	昌乐县营丘镇马宋村	2	女	1938 年 10 月
唐 青	昌乐县营丘镇马宋村	45	男	1938 年 10 月
钟安山	昌乐县鄌郚镇河西村	24	男	1938 年 10 月
邵万庆	昌乐县乔官镇西邵村	44	男	1938 年 10 月
王明富	昌乐县乔官镇张家坊子村	30	男	1938 年 10 月
张大青	昌乐县乔官镇张家坊子村	25	男	1938 年 10 月
姜明启	昌乐县红河镇龙沟崖村	59	男	1938 年 10 月
朱玉英之祖父	昌乐县红河镇东古疃村	50	男	1938 年 10 月
于化祥	昌乐县红河镇营子村	35	男	1938 年 10 月
闫路宗	昌乐县红河镇梁家官庄村	32	男	1938 年 10 月
老把头	昌乐县红河镇梁家官庄村	33	男	1938 年 10 月
刘光宗	昌乐县红河镇梁家官庄村	32	男	1938 年 10 月
刘兆高	昌乐县红河镇刘家岭村	42	男	1938 年 11 月 7 日
唐张氏	昌乐县营丘镇马宋村	21	女	1938 年 11 月 21 日
黄连财	昌乐县城南街道北寨村	40	男	1938 年 11 月
李 良	昌乐县朱刘街道都南村	28	男	1938 年 11 月

姓 名	籍 贯	年 龄	性 别	死难时间
李修身	昌乐县朱刘街道东南庄村	16	男	1938 年 11 月
尹宗海	昌乐县乔官镇王家庄村	39	男	1938 年 12 月 12 日
王其尧	昌乐县乔官镇西级村	52	男	1938 年 12 月 12 日
李云昌之祖母	昌乐县乔官镇北展村	57	女	1938 年 12 月 12 日
一溜歪	昌乐县鄌郚镇高崖村	28	男	1938 年 12 月 27 日
唐 广	昌乐县营丘镇马宋村	28	男	1938 年 12 月
吕超人之妻	昌乐县鄌郚镇任居村	35	女	1938 年 12 月
吕俊增之妻	昌乐县鄌郚镇任居村	30	女	1938 年 12 月
张来吉	昌乐县鄌郚镇锉帐村	38	男	1938 年 12 月
高相清	昌乐县城关街道高家河村	62	男	1938 年 12 月
王梦兰	昌乐县城关街道北流泉村	15	女	1938 年 12 月
郝 宾	昌乐县城关街道西店村	—	男	1938 年 12 月
赵广田	昌乐县宝城街道后北郝村	35	男	1938 年 12 月
刘汉三	昌乐县鄌郚镇鄌郚南村	—	男	1938 年 12 月
潘洪经	昌乐县乔官镇潘家槐林村	20	男	1938 年 12 月
潘春奎	昌乐县乔官镇潘家槐林村	22	男	1938 年 12 月
王书勤	昌乐县营丘镇李家官庄村	23	男	1938 年
邱恩淞	昌乐县城南街道辛安庄村	24	男	1938 年
刘玉花	昌乐县五图街道曹西楼村	43	男	1938 年
王守信	昌乐县营丘镇山王村	46	男	1938 年
张大群	昌乐县营丘镇仓上村	25	男	1938 年
王日明	昌乐县营丘镇淮沟村	24	男	1938 年
庞世太	昌乐县营丘镇庞家河沟村	30	男	1938 年
庞明英	昌乐县营丘镇庞家河沟村	20	女	1938 年
郝其书	昌乐县营丘镇郝家老庄村	50	男	1938 年
郝乐书	昌乐县营丘镇郝家老庄村	35	男	1938 年
李和新之祖母	昌乐县乔官镇北展村	63	女	1938 年
于遂仁之母	昌乐县乔官镇于家山前村	48	女	1938 年
于文海	昌乐县乔官镇于家山前村	20	男	1938 年
于遂仁之九祖父	昌乐县乔官镇于家山前村	51	男	1938 年
张永祥之父	昌乐县乔官镇大山村	34	男	1938 年
张 解	昌乐县乔官镇陈木官庄村	32	男	1938 年
吴万兴之祖父	昌乐县鄌郚镇枣园村	35	男	1938 年
吴云堂	昌乐县鄌郚镇大北良村	37	男	1938 年

姓 名	籍 贯	年 龄	性 别	死难时间
邴德义之伯	昌乐县鄌郚镇大北良村	27	男	1938 年
吴来林	昌乐县鄌郚镇大北良村	29	男	1938 年
张福庭之妻	昌乐县乔官镇黄山前村	—	女	1938 年
张永发	昌乐县乔官镇黄山前村	—	男	1938 年
张兰平	昌乐县鄌郚镇克家洼村	20	男	1938 年
张兰室	昌乐县鄌郚镇克家洼村	20	男	1938 年
艾光明	昌乐县鄌郚镇卧牛石村	25	男	1938 年
刘同月	昌乐县红河镇洪福河村	21	男	1938 年
张立财	昌乐县朱刘街道郑王村	25	男	1938 年
刘延文	昌乐县朱刘街道郑王村	23	男	1938 年
高宪章	昌乐县朱刘街道罗家庄村	21	男	1938 年
于听天	昌乐县朱刘街道西水坡村	—	男	1938 年
于体天	昌乐县朱刘街道西水坡村	42	男	1938 年
王文之母	昌乐县红河镇户全村	28	女	1938 年
孙瑞庭之兄	昌乐县红河镇西庄皋村	35	男	1938 年
王佃英	昌乐县城关街道西店村	—	男	1938 年
王方田	昌乐县城关街道北流泉村	27	男	1938 年
张龙云	昌乐县宝城街道八里庄村	20	男	1938 年
杨华成	昌乐县宝城街道大杨村	—	男	1938 年
齐 氏	昌乐县宝城街道南王村	30	女	1938 年
王 ×	昌乐县宝城街道南王村	—	男	1938 年
胡敬德	昌乐县宝城街道东风村	18	男	1938 年
胡继×	昌乐县宝城街道东风村	30	男	1938 年
胡全×	昌乐县宝城街道东风村	26	男	1938 年
周继增	昌乐县宝城街道北周村	60	男	1938 年
孟兆平	昌乐县宝城街道孟家庄村	27	男	1938 年
王守成	昌乐县营丘镇后土山村	55	男	1939 年 1 月 1 日
张学林	昌乐县营丘镇土埠村	41	男	1939 年 1 月 25 日
张志栋	昌乐县营丘镇土埠村	38	男	1939 年 1 月 25 日
张明德之母	昌乐县营丘镇土埠村	53	女	1939 年 1 月 25 日
张 理	昌乐县营丘镇后土山村	24	男	1939 年 1 月
高文秀	昌乐县五图街道高家庄村	39	男	1939 年 1 月
曹兴俭	昌乐县五图街道高家庄村	78	男	1939 年 1 月
曹庆贤	昌乐县五图街道高家庄村	55	男	1939 年 1 月

姓　名	籍　贯	年　龄	性　别	死难时间
曹连仓	昌乐县五图街道高家庄村	30	男	1939 年 1 月
陶西周	昌乐县乔官镇陶家庄村	54	男	1939 年 2 月 4 日
陶贯余	昌乐县乔官镇陶家庄村	66	男	1939 年 2 月 4 日
陶　波	昌乐县乔官镇陶家庄村	18	男	1939 年 2 月 4 日
陶在庭	昌乐县乔官镇陶家庄村	30	男	1939 年 2 月 4 日
陶贯俭	昌乐县乔官镇陶家庄村	50	男	1939 年 2 月 4 日
卢延庆	昌乐县乔官镇陶家庄村	50	男	1939 年 2 月 4 日
陶在花	昌乐县乔官镇陶家庄村	23	男	1939 年 2 月 4 日
卢　群	昌乐县乔官镇陶家庄村	38	男	1939 年 2 月 4 日
陶　本	昌乐县乔官镇陶家庄村	60	男	1939 年 2 月 4 日
陶曰龙	昌乐县乔官镇陶家庄村	50	男	1939 年 2 月 4 日
路　×	昌乐县鄌郚镇南展村	——	男	1939 年 2 月 4 日
路有吉	昌乐县鄌郚镇南展村	37	男	1939 年 2 月 24 日
张永祥	昌乐县红河镇后双沟村	20	男	1939 年 2 月 24 日
张福臻	昌乐县红河镇后双沟村	40	男	1939 年 2 月 24 日
张学孟	昌乐县红河镇后双沟村	18	男	1939 年 2 月 24 日
刘希礼	昌乐县城南街道小埠前村	46	男	1939 年 2 月
赵允平	昌乐县乔官镇龙泉院村	40	男	1939 年 2 月
赵福海	昌乐县乔官镇龙泉院村	21	男	1939 年 2 月
张梅香	昌乐县乔官镇龙泉院村	30	女	1939 年 2 月
赵声汉	昌乐县乔官镇龙泉院村	41	男	1939 年 2 月
高德州	昌乐县乔官镇龙泉院村	23	男	1939 年 2 月
陈曰桂	昌乐县乔官镇龙泉院村	50	男	1939 年 2 月
陈东海	昌乐县乔官镇龙泉院村	30	男	1939 年 2 月
田孟三	昌乐县乔官镇龙泉院村	60	男	1939 年 2 月
郝　利	昌乐县乔官镇大善地村	20	男	1939 年 2 月
刘宗学之外祖母	昌乐县乔官镇大善地村	60	女	1939 年 2 月
王为汉之外祖父	昌乐县乔官镇大善地村	50	男	1939 年 2 月
张炳清	昌乐县鄌郚镇黄家坡村	25	男	1939 年 2 月
张树勋	昌乐县鄌郚镇黄家坡村	24	男	1939 年 2 月
付见义之儿媳	昌乐县红河镇付家官庄村	30	女	1939 年 2 月
孙衍博	昌乐县红河镇理家庄子村	17	男	1939 年 2 月
赵守仁之母	昌乐县营丘镇营邱村	48	女	1939 年 3 月 15 日
刘传堂	昌乐县营丘镇营邱村	55	男	1939 年 3 月 15 日

姓 名	籍 贯	年 龄	性 别	死难时间
刘同武	昌乐县红河镇洪福河村	29	男	1939 年 3 月 19 日
刘老婆	昌乐县红河镇洪福河村	29	男	1939 年 3 月 19 日
孙纪贤	昌乐县营丘镇汶河村	39	男	1939 年 3 月 20 日
高淑奎	昌乐县营丘镇营邱村	55	男	1939 年 3 月 20 日
于其征	昌乐县营丘镇清泉官庄村	70	男	1939 年 3 月
刘邦起	昌乐县营丘镇大河西村	40	男	1939 年 3 月
刘成吉	昌乐县城南街道小埠前村	21	男	1939 年 3 月
刘成顺	昌乐县城南街道小埠前村	33	男	1939 年 3 月
臧永富	昌乐县城南街道崔家庄村	28	男	1939 年 3 月
刘 凯	昌乐县五图街道小解召村	37	男	1939 年 3 月
王 相	昌乐县营丘镇王家老庄村	59	男	1939 年 3 月
赵 氏	昌乐县营丘镇城前村	36	女	1939 年 3 月
李兆喜	昌乐县营丘镇李家河岔村	71	男	1939 年 3 月
毛 氏	昌乐县营丘镇李家河岔村	73	女	1939 年 3 月
丛兰芝	昌乐县营丘镇丛家阳阜村	31	男	1939 年 3 月
丛 林	昌乐县营丘镇丛家阳阜村	32	男	1939 年 3 月
来仁之妻	昌乐县营丘镇北崔村	27	女	1939 年 3 月
徐金纯	昌乐县乔官镇上庄村	23	男	1939 年 3 月
徐德怀	昌乐县乔官镇上庄村	34	男	1939 年 3 月
高献文	昌乐县城关街道高家河村	40	男	1939 年 3 月
赵德仁	昌乐县营丘镇赵家庄村	40	男	1939 年 3 月
赵德仁之女	昌乐县营丘镇赵家庄村	18	女	1939 年 3 月
田世符	昌乐县五图街道泉二头村	35	男	1939 年 4 月 2 日
田世祥	昌乐县五图街道泉二头村	39	男	1939 年 4 月 2 日
田梦尧	昌乐县五图街道泉二头村	56	男	1939 年 4 月 2 日
田梅善	昌乐县五图街道泉二头村	37	男	1939 年 4 月 2 日
田作增	昌乐县五图街道泉二头村	19	男	1939 年 4 月 2 日
田立勋	昌乐县五图街道泉二头村	52	男	1939 年 4 月 2 日
刘允栋	昌乐县五图街道营子村	51	男	1939 年 4 月 2 日
刘 氏	昌乐县五图街道营子村	28	女	1939 年 4 月 2 日
刘建忠之妻	昌乐县五图街道营子村	34	女	1939 年 4 月 2 日
刘守义	昌乐县五图街道营子村	24	男	1939 年 4 月 2 日
七 月	昌乐县营丘镇土埠村	—	男	1939 年 4 月 2 日
孙姜氏	昌乐县营丘镇泥沟村	24	女	1939 年 4 月 3 日

姓 名	籍 贯	年 龄	性 别	死难时间
王新清	昌乐县宝城街道马家冢村	27	男	1939 年 4 月 5 日
王树先	昌乐县宝城街道马家冢村	26	男	1939 年 4 月 5 日
高绍温	昌乐县红河镇朱汉村	26	男	1939 年 4 月 12 日
高双四	昌乐县红河镇朱汉村	25	男	1939 年 4 月 12 日
高振友	昌乐县红河镇朱汉村	32	男	1939 年 4 月 12 日
高金光	昌乐县红河镇朱汉村	36	男	1939 年 4 月 12 日
张有信之母	昌乐县营丘镇大尹村	—	女	1939 年 4 月
刘培德	昌乐县五图街道西耿村	31	男	1939 年 4 月
刘 兴	昌乐县营丘镇新庄村	22	男	1939 年 4 月
卢敬新	昌乐县营丘镇西王村	35	男	1939 年 4 月
卢 忠	昌乐县营丘镇西王村	35	男	1939 年 4 月
崔 杨	昌乐县营丘镇西王村	18	男	1939 年 4 月
卢敬安	昌乐县营丘镇西王村	32	男	1939 年 4 月
卢敬胜	昌乐县营丘镇西王村	45	男	1939 年 4 月
卢敬顺	昌乐县营丘镇西王村	—	男	1939 年 4 月
刘万禄	昌乐县乔官镇方南刘村	24	男	1939 年 4 月
古清太	昌乐县朱刘街道西南庄村	50	男	1939 年 4 月
王 棱	昌乐县朱刘街道西南庄村	33	男	1939 年 4 月
李 氏	昌乐县朱刘街道西南庄村	56	女	1939 年 4 月
李显宝	昌乐县朱刘街道西南庄村	42	男	1939 年 4 月
李显许	昌乐县朱刘街道西南庄村	41	男	1939 年 4 月
王安亭	昌乐县朱刘街道西南庄村	55	男	1939 年 4 月
张长工	昌乐县五图街道姜家坊子村	30	男	1939 年 4 月
刘同祥	昌乐县宝城街道西大街村	29	男	1939 年 4 月
东 子	昌乐县宝城街道南楼村	21	男	1939 年 4 月
狗 子	昌乐县宝城街道南楼村	36	男	1939 年 4 月
刘希络	昌乐县宝城街道南楼村	28	男	1939 年 4 月
王传登	昌乐县宝城街道东西王村	—	男	1939 年 4 月
王传仁	昌乐县宝城街道东西王村	—	男	1939 年 4 月
王西圣	昌乐县宝城街道东西王村	—	男	1939 年 4 月
王传宝	昌乐县宝城街道东西王村	—	男	1939 年 4 月
冀 和	昌乐县宝城街道东西王村	—	男	1939 年 4 月
王传友	昌乐县宝城街道东西王村	—	男	1939 年 4 月
郭 友	昌乐县宝城街道北郭村	21	男	1939 年 4 月

姓 名	籍 贯	年 龄	性 别	死难时间
郭清月	昌乐县宝城街道北郭村	27	男	1939 年 4 月
郭福成	昌乐县宝城街道北郭村	22	男	1939 年 4 月
郭清志	昌乐县宝城街道北郭村	22	男	1939 年 4 月
郭清春	昌乐县宝城街道北郭村	32	男	1939 年 4 月
郭金宗	昌乐县宝城街道北郭村	32	男	1939 年 4 月
郭小修	昌乐县宝城街道北郭村	21	男	1939 年 4 月
郭礼道	昌乐县宝城街道北郭村	24	男	1939 年 4 月
郭礼烈	昌乐县宝城街道北郭村	23	男	1939 年 4 月
郭汉斌	昌乐县宝城街道北郭村	25	男	1939 年 4 月
郭礼浩	昌乐县宝城街道北郭村	25	男	1939 年 4 月
郭金民	昌乐县宝城街道北郭村	25	男	1939 年 4 月
郭礼顺	昌乐县宝城街道北郭村	23	男	1939 年 4 月
郭金亮	昌乐县宝城街道北郭村	22	男	1939 年 4 月
郭平孩	昌乐县宝城街道北郭村	21	男	1939 年 4 月
孟宪奎	昌乐县宝城街道孟家庄村	40	男	1939 年 4 月
孟庆松	昌乐县宝城街道孟家庄村	20	男	1939 年 4 月
孟庆太	昌乐县宝城街道孟家庄村	23	男	1939 年 4 月
赵立忠	昌乐县宝城街道前赵村	21	男	1939 年 4 月
赵二仔	昌乐县宝城街道前赵村	23	男	1939 年 4 月
阎同堂	昌乐县乔官镇北岩南村	37	男	1939 年 4 月
路升云	昌乐县鄌郚镇南展村	40	男	1939 年 5 月 20 日
路明山	昌乐县鄌郚镇南展村	34	男	1939 年 5 月 20 日
王福收	昌乐县营丘镇麻家河村	26	男	1939 年 5 月
祝万庆之妻	昌乐县营丘镇祝家庄村	37	女	1939 年 5 月
孙佃四	昌乐县营丘镇阿陀村	34	男	1939 年 5 月
王瑞田	昌乐县营丘镇阿陀村	34	男	1939 年 5 月
赵恒然	昌乐县营丘镇阿陀村	30	男	1939 年 5 月
张培吉	昌乐县营丘镇阿陀村	30	男	1939 年 5 月
张培林	昌乐县营丘镇阿陀村	30	男	1939 年 5 月
王九龄	昌乐县营丘镇后唐家店子村	58	男	1939 年 5 月
何国才	昌乐县红河镇孟家庄村	37	男	1939 年 5 月
于太三	昌乐县红河镇付家沟村	17	男	1939 年 5 月
张德勋	昌乐县乔官镇田家泉子村	22	男	1939 年 5 月
路明玉	昌乐县鄌郚镇南展村	34	男	1939 年 6 月 15 日

姓 名	籍 贯	年 龄	性 别	死难时间
路丛云	昌乐县鄌郚镇南展村	31	男	1939 年 6 月 15 日
田恒昌之姑	昌乐县鄌郚镇辛庄子村	19	女	1939 年 6 月 24 日
张 氏	昌乐县营丘镇毕家官庄村	48	女	1939 年 6 月
吴广海	昌乐县五图街道前店子村	38	男	1939 年 6 月
张西伟	昌乐县营丘镇张庄村	40	男	1939 年 6 月
王 义	昌乐县营丘镇东王村	40	男	1939 年 6 月
滕香选	昌乐县营丘镇小北村	23	男	1939 年 6 月
李 界	昌乐县乔官镇乔东村	58	男	1939 年 6 月
李恒升	昌乐县乔官镇乔东村	29	男	1939 年 6 月
段经山	昌乐县红河镇双泉村	28	男	1939 年 6 月
李淑英之父	昌乐县红河镇孟家庄村	50	男	1939 年 6 月
李万园之祖父	昌乐县红河镇孟家庄村	70	男	1939 年 6 月
朱 ×	昌乐县红河镇吕家河子村	30	男	1939 年 6 月
黄 东	昌乐县红河镇平原村	29	男	1939 年 6 月
喇 叭	昌乐县红河镇小菜园村	29	男	1939 年 6 月
李云祥	昌乐县红河镇吕家河子村	25	男	1939 年 6 月
吕文训之母	昌乐县红河镇吕家河子村	37	女	1939 年 6 月
吕兆武	昌乐县红河镇吕家河子村	40	男	1939 年 6 月
李云桐	昌乐县红河镇吕家河子村	35	男	1939 年 6 月
李之祥	昌乐县城关街道东山李村	25	男	1939 年 6 月
郝夕泽	昌乐县营丘镇河西村	50	男	1939 年 7 月 22 日
孙佃三	昌乐县营丘镇阿陀村	36	男	1939 年 7 月
张 ×	昌乐县营丘镇大河洼村	30	男	1939 年 7 月
张×之妻	昌乐县营丘镇大河洼村	32	女	1939 年 7 月
张 炳	昌乐县营丘镇大河洼村	18	男	1939 年 7 月
刘道士	昌乐县营丘镇和睦村	64	男	1939 年 7 月
郝志德	昌乐县营丘镇郝家老庄村	65	男	1939 年 7 月
滕云宝	昌乐县营丘镇高家庙村	60	男	1939 年 8 月 1 日
亓志韶	昌乐县营丘镇亓家店子村	54	男	1939 年 8 月
周学明	昌乐县营丘镇大宅科村	45	男	1939 年 8 月
张朱汉	昌乐县营丘镇仓上村	25	男	1939 年 8 月
唐永三之叔	昌乐县乔官镇山唐村	24	男	1939 年 8 月
唐永林之四叔	昌乐县乔官镇山唐村	34	男	1939 年 8 月
夏明远	昌乐县乔官镇北夏村	20	男	1939 年 8 月

姓　名	籍　贯	年龄	性别	死难时间
邵万胜	昌乐县乔官镇西邵村	37	男	1939 年 8 月
邵全法	昌乐县乔官镇东邵村	35	男	1939 年 8 月
刘×××	昌乐县乔官镇西菜园村	42	男	1939 年 8 月
秦瑞福	昌乐县郝郚镇冢头村	40	男	1939 年 8 月
刘根活	昌乐县朱刘街道西魏村	22	男	1939 年 8 月
刘乐瑞	昌乐县红河镇双泉村	38	男	1939 年 8 月
邵振生之嫂	昌乐县乔官镇西邵村	32	女	1939 年 8 月
冀保汉	昌乐县城南街道后池子村	20	男	1939 年 9 月
臧永顺	昌乐县城南街道崔家庄村	19	男	1939 年 9 月
夏禄昌	昌乐县五图街道小解召村	61	男	1939 年 9 月
夏良信	昌乐县五图街道小解召村	39	男	1939 年 9 月
高凤宝	昌乐县五图街道后店子村	58	男	1939 年 9 月
高学贵之祖父	昌乐县五图街道后店子村	71	男	1939 年 9 月
王訾氏	昌乐县营丘镇明河村	31	女	1939 年 9 月
王廷龙	昌乐县营丘镇王家老庄村	28	男	1939 年 9 月
路步行	昌乐县郝郚镇南展村	27	男	1939 年 9 月
钟洪喜之妻	昌乐县郝郚镇西钟村	50	女	1939 年 9 月
赵长丰	昌乐县乔官镇庞家庄子村	27	男	1939 年 9 月
张兴起	昌乐县朱刘街道三庙村	33	男	1939 年 9 月
王林祥	昌乐县红河镇纪家屯村	37	男	1939 年 9 月
王汝湘	昌乐县红河镇杜家庄村	37	男	1939 年 9 月
刘鸿礼	昌乐县城关街道南流泉村	—	男	1939 年 9 月
陶忠贞	昌乐县红河镇大庄皋村	22	男	1939 年 9 月
杨仕民	昌乐县红河镇龙山村	52	男	1939 年 10 月 13 日
张宝义	昌乐县郝郚镇沙埠沟村	31	男	1939 年 10 月 20 日
宫成福	昌乐县郝郚镇沙埠沟村	25	男	1939 年 10 月 20 日
董玉德	昌乐县郝郚镇沙埠沟村	28	男	1939 年 10 月 20 日
陈　龙	昌乐县营丘镇新庄村	34	男	1939 年 10 月
刘连太	昌乐县乔官镇大埠前村	43	男	1939 年 10 月
高汝亭	昌乐县红河镇葛家滩村	46	男	1939 年 10 月
王乐义	昌乐县五图街道老官李村	21	男	1939 年 11 月
刘竹灵	昌乐县郝郚镇前孔村	62	男	1939 年 11 月
刘　月	昌乐县郝郚镇前孔村	33	男	1939 年 11 月
钟宪国	昌乐县郝郚镇河西村	31	男	1939 年 11 月

姓　名	籍　贯	年　龄	性　别	死难时间
张君贸之祖母	昌乐县营丘镇黎家村	57	女	1939 年 12 月 6 日
闫子信	昌乐县营丘镇黎家村	28	男	1939 年 12 月 6 日
王其洪	昌乐县乔官镇西级村	62	男	1939 年 12 月 12 日
钟笃胜	昌乐县乔官镇小善地村	25	男	1939 年 12 月 23 日
任勇林	昌乐县乔官镇小善地村	80	男	1939 年 12 月 23 日
任勇平	昌乐县乔官镇小善地村	60	男	1939 年 12 月 23 日
丛相溪	昌乐县营丘镇西太平村	22	男	1939 年 12 月
战洪升	昌乐县鄌郚镇西山旺村	40	男	1939 年 12 月
刘子春	昌乐县乔官镇乔东村	58	男	1939 年 12 月
高紧之舅	昌乐县红河镇朱汉村	55	男	1939 年 12 月
王增仁	昌乐县城关街道北流泉村	12	男	1939 年 12 月
刘中明	昌乐县城关街道周家庄村	30	男	1939 年 12 月
刘治祥	昌乐县城南街道七里沟村	45	男	1939 年
尹连全之祖母	昌乐县乔官镇尹家淳于村	24	女	1939 年
崔贞年	昌乐县营丘镇崔家庄村	34	男	1939 年
刘治忠	昌乐县城南街道七里沟村	42	男	1939 年
刘采伟	昌乐县城南街道七里沟村	48	男	1939 年
刘炘中	昌乐县五图街道郭齐店子村	25	男	1939 年
田际道	昌乐县营丘镇田家木庄村	48	男	1939 年
张学宇	昌乐县营丘镇张家辛牟村	20	男	1939 年
李庄平	昌乐县营丘镇南中胭亭村	35	男	1939 年
刘德合之兄	昌乐县营丘镇刘阳村	28	男	1939 年
友	昌乐县营丘镇丛闫村	52	男	1939 年
张玉堂	昌乐县营丘镇张家辛牟村	20	男	1939 年
郝文德	昌乐县营丘镇郝家老庄村	29	男	1939 年
刘怀忠	昌乐县鄌郚镇伦家埠坡村	37	男	1939 年
邵部云	昌乐县乔官镇西部村	18	男	1939 年
杨同海	昌乐县乔官镇歇头仓村	19	男	1939 年
姜凤鸣之父	昌乐县乔官镇歇头仓村	37	男	1939 年
于观昌之三祖父	昌乐县乔官镇大埠村	40	男	1939 年
黄作勋	昌乐县乔官镇黄家洼村	30	男	1939 年
张汝新	昌乐县鄌郚镇窝铺村	21	男	1939 年
张来孝	昌乐县鄌郚镇窝铺村	35	男	1939 年
郝凤国	昌乐县乔官镇黑山子村	40	男	1939 年

姓 名	籍 贯	年 龄	性 别	死难时间
刘士信	昌乐县鄌郚镇克家洼村	25	男	1939 年
朱希高	昌乐县鄌郚镇西沟村	18	男	1939 年
朱顺高	昌乐县鄌郚镇西沟村	19	男	1939 年
王在江	昌乐县红河镇黄庄子村	25	男	1939 年
王世中	昌乐县红河镇黄庄子村	25	男	1939 年
李师忠	昌乐县红河镇后李村	18	男	1939 年
宋清和	昌乐县红河镇辛庄子村	23	男	1939 年
朱大宝	昌乐县红河镇大官庄村	41	男	1939 年
朱小宝	昌乐县红河镇大官庄村	39	男	1939 年
于 福	昌乐县朱刘街道钱家庄村	41	男	1939 年
于 增	昌乐县朱刘街道钱家庄村	40	男	1939 年
于英昌	昌乐县朱刘街道西水坡村	—	男	1939 年
王华辰	昌乐县城关街道北流泉村	40	男	1939 年
姜世宗	昌乐县城关街道曲家庄村	35	男	1939 年
吴阙傲	昌乐县城关街道吴家池子村	—	男	1939 年
郗清堂	昌乐县宝城街道东管村	15	男	1939 年
王西林	昌乐县宝城街道东庄村	40	男	1939 年
王西普	昌乐县宝城街道东庄村	20	男	1939 年
刘长德之弟	昌乐县宝城街道小楼村	20	男	1939 年
刘开泰	昌乐县宝城街道小楼村	25	男	1939 年
田明仁之母	昌乐县宝城街道田家庄村	35	女	1939 年
田明信	昌乐县宝城街道田家庄村	15	男	1939 年
田世峰	昌乐县宝城街道田家庄村	20	男	1939 年
毛金贵	昌乐县宝城街道毛家庄村	40	男	1939 年
高大元之父	昌乐县营丘镇马宋村	—	男	1939 年
刘成仁	昌乐县城南街道小埠前村	—	男	1939 年
于民一	昌乐县朱刘街道西水坡村	25	男	1939 年
王西福	昌乐县红河镇野鸡沟村	18	男	1939 年
田其科	昌乐县乔官镇田家泉子村	31	男	1939 年
董良君	昌乐县乔官镇花园村	33	男	1939 年
刘桂之祖父	昌乐县鄌郚镇东辛村	—	男	1940 年 1 月 16 日
张世莲	昌乐县营丘镇大宅科村	38	女	1940 年 1 月
吴大黑	昌乐县营丘镇大宅科村	50	男	1940 年 1 月
周学勤	昌乐县营丘镇大宅科村	35	男	1940 年 1 月

姓　名	籍　贯	年　龄	性　别	死难时间
高　氏	昌乐县红河镇朱汉村	30	女	1940 年 1 月
刘金丰之伯	昌乐县红河镇苏家庄村	52	男	1940 年 1 月
季松舟	昌乐县红河镇东韩河村	52	男	1940 年 2 月 3 日
杨万卿	昌乐县红河镇东韩河村	45	男	1940 年 2 月 3 日
季李氏	昌乐县红河镇东韩河村	26	女	1940 年 2 月 3 日
刘同光	昌乐县鄌郚镇后河野村	38	男	1940 年 2 月 7 日
刘福英	昌乐县鄌郚镇后河野村	36	男	1940 年 2 月 7 日
刘成刚	昌乐县鄌郚镇后河野村	37	男	1940 年 2 月 7 日
刘成安	昌乐县鄌郚镇后河野村	38	男	1940 年 2 月 7 日
夏曰贵之妻	昌乐县乔官镇夏家庄村	—	女	1940 年 2 月 24 日
杨兆年	昌乐县红河镇下皂户村	45	男	1940 年 2 月 24 日
杨尔敬	昌乐县红河镇下皂户村	50	男	1940 年 2 月 24 日
张忠孝	昌乐县	—	男	1940 年 2 月 25 日
亓本固	昌乐县营丘镇亓家店子村	52	男	1940 年 2 月
亓　氏	昌乐县营丘镇亓家店子村	64	女	1940 年 2 月
亓志源	昌乐县营丘镇亓家店子村	24	男	1940 年 2 月
于心文	昌乐县乔官镇乔山前村	28	男	1940 年 2 月
于林峰	昌乐县乔官镇北李家河村	32	男	1940 年 2 月
张克明	昌乐县红河镇西韩河村	33	男	1940 年 2 月
常青连	昌乐县红河镇西韩河村	56	男	1940 年 2 月
常青连之妻	昌乐县红河镇西韩河村	54	女	1940 年 2 月
常桂贤	昌乐县红河镇西韩河村	19	男	1940 年 2 月
赵天福	昌乐县红河镇西韩河村	68	男	1940 年 2 月
赵桂林	昌乐县红河镇西韩河村	36	男	1940 年 2 月
赵天祐	昌乐县红河镇西韩河村	53	男	1940 年 2 月
吴文起	昌乐县红河镇西韩河村	26	男	1940 年 2 月
王窝囊	昌乐县红河镇西韩河村	23	男	1940 年 2 月
宫际堂	—	—	男	1940 年 3 月 17 日
李巨仓	昌乐县红河镇小章村	37	男	1940 年 3 月 24 日
李巨和	昌乐县红河镇小章村	41	男	1940 年 3 月 24 日
李进忠	昌乐县红河镇小章村	50	男	1940 年 3 月 24 日
李××	昌乐县红河镇小章村	47	男	1940 年 3 月 24 日
张禾先	昌乐县红河镇小章村	20	男	1940 年 3 月 24 日
吴海清	昌乐县五图街道前店子村	39	男	1940 年 3 月

姓　名	籍　贯	年　龄	性　别	死难时间
臧福祥	昌乐县五图街道辛旺村	47	男	1940 年 3 月
臧禄祥	昌乐县五图街道辛旺村	45	男	1940 年 3 月
卢洪茂	昌乐县五图街道辛旺村	50	男	1940 年 3 月
卢大福	昌乐县五图街道辛旺村	18	男	1940 年 3 月
宋世择	昌乐县五图街道辛旺村	17	男	1940 年 3 月
刘树元	昌乐县五图街道辛旺村	15	男	1940 年 3 月
卢德明	昌乐县五图街道辛旺村	70	男	1940 年 3 月
刘锡友	昌乐县五图街道辛旺村	27	男	1940 年 3 月
郭　留	昌乐县五图街道辛旺村	41	男	1940 年 3 月
臧天晓	昌乐县五图街道辛旺村	49	男	1940 年 3 月
李传信之父	昌乐县营丘镇小李村	70	男	1940 年 3 月
姜志德	昌乐县营丘镇山王村	—	男	1940 年 3 月
高庆德之妻	昌乐县红河镇朱汉村	28	女	1940 年 3 月
王玉章	昌乐县城关街道南王村	20	男	1940 年 3 月
滕大个	昌乐县营丘镇滕辛村	43	男	1940 年 3 月
钟吉山	昌乐县鄌郚镇东钟村	26	男	1940 年 3 月
刘克礼	昌乐县鄌郚镇大鼓山村	46	男	1940 年 4 月 5 日
于继海	昌乐县乔官镇北张村	36	男	1940 年 4 月 24 日
颜廷德	昌乐县乔官镇北张村	25	男	1940 年 4 月 24 日
刘仁会	昌乐县城南街道黄埠村	25	男	1940 年 4 月
刘兰阶	昌乐县五图街道曹西楼村	49	男	1940 年 4 月
刘　氏	昌乐县营丘镇王俊寺村	61	女	1940 年 4 月
王陈田	昌乐县红河镇小芦沟村	49	男	1940 年 4 月
刘增德	昌乐县朱刘街道朱刘东村	35	男	1940 年 4 月
王文升	昌乐县鄌郚镇王家河洼村	36	男	1940 年 4 月
刘自然	昌乐县鄌郚镇东庄村	21	男	1940 年 5 月 7 日
崔盛玲	昌乐县营丘镇南崔村	36	男	1940 年 5 月 20 日
姚丰春	昌乐县乔官镇高家庄子村	30	男	1940 年 5 月 22 日
张满子	昌乐县营丘镇仓上村	23	男	1940 年 5 月
张思祥	昌乐县营丘镇仓上村	45	男	1940 年 5 月
毕士明	昌乐县营丘镇毕家官村	25	男	1940 年 5 月
王　×	昌乐县红河镇船底村	—	男	1940 年 5 月
宋文秀	昌乐县朱刘街道侯家庄村	42	男	1940 年 5 月
王凤祥	—	—	男	1940 年 5 月

姓 名	籍 贯	年 龄	性 别	死难时间
许恒茂	昌乐县宝城街道薛家村	—	男	1940 年 6 月 6 日
许恒祥	昌乐县宝城街道薛家村	—	男	1940 年 6 月 6 日
李和林	昌乐县宝城街道薛家村	—	男	1940 年 6 月 6 日
孟祥林	昌乐县乔官镇孟家淳于村	25	男	1940 年 6 月 11 日
蒋 行	昌乐县红河镇平原村	27	男	1940 年 6 月
田有先	昌乐县鄌郚镇辛庄子村	27	男	1940 年 7 月 25 日
于希建	昌乐县营丘镇田家楼村	28	男	1940 年 7 月
赵五云	昌乐县营丘镇营丘村	50	男	1940 年 7 月
路久茂	昌乐县乔官镇路家山子村	40	男	1940 年 7 月
刘诗书之母	昌乐县红河镇苏家庄村	35	女	1940 年 7 月
张运德	昌乐县红河镇付家沟村	20	男	1940 年 7 月
刘好德	昌乐县宝城街道万庄村	20	男	1940 年 7 月
陶宗合	昌乐县红河镇大庄皋村	27	男	1940 年 7 月
秦增房	昌乐县鄌郚镇秦家河洼村	29	男	1940 年 8 月 5 日
王垂祈	昌乐县鄌郚镇王家河洼村	30	男	1940 年 8 月 15 日
宋兴伍	昌乐县红河镇崖下店子村	60	男	1940 年 8 月 15 日
刘 栋	昌乐县营丘镇河头村	32	男	1940 年 8 月
李玉吉	昌乐县营丘镇李家河洼村	—	男	1940 年 8 月
崔吉庆	昌乐县营丘镇西王村	—	男	1940 年 8 月
卢洪津	昌乐县营丘镇西王村	—	男	1940 年 8 月
王希孟	昌乐县营丘镇西王村	—	男	1940 年 8 月
王 动	昌乐县营丘镇西王村	—	男	1940 年 8 月
刘克宽	昌乐县营丘镇西刘村	34	男	1940 年 8 月
唐贤臣之二祖父	昌乐县乔官镇山唐村	29	男	1940 年 8 月
于景龙	昌乐县乔官镇北李家河村	35	男	1940 年 8 月
刘王氏	昌乐县营丘镇西屋官庄村	59	女	1940 年 8 月
徐 芬	昌乐县城南街道西徐村	22	男	1940 年 9 月 3 日
田德富	昌乐县城南街道南郝村	20	男	1940 年 9 月 3 日
赵光智	昌乐县城南街道南郝村	19	男	1940 年 9 月 3 日
赵玉恩	昌乐县城南街道南郝村	22	男	1940 年 9 月 3 日
徐玉福	昌乐县城南街道南郝村	21	男	1940 年 9 月 3 日
稳	昌乐县鄌郚镇西钟村	26	男	1940 年 9 月 3 日
岳宣仁	昌乐县城南街道岳辛庄村	32	男	1940 年 9 月
臧协智	昌乐县五图街道辛旺村	38	男	1940 年 9 月

姓 名	籍 贯	年 龄	性 别	死难时间
臧天晓之妻	昌乐县五图街道辛旺村	48	女	1940 年 9 月
臧天晓之次子	昌乐县五图街道辛旺村	28	男	1940 年 9 月
臧天晓之三子	昌乐县五图街道辛旺村	26	男	1940 年 9 月
臧天朝	昌乐县五图街道辛旺村	42	男	1940 年 9 月
高来福	昌乐县营丘镇马宋村	41	男	1940 年 9 月
秦侠龄	昌乐县鄌郚镇高崖村	28	男	1940 年 9 月
大 孩	昌乐县鄌郚镇黄冢坡村	18	男	1940 年 9 月
小 孩	昌乐县鄌郚镇黄冢坡村	16	男	1940 年 9 月
王永清	昌乐县红河镇西古疃村	41	男	1940 年 9 月
赵笃行	昌乐县红河镇西古疃村	20	男	1940 年 9 月
王桂生	昌乐县城关街道东南村	17	女	1940 年 9 月
张元德	昌乐县红河镇傅家沟村	28	男	1940 年 9 月
钟佃菊	昌乐县鄌郚镇东钟村	41	男	1940 年 9 月
郑福田	昌乐县鄌郚镇东钟村	41	男	1940 年 9 月
钟良鹏	昌乐县鄌郚镇东钟村	33	男	1940 年 9 月
李 义	昌乐县营丘镇后扬村	45	男	1940 年 10 月
郝作顺	昌乐县乔官镇郝家沟村	—	男	1940 年 10 月
胡佃忠	昌乐县红河镇胡家官庄村	28	男	1940 年 10 月
纪同文	昌乐县鄌郚镇高崖村	20	男	1940 年 10 月
庞洪祥	昌乐县五图街道东上疃村	40	男	1940 年 11 月
王君相	昌乐县五图街道亓家村	45	男	1940 年 11 月
王君田之母	昌乐县五图街道亓家庄村	63	女	1940 年 11 月
张道忠	昌乐县五图街道石人坡村	26	男	1940 年 11 月
刘凤国	昌乐县乔官镇苗家庄子村	46	男	1940 年 11 月
刘同元	昌乐县红河镇纪家屯村	40	男	1940 年 11 月
杨世荣	昌乐县朱刘街道杨家庄村	31	男	1940 年 12 月 24 日
杨世德	昌乐县朱刘街道杨家庄村	32	男	1940 年 12 月 24 日
韩来启	昌乐县乔官镇韩家庄村	37	男	1940 年 12 月 27 日
刘存昌	昌乐县营丘镇刘辛庄村	27	男	1940 年 12 月
刘宝鑫	昌乐县鄌郚镇北村	26	男	1940 年 12 月
高大顺	昌乐县红河镇朱汉村	27	男	1940 年 12 月
高大国	昌乐县红河镇朱汉村	15	男	1940 年 12 月
周大勇	昌乐县红河镇朱汉村	31	男	1940 年 12 月
钱佃明	昌乐县朱刘街道钱家庄村	29	男	1940 年 12 月

姓 名	籍 贯	年 龄	性 别	死难时间
刘辉增	昌乐县红河镇葛家滩村	50	男	1940 年 12 月
刘云永	昌乐县红河镇葛家滩村	42	男	1940 年 12 月
刘学信之父	昌乐县红河镇葛家滩村	63	男	1940 年 12 月
刘锦堂	昌乐县五图街道辛旺村	—	男	1940 年 12 月
刘 雪	昌乐县城南街道黄埠村	27	男	1940 年
刘文超	昌乐县城南街道黄埠村	29	男	1940 年
韩兆冯	昌乐县红河镇韩家集子村	16	男	1940 年
刘春友	昌乐县五图街道东耿村	38	男	1940 年
刘焕彩	昌乐县五图街道东耿村	50	男	1940 年
闫更会	昌乐县营丘镇城角头村	30	男	1940 年
侯殿明	昌乐县营丘北申明亭村	54	男	1940 年
张思信之子	昌乐县营丘镇仓上村	30	男	1940 年
玲 山	昌乐县营丘镇丛闫村	40	男	1940 年
刘风星	昌乐县乔官镇土埠沟村	24	男	1940 年
魏玉春之孙	昌乐县乔官镇皮匠官庄村	21	男	1940 年
田老丹	昌乐县乔官镇下坡村	40	男	1940 年
王继勇	昌乐县鄌郚镇徐家庙村	23	男	1940 年
郝文学	昌乐县乔官镇黑山子村	35	男	1940 年
郝文学之女	昌乐县乔官镇黑山子村	17	女	1940 年
张洪信	昌乐县乔官镇黑山子村	29	男	1940 年
葛洪举	昌乐县乔官镇小葛村	30	男	1940 年
王天庭	昌乐县乔官镇南岩北村	50	男	1940 年
李学仁	昌乐县乔官镇西周村	23	男	1940 年
周花篓	昌乐县乔官镇西周村	26	男	1940 年
李欣功	昌乐县宝城街道坡子村	—	男	1940 年
李良贤	昌乐县宝城街道坡子村	—	男	1940 年
孟庆田	昌乐县红河镇辛庄子村	26	男	1940 年
刘×兴	昌乐县红河镇少槐村	32	男	1940 年
王传宝	昌乐县城关街道北流泉村	—	男	1940 年
吴××	昌乐县城关街道刘家桥村	—	男	1940 年
刘钦明	昌乐县城关街道刘家桥村	32	男	1940 年
赵登太	昌乐县宝城街道大北村	19	男	1940 年
崔元道	昌乐县宝城街道西崔村	22	男	1940 年
赵立德	昌乐县宝城街道西崔村	20	男	1940 年

姓 名	籍 贯	年龄	性别	死难时间
刘 敬	昌乐县宝城街道薛家村	70	男	1940 年
王洪贵	昌乐县宝城街道尧东村	—	男	1940 年
姚振甲	昌乐县宝城街道尧东村	20	男	1940 年
姚成祥	昌乐县宝城街道尧东村	50	男	1940 年
姚玉松	昌乐县宝城街道尧东村	30	男	1940 年
葛成福	昌乐县宝城街道尧东村	30	男	1940 年
秦 扔	昌乐县宝城街道南王村	16	男	1940 年
孟宪增	昌乐县宝城街道西辛村	—	男	1940 年
董奎武	昌乐县宝城街道北楼村	—	男	1940 年
赵景增	昌乐县五图街道大解召村	34	男	1940 年
韩洪奎	昌乐县营丘镇田家楼村	47	男	1940 年
麻姑伦之女	昌乐县红河镇小阿陀村	34	女	1941 年 1 月 24 日
崔 沪	昌乐县红河镇小阿陀村	68	男	1941 年 1 月 24 日
刘 彪	昌乐县红河镇小阿陀村	42	男	1941 年 1 月 24 日
李来祥	昌乐县营丘镇王俊寺村	53	男	1941 年 1 月
肖继友	昌乐县营丘镇崔家河村	24	男	1941 年 1 月
韩伙来	昌乐县营丘镇崔家河村	30	男	1941 年 1 月
韩有年	昌乐县营丘镇崔家河村	40	男	1941 年 1 月
亓德胜	昌乐县营丘镇山王村	45	男	1941 年 1 月
刘勇昌	昌乐县营丘镇王俊寺村	52	男	1941 年 1 月
刘有利	昌乐县营丘镇王俊寺村	25	男	1941 年 1 月
李同年	昌乐县营丘镇王俊寺村	33	男	1941 年 1 月
孟宪新	昌乐县营丘镇董孟村	30	男	1941 年 3 月 5 日
孟庆雪	昌乐县营丘镇董孟村	52	男	1941 年 3 月 5 日
孟庆平	昌乐县营丘镇董孟村	32	男	1941 年 3 月 5 日
孟庆池	昌乐县营丘镇董孟村	36	男	1941 年 3 月 5 日
周恒新	昌乐县营丘镇清泉官庄村	28	男	1941 年 3 月
王治文	昌乐县营丘镇清泉官庄村	22	男	1941 年 3 月
张俊德	昌乐县营丘镇大尹村	—	男	1941 年 3 月
张俊生	昌乐县营丘镇大尹村	—	男	1941 年 3 月
刘保太	昌乐县五图街道东耿村	30	男	1941 年 3 月
刘传义	昌乐县营丘镇古城村	23	男	1941 年 3 月
藤沙虎	昌乐县营丘镇古城村	14	男	1941 年 3 月
高绍俊	昌乐县营丘镇古城村	34	男	1941 年 3 月

姓 名	籍 贯	年 龄	性 别	死难时间
朱银命	昌乐县营丘镇古城村	19	女	1941 年 3 月
滕 氏	昌乐县营丘镇古城村	24	女	1941 年 3 月
滕氏之子	昌乐县营丘镇古城村	3	男	1941 年 3 月
张 宽	昌乐县营丘镇古城村	17	男	1941 年 3 月
高有明	昌乐县鄌郚镇小高镇村	40	男	1941 年 3 月
杜浮荣	昌乐县鄌郚镇周家沟子村	60	男	1941 年 3 月
杜兰丰	昌乐县鄌郚镇周家沟子村	28	男	1941 年 3 月
韩 氏	昌乐县鄌郚镇张家楼村	52	女	1941 年 3 月
张 氏	昌乐县鄌郚镇张家楼村	29	女	1941 年 3 月
惠从顺	昌乐县红河镇朱汉村	38	男	1941 年 3 月
赵玉宝	昌乐县城关街道北关村	20	男	1941 年 3 月
姜海义	昌乐县营丘镇大河西村	38	男	1941 年 3 月
张清谭	昌乐县红河镇大下坡村	30	男	1941 年 3 月
张福兴	昌乐县红河镇大下坡村	19	男	1941 年 3 月
张云风	昌乐县红河镇大下坡村	25	男	1941 年 3 月
崔殿臣之妻	昌乐县鄌郚镇东刘家沟村	39	女	1941 年 4 月 5 日
胡培永	昌乐县宝城街道刘家辛村	18	男	1941 年 4 月 5 日
刘 ×	昌乐县宝城街道刘家辛村	—	男	1941 年 4 月 5 日
刘 ×	昌乐县宝城街道刘家辛村	—	男	1941 年 4 月 5 日
刘 ×	昌乐县宝城街道刘家辛村	—	男	1941 年 4 月 5 日
周人民	昌乐县宝城街道东埠周村	22	男	1941 年 4 月 5 日
周希川	昌乐县宝城街道东埠周村	—	男	1941 年 4 月 5 日
冀中庭	昌乐县宝城街道东埠周村	20	男	1941 年 4 月 5 日
周佃忠	昌乐县宝城街道东埠周村	25	男	1941 年 4 月 5 日
任乐德	昌乐县乔官镇驻马河村	35	男	1941 年 4 月 15 日
田长文	昌乐县宝城街道后营村	—	男	1941 年 4 月 15 日
刘继堂	昌乐县宝城街道万庄村	48	男	1941 年 4 月 21 日
赵有年之妻	昌乐县五图街道大解召村	51	女	1941 年 4 月
杨发文	昌乐县红河镇下皂户村	61	男	1941 年 4 月
王桂堂	昌乐县红河镇杜家庄村	50	男	1941 年 4 月
刘廷芳	昌乐县五图街道曹西楼村	50	男	1941 年 5 月 12 日
刘汝元	—	—	男	1941 年 5 月 24 日
庞金柱	昌乐县五图街道东上疃村	30	男	1941 年 5 月
王作之	昌乐县营丘镇东王村	45	女	1941 年 5 月

姓 名	籍 贯	年 龄	性 别	死难时间
王 行	昌乐县营丘镇东王村	37	女	1941 年 5 月
王道成	昌乐县郝郚镇青上村	35	男	1941 年 5 月
李云庆	昌乐县红河镇将军堂村	35	男	1941 年 6 月 17 日
李学燕	昌乐县红河镇将军堂村	36	男	1941 年 6 月 17 日
张会欣之父	昌乐县红河镇将军堂村	54	男	1941 年 6 月 17 日
刘福禄之子	昌乐县乔官镇青龙山村	17	男	1941 年 6 月 22 日
徐 龙	—	—	男	1941 年 6 月 22 日
张永华	—	—	男	1941 年 6 月 22 日
张国美	—	—	男	1941 年 6 月 22 日
田春林	—	—	男	1941 年 6 月 22 日
韩孝增	—	—	男	1941 年 6 月 22 日
徐 芬	—	—	男	1941 年 6 月 22 日
张龙田	昌乐县营丘镇大宅科村	59	男	1941 年 6 月
张得芬	昌乐县营丘镇大宅科村	63	男	1941 年 6 月
刘怀梅	昌乐县乔官镇土埠沟村	22	男	1941 年 6 月
刘秋环	昌乐县乔官镇土埠沟村	22	男	1941 年 6 月
张乐乐	昌乐县乔官镇土埠沟村	28	男	1941 年 6 月
周洪义	昌乐县红河镇周邢王村	38	男	1941 年 6 月
阎晓滨	昌乐县宝城街道梁庄村	—	男	1941 年 6 月
李志忠	昌乐县宝城街道李家埠头村	—	男	1941 年 6 月
董乐天	昌乐县宝城街道董家庄村	—	男	1941 年 6 月
王景尧	昌乐县宝城街道董家庄村	—	男	1941 年 6 月
王世德	昌乐县乔官镇秦家淳于村	28	男	1941 年 7 月 8 日
张维信	昌乐县营丘镇前张朱村	27	男	1941 年 7 月 10 日
田际功	昌乐县营丘镇田家木庄村	56	男	1941 年 7 月
张保先	昌乐县营丘镇仓上村	35	男	1941 年 7 月
刘规光	昌乐县郝郚镇南刘家沟村	32	男	1941 年 7 月
拉 子	昌乐县乔官镇郭家河村	19	男	1941 年 7 月
乔 官	昌乐县乔官镇郭家河村	18	男	1941 年 7 月
李永年	昌乐县宝城街道黄埠村	42	男	1941 年 7 月
秦大义	昌乐县乔官镇王家庄村	28	男	1941 年 7 月
张王氏	昌乐县郝郚镇下东山村	—	女	1941 年 8 月 2 日
李光祖	昌乐县朱刘街道	21	男	1941 年 8 月 2 日
孟凡京	昌乐县红河镇东韩河村	20	男	1941 年 8 月 24 日

姓　名	籍　贯	年　龄	性　别	死难时间
孟凡俊	昌乐县红河镇东韩河村	31	男	1941 年 8 月 24 日
孟凡起	昌乐县红河镇东韩河村	25	男	1941 年 8 月 24 日
臧日庆	昌乐县城南街道崔家庄村	22	男	1941 年 8 月
王清溪	昌乐县五图街道大解召村	37	男	1941 年 8 月
卢振星	昌乐县鄌郚镇卢家庄村	35	男	1941 年 8 月
刘搭子	昌乐县鄌郚镇赵家岭村	34	男	1941 年 8 月
董　良	昌乐县鄌郚镇赵家岭村	32	男	1941 年 8 月
路应成	昌乐县乔官镇路家山子村	30	男	1941 年 8 月
季帮春	昌乐县红河镇东韩河村	30	男	1941 年 8 月
孟凡聪	昌乐县红河镇东韩河村	28	男	1941 年 8 月
刘炳义	昌乐县红河镇双泉村	41	男	1941 年 8 月
韩　京	昌乐县红河镇马家庄子村	41	男	1941 年 8 月
刘安太	昌乐县红河镇苏家庄村	23	男	1941 年 8 月
腾云远	昌乐县营丘镇上埠村	24	男	1941 年 9 月
刘希尧	昌乐县城南街道小埠前村	46	男	1941 年 9 月
秦明德	昌乐县五图街道山秦村	62	男	1941 年 9 月
张连德	昌乐县鄌郚镇牙庄村	25	男	1941 年 9 月
钟安庆	昌乐县乔官镇李家营村	19	男	1941 年 9 月
张贵臣	昌乐县鄌郚镇西后韩村	30	男	1941 年 9 月
万	昌乐县鄌郚镇西后韩村	20	男	1941 年 9 月
刘福顺	昌乐县红河镇朱汉村	31	男	1941 年 9 月
冯良才	昌乐县红河镇朱汉村	26	男	1941 年 9 月
刘　×	昌乐县红河镇朱汉村	43	男	1941 年 9 月
黄星阶	昌乐县	22	男	1941 年 10 月 2 日
代文琴	昌乐县	—	男	1941 年 10 月 2 日
刘长荣	昌乐县城南街道洼子村	35	男	1941 年 10 月
刘焕奎	昌乐县五图街道东耿村	48	男	1941 年 10 月
李吉林	昌乐县营丘镇麻家河村	22	男	1941 年 10 月
董见发	昌乐县营丘镇石人坡村	25	男	1941 年 10 月
刘恒文	昌乐县鄌郚镇北村	23	男	1941 年 10 月
钟安进	昌乐县鄌郚镇东钟村	26	男	1941 年 10 月
韩　彪	昌乐县乔官镇韩家寨子村	51	男	1941 年 10 月
刘玉崛	昌乐县朱刘街道西魏村	21	男	1941 年 10 月
巩耀德	昌乐县乔官镇毕都村	48	男	1941 年 10 月

姓 名	籍 贯	年 龄	性 别	死难时间
刘保胜	昌乐县城南街道姜家洼子村	21	男	1941 年 10 月
李宝连	昌乐县红河镇朱家官庄村	31	男	1941 年 10 月
刘冠英	昌乐县鄌郚镇东庄村	50	男	1941 年 12 月 2 日
岳丰贵	昌乐县乔官镇王家庄村	41	男	1941 年 12 月 12 日
秦利信	昌乐县乔官镇王家庄村	42	男	1941 年 12 月 12 日
尹健高	昌乐县乔官镇王家庄村	40	男	1941 年 12 月 12 日
刘廷俊	昌乐县乔官镇苗埠村	33	男	1941 年 12 月
秦世忠之二弟	昌乐县鄌郚镇高崖村	22	男	1941 年 12 月
张庆顺	昌乐县鄌郚镇张家楼村	51	男	1941 年 12 月
高守延	昌乐县红河镇龙山村	47	男	1941 年 12 月
岳庆泰	昌乐县城南街道北寨村	35	男	1941 年
刘振忠	昌乐县城南街道北寨村	28	男	1941 年
王怀礼	昌乐县城南街道北寨村	22	男	1941 年
吕长聚	昌乐县城南街道北寨村	31	男	1941 年
刘耀刚	昌乐县五图街道木田后村	42	男	1941 年
刘庆忠	昌乐县城南街道东刘村	33	男	1941 年
岳秀峰	昌乐县城南街道北寨村	40	男	1941 年
刘一军	昌乐县营丘镇朝阳官庄村	45	男	1941 年
韩学顺	昌乐县鄌郚镇韩家沟村	—	男	1941 年
梁曰玖	昌乐县乔官镇梁家庄村	38	男	1941 年
梁振彩	昌乐县乔官镇梁家庄村	43	男	1941 年
于随户	昌乐县乔官镇西河下村	29	男	1941 年
刘志功之兄	昌乐县乔官镇大善地村	17	男	1941 年
吴泰来	昌乐县鄌郚镇东岔河村	26	男	1941 年
吴效义	昌乐县鄌郚镇东岔河村	31	男	1941 年
葛洪颜	昌乐县乔官镇小葛村	27	男	1941 年
王兴堂	昌乐县乔官镇小葛村	28	男	1941 年
郝公善	昌乐县乔官镇小葛村	31	男	1941 年
赵世德	昌乐县乔官镇庞家庄子村	40	男	1941 年
张佃帮	昌乐县乔官镇小南岩村	62	男	1941 年
老鸹鼻子	昌乐县红河镇少槐村	41	男	1941 年
高风林	昌乐县红河镇高铁村	50	男	1941 年
周 涛	昌乐县城关街道周家庄村	10	男	1941 年
周 红	昌乐县城关街道周家庄村	—	女	1941 年

姓　名	籍　贯	年　龄	性　别	死难时间
王克敏	昌乐县城关街道东山王村	25	男	1941 年
高洪余	昌乐县城关街道北关村	50	男	1941 年
刘培松	昌乐县城关街道刘家桥村	57	男	1941 年
张祥春之弟	昌乐县乔官镇唐后村	16	男	1941 年
李学德	昌乐县宝城街道东肖村	—	男	1941 年
刘绰	昌乐县宝城街道南楼村	34	男	1941 年
周庆云	昌乐县宝城街道北周村	50	男	1941 年
刘治安	昌乐县宝城街道常庄村	—	男	1941 年
刘长远	昌乐县朱刘街道大东庄村	21	男	1941 年
郑学德	昌乐县鄌郚镇郑家庄村	49	男	1941 年
刘德胜	昌乐县乔官镇下庄村	20	男	1941 年
高守先	昌乐县红河镇高常村	52	男	1942 年 1 月 13 日
亓敬宝	昌乐县营丘镇亓家店子村	44	男	1942 年 1 月 15 日
张可宪	昌乐县鄌郚镇丁家庄村	61	男	1942 年 1 月
刘　氏	昌乐县鄌郚镇丁家庄村	52	女	1942 年 1 月
刘兰蒲	昌乐县鄌郚镇丁家庄村	61	男	1942 年 1 月
张西侦	昌乐县鄌郚镇丁家庄村	23	男	1942 年 1 月
张汝安	昌乐县鄌郚镇丁家庄村	50	男	1942 年 1 月
张传习	昌乐县鄌郚镇丁家庄村	45	男	1942 年 1 月
张德信	昌乐县鄌郚镇东包村	21	男	1942 年 1 月
张克效	昌乐县鄌郚镇东包村	51	男	1942 年 1 月
张连阶	昌乐县鄌郚镇东包村	30	男	1942 年 1 月
张友胜	昌乐县鄌郚镇东包村	27	男	1942 年 1 月
秦　氏	昌乐县鄌郚镇东包村	50	女	1942 年 1 月
徐可松	昌乐县鄌郚镇东水村	41	男	1942 年 1 月
王贾氏	昌乐县红河镇马家庄子村	37	女	1942 年 1 月
王索成	昌乐县红河镇马家庄子村	41	男	1942 年 1 月
李喜廷	昌乐县红河镇将军堂村	46	男	1942 年 2 月 3 日
秦修路之妻	昌乐县红河镇将军堂村	25	女	1942 年 2 月 3 日
钟勤成	昌乐县鄌郚镇莱家沟村	34	男	1942 年 2 月 5 日
秦修路之子	昌乐县红河镇将军堂村	2	男	1942 年 2 月 6 日
董京	昌乐县鄌郚镇赵家岭村	44	男	1942 年 2 月 24 日
任福清之伯	昌乐县乔官镇小善地村	50	男	1942 年 2 月
任光代之父	昌乐县乔官镇小善地村	50	男	1942 年 2 月

姓　名	籍　贯	年龄	性　别	死难时间
李丰年	昌乐县鄌郚镇西李家庄村	37	男	1942 年 2 月
赵光明	昌乐县乔官镇邹家庄村	32	男	1942 年 2 月
王洪余	昌乐县鄌郚镇洛村	26	男	1942 年 2 月
付可章	昌乐县红河镇朱家官庄村	30	男	1942 年 2 月
范怀义	昌乐县乔官镇王埠院村	24	男	1942 年 3 月 15 日
张正真	昌乐县营丘镇王俊寺村	28	男	1942 年 3 月
王喜三	昌乐县鄌郚镇洛村	40	男	1942 年 3 月
王升三	昌乐县鄌郚镇洛村	42	男	1942 年 3 月
高俊德	昌乐县红河镇高常村	37	男	1942 年 3 月
李师真	昌乐县朱刘街道东南庄村	48	男	1942 年 3 月
李佩行	昌乐县朱刘街道东南庄村	42	男	1942 年 3 月
李佩瑶	昌乐县朱刘街道东南庄村	44	男	1942 年 3 月
李佩兰	昌乐县朱刘街道东南庄村	40	男	1942 年 3 月
李红丰	昌乐县红河镇东李家庄村	23	男	1942 年 3 月
张洪太	昌乐县城关街道南关村	38	男	1942 年 3 月
高连祥	昌乐县宝城街道石埠子村	—	男	1942 年 3 月
闫世修	昌乐五图街道辛旺村	23	男	1942 年 4 月 16 日
杭　子	昌乐县宝城街道北楼村	20	男	1942 年 4 月
董奎富	昌乐县宝城街道北楼村	30	男	1942 年 4 月
董奎顺	昌乐县宝城街道北楼村	27	男	1942 年 4 月
刘泗堂	昌乐县鄌郚镇东庄村	29	男	1942 年 5 月 5 日
王　钦	昌乐县营丘镇东王村	40	男	1942 年 5 月
黄子达	昌乐县乔官镇北岩村	—	男	1942 年 5 月
黄敬书	昌乐县乔官镇北岩村	—	男	1942 年 5 月
吴九日之嫂	昌乐县红河镇清泉村	40	女	1942 年 5 月
周好喜	昌乐县红河镇台东村	45	男	1942 年 5 月
李国峰	昌乐县宝城街道李家埠头村	—	男	1942 年 5 月
董良臣	昌乐县乔官镇花园村	27	男	1942 年 5 月
田来春之二爷	昌乐县鄌郚镇上东山村	32	男	1942 年 6 月 6 日
田敬忠之祖父	昌乐县鄌郚镇上东山村	34	男	1942 年 6 月 6 日
田恒正之二叔	昌乐县鄌郚镇上东山村	37	男	1942 年 6 月 6 日
田恒训之叔	昌乐县鄌郚镇上东山村	29	男	1942 年 6 月 6 日
田恒平之祖父	昌乐县鄌郚镇上东山村	31	男	1942 年 6 月 6 日
田三元	昌乐县鄌郚镇上东山村	32	男	1942 年 6 月 6 日

姓 名	籍 贯	年 龄	性 别	死难时间
刘汉富	昌乐县鄌郚镇刘庄村	34	男	1942 年 6 月 6 日
张陌田	昌乐县鄌郚镇东包村	30	男	1942 年 6 月
张京玉	昌乐县鄌郚镇东包村	15	男	1942 年 6 月
张克勤	昌乐县鄌郚镇东包村	29	男	1942 年 6 月
张克俭	昌乐县鄌郚镇东包村	40	男	1942 年 6 月
李瑞祯之母	昌乐县鄌郚镇西包村	47	女	1942 年 6 月
李瑞国之母	昌乐县鄌郚镇西包村	30	女	1942 年 6 月
李一藏	昌乐县鄌郚镇西包村	41	男	1942 年 6 月
李进德之母	昌乐县鄌郚镇西包村	50	女	1942 年 6 月
赵长贵	昌乐县乔官镇庞家庄子村	30	男	1942 年 6 月
王和堂	昌乐县城关街道南流泉村	—	男	1942 年 6 月
刘金生	昌乐县城关街道南流泉村	—	男	1942 年 6 月
刘德祥	昌乐县乔官镇下庄村	24	男	1942 年 6 月
赵茂柱	昌乐县鄌郚镇北冯村	23	男	1942 年 7 月 19 日
刘德忠	昌乐县鄌郚镇白塔村	25	男	1942 年 7 月 19 日
刘迁之母	昌乐县城南街道韩信村	30	女	1942 年 7 月
赵龙田	昌乐县红河镇胡家官庄村	26	男	1942 年 7 月
周增本	昌乐县红河镇台东村	38	男	1942 年 7 月
吴志中	昌乐县红河镇红河村	20	男	1942 年 7 月
李之经	昌乐县城关街道东山李村	24	男	1942 年 7 月
刘明晋	昌乐县五图街道永联安村	31	男	1942 年 7 月
高云倪	昌乐县乔官镇高家阳阜村	44	男	1942 年 7 月
梁宗鲁	昌乐县乔官镇梁家庄村	45	男	1942 年 7 月
李好先	昌乐县鄌郚镇赵家岭村	52	男	1942 年 8 月 3 日
周志元	昌乐县营丘镇山王村	43	男	1942 年 8 月
杨 六	昌乐县营丘镇苗山子村	23	男	1942 年 8 月
杨发财	昌乐县营丘镇苗山子村	32	男	1942 年 8 月
刘以君	昌乐县营丘镇东王村	38	男	1942 年 8 月
滕介孟	昌乐县营丘镇河南村	35	男	1942 年 8 月
狗 子	昌乐县乔官镇李家河南村	7	男	1942 年 8 月
韩公明	昌乐县乔官镇韩家寨子村	55	男	1942 年 8 月
赵玉芹	昌乐县乔官镇韩家寨子村	54	男	1942 年 8 月
韩 效	昌乐县乔官镇韩家寨子村	56	男	1942 年 8 月
李瑞德之父	昌乐县鄌郚镇西包村	40	男	1942 年 8 月

姓 名	籍 贯	年 龄	性 别	死难时间
倪曰富	昌乐县乔官镇倪家河村	—	男	1942年8月
倪兴臣	昌乐县乔官镇倪家河村	—	男	1942年8月
周祥贞	昌乐县红河镇周邢王村	27	男	1942年8月
宋学忠	昌乐县红河镇蔡家河村	28	男	1942年8月
宋洪三之母	昌乐县红河镇蔡家河村	40	女	1942年8月
刘少兴之父	昌乐县红河镇东皋村	53	男	1942年8月
刘亭贵之兄	昌乐县红河镇东皋村	30	男	1942年8月
刘全友	昌乐县乔官镇上庄村	52	男	1942年8月
冀希燕	昌乐县城南街道后池子村	20	男	1942年9月3日
岳士仁	昌乐县城南街道岳家庄村	20	男	1942年9月3日
石兴福	昌乐县鄌郚镇青石河村	30	男	1942年9月3日
石明勤	昌乐县鄌郚镇青石河村	25	男	1942年9月3日
石孝德之二兄	昌乐县鄌郚镇青石河村	30	男	1942年9月3日
张启方之母	昌乐县鄌郚镇西官庄村	35	女	1942年9月3日
陈文富	昌乐县鄌郚镇时马村	22	男	1942年9月3日
陈明正	昌乐县鄌郚镇时马村	24	男	1942年9月3日
李怀生	昌乐县鄌郚镇西李村	28	男	1942年9月3日
李宝良	昌乐县鄌郚镇西李村	30	男	1942年9月3日
刘振德	昌乐县鄌郚镇东刘家沟村	32	男	1942年9月3日
刘焕海	昌乐县鄌郚镇打鼓山村	21	男	1942年9月3日
李京和	昌乐县鄌郚镇东山旺村	27	男	1942年9月3日
李学明	昌乐县鄌郚镇东山旺村	21	男	1942年9月3日
李学周	昌乐县鄌郚镇东山旺村	30	男	1942年9月3日
王生叶	昌乐县鄌郚镇苇沟村	27	男	1942年9月3日
赵茂柏	昌乐县鄌郚镇北冯村	18	男	1942年9月3日
赵 运	昌乐县鄌郚镇北冯村	40	男	1942年9月3日
王 津	昌乐县鄌郚镇龙旺河村	23	男	1942年9月3日
王 浩	昌乐县鄌郚镇龙旺河村	21	男	1942年9月3日
张喜安	昌乐县鄌郚镇龙旺河村	52	男	1942年9月3日
赵和尚	昌乐县鄌郚镇龙旺河村	17	男	1942年9月3日
王结实	昌乐县鄌郚镇龙旺河村	22	男	1942年9月3日
王振元	昌乐县鄌郚镇龙旺河村	22	男	1942年9月3日
田迎元	昌乐县鄌郚镇龙旺河村	36	男	1942年9月3日
刘传道	昌乐县鄌郚镇北鄌郚村	12	男	1942年9月3日

姓 名	籍 贯	年 龄	性 别	死难时间
刘兰田	昌乐县鄌郚镇北鄌郚村	50	男	1942 年 9 月 3 日
刘仁高	昌乐县鄌郚镇北鄌郚村	31	男	1942 年 9 月 3 日
钟玉孟	昌乐县鄌郚镇后沟村	48	男	1942 年 9 月 3 日
钟明德	昌乐县鄌郚镇后沟村	42	男	1942 年 9 月 3 日
杨世花	昌乐县鄌郚镇韩家沟村	—	男	1942 年 9 月 3 日
李保贤	昌乐县鄌郚镇西李村	23	男	1942 年 9 月 3 日
盖海明	昌乐县乔官镇杜家沟村	32	男	1942 年 9 月 3 日
李元江	昌乐县乔官镇苗家庄子村	35	男	1942 年 9 月 3 日
刘 氏	昌乐县乔官镇苗家庄子村	62	女	1942 年 9 月 3 日
王信石	昌乐县乔官镇王家槐林村	26	男	1942 年 9 月 3 日
王信义	昌乐县乔官镇王家槐林村	24	男	1942 年 9 月 3 日
夏德金	昌乐县乔官镇响水村	36	男	1942 年 9 月 3 日
刘金三	昌乐县乔官镇苍山村	29	男	1942 年 9 月 3 日
王风明	昌乐县乔官镇王埠院村	21	男	1942 年 9 月 3 日
高玉亮	昌乐县乔官镇王埠院村	22	男	1942 年 9 月 3 日
高宗文	昌乐县乔官镇王埠院村	20	男	1942 年 9 月 3 日
王世华	昌乐县乔官镇秦家淳于村	63	男	1942 年 9 月 3 日
刘正德	昌乐县乔官镇庞家庄子村	30	男	1942 年 9 月 3 日
赵长增	昌乐县乔官镇庞家庄子村	21	男	1942 年 9 月 3 日
秦孝连之父	昌乐县乔官镇三河村	—	男	1942 年 9 月 3 日
李拉子	昌乐县乔官镇罗家庄子村	33	男	1942 年 9 月 3 日
夏秀荣	昌乐县乔官镇丁家山村	30	女	1942 年 9 月 3 日
薛继清	昌乐县乔官镇西李家河村	50	男	1942 年 9 月 3 日
张宗保	昌乐县乔官镇潘家槐林村	28	男	1942 年 9 月 3 日
潘廷梅之弟	昌乐县乔官镇潘家槐林村	21	男	1942 年 9 月 3 日
张宗汉	昌乐县乔官镇潘家槐林村	15	男	1942 年 9 月 3 日
杨明臣	昌乐县乔官镇杨家淳于村	26	男	1942 年 9 月 3 日
张树梅	昌乐县城南街道埠南村	23	男	1942 年 9 月 3 日
张春阳	昌乐县城南街道埠南村	20	男	1942 年 9 月 3 日
徐礼邦之父	昌乐县城南街道埠南村	22	男	1942 年 9 月 3 日
富 贵	昌乐县城南街道埠南村	21	男	1942 年 9 月 3 日
徐春发	昌乐县城南街道埠南村	22	男	1942 年 9 月 3 日
姚印荣	昌乐县营丘镇刘寺官庄村	34	男	1942 年 9 月 10 日
陈曰德之妻	昌乐县鄌郚镇时马村	31	女	1942 年 9 月 11 日

姓 名	籍 贯	年 龄	性 别	死难时间
崔东堂之妻	昌乐县红河镇小阿陀村	30	女	1942年9月21日
刘守义	昌乐县营丘镇葛沟崖村	68	男	1942年9月
滕移选	昌乐县营丘镇小北村	25	男	1942年9月
王 义	昌乐县营丘镇王家老庄村	45	男	1942年9月
闫国荣	昌乐县营丘镇黎家村	37	男	1942年9月
陈世显	昌乐县鄌郚镇时马村	26	男	1942年9月
赵元美	昌乐县宝城街道董家庄村	50	男	1942年9月
汤好顺	昌乐县乔官镇袁家庄子村	35	男	1942年9月
耿延吉	昌乐县乔官镇袁家庄子村	32	男	1942年9月
刘来义	昌乐县乔官镇袁家庄子村	22	男	1942年9月
王银书	昌乐县乔官镇袁家庄子村	23	男	1942年9月
林光兴	昌乐县乔官镇岳泉村	23	男	1942年9月
程浩德	昌乐县乔官镇黄村	25	男	1942年9月
刘兴武	昌乐县乔官镇苍山村	23	男	1942年9月
张发贵	昌乐县乔官镇苍山村	25	男	1942年9月
官 宁	昌乐县乔官镇苍山村	22	男	1942年9月
耿汉超	昌乐县乔官镇耿家庄村	60	男	1942年9月
史书田	昌乐县乔官镇吕家庄村	23	男	1942年9月
王 平	昌乐县乔官镇吕家庄村	25	男	1942年9月
赵世荣	昌乐县乔官镇庞家庄子村	24	男	1942年9月
丁同钦	昌乐县乔官镇丁家山村	37	男	1942年9月
王孝选	昌乐县乔官镇南岩南村	21	男	1942年9月
张 善	昌乐县乔官镇潘家槐林村	23	男	1942年9月
潘乐溪	昌乐县乔官镇潘家槐林村	31	男	1942年9月
孟兆华	昌乐县营丘镇孟家洼子村	26	男	1942年10月12日
王永才	昌乐县营丘镇孟家洼子村	23	男	1942年10月12日
谢堃之	—	—	男	1942年10月12日
祝鸿胪	昌乐县	—	男	1942年10月12日
刘锡贵	昌乐县	—	男	1942年10月12日
张明玉	昌乐县营丘镇王俊寺村	32	男	1942年10月
滕方远	昌乐县营丘镇河南村	29	男	1942年10月
张启成	昌乐县鄌郚镇时马村	26	男	1942年10月
刘华峰	昌乐县鄌郚镇北村	32	男	1942年10月
汤好成	昌乐县乔官镇袁家庄子村	28	男	1942年10月

姓 名	籍 贯	年 龄	性 别	死难时间
王李氏	昌乐县红河镇杜家庄村	45	女	1942 年 10 月
岳佐明	昌乐县城南街道任家庄村	26	男	1942 年 11 月
刘建吉	昌乐县朱刘街道朱刘西村	—	男	1942 年 12 月 23 日
刘津山之父	昌乐县朱刘街道朱刘西村	34	男	1942 年 12 月 23 日
陈乐友	昌乐县鄌郚镇时马村	21	男	1942 年 12 月
刘廷俊	昌乐县乔官镇康家庄村	34	男	1942 年 12 月
耿富友	昌乐县红河镇双泉村	31	男	1942 年 12 月
陶常氏	昌乐县红河镇大庄皋村	32	女	1942 年 12 月
周存让	昌乐县宝城街道东埠周村	50	男	1942 年 12 月
周新吉	昌乐县宝城街道东埠周村	30	男	1942 年 12 月
王西正	昌乐县宝城街道东庄村	40	男	1942 年 12 月
王西正之弟	昌乐县宝城街道东庄村	38	男	1942 年 12 月
王西功	昌乐县宝城街道东庄村	46	男	1942 年 12 月
岳秀池	昌乐县城南街道岳家庄村	19	男	1942 年
吕德胜	昌乐县城南街道北寨村	50	男	1942 年
崔南庆	昌乐县营丘镇崔家庄村	32	男	1942 年
曹 群	昌乐县营丘镇前土山村	—	男	1942 年
郑 铭	昌乐县营丘镇郑家庄村	24	男	1942 年
孙景春	昌乐县营丘镇孙家庄村	24	男	1942 年
刘泥柱	昌乐县五图街道四泉村	19	男	1942 年
刘汝垣	昌乐县五图街道东耿村	52	男	1942 年
滕二葛	昌乐县营丘镇滕辛村	40	男	1942 年
陈继蜀	昌乐县鄌郚镇时马村	20	男	1942 年
陈现之弟	昌乐县鄌郚镇时马村	20	男	1942 年
付文伪	昌乐县宝城街道付家埠头村	40	男	1942 年
刘步坤	昌乐县乔官镇歇头仓村	23	男	1942 年
徐立都	昌乐县鄌郚镇西水村	36	男	1942 年
姚文华	昌乐县鄌郚镇西水村	51	男	1942 年
徐二狗	昌乐县鄌郚镇西水村	14	男	1942 年
孟庆元	昌乐县鄌郚镇小洼村	30	男	1942 年
李荣德	昌乐县鄌郚镇西包村	12	男	1942 年
李纯广	昌乐县鄌郚镇西包村	21	男	1942 年
李 峰	昌乐县鄌郚镇西包村	50	男	1942 年
王潭溪	昌乐县鄌郚镇大王庄村	31	男	1942 年

姓 名	籍 贯	年 龄	性 别	死难时间
秦仁杰	昌乐县鄌郚镇大王庄村	42	男	1942 年
秦启彦	昌乐县鄌郚镇大王庄村	27	男	1942 年
秦素英	昌乐县鄌郚镇石家河村	—	女	1942 年
吴国贤之弟	昌乐县鄌郚镇东岔河村	32	男	1942 年
于临滨	昌乐县乔官镇黑山子村	37	男	1942 年
葛方田	昌乐县乔官镇小葛村	32	男	1942 年
闫同义之妻	昌乐县乔官镇宗家山村	40	女	1942 年
闫沿华	昌乐县乔官镇宗家山村	24	男	1942 年
闫同德	昌乐县乔官镇宗家山村	27	男	1942 年
常贵乡	昌乐县乔官镇常家庄村	41	男	1942 年
常顺礼	昌乐县乔官镇常家庄村	27	男	1942 年
刘 万	昌乐县鄌郚镇前河野村	33	男	1942 年
刘宗氏	昌乐县鄌郚镇前河野村	26	女	1942 年
张学四	昌乐县红河镇大官庄村	42	男	1942 年
郝文福	昌乐县红河镇大官庄村	50	男	1942 年
张延文	昌乐县红河镇大官庄村	49	男	1942 年
张延山	昌乐县红河镇大官庄村	37	男	1942 年
李贤能	昌乐县红河镇漩沟村	29	男	1942 年
李贤功	昌乐县红河镇漩沟村	26	男	1942 年
赵友丰	昌乐县红河镇黄崖头村	54	男	1942 年
李贤才	昌乐县红河镇漩沟村	31	男	1942 年
王文之父	昌乐县红河镇户全村	30	男	1942 年
王付春之父	昌乐县红河镇户全村	32	男	1942 年
陶××	昌乐县红河镇中庄皋村	34	男	1942 年
刘云德	昌乐县城关街道周家庄村	32	男	1942 年
肖西敬之父	昌乐县宝城街道东肖村	—	男	1942 年
刘清林	昌乐县宝城街道刘家庄村	26	男	1942 年
刘春林	昌乐县宝城街道刘家庄村	25	男	1942 年
陈炳德	昌乐县宝城街道东风村	30	男	1942 年
胡敬孔	昌乐县宝城街道东风村	38	男	1942 年
史 ×	昌乐县宝城街道东风村	47	男	1942 年
刘学友	昌乐县宝城街道西三里村	22	男	1942 年
刘学明	昌乐县宝城街道西三里村	37	男	1942 年
李 芷	昌乐县宝城街道西三里村	65	男	1942 年

姓 名	籍 贯	年 龄	性 别	死难时间
王善文	昌乐县宝城街道四图村	—	男	1942 年
王善文之妻	昌乐县宝城街道四图村	—	女	1942 年
刘焕友	昌乐县宝城街道南楼村	—	男	1942 年
田德本	昌乐县宝城街道后营村	—	男	1942 年
田德本之妻	昌乐县宝城街道后营村	—	女	1942 年
张跃东	昌乐县五图街道徐家庙村	27	男	1942 年
高志信	昌乐县乔官镇高家阳阜村	30	男	1942 年
高云岭	昌乐县乔官镇高家阳阜村	24	男	1942 年
高志孟	昌乐县乔官镇高家阳阜村	33	男	1942 年
秦乐安	昌乐县鄌郚镇高崖村	29	男	1942 年
秦明亮	昌乐县鄌郚镇高崖村	24	男	1942 年
刘承先	昌乐县	—	男	1942 年
高守成	昌乐县红河镇仕子庄村	34	男	1943 年 1 月 4 日
徐佩金	昌乐县城南街道杨徐村	45	男	1943 年 1 月 8 日
肖十月	昌乐县红河镇肖家庄村	25	男	1943 年 1 月
巢科举	昌乐县乔官镇响水村	27	男	1943 年 2 月 3 日
刘同之	昌乐县乔官镇苍山村	21	男	1943 年 2 月 3 日
范喜明	昌乐县乔官镇王埠院村	33	男	1943 年 2 月 3 日
王国臣	昌乐县鄌郚镇白塔村	40	男	1943 年 2 月 9 日
张 氏	昌乐县营丘镇仓上村	32	女	1943 年 2 月
张思清	昌乐县营丘镇仓上村	40	男	1943 年 2 月
张乐明	昌乐县营丘镇仓上村	40	男	1943 年 2 月
刘汝升	昌乐县朱刘街道小东庄村	—	男	1943 年 2 月
刘汝升之妻	昌乐县朱刘街道小东庄村	—	女	1943 年 2 月
陈树民	昌乐县鄌郚镇时马村	25	男	1943 年 3 月 8 日
秦子良	昌乐县城南街道东徐村	38	男	1943 年 3 月
张学成	昌乐县鄌郚镇下东山村	29	男	1943 年 3 月
刘举荣	昌乐县鄌郚镇中河疃村	22	男	1943 年 3 月
艾洪恩	昌乐县鄌郚镇寨里村	19	男	1943 年 3 月
王德忠之二弟	昌乐县乔官镇荆山坡村	50	男	1943 年 3 月
张福祥	昌乐县乔官镇荆山坡村	18	男	1943 年 3 月
葛 ×	昌乐县乔官镇荆山坡村	28	男	1943 年 3 月
王 ×	昌乐县乔官镇荆山坡村	20	男	1943 年 3 月
李寿忠	昌乐县乔官镇荆山坡村	40	男	1943 年 3 月

姓 名	籍 贯	年 龄	性 别	死难时间
宫玉堂	昌乐县乔官镇孟家淳于村	46	男	1943 年 3 月
黄子传	昌乐县乔官镇北岩村	—	男	1943 年 4 月
张勇光	昌乐县营丘镇孟家栏村	36	男	1943 年 5 月
吴百早	昌乐县红河镇红河村	40	男	1943 年 5 月
孟继芹	昌乐县营丘镇孟家宅科村	48	男	1943 年 6 月
李俊杰	昌乐县红河镇后李村	26	男	1943 年 6 月
田常福	昌乐县宝城街道坡子村	—	男	1943 年 6 月
张桂芝	昌乐县宝城街道北郭村	—	男	1943 年 6 月
张桂芬	昌乐县宝城街道北郭村	—	男	1943 年 6 月
李朋三	昌乐县宝城街道李家埠村	—	男	1943 年 6 月
王西胜	昌乐县宝城街道东庄王村	—	男	1943 年 6 月
杨法林	昌乐县城南街道杨徐村	44	男	1943 年 7 月
杨树森	昌乐县营丘镇苗山子村	21	男	1943 年 7 月
杨 开	昌乐县营丘镇苗山子村	17	女	1943 年 7 月
刘圣和	昌乐县乔官镇响水村	33	男	1943 年 7 月
刘圣海	昌乐县乔官镇响水村	32	男	1943 年 7 月
韩 温	昌乐县乔官镇响水村	30	男	1943 年 7 月
夏永和	昌乐县乔官镇响水村	34	男	1943 年 7 月
吴子明	昌乐县红河镇清泉村	40	男	1943 年 7 月
郭志纯	临朐县	23	男	1943 年 8 月 14 日
张华友	昌乐县朱刘街道东圈村	38	男	1943 年 8 月 16 日
庞文林	昌乐县五图街道东上疃村	52	男	1943 年 8 月
孟现名	昌乐县鄌郚镇锉帐村	40	男	1943 年 8 月
丰子礼	昌乐县城南街道黄埠村	32	男	1943 年 9 月 3 日
李明光	昌乐县鄌郚镇北村	25	男	1943 年 9 月 3 日
魏立文之兄	昌乐县乔官镇皮匠官庄村	23	男	1943 年 9 月 3 日
姜仁起	昌乐县城南街道南寨村	19	男	1943 年 9 月 8 日
姜仁南	昌乐县城南街道南寨村	20	男	1943 年 9 月 8 日
张洪吉	昌乐县城南街道五里庄村	39	男	1943 年 9 月
韩阶升	昌乐县鄌郚镇韩家沟村	—	男	1943 年 9 月
王 明	昌乐县乔官镇赵王庄村	60	男	1943 年 9 月
杨学孟	昌乐县城关街道北关村	18	男	1943 年 9 月
闫曰三	昌乐县城关街道北关村	50	男	1943 年 9 月
李恒庆	昌乐县城南街道马家龙湾村	23	男	1943 年 10 月

姓　名	籍　贯	年　龄	性　别	死难时间
张万全	昌乐县营丘镇前杨村	24	男	1943 年 10 月
刘华文	昌乐县鄌郚镇北村	16	男	1943 年 10 月
刘木吉	昌乐县乔官镇王家河南村	60	男	1943 年 10 月
秦乐天	昌乐县鄌郚镇西李家庄村	40	男	1943 年 10 月
陶光斗	昌乐县红河镇西庄皋村	40	男	1943 年 10 月
高永太	昌乐县红河镇清泉村	30	男	1943 年 10 月
王汝弼之妻	昌乐县红河镇杜家庄村	35	女	1943 年 10 月
吴温德	昌乐县红河镇清泉村	45	男	1943 年 10 月
王永升	昌乐县乔官镇房家庄村	34	男	1943 年 10 月
高祥云	昌乐县红河镇朱汉村	25	男	1943 年 10 月
赵子群	昌乐县五图街道后店子村	63	男	1943 年 11 月
朱宝全	昌乐县红河镇朱家埠村	46	男	1943 年 11 月
夏良早	昌乐县五图街道南解召	19	男	1943 年 11 月
张学谦之妻	昌乐县鄌郚镇西寺后村	21	女	1943 年 12 月
张思中之子	昌乐县营丘镇仓上村	30	男	1943 年
张连福	昌乐县鄌郚镇牙庄村	25	男	1943 年
赵立伍	昌乐县宝城街道后赵村	18	男	1943 年
李洪吉	昌乐县乔官镇君求村	30	男	1943 年
王元清	昌乐县乔官镇下庄村	30	男	1943 年
王洼清	昌乐县乔官镇下庄村	40	男	1943 年
张志善	昌乐县宝城街道张家埠头村	—	男	1943 年
张志惠	昌乐县宝城街道张家埠头村	—	男	1943 年
李秀启	昌乐县鄌郚镇西李家庄村	22	男	1943 年
秦乐柱	昌乐县鄌郚镇西李家庄村	19	男	1943 年
秦乐新	昌乐县鄌郚镇西李家庄村	30	男	1943 年
王延龙	昌乐县鄌郚镇东岔河村	37	男	1943 年
张重阳之子	昌乐县乔官镇大葛村	30	男	1943 年
葛兆军	昌乐县乔官镇大葛村	25	男	1943 年
葛锡会	昌乐县乔官镇大葛村	30	男	1943 年
秦继有	昌乐县乔官镇常家庄村	23	男	1943 年
张　丰	昌乐县红河镇大官庄村	38	男	1943 年
张来福	昌乐县红河镇大官庄村	41	男	1943 年
刘宪智	昌乐县红河镇漩沟村	20	男	1943 年
赵光祖	昌乐县红河镇徐家庄村	20	男	1943 年

姓 名	籍 贯	年 龄	性 别	死难时间
高玉琪	昌乐县红河镇高家涝洼村	—	男	1943 年
高长福之父	昌乐县红河镇高家涝洼村	—	男	1943 年
崔华成	昌乐县红河镇徐家庄村	18	男	1943 年
崔俊廷	昌乐县红河镇徐家庄村	18	男	1943 年
崔清泰	昌乐县红河镇徐家庄村	27	男	1943 年
崔华春	昌乐县红河镇徐家庄村	20	男	1943 年
崔华年	昌乐县红河镇徐家庄村	25	男	1943 年
赵纯修	昌乐县红河镇徐家庄村	20	男	1943 年
于应德	昌乐县朱刘街道西水坡村	37	男	1943 年
王吴氏	昌乐县红河镇户全村	34	女	1943 年
郝令孔	昌乐县城关街道西店村	29	男	1943 年
田恒昌	昌乐县城关街道五冏庄村	40	男	1943 年
肖文令	昌乐县城关街道南肖村	38	男	1943 年
肖有信	昌乐县城关街道南肖村	30	男	1943 年
赵乐明	昌乐县宝城街道西管村	35	男	1943 年
刘治国之父	昌乐县宝城街道常庄村	—	男	1943 年
张 通	昌乐县城南街道下洼村	—	男	1943 年
庞学章	昌乐县五图街道东上瞳村	49	男	1944 年 1 月
孟兆×	昌乐县营丘镇孟家栏村	51	男	1944 年 1 月
杨贵仁	昌乐县营丘镇苗山子村	44	男	1944 年 1 月
岳国杰	昌乐县城南街道黄埠村	21	男	1944 年 2 月 3 日
于文同	昌乐县朱刘街道西水坡村	—	男	1944 年 2 月
赵西义	昌乐县营丘镇孟家栏村	33	男	1944 年 3 月
冯有功	昌乐县乔官镇庞家庄子村	31	男	1944 年 3 月
赵志青	昌乐县鄌郚镇刘家沟村	23	男	1944 年 3 月
徐志温	昌乐县鄌郚镇魏家沟村	20	男	1944 年 3 月
徐正宽	—	—	男	1944 年 3 月
马相荣	—	—	男	1944 年 3 月
吕京顺	昌乐县红河镇双泉村	35	男	1944 年 4 月
张景秋	—	—	男	1944 年 4 月
刘永德	昌乐县城南街道岳家河	17	男	1944 年 5 月
李万财	昌乐县红河镇后李村	59	男	1944 年 6 月 19 日
吴宝和	昌乐县红河镇红河村	21	男	1944 年 6 月
宗汝农	—	—	男	1944 年 6 月

姓 名	籍 贯	年 龄	性 别	死难时间
宗汝农之妻	—	—	女	1944 年 6 月
宗汝农之岳母	—	—	女	1944 年 6 月
宗汝农之女	—	—	女	1944 年 6 月
宗汝农之子	—	—	男	1944 年 6 月
孟庆茂	昌乐县红河镇平原村	19	男	1944 年 6 月
陶孙氏	昌乐县红河镇大庄皋村	38	女	1944 年 7 月
胡清汉	昌乐县红河镇胡家官庄村	25	男	1944 年 7 月
庞继顺	昌乐县五图街道东上瞳村	39	男	1944 年 8 月
王法田	昌乐县营丘镇阿陀村	29	男	1944 年 8 月
王伦贤	昌乐县城关街道砚家河村	32	男	1944 年 8 月
赵孔增	昌乐县乔官镇赵家淳于村	37	男	1944 年 8 月
岳佐康	昌乐县城南街道任家庄村	22	男	1944 年 9 月 3 日
路 梢	昌乐县鄌郚镇南展村	43	男	1944 年 9 月 3 日
路梢之妻	昌乐县鄌郚镇南展村	45	女	1944 年 9 月 3 日
刘培斋	昌乐县五图街道东上瞳村	45	男	1944 年 9 月
杨贵胜	昌乐县营丘镇苗山子村	45	男	1944 年 9 月
赵 氏	昌乐县营丘镇姜家河村	60	女	1944 年 9 月
路福星	昌乐县鄌郚镇南展村	34	男	1944 年 9 月
路福山	昌乐县鄌郚镇南展村	40	男	1944 年 9 月
路明锦	昌乐县鄌郚镇南展村	29	男	1944 年 9 月
周朋云	昌乐县红河镇周邢王村	35	男	1944 年 10 月 5 日
王际兴	昌乐县营丘镇邢李村	29	男	1944 年 10 月
祝余年	昌乐县营丘镇祝家庄村	28	男	1944 年 10 月
刘欣明	昌乐县五图街道东上瞳村	56	男	1944 年 11 月
庞堂林	昌乐县五图街道东上瞳村	55	男	1944 年 11 月
滕华选	昌乐县营丘镇小北村	20	男	1944 年 12 月 3 日
石福来	昌乐县鄌郚镇青石河村	30	男	1944 年 12 月
唐兆文	昌乐县乔官镇董家庄村	30	男	1944 年
李寿路	昌乐县乔官镇贾陶村	32	男	1944 年
李春来	昌乐县乔官镇贾陶村	28	男	1944 年
黄星阶	昌乐县乔官镇黄家洼村	26	男	1944 年
刘太和	昌乐县宝城街道李家埠头村	—	男	1944 年
李延辉	昌乐县宝城街道李家埠头村	—	男	1944 年
刘任信	昌乐县鄌郚镇大庄子村	20	男	1944 年

姓　名	籍　贯	年　龄	性　别	死难时间
刘玉坤	昌乐县鄌郚镇大庄子村	20	男	1944 年
张　峰	昌乐县鄌郚镇坊子漳河村	26	男	1944 年
秦兆录	昌乐县鄌郚镇石家河村	32	男	1944 年
周佃华	昌乐县鄌郚镇东岔河村	42	男	1944 年
刘善昌	昌乐县乔官镇小河北村	—	男	1944 年
葛兆兰	昌乐县乔官镇大葛村	29	男	1944 年
宋怀德之兄	昌乐县乔官镇孙家庄村	28	男	1944 年
王花德	昌乐县鄌郚镇南高庄村	35	男	1944 年
王花兴	昌乐县鄌郚镇南高庄村	50	男	1944 年
王瑞祥	昌乐县红河镇大湖田村	44	男	1944 年
牟长松	昌乐县朱刘街道戴家村	55	男	1944 年
王庆国	昌乐县红河镇户全村	32	男	1944 年
王国书	昌乐县红河镇户全村	36	男	1944 年
赵　氏	昌乐县红河镇平原村	37	女	1944 年
赵有太	昌乐县宝城街道耿王村	45	男	1944 年
赵光武	昌乐县宝城街道马家河村	49	男	1944 年
李佳青	昌乐县宝城街道西三里村	32	男	1944 年
郭金纯之母	昌乐县宝城街道北郭村	60	女	1944 年
仇振升	昌乐县宝城街道东西王村	28	男	1944 年
刘爱平	昌乐县红河镇浴马沟村	22	男	1945 年 1 月
刘传德	昌乐县红河镇东皋村	32	男	1945 年 1 月
曾广兰	昌乐县红河镇马家庄子村	30	女	1945 年 1 月
郭志安	昌乐县鄌郚镇师家沟村	20	男	1945 年 2 月
朱同斌之弟	昌乐县红河镇小下坡村	70	男	1945 年 2 月
孙衍启	昌乐县红河镇理家庄子村	20	男	1945 年 2 月
孙杨氏	昌乐县红河镇理家庄子村	27	女	1945 年 2 月
孙衍信	昌乐县红河镇理家庄子村	21	男	1945 年 2 月
吕兆霞	昌乐县红河镇吕家河子村	30	女	1945 年 3 月
郭福来	昌乐县宝城街道北三里村	36	男	1945 年 3 月
秦近修	昌乐县鄌郚镇善庄村	23	男	1945 年 3 月
刘可法	昌乐县红河镇东皋村	37	男	1945 年 5 月
曹世范	—	—	男	1945 年 6 月 8 日
孟宪成	昌乐县红河镇孟家庄村	39	男	1945 年 6 月
何相坤	昌乐县红河镇孟家庄村	29	男	1945 年 6 月

姓　名	籍　贯	年　龄	性　别	死难时间
刘中才	昌乐县红河镇东皋村	27	男	1945 年 6 月
刘方廷	昌乐县红河镇东皋村	30	男	1945 年 6 月
刘世培	昌乐县鄌郚镇刘家漳河村	18	男	1945 年 7 月
陶肖氏	昌乐县红河镇大庄皋村	40	女	1945 年 7 月
周瑞宪	昌乐县红河镇马家庄子村	36	男	1945 年 7 月
黄树德	昌乐县乔官镇北岩村	—	男	1945 年 7 月
赵世福	昌乐城里	—	男	1945 年 7 月
阎相环	昌乐城里	—	男	1945 年 7 月
宫宪章	昌乐县乔官镇孟家淳于村	25	男	1945 年 7 月
赵宪禹	昌乐县红河镇店子村	32	男	1945 年 7 月
吴善光	昌乐县鄌郚镇东岔河村	27	男	1945 年 8 月
陶英乐	昌乐县红河镇大庄皋村	35	男	1945 年 8 月
刘廷为	昌乐县红河镇东皋村	29	男	1945 年 8 月
宋洪三之父	昌乐县红河镇蔡家河村	—	男	1945 年 8 月
郄锡田	昌乐县宝城街道管庄村	—	男	1945 年 8 月
赵乐明之妻	昌乐县宝城街道管庄村	—	女	1945 年 8 月
赵乐明之女	昌乐县宝城街道管庄村	—	女	1945 年 8 月
黄福厚	昌乐县乔官镇北岩村	—	男	1945 年 8 月
刘仁方	昌乐县乔官镇北岩村	—	男	1945 年 8 月
张志忠	昌乐县宝城街道张家埠头村	—	男	1945 年 8 月
张高轩	昌乐县营丘镇仓上村	27	男	1945 年
吴学文	昌乐县鄌郚镇东岔河村	35	男	1945 年
刘任良	昌乐县鄌郚镇大庄子村	21	男	1945 年
王宝善	昌乐县鄌郚镇东岔河村	34	男	1945 年
吴京云	昌乐县鄌郚镇东岔河村	36	男	1945 年
赵乐明之母	昌乐县宝城街道西管村	71	女	1945 年
赵乐明之妹	昌乐县宝城街道西管村	31	女	1945 年
刘五孝	昌乐县宝城街道小楼村	—	男	1945 年
张烈文	昌乐县乔官镇张家营子村	31	男	1945 年
郝夕大	昌乐县营丘镇河西村	20	男	—
刘　高	昌乐县营丘镇刘家营村	31	男	—
刘同金	昌乐县营丘镇刘家营村	20	男	—
滕忻杰	昌乐县营丘镇滕辛村	49	男	—
王瑞月	昌乐县营丘镇北崔村	33	男	—

姓 名	籍 贯	年 龄	性 别	死难时间
王四麻子	昌乐县营丘镇荣家阳阜村	52	男	—
李兴堂	昌乐县朱刘街道	—	男	—
于学义	昌乐县	—	男	—
张星五	昌乐县	—	男	—
冀保来	昌乐县城南街道后池子村	26	男	—
刘大成	昌乐县城南街道边下村	—	男	—
宋老虎	昌乐县营丘镇朝阳官庄村	15	男	—
王敦焕	昌乐县营丘镇桃园村	20	男	—
王明照	昌乐县营丘镇桃园村	27	男	—
姜占奎	昌乐县城南街道南寨村	19	男	—
张万公	昌乐县营丘镇前杨村	63	男	1938 年 8 月
吴宗禹	昌乐县乔官镇吴家泉村	28	男	1944 年
陈其耀	昌乐县营丘镇杨家楼村	38	男	—
陈其杰	昌乐县营丘镇杨家楼村	34	男	—
张禾明	昌乐县鄌郚镇白塔村	37	男	—
张汉华	昌乐县鄌郚镇白塔村	38	男	—
姜文升	昌乐县鄌郚镇白塔村	37	男	—
郭清盛	昌乐县宝城街道北郭村	37	男	—
孟庆同	昌乐县红河镇东韩河村	—	男	—
刘成福	昌乐县鄌郚镇东后河野村	22	男	—
刘丰秀	昌乐县鄌郚镇东后河野村	35	男	—
刘义京	昌乐县鄌郚镇东后河野村	35	男	—
李 细	昌乐县营丘镇李家官庄村	40	男	—
李忻贞之父	昌乐县营丘镇李家官庄村	40	男	—
王永树	昌乐县营丘镇北徐村	33	男	—
宋文知	昌乐县宝城街道北周村	19	男	—
刘树旺	昌乐县宝城街道南楼村	54	男	—
刘汉青	昌乐县宝城街道南楼村	41	男	—
胡 氏	昌乐县宝城街道南楼村	46	女	—
田本善	昌乐县营丘镇田家老庄村	43	男	—
王希五	昌乐县营丘镇辛宅子村	37	男	—
赵有荣	昌乐县城关街道曲家庄村	26	男	—
赵世德	昌乐县城关街道曲家庄村	29	男	—
周维和	昌乐县城关街道周家庄村	30	男	—

姓 名	籍 贯	年龄	性别	死难时间
周维善	昌乐县城关街道周家庄村	28	男	—
赵德修	昌乐县城关街道周家庄村	31	男	—
姜寿康	昌乐县城关街道周家庄村	29	男	—
李士圣	昌乐县红河镇李钦官庄村	49	男	—
李延发	昌乐县宝城街道毛家庄村	36	男	—
李奇方	昌乐县宝城街道毛家庄村	30	男	—
任古子	昌乐县乔官镇大善地村	20	男	—
闫修理之四叔	昌乐县乔官镇黄山前村	—	男	—
闫修理之五叔	昌乐县乔官镇黄山前村	—	男	—
张志发	昌乐县乔官镇黄山前村	—	男	—
周安文	昌乐县乔官镇黄山前村	—	男	—
张永泽之弟	昌乐县乔官镇黄山前村	—	男	—
齐怀德	昌乐县营丘镇东沙沟村	29	男	—
孟宪信	昌乐县营丘镇东沙沟村	34	男	—
张佃栋	昌乐县鄌郚镇西后韩村	27	男	—
田恒玉	昌乐县城关街道田老庄村	39	男	—
田来仪	昌乐县城关街道田老庄村	38	男	—
姚茂增	昌乐县宝城街道尧东村	50	男	—
姚振江	昌乐县宝城街道尧东村	25	男	—
王洪喜	昌乐县宝城街道西辛村	32	男	—
张万德	昌乐县乔官镇大清沟村	40	男	—
任广昌	昌乐县乔官镇驻马河村	40	男	—
冯延福	昌乐县乔官镇乔南村	33	男	—
逯维喜	昌乐县乔官镇乔南村	23	男	—
梁 成	昌乐县乔官镇梁家庄村	22	男	—
梁关东	昌乐县乔官镇梁家庄村	24	男	—
刘子功	昌乐县乔官镇钟家庄村	35	男	—
柴兰芳	昌乐县鄌郚镇山坡村	21	男	—
田名江	昌乐县营丘镇李家官庄村	40	男	—
李 荣	昌乐县营丘镇李家官庄村	40	男	—
刘洪武	昌乐县宝城街道刘家庄村	18	男	—
张友仁	昌乐县宝城街道刘家庄村	18	男	—
刘龙高	昌乐县宝城街道刘家庄村	21	男	—
杨新启	昌乐县宝城街道大杨村	37	男	—

姓 名	籍 贯	年 龄	性 别	死难时间
杨德发	昌乐县宝城街道大杨村	40	男	—
王 ×	昌乐县宝城街道大杨村	32	男	—
杨成安	昌乐县宝城街道大杨村	23	男	—
齐 ×	昌乐县宝城街道大杨村	31	男	—
王汝祥	昌乐县红河镇杜家庄村	40	男	—
韩长余	昌乐县鄌郚镇西前韩村	18	男	—
赵清太	昌乐县宝城街道商家庄村	—	男	—
赵太丰	昌乐县宝城街道商家庄村	—	男	—
李德祥	昌乐县城关街道东山李村	35	男	—
董 武	昌乐县宝城街道龙角村	32	男	—
刘宗元	昌乐县宝城街道龙角村	31	男	—
刘宗元之妻	昌乐县宝城街道龙角村	31	女	—
刘贵元之兄	昌乐县宝城街道龙角村	32	男	—
赵振广	昌乐县宝城街道后石埠村	31	男	—
于文祥	昌乐县乔官镇乔西村	30	男	—
冯延福	昌乐县乔官镇乔西村	36	男	—
王 正	昌乐县乔官镇孙洪洼村	20	男	—
李方友	昌乐县乔官镇邹家庄村	27	男	—
李俊星	昌乐县乔官镇邹家庄村	29	男	—
李英兰之母	昌乐县乔官镇邹家庄村	41	女	—
邹可仁	昌乐县乔官镇邹家庄村	40	男	—
韩长茂	昌乐县鄌郚镇东前韩村	28	男	—
韩长启	昌乐县鄌郚镇东前韩村	50	男	—
韩长远	昌乐县鄌郚镇东前韩村	45	男	—
张修来	昌乐县朱刘街道东圈村	32	男	—
周汝春	昌乐县红河镇马家庄子村	30	男	—
耿玉平	昌乐县乔官镇耿家庄村	28	男	—
汤好义	昌乐县乔官镇袁家庄子村	23	男	—
滕兴和	昌乐县乔官镇袁家庄子村	22	男	—
王百元	昌乐县乔官镇袁家庄子村	23	男	—
滕学亮	昌乐县乔官镇袁家庄子村	24	男	—
滕学仁	昌乐县乔官镇袁家庄子村	25	男	—
汤治国	昌乐县乔官镇袁家庄子村	25	男	—
汤好志	昌乐县乔官镇袁家庄子村	25	男	—

姓　名	籍　贯	年　龄	性　别	死难时间
汤刘氏	昌乐县乔官镇袁家庄子村	26	女	—
王　德	昌乐县乔官镇张家营子村	42	男	—
王德之弟	昌乐县乔官镇张家营子村	40	男	—
张祥贞	昌乐县乔官镇张家营子村	36	男	—
刘　氏	昌乐县乔官镇张家营子村	51	女	—
李乐成	昌乐县乔官镇张家营子村	47	男	—
王同昆	昌乐县城关街道砚家河村	41	男	—
王小尔	昌乐县城关街道砚家河村	16	男	—
李之福	昌乐县城关街道东山李村	38	男	—
李之升	昌乐县城关街道东山李村	37	男	—
李学孟	昌乐县城关街道东山李村	18	男	—
李之兰	昌乐县城关街道东山李村	40	男	—
李本建	昌乐县朱刘街道北庄村	33	男	—
李寿果	昌乐县朱刘街道西南庄村	39	男	—
李丰仁	昌乐县朱刘街道西南庄村	33	男	—
李洪福	昌乐县朱刘街道西南庄村	32	男	—
王通洲	昌乐县朱刘街道西南庄村	25	男	—
秦鲁西	昌乐县鄌郚镇寨里村	28	男	—
王龙邦	昌乐县乔官镇大清沟村	30	男	—
赵　氏	昌乐县乔官镇路家山子村	37	女	—
刘　氏	昌乐县乔官镇路家山子村	32	女	—
路修礼	昌乐县乔官镇路家山子村	28	男	—
王清喜	昌乐县乔官镇土埠沟	45	男	—
于代随	昌乐县乔官镇贾陶村	50	男	—
冯忠信之兄	昌乐县乔官镇乔东村	36	男	—
冯忠信之侄	昌乐县乔官镇乔东村	17	男	—
张蓝田	昌乐县乔官镇大山村	37	男	—
张西奎之四叔	昌乐县乔官镇大山村	22	男	—
陈德贤之父	昌乐县乔官镇大山庄村	41	男	—
陈加干	昌乐县乔官镇大山庄村	21	男	—
吕作秀	昌乐县乔官镇钟家庄村	30	男	—
刘法山之母	昌乐县乔官镇大善地村	60	女	—
任树友	昌乐县乔官镇大善地村	30	男	—
秦志典之父	昌乐县乔官镇三河村	—	男	—

姓　名	籍　贯	年龄	性别	死难时间
秦志典之弟	昌乐县乔官镇三河村	—	男	—
范怀增	昌乐县乔官镇王埠院村	30	男	—
陈文林	昌乐县乔官镇团埠坡村	32	男	—
虎	昌乐县乔官镇赵家庄子村	24	男	—
增　顺	昌乐县乔官镇赵家庄子村	22	男	—
长　来	昌乐县乔官镇赵家庄子村	22	男	—
道　士	昌乐县乔官镇赵家庄子村	30	男	—
王洪军	昌乐县乔官镇罗家庄子村	31	男	—
王洪飞	昌乐县乔官镇罗家庄子村	28	男	—
王立东	昌乐县城南街道韩信村	20	男	—
张有为	昌乐县朱刘街道山坡村	43	男	—
刘汝学	昌乐县朱刘街道小东庄村	—	男	—
刘树壮	昌乐县朱刘街道小东庄村	—	男	—
刘汝祥	昌乐县朱刘街道小东庄村		男	—
刘汝祥之妻	昌乐县朱刘街道小东庄村	—	女	—
刘树成	昌乐县朱刘街道小东庄村		男	—
刘汝同	昌乐县朱刘街道小东庄村		男	—
刘汝潍	昌乐县朱刘街道小东庄村		男	—
刘德启	昌乐县鄌郚镇白塔村	45	男	—
于世功	昌乐县朱刘街道九级村	48	男	—
于照信	昌乐县朱刘街道九级村	47	男	—
张树忠	昌乐县鄌郚镇白塔村	36	男	—
祝洪贞	昌乐县营丘镇祝家庄村	31	男	—
祝王眼	昌乐县营丘镇祝家庄村	36	男	—
田明堂	昌乐县营丘镇田家木庄村	29	男	—
张好富	昌乐县朱刘街道东圈村	30	男	—
高在宝	昌乐县营丘镇孟家栏村	28	男	—
肖洪树	昌乐县宝城街道东肖村	—	男	—
肖世董	昌乐县宝城街道东肖村	—	男	—
肖清福	昌乐县宝城街道东肖村	—	男	—
吴蛤蟆	昌乐县红河镇吴家成官村	35	男	—
刘　清	昌乐县红河镇吴家成官村	41	男	—
高胜章	昌乐县宝城街道前石埠村	35	男	—
韩曰康	昌乐县红河镇韩家集子村	22	男	—

姓　名	籍　贯	年　龄	性　别	死难时间
牟昆仑	昌乐县朱刘街道后牟村	—	男	—
董世军	昌乐县鄌郚镇沙埠沟村	36	男	—
秦培英	昌乐县鄌郚镇西李家庄村	30	男	—
邢耀亮	昌乐县乔官镇贾陶村	20	男	—
王　明	昌乐县乔官镇乔东村	30	男	—
曹洪山	昌乐县乔官镇下庄村	52	男	—
李春茂之父	昌乐县乔官镇下庄村	52	男	—
王义祥之父	昌乐县乔官镇下庄村	40	男	—
韩世仁	昌乐县乔官镇大埠村	35	男	—
于观生之兄	昌乐县乔官镇大埠村	36	男	—
韩法祥之兄	昌乐县乔官镇大埠村	20	男	—
刘远福	昌乐县乔官镇北岩北村	30	男	—
冯光先	昌乐县宝城街道坡子村	—	男	—
赵玉贵	昌乐县宝城街道耿王村	35	男	—
刘来功	昌乐县乔官镇小河北村	33	男	—
郭相义	昌乐县乔官镇小河北村	33	男	—
腾龙升	昌乐县营丘镇小尹村	33	男	—
刘曼言	昌乐县宝城街道前北郝村	30	男	—
张福令	昌乐县宝城街道大北村	29	男	—
赵守礼	昌乐县宝城街道赵家庄村	38	男	—
赵秉光	昌乐县宝城街道赵家庄村	39	男	—
吕训成	昌乐县宝城街道于家庄村	39	男	—
马山云	昌乐县宝城街道马家河村	40	男	—
刘景章	昌乐县鄌郚镇大庄子村	42	男	—
刘书简	昌乐县鄌郚镇大庄子村	38	男	—
刘景火	昌乐县鄌郚镇大庄子村	40	男	—
朱汉英	昌乐县乔官镇乔山前村	26	男	—
于宝善之母	昌乐县乔官镇乔山前村	51	女	—
于宝善之妹	昌乐县乔官镇乔山前村	23	女	—
于奎云	昌乐县乔官镇乔山前村	25	男	—
于根善之弟	昌乐县乔官镇乔山前村	20	男	—
于根善之母	昌乐县乔官镇乔山前村	40	女	—
张林宝	昌乐县鄌郚镇赵庄村	28	男	—
三麻子	昌乐县鄌郚镇赵庄村	27	男	—

姓 名	籍 贯	年 龄	性 别	死难时间
张乐尹	昌乐县宝城街道西管村	—	男	—
刘怀京	昌乐县营丘镇姜家河村	43	男	—
高绍正	昌乐县营丘镇城前村	44	男	—
滕忠诚	昌乐县营丘镇徐家河口村	18	男	—
朱世昌	昌乐县城南街道东朱家庄村	—	男	—
张玉信	昌乐县城南街道中董村	30	男	—
张直春	昌乐县城南街道中董村	31	男	—
朱增昌	昌乐县城南街道下洼村	29	男	—
滕新友	昌乐县城南街道下洼村	31	男	—
马邦民	昌乐县城南街道马家龙湾村	22	男	—
马文龄	昌乐县城南街道马家龙湾村	21	男	—
马中选	昌乐县城南街道马家龙湾村	23	男	—
阎更美	昌乐县城南街道马家龙湾村	48	男	—
马中德之父	昌乐县城南街道马家龙湾村	45	男	—
马中德之母	昌乐县城南街道马家龙湾村	44	女	—
马同玉	昌乐县城南街道马家龙湾村	23	男	—
徐江其	昌乐县城南街道西徐园村	21	男	—
徐江珠	昌乐县城南街道西徐园村	23	男	—
刘祥智之父	昌乐县城南街道韩信村	19	男	—
王久堂之父	昌乐县城南街道韩信村	23	男	—
刘洪来之父	昌乐县城南街道韩信村	24	男	—
刘来友	昌乐县城南街道韩信村	18	男	—
刘×美	昌乐县城南街道韩信村	19	男	—
王 五	昌乐县城南街道龙旺村	23	男	—
岳国仁	昌乐县城南街道岳家庄村	42	男	—
陈延祥	昌乐县城南街道西奄村	25	男	—
马作阶	昌乐县城南街道辛安庄村	35	男	—
刘文胜	昌乐县城南街道辛安庄村	43	男	—
孙孟吉	昌乐县城南街道张家河洼村	21	男	—
董佃奎	昌乐县城南街道董家河洼村	—	男	—
刘华富	昌乐县城南街道黄埠村	37	男	—
李向林	昌乐县五图街道高家庄村	45	男	—
刘献保	昌乐县城南街道十里树村	30	男	—
李庆孔之祖父	昌乐县五图街道高家庄村	53	男	—

姓　名	籍　贯	年　龄	性　别	死难时间
秦志礼	昌乐县乔官镇三河村	19	男	—
田喜品	昌乐县五图街道永富庄村	47	男	—
李二孩	昌乐县五图街道老官李村	33	男	—
王国友之伯	昌乐县五图街道老官李村	32	男	—
张佃栋	昌乐县鄌郚镇韩家新村	32	男	—
李　三	昌乐县鄌郚镇董家庄村	19	男	—
铎之兄	昌乐县鄌郚镇董家庄村	21	男	—
套	昌乐县鄌郚镇董家庄村	18	男	—
赵福增	昌乐县营丘镇赵家崖头村	46	男	—
合　计	**1672**			

责任人：韩德平　　　　　　核实人：徐桂銮　秦树明　刑亚秋 填表人：徐桂銮　秦树明　邢亚秋
填报单位（签章）：昌乐县委党史研究室　　　　　　填报时间：2009 年 5 月 5 日

曲阜市抗日战争时期死难者名录

姓 名	籍 贯	年 龄	性别	死难时间
马××	—	—	男	1938年1月11日
刘德纯之父	曲阜市息陬乡西终吉村	—	男	1938年1月11日
孔庆昌	曲阜市息陬乡西终吉村	—	男	1938年1月11日
孙召仁	曲阜市息陬乡西终吉村	—	男	1938年1月11日
乔振起	曲阜市息陬乡东夏侯村	—	男	1938年1月11日
张木墩	曲阜市息陬乡西终吉村	—	男	1938年1月11日
孔令芹	曲阜市息陬乡西终吉村	—	男	1938年1月11日
刘振甫	曲阜市息陬乡西终吉村	—	男	1938年1月11日
刘登汉	曲阜市息陬乡西终吉村	—	男	1938年1月11日
孔广太	曲阜市息陬乡西终吉村	—	男	1938年1月11日
李道士	曲阜市息陬乡西终吉村	—	男	1938年1月11日
朱殿鸿	曲阜市	38	男	1938年
岳金知	曲阜市	26	男	1938年
牛宏恩	曲阜市	—	男	1938年
张芹祥	曲阜市	31	男	1938年
王子臣	曲阜市	31	男	1938年
刘振升	曲阜市	31	男	1938年
师子敬	曲阜市	28	男	1938年
孔宪榜	曲阜市	28	男	1938年
孔祥林	曲阜市	30	男	1938年
胡新铭	曲阜市	20	男	1938年
赵士林	曲阜市	24	男	1938年
郑渭宾	曲阜市	24	男	1938年
李富贵	曲阜市	19	男	1938年
王成祥	曲阜市	24	男	1938年
陈吉顺	曲阜市	31	男	1938年
方步海	曲阜市	25	男	1938年
宋怀顺	曲阜市	31	男	1938年
林云显	曲阜市	29	男	1938年
刘海亭	曲阜市	30	男	1938年
刘鸿轮	曲阜市	23	男	1938年

姓 名	籍 贯	年 龄	性 别	死难时间
曹文江	曲阜市	21	男	1938 年
李文秀	曲阜市	24	男	1938 年
梁梓材	曲阜市	33	男	1938 年
颜世荣	曲阜市	28	男	1938 年
蓝鸿友	曲阜市	29	男	1938 年
孔宪润	曲阜市	30	男	1938 年
孔令银	曲阜市	19	男	1938 年
东野梅	曲阜市	21	男	1938 年
贾慎修	曲阜市	29	男	1938 年
王文秀	曲阜市	29	男	1938 年
王殿祥	曲阜市	23	男	1938 年
黄书文	曲阜市	25	男	1938 年
胡文卿	曲阜市	28	男	1938 年
杜 有	曲阜市	25	男	1938 年
孔兆仁	曲阜市	26	男	1938 年
穆盛林	曲阜市	29	男	1938 年
陈尚勤	曲阜市	19	男	1938 年
刘长玉	曲阜市	20	男	1938 年
黄建贵	曲阜市	21	男	1938 年
孔令名	曲阜市	21	男	1938 年
孔庆汉	曲阜市	21	男	1938 年
孙万禄	曲阜市	17	男	1938 年
姚福胜	曲阜市	21	男	1938 年
夏景春	曲阜市	25	男	1938 年
孔令燨	曲阜市	20	男	1938 年
郑得龙之妻	曲阜市吴村镇高楼村	—	女	1938 年 1 月
康伯祯	曲阜市小雪镇东陈村	—	男	1938 年 1 月
孔 氏	曲阜市小雪镇东陈村	—	女	1938 年 1 月
康伯泉	曲阜市小雪镇东陈村	—	男	1938 年 1 月
孔昭祯	曲阜市小雪镇东陈村	—	男	1938 年 1 月
康运华	曲阜市小雪镇东陈村	—	男	1938 年 1 月
康学仲	曲阜市小雪镇东陈村	—	男	1938 年 1 月
张庆臣	曲阜市小雪镇东陈村	—	男	1938 年 1 月
毛 三	曲阜市小雪镇东陈村	—	男	1938 年 1 月

姓　名	籍　贯	年　龄	性　别	死难时间
邢文珠	曲阜市	28	男	1938 年 1 月
孟庆宝	曲阜市小雪镇东凫村	20	男	1938 年 2 月 15 日
孟宪苓	曲阜市小雪镇东凫村	50	男	1938 年 2 月 15 日
刘　银	曲阜市小雪镇东凫村	17	男	1938 年 2 月 15 日
大　行	曲阜市小雪镇东凫村	14	男	1938 年 2 月 15 日
张　氏	曲阜市小雪镇东凫村	51	女	1938 年 2 月 15 日
杨成德	曲阜市小雪镇北雪村	25	男	1938 年 2 月 15 日
孔昭河	曲阜市小雪镇北雪村	41	男	1938 年 2 月 15 日
刘庆楷	曲阜市姚村镇崔庄村	25	男	1938 年 2 月 20 日
曹芝兰	曲阜市姚村镇崔庄村	20	男	1938 年 2 月 20 日
宋如镇	曲阜市姚村镇宋家林村	70	男	1938 年 2 月 20 日
宋如林	曲阜市姚村镇宋家林村	68	男	1938 年 2 月 20 日
王贵友	曲阜市姚村镇宋家林村	55	男	1938 年 2 月 21 日
宋姜氏	曲阜市姚村镇宋家林村	65	女	1938 年 2 月 21 日
刘宝臣	曲阜市	25	男	1938 年 2 月
王英芳	曲阜市	19	男	1938 年 2 月
赵福玉	曲阜市	22	男	1938 年 2 月
高振三	曲阜市	24	男	1938 年 2 月
张宝卿	曲阜市	24	男	1938 年 2 月
唐仰卢	曲阜市	25	男	1938 年 2 月
高进财	曲阜市	27	男	1938 年 2 月
颜景波	曲阜市	24	男	1938 年 2 月
郁谓富	曲阜市	27	男	1938 年 2 月
胡林祥	曲阜市	23	男	1938 年 2 月
颜承功	曲阜市	33	男	1938 年 2 月
桂兰增	曲阜市	40	男	1938 年 2 月
刘书元	曲阜市	27	男	1938 年 2 月
孔庆吉	曲阜市小雪镇南凫村	47	男	1938 年 2 月
孔凡标	曲阜市小雪镇南雪村	23	男	1938 年 2 月
纪风清之母	曲阜市姚村镇纪村	—	女	1938 年 2 月
孔祥沂	曲阜市姚村镇姚村	—	男	1938 年 2 月
孔令邵	曲阜市姚村镇姚村	—	男	1938 年 2 月
孔令喜	曲阜市姚村镇姚村	—	男	1938 年 2 月
孔令尧	曲阜市姚村镇姚村	—	男	1938 年 2 月

姓 名	籍 贯	年 龄	性 别	死难时间
孔俊杰	曲阜市姚村镇姚村	—	男	1938 年 2 月
张 涛	曲阜市	20	男	1938 年 3 月
许德角	曲阜市董庄乡东焦村	35	男	1938 年 3 月
郁来立	曲阜市董庄乡管村	—	男	1938 年 3 月
王奉秋之妻	曲阜市董庄乡河夹店村	—	女	1938 年 3 月
王丛洲之妻	曲阜市董庄乡河夹店村	—	女	1938 年 3 月
王奉孔	曲阜市董庄乡河夹店村	27	男	1938 年 3 月
蒋海斌	曲阜市	32	男	1938 年 4 月
阎希祥	曲阜市	20	男	1938 年 4 月
张天宝	曲阜市	30	男	1938 年 4 月
张心田	曲阜市	22	男	1938 年 4 月
刘元茂	曲阜市	31	男	1938 年 4 月
李焕章	曲阜市小雪镇三合村	20	男	1938 年 5 月 5 日
葛新华	曲阜市	35	男	1938 年 5 月
华有德	曲阜市	23	男	1938 年 5 月
王孟勤	曲阜市	23	男	1938 年 5 月
王庆恩	曲阜市	24	男	1938 年 5 月
李芝朋	曲阜市	25	男	1938 年 5 月
孔凡生	曲阜市董庄乡中村	35	男	1938 年 6 月
孔计经之父	曲阜市息陬乡辛庄村	—	男	1938 年 7 月 18 日
张书盘	曲阜市	30	男	1938 年 7 月
孟照发	曲阜市	21	男	1938 年 8 月
李玉田	曲阜市	26	男	1938 年 8 月
田金海	曲阜市	20	男	1938 年 8 月
鄩克华	曲阜市	26	男	1938 年 8 月
张德明	曲阜市	21	男	1938 年 8 月
谭怀宝	曲阜市	40	男	1938 年 8 月
王志忠	曲阜市	26	男	1938 年 8 月
徐庆堂	曲阜市	30	男	1938 年 9 月
刘会立	曲阜市	24	男	1938 年 9 月
白俊生	曲阜市	27	男	1938 年 9 月
孔祥林	曲阜市	26	男	1938 年 9 月
宫兴亮	曲阜市	25	男	1938 年 9 月
孔庆凯	曲阜市	37	男	1938 年 9 月

姓　名	籍　贯	年龄	性别	死难时间
丁万奇	曲阜市董庄乡丁庄村	—	男	1938 年 9 月
赵和德	曲阜市	22	男	1938 年 10 月
张光有	曲阜市	26	男	1938 年 10 月
李大钧	曲阜市	28	男	1938 年 10 月
郑五州	曲阜市	24	男	1938 年 10 月
马守志	曲阜市	28	男	1938 年 10 月
邵继东之母	曲阜市吴村镇车站村	—	女	1938 年 10 月
陈桂常	曲阜市吴村镇丁官庄村	—	男	1938 年 10 月
王树勋	曲阜市	26	男	1938 年 11 月
老虎之母	曲阜市鲁城街道林前	—	女	1938 年 12 月 3 日
孔大爷	曲阜市鲁城街道林前	—	男	1938 年 12 月 3 日
孔宪森	曲阜市	22	男	1938 年 12 月
彭希德	曲阜市鲁城街道南泉	24	男	1938 年 12 月
孔庆宾之妻	曲阜市董庄乡孔屯村	20	女	1938 年
孙进义	曲阜市董庄乡马亭村	40	男	1938 年
刘树兰	曲阜市董庄乡南村	—	男	1938 年
陈宝银	曲阜市董庄乡南村	—	男	1938 年
侯　小	曲阜市董庄乡南村	—	男	1938 年
许广田	曲阜市董庄乡西庄村	32	男	1938 年
鲁佃元	曲阜市防山乡东河套村	—	男	1938 年
张树德	曲阜市防山乡防后官庄村	—	男	1938 年
孔祥彬	曲阜市鲁城街道坊上	41	男	1938 年
孔宪爵	曲阜市鲁城街道林前	—	男	1938 年
孔宪育	曲阜市鲁城街道南关	70	男	1938 年
窦丙仑之母	曲阜市南辛镇北辛村	28	女	1938 年
张志业	曲阜市南辛镇北辛村	32	男	1938 年
陈子昌	曲阜市南辛镇东宫庄村	16	男	1938 年
王彦波之祖母	曲阜市南辛镇南辛村	32	女	1938 年
孟颜氏	曲阜市南辛镇屯里村	28	女	1938 年
王宪柄	曲阜市南辛镇中辛村	27	男	1938 年
王守真	曲阜市南辛镇中辛村	24	男	1938 年
郭致东之父	曲阜市时庄镇单家村	—	男	1938 年
丰绪梅之父	曲阜市书院街道毕家村	—	男	1938 年
孔昭盛之父	曲阜市吴村镇前张庄村	—	男	1938 年

姓 名	籍 贯	年 龄	性 别	死难时间
孔昭奎之父	曲阜市吴村镇前张庄村	—	男	1938 年
孔昭泉之父	曲阜市吴村镇前张庄村	—	男	1938 年
孙昭义	曲阜市吴村镇前张庄村	—	男	1938 年
张三近	曲阜市吴村镇西官庄村	—	男	1938 年
孔宪玉	曲阜市吴村镇峪南村	—	男	1938 年
林关祥之弟	曲阜市吴村镇峪南村	—	男	1938 年
孙召仁	曲阜市息陬乡大峪村	68	男	1938 年
乔存江之妹夫	曲阜市息陬乡东夏侯村	—	男	1938 年
乔振茂	曲阜市息陬乡东夏侯村	—	男	1938 年
孔庆淀	曲阜市息陬乡东终吉村	—	男	1938 年
刘焕文之弟	曲阜市息陬乡魏家村	—	男	1938 年
孔繁臣之父	曲阜市息陬乡西终吉村	—	男	1938 年
孙秀山	曲阜市小雪镇西雪村	59	男	1938 年
郑发德	曲阜市姚村镇兴隆桥村	—	男	1938 年
刘季廷之父	曲阜市姚村镇姚庄村	—	男	1938 年
王安元	曲阜市姚村镇姚庄村	—	男	1938 年
穆二黄	曲阜市小雪镇南凫村	—	男	1939 年 2 月
赵永春	曲阜市	26	男	1939 年 2 月
马子周	曲阜市	29	男	1939 年 3 月
李明久	曲阜市	26	男	1939 年 3 月
李宗主	曲阜市	29	男	1939 年 3 月
王德山	曲阜市	23	男	1939 年 4 月
方 冲	曲阜市	25	男	1939 年 4 月
赵大喜	曲阜市	20	男	1939 年 5 月
孔庆中	曲阜市	23	男	1939 年 5 月
朱本德	曲阜市	26	男	1939 年 6 月
孔宪章	曲阜市	31	男	1939 年 6 月
王树云	曲阜市	23	男	1939 年 6 月
孔繁瑞	曲阜市	24	男	1939 年 8 月
孔庆标	曲阜市	23	男	1939 年 9 月
宝全之兄	曲阜市鲁城街道苗孔	—	男	1939 年 10 月
杨青章	曲阜市董庄乡杨洼村	24	男	1939 年 10 月
韦孝全	曲阜市董庄乡韦庄村	28	男	1939 年
孔宪芝	曲阜市陵城镇何家村	—	男	1939 年

姓　名	籍　贯	年龄	性别	死难时间
刘晓纪	曲阜市南辛镇东鲁村	20	男	1939 年
刘计春之三伯	曲阜市南辛镇黄土村	20	男	1939 年
胡小流	曲阜市王庄乡辛庄村	17	男	1939 年
娄志高之弟	曲阜市王庄乡辛庄村	18	男	1939 年
姜德俊之妻	曲阜市王庄乡辛庄村	30	女	1939 年
二　妮	曲阜市王庄乡朱村	—	女	1939 年
朱振东	曲阜市王庄乡朱村	—	男	1939 年
孔凡运	曲阜市王庄乡朱村	—	男	1939 年
孔宪香	曲阜市王庄乡朱村	—	男	1939 年
孔宪垚	曲阜市王庄乡朱村	—	男	1939 年
孔宪功	曲阜市王庄乡朱村	—	男	1939 年
孔宪和	曲阜市王庄乡朱村	—	男	1939 年
李宗江	曲阜市王庄乡朱村	—	男	1939 年
张明山	曲阜市	25	男	1940 年 1 月
许同兴	曲阜市	25	男	1940 年 1 月
王林玉	曲阜市	27	男	1940 年 2 月
孔宪平	曲阜市	23	男	1940 年 2 月
渠庆江	曲阜市	22	男	1940 年 4 月
张纪顺	曲阜市	25	男	1940 年 5 月
李仲尧	曲阜市	17	男	1940 年 5 月
郭宗棠	曲阜市时庄镇单家村	—	男	1940 年 5 月
郭宗泽	曲阜市时庄镇单家村	—	男	1940 年 5 月
曾世全	曲阜市	21	男	1940 年 6 月
孔招海	曲阜市	30	男	1940 年 6 月
孔繁寅	曲阜市	—	男	1940 年 6 月
王久成	曲阜市	25	男	1940 年 6 月
范振海	曲阜市	32	男	1940 年 6 月
袁文荣	曲阜市董庄乡杜村	—	男	1940 年 7 月
刘秉周	曲阜市鲁城街道苗孔	55	男	1940 年 7 月
嵇绍斌	曲阜市	23	男	1940 年 7 月
胡凤春	曲阜市	25	男	1940 年 8 月
石玉田	曲阜市	24	男	1940 年 8 月
孔庆昇	曲阜市	28	男	1940 年 10 月
孔繁生	曲阜市董庄乡董家庄村	—	男	1940 年

姓　名	籍　贯	年　龄	性　别	死难时间
张西其	曲阜市董庄乡韦楼村	—	男	1940 年
孔祥德	曲阜市董庄乡中村	29	男	1940 年
孔庆仁	曲阜市陵城镇何家村	—	男	1940 年
郭廷银之三叔	曲阜市时庄镇刘家村	—	男	1940 年
陶玉昌	曲阜市时庄镇刘家村	—	男	1940 年
郭瑞生	曲阜市时庄镇刘家村	—	男	1940 年
郭廷成	曲阜市时庄镇刘家村	—	男	1940 年
孔昭明	曲阜市时庄镇刘家村	—	男	1940 年
钱万胜	曲阜市时庄镇刘家村	—	男	1940 年
钱万秋	曲阜市时庄镇刘家村	—	男	1940 年
郭瑞中	曲阜市时庄镇刘家村	—	男	1940 年
郭瑞平	曲阜市时庄镇刘家村	—	男	1940 年
孔宪锡	曲阜市时庄镇刘家村	—	男	1940 年
孔宪宝	曲阜市时庄镇刘家村	—	男	1940 年
孔令冤	曲阜市王庄乡车庄村	20	男	1940 年
孔宪方	曲阜市王庄乡孔村	20	男	1940 年
孔庆轩	曲阜市王庄乡孔村	29	男	1940 年
孔宪贵	曲阜市王庄乡孔村	22	男	1940 年
孔宪才	曲阜市王庄乡孔村	23	男	1940 年
孔昭洞	曲阜市王庄乡孔村	25	男	1940 年
孔昭满	曲阜市王庄乡孔村	21	男	1940 年
李士连	曲阜市吴村镇李洼村	29	男	1940 年
李滋班	曲阜市吴村镇李洼村	—	男	1940 年
李滋方	曲阜市吴村镇李洼村	—	男	1940 年
孔庆恩之父	曲阜市息陬乡辛庄村	—	男	1940 年
陈昭铎	曲阜市姚村镇李家庄村	—	男	1940 年
陈希彬	曲阜市	31	男	1941 年 2 月
孔寿松	曲阜市	25	男	1941 年 3 月
马俊臣	曲阜市	28	男	1941 年 5 月
孔庆长	曲阜市	32	男	1941 年 5 月
张怀云	曲阜市	29	男	1941 年 5 月
尹祥祯之母	曲阜市鲁城街道大庄	—	女	1941 年 7 月
孔肃兵	曲阜市鲁城街道苗孔	31	男	1941 年 7 月
陈振玉	曲阜市	36	男	1941 年 9 月

姓 名	籍 贯	年 龄	性 别	死难时间
孔庆瑞	曲阜市	30	男	1941 年 10 月
高玉珍	曲阜市南辛镇张马村	37	男	1941 年 10 月
孔祥泉	曲阜市董庄乡后夏庄村	—	男	1941 年
徐绍森	曲阜市董庄乡前夏庄村	26	男	1941 年
孔庆鸿	曲阜市董庄乡屈村	17	男	1941 年
屈会东之亲戚	曲阜市董庄乡屈村	—	—	1941 年
陈云生	曲阜市董庄乡石泉庄村	—	男	1941 年
韦仲华	曲阜市董庄乡韦庄村	22	男	1941 年
韦良柱	曲阜市董庄乡韦庄村	20	男	1941 年
韦振礼	曲阜市董庄乡韦庄村	48	男	1941 年
韦忠华	曲阜市董庄乡韦庄村	18	男	1941 年
孔昭平	曲阜市陵城镇何家村	—	男	1941 年
田玉歧	曲阜市南辛镇东龙村	30	男	1941 年
刘德新	曲阜市南辛镇屯里村	28	男	1941 年
司文雨	曲阜市书院街道旧县二街	19	男	1941 年
刘鸿宝	曲阜市	24	男	1942 年 1 月
李明海	曲阜市	21	男	1942 年 1 月
刘窈修	曲阜市	17	男	1942 年 1 月
安家黑	曲阜市	23	男	1942 年 1 月
杜荣德	曲阜市	29	男	1942 年 1 月
何凤梅之父	曲阜市吴村镇前寨村	—	男	1942 年 2 月 5 日
孔庆林	曲阜市董庄乡周庄村	19	男	1942 年 3 月
孔庆芹	曲阜市王庄乡横沟泉村	20	男	1942 年 3 月
孔广惠	曲阜市鲁城街道古城	16	男	1942 年 5 月
李中成	曲阜市姚村镇黄屯村	17	男	1942 年 6 月
卓治兴	曲阜市息陬乡西夏宋村	—	男	1942 年 8 月 12 日
李宪泗	曲阜市董庄乡大庙村	21	男	1942 年 8 月
王照庚	曲阜市吴村镇	22	男	1942 年 8 月
孔祥林之六叔	曲阜市董庄乡北村	—	男	1942 年
孔昭伦之二兄	曲阜市董庄乡北村	—	男	1942 年
李现泗	曲阜市董庄乡大庙村	—	男	1942 年
冯宪奎	曲阜市董庄乡大庙村	—	男	1942 年
孔庆玉	曲阜市董庄乡大庙村	—	男	1942 年
孔庆铎	曲阜市董庄乡大庙村	—	男	1942 年

姓　名	籍　贯	年　龄	性　别	死难时间
孔宪松	曲阜市董庄乡大庙村	—	男	1942 年
韦孝泉	曲阜市董庄乡韦庄村	21	男	1942 年
翟士才	曲阜市董庄乡韦庄村	—	男	1942 年
翟福康	曲阜市董庄乡韦庄村	—	男	1942 年
韦兴林	曲阜市董庄乡韦庄村	52	男	1942 年
韦立成	曲阜市董庄乡韦庄村	34	男	1942 年
宋明常	曲阜市董庄乡马亭村	16	男	1942 年
陈庆坤之祖父	曲阜市董庄乡西庄村	—	男	1942 年
杨兴成	曲阜市董庄乡杨洼村	22	男	1942 年
席佃保	曲阜市防山乡防后官庄村	—	男	1942 年
张玉堂	曲阜市防山乡防后官庄村	—	男	1942 年
李兴×	曲阜市防山乡防后官庄村	—	男	1942 年
刘夫田	曲阜市陵城镇红庙村	—	男	1942 年
李树珍	曲阜市陵城镇红庙村	—	男	1942 年
李昭和	曲阜市南辛镇长座村	20	男	1942 年
桂信田	曲阜市南辛镇东宫庄村	24	男	1942 年
桂中田	曲阜市南辛镇东宫庄村	22	男	1942 年
高继华	曲阜市南辛镇东龙村	24	男	1942 年
刘保显	曲阜市南辛镇东龙村	24	男	1942 年
田西鼓	曲阜市南辛镇东龙村	25	男	1942 年
董　英	曲阜市南辛镇宫楼村	30	男	1942 年
卢保泰	曲阜市南辛镇宫楼村	28	男	1942 年
张德亮	曲阜市南辛镇西宫庄村	19	男	1942 年
徐益田	曲阜市王庄乡毕村	—	男	1942 年
李祥周之母	曲阜市吴村镇白塔村	—	女	1942 年
严之银	曲阜市吴村镇三官村	24	男	1942 年
何方梅	曲阜市吴村镇峪南村	—	女	1942 年
康宪义	曲阜市息陬乡郭庄村	—	男	1942 年
孟传顺之次子	曲阜市防山乡土门村	—	男	1943 年 1 月 15 日
孔祥营	曲阜市防山乡土门村	—	男	1943 年 1 月 15 日
孔祥成	曲阜市防山乡土门村	—	男	1943 年 1 月 15 日
孟传顺之长子	曲阜市防山乡土门村	—	男	1943 年 1 月 15 日
李金山	曲阜市	27	男	1943 年 2 月
乔振起	曲阜市	28	男	1943 年 2 月

姓 名	籍 贯	年 龄	性 别	死难时间
董秀田	曲阜市	43	男	1943 年 2 月
孔宪章	曲阜市	30	男	1943 年 2 月
翟玉亭	曲阜市吴村镇高楼村	22	男	1943 年 3 月
孔庆金	曲阜市	—	男	1943 年 4 月 8 日
曹洪文	曲阜市小雪镇后宣西村	26	男	1943 年 4 月 19 日
张兆学	曲阜市	32	男	1943 年 5 月
孔庆扶	曲阜市王庄乡车庄村	32	男	1943 年 5 月
孔宪至	曲阜市董庄乡大庙村	—	男	1943 年 6 月
徐少更	曲阜市董庄乡前夏庄村	16	男	1943 年 7 月
刘德安	曲阜市南辛镇东鲁源村	17	男	1943 年 7 月
石殿举	曲阜市吴村镇	—	男	1943 年 8 月 18 日
刘西贤	曲阜市吴村镇	—	男	1943 年 8 月 24 日
孔祥池	曲阜市王庄乡车庄村	14	男	1943 年 8 月
柳鸿翔	曲阜市	29	男	1943 年 9 月
吴云贵	曲阜市董庄乡前夏庄村	19	男	1943 年 10 月
颜振忠	曲阜市时庄镇西颜村	17	男	1943 年 12 月
聂赵氏	曲阜市董庄乡东焦村	50	女	1943 年
聂倪氏	曲阜市董庄乡东焦村	30	女	1943 年
聂兴明	曲阜市董庄乡东焦村	40	男	1943 年
孔庆池	曲阜市董庄乡董大城村	23	男	1943 年
陈名京	曲阜市董庄乡河东村	38	男	1943 年
刘再廷	曲阜市陵城镇红庙村	—	男	1943 年
李昭河	曲阜市南辛镇长座村	20	男	1943 年
孔祥申	曲阜市南辛镇长座村	17	男	1943 年
卢全德	曲阜市南辛镇宫楼村	30	男	1943 年
朱元忠	曲阜市王庄乡车庄村	27	男	1943 年
孔繁利之父	曲阜市吴村镇西杨院村	—	男	1943 年
贾洪元之二弟	曲阜市吴村镇峪南村	—	男	1943 年
贾洪元之三弟	曲阜市吴村镇峪南村	2	男	1943 年
李洪雷	曲阜市防山乡无粮庄村	70	男	1944 年 2 月
李孔氏	曲阜市防山乡无粮庄村	69	女	1944 年 2 月
李玉坤	曲阜市防山乡无粮庄村	49	男	1944 年 2 月
孔庆安	曲阜市董庄乡孔家店村	16	男	1944 年 3 月
马胜臣	曲阜市南辛镇大湖村	52	男	1944 年 3 月

姓 名	籍 贯	年 龄	性 别	死难时间
苏宪明	曲阜市南辛镇苏家村	21	男	1944 年 3 月
巩怀彬	曲阜市南辛镇颜母村	26	男	1944 年 4 月
蒋武韬	曲阜市	32	男	1944 年 5 月
李成亮	曲阜市王庄乡车庄村	20	男	1944 年 8 月
熊碧臣	曲阜市	35	男	1944 年 9 月
王增桂	曲阜市	28	男	1944 年 9 月
庞文奎	曲阜市	28	男	1944 年 9 月
宋子平	曲阜市	24	男	1944 年 9 月
孙士清	曲阜市南辛镇长座村	24	男	1944 年 9 月
张奉申	曲阜市息陬乡东终吉村	20	男	1944 年 10 月
陈怀付	曲阜市董庄乡大庙村	—	男	1944 年
屈恒壁	曲阜市董庄乡董大城村	19	男	1944 年
孔庆常	曲阜市董庄乡董大城村	20	男	1944 年
孔祥×	曲阜市董庄乡黄沟村	23	男	1944 年
孔庆周	曲阜市董庄乡西焦村	18	男	1944 年
王志修	曲阜市董庄乡西焦村	25	男	1944 年
郭守春	曲阜市陵城镇郭家村	—	男	1944 年
孔发海	曲阜市南辛镇长座村	25	男	1944 年
冯二洋	曲阜市南辛镇长座村	25	男	1944 年
谭 ×	曲阜市南辛镇长座村	24	男	1944 年
刘常山	曲阜市南辛镇东鲁村	—	男	1944 年
刘常领	曲阜市南辛镇东鲁村	—	男	1944 年
刘章代	曲阜市南辛镇东鲁村	—	男	1944 年
景润堂	曲阜市南辛镇颜母村	21	男	1944 年
刘祥瑜	曲阜市南辛镇张马村	18	男	1944 年
李尉鑫	曲阜市王庄乡王庄村	—	男	1944 年
孔庆振	曲阜市王庄乡车庄村	—	男	1944 年
孔庆元	曲阜市王庄乡车庄村	34	男	1944 年
高昭信	曲阜市王庄乡三门庙村	—	男	1944 年
高宝山	曲阜市王庄乡三门庙村	—	男	1944 年
王福德	曲阜市王庄乡三门庙村	—	男	1944 年
徐崇彦	曲阜市王庄乡袁家村	18	男	1944 年
李 朋	曲阜市吴村镇	—	男	1944 年
林玉海	曲阜市吴村镇林家寺村	18	男	1944 年

姓　名	籍　贯	年　龄	性　别	死难时间
张胜德	曲阜市息陬乡	52	男	1944 年
赵　氏	曲阜市姚村镇庙东村	16	女	1944 年
魏玉坤	曲阜市	25	男	1944 年
黄德林	曲阜市鲁城街道东关	21	男	1945 年 2 月
孔一佐	曲阜市鲁城街道池崖	26	男	1945 年 3 月
刘克忠	曲阜市	18	男	1945 年 4 月
蔡金福	曲阜市	37	男	1945 年 4 月
徐绍增	曲阜市王庄乡袁家村	22	男	1945 年 4 月
孔祥来	曲阜市息陬乡四张曲村	20	男	1945 年 5 月
卢令进	曲阜市南辛镇宫楼村	23	男	1945 年 7 月
张德亮	曲阜市南辛镇西官村	18	男	1945 年 7 月
屈怀英	曲阜市董庄乡屈村	13	女	1945 年 7 月
孔广洞	曲阜市	—	男	1945 年
陈怀付	曲阜市董庄乡大庙村	24	男	1945 年
丁赵氏	曲阜市董庄乡丁庄村	—	女	1945 年
郭洪和	曲阜市董庄乡东黄庄村	19	男	1945 年
韦良奎之女	曲阜市董庄乡石泉庄村	1	女	1945 年
张诚义	曲阜市鲁城街道池崖	24	男	1945 年
刘怀玖	曲阜市南辛镇东鲁源村	22	男	1945 年
刘保海	曲阜市南辛镇东鲁源村	19	男	1945 年
刘保时	曲阜市南辛镇西鲁源村	20	男	1945 年
宋关荣	曲阜市姚村镇宋家林村	36	男	1945 年
张宪尧	曲阜市董庄乡大西庄村	—	男	—
根　党	曲阜市董庄乡大西庄村	—	男	—
孔　×	曲阜市董庄乡董家村	—	男	—
周宪防	曲阜市董庄乡郭沟村	56	男	—
孙广泉之母	曲阜市董庄乡郭沟村	—	女	—
王凤兰	曲阜市董庄乡石门山庄村	—	男	—
胡　×	曲阜市董庄乡石门山庄村	—	男	—
胡×之子	曲阜市董庄乡石门山庄村	—	男	—
闻祥云	曲阜市董庄乡石泉庄村	—	男	—
闻祥林	曲阜市董庄乡石泉庄村	—	男	—
屈崇何	曲阜市董庄乡石泉庄村	—	男	—
孔祥宪	曲阜市鲁城街道坊上	—	男	—

姓　名	籍　贯	年　龄	性　别	死难时间
白凤殿	曲阜市鲁城街道苗孔	—	男	—
孔昭实之子	曲阜市南辛镇北山村	—	男	—
刘祥珍	曲阜市南辛镇张马村	—	男	—
张政建	曲阜市南辛镇张马村	—	男	—
李广启	曲阜市南辛镇张马村	—	男	—
张学义	曲阜市南辛镇张马村	—	男	—
张振武	曲阜市南辛镇张马村	—	男	—
高玉发	曲阜市南辛镇张马村	—	男	—
颜振诚	曲阜市时庄镇单家村	—	男	—
颜景川	曲阜市时庄镇单家村	—	男	—
刘培基	曲阜市时庄镇单家村	—	男	—
孔宪雷	曲阜市时庄镇单家村	—	男	—
孔宪月之兄	曲阜市时庄镇单家村	—	男	—
程桂元	曲阜市书院街道徐家村	—	男	—
孔丰氏之夫	曲阜市书院街道东林西村	—	男	—
孔丰氏之子	曲阜市书院街道东林西村	—	男	—
王文福之外公	曲阜市书院街道东林西村	—	男	—
王西良	曲阜市王庄乡焦沟村	29	男	—
李春友	曲阜市吴村镇白塔村	—	男	—
林凡奎之祖父	曲阜市吴村镇林家寨村	—	男	—
林洪申之父	曲阜市吴村镇林家寨村	—	男	—
林玉川	曲阜市吴村镇林家寨村	—	男	—
小　田	曲阜市吴村镇林家寨村	—	男	—
刘宗雨	曲阜市吴村镇前张庄村	—	男	—
张洪田	曲阜市吴村镇西官庄村	—	男	—
宫兴国	曲阜市吴村镇峪南村	—	男	—
聂桂玉之父	曲阜市息陬乡北夏宋村	—	男	—
孔广寅之母	曲阜市息陬乡东息陬村	—	女	—
江德仁之父	曲阜市息陬乡三张曲村	—	男	—
胡守叶	曲阜市息陬乡三张曲村	—	男	—
孔庆何之次子	曲阜市息陬乡西终吉村	—	男	—
孔祥申	曲阜市息陬乡西终吉村	—	男	—
孔庆芝之妻	曲阜市小雪镇陈家村	—	女	—
袁文荣	曲阜市小雪镇林家村	—	男	—

姓　名	籍　贯	年　龄	性　别	死难时间
王庆武之二兄	曲阜市姚村镇前代洼村	—	男	—
王庆武之四兄	曲阜市姚村镇前代洼村	—	男	—
西学臣	曲阜市姚村镇王官庄村	—	男	—
颜承顺	曲阜市姚村镇兴隆桥村	—	男	—
颜锡盈之三子	曲阜市姚村镇兴隆桥村	—	男	—
孔祥贞	曲阜市姚村镇薛家村	—	男	—
李吉太之伯父	曲阜市姚村镇薛家村	—	男	—
杨兴连之父	曲阜市董庄乡杨洼村	—	男	1938 年
颜承恩	曲阜市董庄乡南村	47	男	1938 年
潘和岭	曲阜市董庄乡南村	38	男	1938 年
翟金朋	曲阜市董庄乡南村	33	男	1938 年
盛廷富	曲阜市董庄乡坡里村	—	男	1938 年
盛廷旺	曲阜市董庄乡坡里村	—	男	1938 年
韦兴龙	曲阜市董庄乡坡里村	—	男	1938 年
王承先	曲阜市南辛镇北辛村	24	男	1938 年
张老婆	曲阜市南辛镇屯里村	20	男	1938 年
孔昭弟	曲阜市吴村镇东岭村	—	男	1938 年
王怀保	曲阜市董庄乡南村	36	男	1939 年
颜井顺	曲阜市姚村镇河口村	23	男	1939 年
张青松	曲阜市董庄乡石泉庄村	—	男	1940 年
杨云成	曲阜市董庄乡杨洼村	—	男	1940 年
辛其胜	曲阜市陵城镇红庙村	—	男	1940 年
杜太平	曲阜市南辛镇大烟村	26	男	1940 年
杜中严	曲阜市南辛镇大烟村	24	男	1940 年
杜显辉	曲阜市南辛镇大烟村	24	男	1940 年
潘曾保	曲阜市南辛镇大烟村	30	男	1940 年
尚传河	曲阜市书院街道荀村	—	男	1940 年
丰绍红	曲阜市书院街道荀村	—	男	1940 年
颜承页	曲阜市姚村镇河口村	22	男	1940 年
孔保珠	曲阜市姚村镇河口村	24	男	1940 年
颜振拼	曲阜市姚村镇河口村	25	男	1940 年
韦效立	曲阜市董庄乡韦楼村	—	男	1942 年
马瑞田	曲阜市董庄乡韦楼村	—	男	1942 年
马宪友	曲阜市董庄乡韦楼村	—	男	1942 年

姓 名	籍 贯	年 龄	性 别	死难时间
孔繁利之祖母	曲阜市董庄乡西杨院	—	女	1942 年
秦德年	曲阜市陵城镇红庙村	—	男	1942 年
孔宪保	曲阜市陵城镇红庙村	—	男	1942 年
孔庆田	曲阜市姚村镇孔村	—	男	1942 年
陈士俭	曲阜市姚村镇陈寨村	—	男	1943 年 3 月 27 日
孔令渠	曲阜市董庄乡管村	—	男	1943 年
曹福田	曲阜市董庄乡西焦村	—	男	1943 年
孔庆胜	曲阜市董庄乡西焦村	—	男	1943 年
李炳银	曲阜市董庄乡西焦村	—	男	1943 年
杨士千	曲阜市董庄乡杨洼村	26	男	1943 年
孔宪芳	曲阜市防山乡东张村	—	男	1943 年
周 山	曲阜市防山乡东张村	—	男	1943 年
孔庆山	曲阜市防山乡东张村	—	男	1943 年
孔庆怀	曲阜市防山乡石汪村	—	男	1943 年
孔宪章	曲阜市防山乡石汪村	—	男	1943 年
孔宪坤	曲阜市防山乡石汪村	—	男	1943 年
高 八	曲阜市防山乡石汪村	—	男	1943 年
孔宪荣	曲阜市防山乡石汪村	—	男	1943 年
孔召亲	曲阜市防山乡石汪村	—	男	1943 年
孔庆伦	曲阜市防山乡石汪村	—	男	1943 年
孔召泉	曲阜市防山乡石汪村	—	男	1943 年
孔繁利之祖父	曲阜市吴村镇西杨院	—	男	1943 年
孔繁利之母	曲阜市吴村镇西杨院	—	女	1943 年
郁位卿	曲阜市董庄乡郁家村	—	男	1944 年
卢令银	曲阜市南辛镇宫楼村	24	男	1944 年
孔宪宝	曲阜市	—	男	1944 年
张如芹	曲阜市董庄乡郭沟村	29	男	—
孔庆雷	曲阜市南辛镇北山村	—	男	—
李保玉之妹	曲阜市时庄镇李官庄村	—	女	—
王保箴之三弟	曲阜市时庄镇田村	—	男	—
刘绪喜之姐	曲阜市吴村镇黄家堂村	—	女	—
孔宪顺之妹	曲阜市吴村镇黄家堂村	—	女	—
合 计	**539**			

责任人：邱 臣　　　　　　核实人：孔凡成 孙 骥　　　　填表人：孔爱梅 刘 屹
填报单位（签章）：曲阜市委党史研究室　　　　　　填报时间：2009 年 4 月 20 日

泗水县抗日战争时期死难者名录

姓 名	籍 贯	年龄	性别	死难时间
张正福	泗水县泗河街道考棚街村	35	男	1938 年 1 月
李福至	泗水县泗河街道考棚街村	38	男	1938 年 1 月
杨三元	泗水县济河街道高家庄村	—	男	1938 年 1 月
王士尧	泗水县济河街道北尚舒村	—	男	1938 年 1 月
相瑞荣	泗水县济河街道北尚舒村	—	男	1938 年 1 月
相瑞争	泗水县济河街道北尚舒村	—	男	1938 年 1 月
相起田之祖父	泗水县济河街道北尚舒村	—	男	1938 年 1 月
王新名之女	泗水县济河街道北尚舒村	—	女	1938 年 1 月
宋清标	泗水县泗河街道徐家楼村	—	男	1938 年 1 月
曹彦法	泗水县星村镇双凤村	32	男	1938 年 1 月
岳双全	泗水县高峪乡南丑村	51	男	1938 年 1 月
宋召泉	泗水县高峪乡南丑村	59	男	1938 年 1 月
景广亮	泗水县苗馆镇桃花庄村	—	男	1938 年 2 月 1 日
景广现	泗水县苗馆镇桃花庄村	—	男	1938 年 2 月 1 日
景秀芝	泗水县苗馆镇桃花庄村	—	男	1938 年 2 月 1 日
陈玉柱	泗水县苗馆镇桃花庄村	—	男	1938 年 2 月 1 日
娄祥文	泗水县苗馆镇桃花庄村	—	男	1938 年 2 月 1 日
孟广英	—	—	—	1938 年 2 月 4 日
王现义	蓬莱市	32	男	1938 年 2 月 16 日
苏清教	泗水县济河街道五里庙村	—	男	1938 年 2 月
陈培安	泗水县济河街道罗家湾村	—	男	1938 年 2 月
尤 氏	泗水县济河街道罗家湾村	—	女	1938 年 2 月
张瑞兴	泗水县济河街道罗家湾村	—	男	1938 年 2 月
颜廷岁	泗水县柘沟镇李家村	—	男	1938 年 3 月
刘广荣	泗水县柘沟镇柘沟四村	—	男	1938 年 4 月 28 日
刘召朋	泗水县柘沟镇柘沟四村	—	男	1938 年 4 月 28 日
王小跑	泗水县柘沟镇柘沟四村	—	男	1938 年 4 月 28 日
聂长军	—	—	男	1938 年 5 月 27 日
宋传富	—	—	男	1938 年 5 月 27 日
郝正经	—	—	男	1938 年 5 月 27 日
高士季	泗水县泗张镇太平庄村	30	男	1938 年 6 月 1 日

姓　名	籍　贯	年　龄	性　别	死难时间
张新友	泗水县泗张镇太平庄村	32	男	1938 年 6 月 1 日
刘延如	泗水县柘沟镇黄土崖村	—	男	1938 年 6 月 4 日
刘延士	泗水县柘沟镇黄土崖村	—	男	1938 年 6 月 4 日
刘兴卫	泗水县柘沟镇黄土崖村	—	男	1938 年 6 月 4 日
苏兴水	泗水县星村镇南北顶南村	62	男	1938 年 7 月
杜来亮	泗水县大黄沟乡邢家屋村	—	男	1938 年
马守芹	泗水县大黄沟乡邢家屋村	—	—	1938 年
邢文田	泗水县大黄沟乡邢家屋村	—	男	1938 年
段培容	泗水县大黄沟乡邢家屋村	—	—	1938 年
马守银	泗水县大黄沟乡邢家屋村	—	男	1938 年
马守亮	泗水县大黄沟乡邢家屋村	—	男	1938 年
邢怀清	泗水县大黄沟乡邢家屋村	—	男	1938 年
邢怀常	泗水县大黄沟乡邢家屋村	—	男	1938 年
杜德元	泗水县大黄沟乡邢家屋村	—	男	1938 年
宋汝兴	泗水县柘沟镇尚庄村	—	男	1938 年 9 月
王景堂	泗水县泗河街道杨家庄村	45	男	1938 年 9 月
赵宗元	泗水县泗河街道杨家庄村	32	男	1938 年 9 月
王桂杨	泗水县泗河街道杨家庄村	23	男	1938 年 9 月
李克红	泗水县苗馆镇东刘村	—	—	1938 年 10 月 17 日
郑复文	泗水县苗馆镇东刘村	—	—	1938 年 10 月 17 日
李心田	泗水县苗馆镇东刘村	—	—	1938 年 10 月 17 日
郑××	泗水县苗馆镇东刘村	—	—	1938 年 10 月 17 日
贺万帮	泗水县高峪乡于家馆村	16	男	1938 年 10 月
王荣祥	泗水县泉林镇泗源村	39	男	1938 年 10 月
袁凤田	泗水县泗河街道西立石村	39	男	1938 年
郭风柱	泗水县高峪乡马庄村	—	男	1938 年
李庆德	泗水县高峪乡马庄村	—	男	1938 年
张玉柱	泗水县泉林镇卞四村	30	男	1938 年
宋怀朱	泗水县高峪乡南丑村	35	男	1938 年
韩成伍	泗水县泉林镇韩家村	32	男	1938 年
马守钱	泗水县泉林镇马家庄村	35	男	1938 年
马守伦	泗水县泉林镇马家庄村	33	男	1938 年
马守和	泗水县泉林镇马家庄村	34	男	1938 年
赵学师	泗水县泉林镇马家庄村	38	男	1938 年

姓　名	籍　贯	年　龄	性　别	死难时间
宋士鲁	泗水县星村镇大李家庄村	27	男	1938 年
李培銮	泗水县星村镇大李家庄村	27	男	1938 年
张彭怀	泗水县星村镇东仲家庄村	54	男	1938 年
蒋永太	泗水县星村镇五道岭村	23	男	1938 年
任李氏	泗水县高峪乡西山头村	30	女	1939 年 3 月
马董氏	泗水县高峪乡西山头村	32	女	1939 年 3 月
陈光明	泗水县高峪乡西山头村	21	男	1939 年 3 月
陈光合	泗水县高峪乡西山头村	22	男	1939 年 3 月
陈玉京	泗水县高峪乡西山头村	50	男	1939 年 3 月
陈　氏	泗水县高峪乡西山头村	50	女	1939 年 3 月
王自勤	泗水县苗馆镇前李庄村	—	男	1939 年 5 月
孔庆礼	泗水县杨柳镇前琴柏村	—	男	1939 年 7 月
冯继先	泗水县高峪乡高峪村	38	男	1939 年 7 月
李广芹	泗水县高峪乡高峪村	40	男	1939 年 7 月
宋如喜	泗水县柘沟镇尚庄村	—	男	1939 年 9 月
张长迷	泗水县苗馆镇东独角村	—	男	1939 年 10 月
景广瑞	泗水县苗馆镇桃花庄村	—	男	1939 年 10 月
刘作胜	泗水县		男	1939 年
蒋保贵	泗水县圣水峪乡响水河村	—	男	1939 年
王学申	泗水县泗河街道中曲泗村	—	男	1939 年
马建本	泗水县泉林镇花园村	52	男	1939 年
刘延山	泗水县柘沟镇黄土崖村	—	男	1940 年 1 月
刘兴谓	泗水县柘沟镇黄土崖村	—	男	1940 年 1 月
刘延和	泗水县柘沟镇黄土崖村	—	男	1940 年 1 月
高传令	泗水县高峪乡上下峪村	36	男	1940 年 2 月 16 日
高传胜	泗水县高峪乡上下峪村	20	男	1940 年 2 月 16 日
贺守臣	泗水县星村镇贺家塘村	28	男	1940 年 2 月
尤昌民	泗水县泉林镇中尤村	21	男	1940 年 4 月
尤昌祥	泗水县泉林镇中尤村	12	男	1940 年 4 月
尤昌礼之妻	泗水县泉林镇中尤村	19	女	1940 年 4 月
尤昌山	泗水县泉林镇中尤村	13	男	1940 年 4 月
尤明廷	泗水县泉林镇中尤村	12	男	1940 年 4 月
尤昌贵	泗水县泉林镇中尤村	23	男	1940 年 4 月
翟振莲	泗水县星村镇黑泥村	20	女	1940 年 5 月

姓 名	籍 贯	年 龄	性 别	死难时间
翟振贵	泗水县星村镇黑泥村	40	男	1940 年 5 月
王井宽	泗水县苗馆镇简家庄村	—	男	1940 年 6 月 10 日
王井宽之妻	泗水县苗馆镇简家庄村	—	女	1940 年 6 月 10 日
王 氏	泗水县苗馆镇简家庄村	—	女	1940 年 6 月 10 日
程继长	泗水县星村镇鲍家庄村	29	男	1940 年 6 月 24 日
张宝贵	泗水县星村镇北陈家庄村	22	男	1940 年 6 月
卢玉元	泗水县星村镇六安庄村	23	男	1940 年 9 月 9 日
冯振起	泗水县济河街道北孙徐村	—	男	1940 年 9 月 11 日
王会春	泗水县柘沟镇尚庄村	—	男	1940 年 9 月
宋汝喜	泗水县柘沟镇尚庄村	—	男	1940 年 9 月
宋怀言	泗水县柘沟镇尚庄村	—	男	1940 年 9 月
宋勇北	泗水县星村镇张家庙村	26	男	1940 年 9 月
陈现长	泗水县星村镇张家庙村	28	男	1940 年 9 月
宋汝星	泗水县柘沟镇尚庄村	—	男	1940 年 9 月
宋尚存	泗水县柘沟镇尚庄村	—	男	1940 年 9 月
陈学漠	泗水县圣水峪乡孙家庄村	30	男	1940 年 10 月
孙兆仁	泗水县圣水峪乡孙家庄村	31	男	1940 年 10 月
周振修	泗水县星村镇六安庄村	35	男	1940 年 10 月
贺守尖	泗水县星村镇贺家塘村	30	男	1940 年 10 月
程继龚	泗水县星村镇鲍家庄村	39	男	1940 年
李振友	泗水县大黄沟乡南华村	—	男	1940 年 11 月
陈玉坤	泗水县大黄沟乡凤凰庄村	—	男	1940 年 11 月
雷振廷	泗水县大黄沟乡凤凰庄村	—	男	1940 年 11 月
刘洪彬	泗水县大黄沟乡凤凰庄村	—	男	1940 年 11 月
张理文	泗水县大黄沟乡凤凰庄村	—	男	1940 年 11 月
孙 铁	泗水县大黄沟乡凤凰庄村	—	男	1940 年 11 月
段培石	泗水县大黄沟乡凤凰庄村	—	男	1940 年 11 月
孙得胜	泗水县星村镇六安庄村	—	男	1940 年
王廷存	泗水县泗张镇峪村	—	男	1940 年
张如贞	泗水县高峪乡土门村	—	男	1940 年
赵成文	泗水县高峪乡亮庄村	—	男	1940 年
郑伯玉	泗水县星村镇后河西庄村	—	男	1940 年
冯庆柱	泗水县高峪乡后侯村	28	男	1940 年
张安和	泗水县柘沟镇柘沟一村	—	男	1940 年

姓 名	籍 贯	年 龄	性 别	死难时间
刘从龙	泗水县柘沟镇王坟庄村	—	男	1940 年
王本善	泗水县星村镇东仲家庄村	28	男	1940 年
许学义	泗水县杨柳镇田许庄村	—	男	1940 年
钱杰东	泗水县杨柳镇小颜庙村	—	男	1940 年
王庆祥	泗水县济河街道南尚舒村	—	男	1940 年
仲统太	泗水县济河街道南尚舒村	—	男	1940 年
结 实	泗水县济河街道南尚舒村	—	男	1940 年
石 头	泗水县济河街道南尚舒村	—	男	1940 年
金树慈	泗水县中册镇中册一村	—	男	1940 年
张清臣	泗水县中册镇中册一村	—	男	1940 年
杨永信	泗水县柘沟镇柘沟一村	—	男	1940 年
刘则功	泗水县柘沟镇柘沟四村	—	男	1940 年
杜希明	泗水县泗张镇石龙咀村	—	男	1940 年
丁保祥	泗水县济河街道南尚舒村	—	男	1940 年
王宣功	泗水县济河街道南尚舒村	—	男	1940 年
贺守德	泗水县星村镇贺家塘村	26	男	1941 年 3 月
张士谓	泗水县中册镇小张家庄村	—	男	1941 年 4 月
岳 林	泗水县圣水峪乡甲山头村	—	男	1941 年 4 月
陈宝传	泗水县大黄沟乡东北华村	—	男	1941 年 5 月
陈庆花	泗水县大黄沟乡东北华村	—	女	1941 年 5 月
李祥林	泗水县中册镇杨庄村	—	男	1941 年 8 月
陈学秀	泗水县圣水峪乡孙家庄村	29	男	1941 年 8 月
陈学依	泗水县圣水峪乡孙家庄村	30	男	1941 年 8 月
曾广勤	泗水县高峪乡于家馆村	19	男	1941 年 9 月
孔昭芝	泗水县柘沟镇尚庄村	—	男	1941 年 10 月
徐志义	泗水县柘沟镇徐家庄村	—	男	1941 年 10 月
高理扬	泗水县柘沟镇魏庄南村	—	男	1941 年 10 月
杜希明	泗水县泗张镇耿家庄村	—	男	1941 年 10 月
朱本善	泗水县苗馆镇朱家庄村	—	男	1941 年 10 月
聂克恒	泗水县苗馆镇朱家庄村	—	男	1941 年 10 月
冯庆东	泗水县高峪乡西丑村	28	男	1941 年 11 月 5 日
张如连	泗水县高峪乡土门村	26	男	1941 年 11 月
李长新	泗水县高峪乡土门村	63	男	1941 年 11 月
王廷富	泗水县苗馆镇朱家庄村	—	男	1941 年 12 月

姓　名	籍　贯	年　龄	性　别	死难时间
张丙扩	泗水县济河街道党家庙村	—	男	1941 年
贺万祥	泗水县高峪乡于家馆村	—	男	1941 年
张顺忠	泗水县苗馆镇东独角村	—	男	1941 年
孙继奎	泗水县泗张镇大厂村	28	男	1941 年
吕英连之祖父	泗水县济河街道西王村	—	男	1941 年
张长文	泗水县苗馆镇东独角村	—	男	1941 年
张白净	泗水县圣水峪乡西卸甲村	81	男	1941 年
刘玉田	泗水县圣水峪乡小北山村	33	男	1941 年
黄建昌	泗水县高峪乡北丑村	26	男	1941 年
王其瑞	泗水县高峪乡后侯村	26	男	1941 年
张长贵	泗水县苗馆镇东独角村	—	男	1941 年
杜子泗	泗水县高峪乡杨家桥村	19	男	1941 年
马新胜	泗水县高峪乡马家峪村	—	男	1941 年
杨大益	泗水县中册镇故县村	—	男	1941 年
李延甫	泗水县高峪乡亮庄村	—	男	1941 年
刘芝乾	泗水县柘沟镇王坟村	—	男	1941 年
张相富	泗水县泗张镇高家庄村	—	男	1941 年
张启怀	泗水县泉林镇西城村	38	男	1941 年
步永法	泗水县杨柳镇西柳村	—	男	1941 年
张宪德	泗水县高峪乡前侯村	20	男	1941 年
王龙水	泗水县泉林镇张家庄村	21	男	1941 年
马廷训	泗水县圣水峪乡小金庄村	—	男	1941 年
于福海	泗水县星村镇小于家庄村	—	男	1942 年 1 月
聂克廷	泗水县苗馆镇朱家庄村	—	男	1942 年 3 月
时修智	泗水县泗张镇张庄村	—	男	1942 年 4 月
刘尧太	泗水县济河街道何家庄村	—	男	1942 年春
王士发	泗水县济河街道何家庄村	—	男	1942 年春
王本善	泗水县大黄沟乡东北华村	—	男	1942 年 5 月 5 日
张时代	泗水县星村镇北陈家庄村	22	男	1942 年 5 月 8 日
高富才	泗水县大黄沟乡东北华村	—	男	1942 年 5 月 10 日
陈心友	泗水县大黄沟乡东北华村	—	男	1942 年 5 月 13 日
杨　沉	泗水县大黄沟乡东北华村	—	男	1942 年 5 月
黄建昌	泗水县高峪乡丑村	—	男	1942 年 5 月
周传均	泗水县高峪乡丑村	—	男	1942 年 5 月

姓　名	籍　贯	年　龄	性　别	死难时间
周长任	泗水县高峪乡丑村	—	男	1942 年 5 月
张士武	泗水县柘沟镇东马庄村	—	男	1942 年 5 月
李关荣	泗水县苗馆镇西故安村	—	—	1942 年 6 月
宋相恒	泗水县高峪乡寺台村	35	男	1942 年 6 月
陈现昌	泗水县星村镇张家庙村	24	男	1942 年 6 月
曹　×	泗水县苗馆镇西故安村	—	—	1942 年 6 月
孟凡春	泗水县苗馆镇西故安村	—	—	1942 年 6 月
郭　×	泗水县圣水峪乡八士庄村	60	男	1942 年 6 月
王　×	泗水县柘沟镇	50	男	1942 年 6 月
徐志一	泗水县	—	男	1942 年
冯长清	泗水县高峪乡后侯村	—	男	1942 年 8 月 20 日
宋怀昌	—	—	男	1942 年 8 月
孔庆泗	—	—	男	1942 年 8 月
徐志羲	—	—	男	1942 年 8 月
刘从信	泗水县柘沟镇西马村	—	男	1942 年 8 月
孙洪楼	泗水县高峪乡土门村	38	男	1942 年 8 月
陈学政	泗水县圣水峪乡孙家庄村	28	男	1942 年 9 月
翟元姜	泗水县星村镇蒲山村	22	男	1942 年 10 月
王玉功	泗水县高峪乡杨家桥村	23	男	1942 年 11 月 5 日
王纪武	泗水县泉林镇卞一村	50	男	1942 年 11 月
马佩连	泗水县星村镇云头山村	37	男	1942 年 12 月 29 日
马佩波	泗水县星村镇云头山村	39	男	1942 年 12 月 29 日
马洪本	泗水县泗河街道西音义村	—	男	1942 年
宋相廷	泗水县大黄沟乡东陈村	—	男	1942 年
张秀智	泗水县泗张镇茂石沟村	—	男	1942 年
宋奎伍	泗水县高峪乡丑村	—	男	1942 年
周庆斗	泗水县高峪乡丑村	—	男	1942 年
孔宪喜	泗水县金庄镇孟家村	—	男	1942 年
刘会分之妻	泗水县济河街道西高村	—	女	1942 年
刘玉安之母	泗水县济河街道西高村	—	女	1942 年
王新俭	泗水县泉林镇北贺村	43	男	1942 年
李景运	泗水县泉林镇北贺村	42	男	1942 年
竞安彭	泗水县星村镇东仲家庄村	32	男	1942 年
翟玉廷	泗水县高峪乡官庄村	—	男	1942 年

姓 名	籍 贯	年 龄	性 别	死难时间
冯长均	泗水县高峪乡后侯村	—	男	1942 年
高振田	泗水县高峪乡尧前庄村	—	男	1942 年
马希恩	泗水县中册镇中册一村	—	男	1942 年
徐广申	泗水县中册镇西杨家庄村	—	男	1942 年
杨士俊	泗水县柘沟镇柘沟一村	—	男	1942 年
周振修	泗水县星村镇六安庄村	—	男	1942 年
陈新友	泗水县大黄沟乡华村	—	男	1942 年
孔祥启	泗水县泉林镇香乐村	22	男	1942 年
孔宪珠	泗水县泉林镇香乐村	28	男	1942 年
杨茂森之子	泗水县济河街道西高村	—	男	1942 年
吴相军	泗水县济河街道涝家庄村	—	男	1942 年
关建义	泗水县济河街道涝家庄村	—	男	1942 年
刘振元	泗水县济河街道何家庄村	—	男	1942 年
崔延贵	泗水县泗张镇汉舒村	—	男	1942 年
王本银	泗水县大黄沟乡华村	—	男	1942 年
张怀平	泗水县高峪乡西头村	—	男	1942 年
李京运	泗水县泉林镇西贺村	48	男	1942 年
王新兑	泗水县泉林镇西贺村	49	男	1942 年
王启田	泗水县泉林镇北贺村	31	男	1942 年
王新免	泗水县泉林镇北贺村	42	男	1942 年
许新玉	泗水县星村镇大李家庄村	27	男	1943 年 1 月 15 日
李关峰	泗水县苗馆镇西故安村	—	男	1943 年 1 月
王广宽	泗水县苗馆镇前李庄村	—	男	1943 年 1 月
李建富	泗水县杨柳镇吴家庄村	—	男	1943 年 2 月
张希金	泗水县星村镇前河西村	17	男	1943 年 2 月
孔宪才	泗水县柘沟镇柘沟四村	—	男	1943 年 3 月
周长任	泗水县高峪乡北丑村	18	男	1943 年 3 月
冯登榜	泗水县苗馆镇前李庄村	—	男	1943 年 4 月
王全富	泗水县高峪乡高峪村	36	男	1943 年 4 月
宋云祥	泗水县星村镇张家庙村	22	男	1943 年 4 月
冯福填	泗水县泗张镇太平庄村	32	男	1943 年 4 月
冯福具	泗水县泗张镇太平庄村	37	男	1943 年 4 月
张丙厚	泗水县泗张镇高家庄村	—	男	1943 年 5 月
卢广荣	泗水县大黄沟乡西华村	—	男	1943 年 5 月

姓 名	籍 贯	年 龄	性 别	死难时间
张长宽	泗水县柘沟镇东马庄村	—	男	1943 年 6 月
朝忠寅	泗水县苗馆镇朱家庄村	—	男	1943 年 7 月
程庆林	泗水县高峪乡尧山村	—	男	1943 年 7 月
盛茂兴	泗水县高峪乡尧山村	—	男	1943 年 7 月
李现全	泗水县杨柳镇夏李庄村	—	男	1943 年 7 月
刘现常	泗水县苗馆镇踅庄村	—	男	1943 年 8 月
乔尚海	泗水县苗馆镇朱家庄村	—	男	1943 年 8 月
郑伯此	泗水县星村镇后河西庄村	—	男	1943 年 8 月
程汉均	泗水县柘沟镇柘沟一村	—	男	1943 年 8 月
朱本纪	泗水县苗馆镇石龙岗村	—	男	1943 年 8 月
曹庆怀	泗水县泗张镇耿家庄村	—	男	1943 年 8 月
巩立正	泗水县泉林镇石缝泉村	—	男	1943 年 8 月
柏秀成	泗水县苗馆镇踅庄村	—	男	1943 年 8 月
陈先本	泗水县高峪乡莲花峪村	—	男	1943 年 10 月
宋思杰	泗水县大黄沟乡小黄沟村	—	男	1943 年 11 月
宋汝明	泗水县柘沟镇滕家洼村	—	男	1943 年
张如征	泗水县高峪乡土门村	35	男	1943 年 12 月
周广喜	泗水县高峪乡丑村	—	男	1943 年
马少顶	泗水县高峪乡马家峪村	—	男	1943 年
宋奎伍	泗水县高峪乡东丑村	20	男	1943 年
尹连侠	泗水县泗张镇上焦坡村	52	男	1943 年
魏光义	泗水县泗张镇司家庄村	32	男	1943 年
刘忠卫	泗水县泗张镇杨园村	26	男	1943 年
孙洪秀	泗水县高峪乡土门村	—	男	1943 年
王德立	泗水县泗张镇罗家庄村	—	男	1943 年
刘孝栋	泗水县泗张镇大汪村	—	男	1943 年
程继会	泗水县星村镇鲍家庄村	40	男	1943 年
周士钦	泗水县泗张镇大周家峪村	—	男	1943 年
冯殿格	泗水县泗张镇大厂村	—	男	1943 年
冯传祥	泗水县泗张镇石门庄村	—	男	1943 年
尹若山	泗水县泗张镇石门庄村	—	男	1943 年
孙祥春	泗水县泗张镇仲家庄村	—	男	1943 年
张立坤	泗水县苗馆镇西故安村	—	男	1943 年
苏行新	泗水县苗馆镇踅庄村	—	男	1943 年

姓　名	籍　贯	年　龄	性　别	死难时间
王廷考	泗水县苗馆镇朱家庄村	—	男	1943 年
刘新和	泗水县柘沟镇柘沟五村	—	男	1943 年
程家章	泗水县星村镇鲍家庄村	—	男	1943 年
张立贵	泗水县泗张镇元卜庄村	—	男	1943 年
蒋士恩	泗水县圣水峪乡高家庄村	—	男	1943 年
吕彦增	泗水县中册镇北临泗村	—	男	1943 年
于立顶	泗水县高峪乡亮庄村	—	男	1943 年
赵协云	泗水县柘沟镇赵家庄村	—	男	1943 年
朱思杰	泗水县柘沟镇陈家庄村	—	男	1943 年
段胜恩	泗水县柘沟镇陈家庄村	—	男	1943 年
马正顺	泗水县圣水峪乡金家庄村	—	男	1943 年
贾恕鲁	泗水县高峪乡尧山村	—	男	1943 年
周长连	泗水县大黄沟乡东陈村	—	男	1943 年
段圣恩	泗水县大黄沟乡东陈村	—	男	1943 年
宋相持	泗水县大黄沟乡东陈村	—	男	1943 年
张传山	泗水县泗张镇大青界村	—	男	1943 年
张士坤	泗水县圣水峪乡过驾峪村	39	男	1943 年
王曰贤	泗水县泉林镇东泽沟村	—	男	1943 年
王传祯	泗水县泉林镇东泽沟村	—	男	1943 年
王继富	泗水县泉林镇东泽沟村	23	男	1943 年
翟方江	泗水县星村镇蒲山庄村	—	男	1943 年
马永香	泗水县星村镇东侯家庄村	—	男	1943 年
翟振俭	泗水县星村镇蒲山庄村	—	男	1943 年
翟兆彬	泗水县泉林镇聂家村	35	男	1943 年
郎兴珍	泗水县泉林镇灰泉村	23	男	1943 年
曹付恒	泗水县泗河街道玉后村	60	男	1944 年 1 月
曹恒贵	泗水县泗河街道玉后村	—	男	1944 年 1 月
曹恒才	泗水县泗河街道玉后村	—	男	1944 年 1 月
尤新春	泗水县泗河街道玉后村	75	男	1944 年 1 月
尤孔氏	泗水县泗河街道玉后村	74	女	1944 年 1 月
尤续昌	泗水县泗河街道玉后村	38	男	1944 年 1 月
尤梁氏	泗水县泗河街道玉后村	38	女	1944 年 1 月
尤名玉	泗水县泗河街道玉后村	16	男	1944 年 1 月
尤名花	泗水县泗河街道玉后村	—	女	1944 年 1 月

姓　名	籍　贯	年　龄	性　别	死难时间
尤名菊	泗水县泗河街道玉后村	—	女	1944 年 1 月
尤名士	泗水县泗河街道玉后村	12	男	1944 年 1 月
曹广成	泗水县泗河街道玉后村	38	男	1944 年 1 月
田　丰	—	—	男	1944 年
王玉功	泗水县高峪乡杨家桥村	—	男	1944 年
田　光	—	—	男	1944 年
杜仲明	—	—	男	1944 年
李延春	泗水县济河街道南彭村	—	男	1944 年 2 月 24 日
李玉瑞之妻	泗水县济河街道南彭村	—	女	1944 年 2 月 24 日
李尚田之子	泗水县济河街道南彭村	—	男	1944 年 2 月 24 日
李尚庆之妻	泗水县济河街道南彭村	—	女	1944 年 2 月 24 日
孟广坤	泗水县金庄镇央古山村	—	男	1944 年 2 月
岳绪兴	泗水县苗馆镇西故安村	—	男	1944 年 2 月
马成南	泗水县泉林镇马家村	15	男	1944 年 3 月
王近功	泗水县柘沟镇柘沟四村	—	男	1944 年 4 月
张宪和	泗水县柘沟镇曾家庄村	—	男	1944 年 4 月
刘祥志	泗水县大黄沟乡东庄村	—	男	1944 年 4 月
王凤田	泗水县泗张镇司家庄村	—	男	1944 年 5 月
陈安才	泗水县泗张镇石门庄村	—	男	1944 年 5 月
姜守成	泗水县杨柳镇河套园村	—	男	1944 年 5 月
闫茂修	泗水县星村镇岳陵村	21	男	1944 年 5 月
程继安	泗水县星村镇鲍家庄村	41	男	1944 年
程兆温	泗水县星村镇鲍家庄村	33	男	1944 年
崔希林	泗水县星村镇徐家村	—	男	1944 年 6 月
禇先武	泗水县高峪乡莲花峪村	—	男	1944 年 6 月
闫思香	泗水县杨柳镇大白沟村	—	男	1944 年 6 月
郝玉山	泗水县杨柳镇老泉一村	—	男	1944 年 6 月
张衍泗	泗水县杨柳镇家沟园村	—	男	1944 年 6 月
王在雨	泗水县星村镇大辛村	21	男	1944 年 6 月
李明德	—	—	男	1944 年 7 月 5 日
杜嗣存	泗水县苗馆镇东独角村	—	男	1944 年 7 月
乔志东	泗水县泗张镇外庄村	—	男	1944 年 7 月
王文奎	泗水县柘沟镇柘沟一村	—	男	1944 年 8 月
傅更水	泗水县高峪乡尧前庄村	—	男	1944 年 8 月

姓 名	籍 贯	年 龄	性 别	死难时间
史新明	泗水县金庄镇南戈村	—	男	1944 年 8 月
王同昌	泗水县中册镇东杨庄村	—	男	1944 年 9 月
周广喜	泗水县高峪乡北丑村	18	男	1944 年 9 月
孔凡仁	泗水县中册镇大泉庄村	—	男	1944 年 10 月
王良吉	泗水县中册镇中册四村	—	男	1944 年 10 月
孙士营	泗水县柘沟镇孙家庄村	—	男	1944 年 11 月
张景富	泗水县圣水峪乡庠厂村	—	男	1944 年 11 月
陈士泰	泗水县中册镇丁庄村	27	男	1944 年
杨新清	泗水县中册镇狂家庄村	—	男	1944 年 12 月
张衍印	泗水县中册镇西侯村	—	男	1944 年 12 月
赵宗英	泗水县中册镇鹅湾村	—	—	1944 年 12 月
杨 志	泗水县金庄镇乔家洼村	—	男	1944 年 12 月
麻修柱	泗水县金庄镇南戈村	—	男	1944 年 12 月
律守廷	泗水县大黄沟乡北庄村	—	男	1944 年
杜士林	泗水县苗馆镇龙虎村	—	男	1944 年
李庆雨	泗水县高峪乡马庄村	—	男	1944 年
陈向海	泗水县苗馆镇东故安村	—	男	1944 年
卢广芝	泗水县星村镇六安庄村	32	男	1944 年
孟现涛	泗水县星村镇大辛村	22	男	1944 年
张永忠	泗水县星村镇东仲家庄村	35	男	1944 年
程全林	泗水县高峪乡尧山村	—	男	1944 年
孔庆田	泗水县柘沟镇岔河村	—	男	1944 年
孙文华	泗水县柘沟镇孙家庄村	—	男	1944 年
徐志胜	泗水县柘沟镇徐家庄村	—	男	1944 年
孔广元	泗水县柘沟镇岔河村	—	男	1944 年
张庆珠	泗水县杨柳镇后琴柏村	—	男	1944 年
戴玉友	泗水县高峪乡北石村	—	男	1944 年
孔昭庆	泗水县苗馆镇西故安村	—	男	1944 年
王俊泗	泗水县苗馆镇西故安村	—	男	1944 年
陈传美	泗水县泉林镇御驾道村	—	男	1944 年
王学焊	泗水县泉林镇御驾道村	—	男	1944 年
王本吉	泗水县泉林镇御驾道村	—	男	1944 年
杜玉莲	泗水县泉林镇御驾道村	—	男	1944 年
陈丙代	泗水县泉林镇御驾道村	—	男	1944 年

姓 名	籍 贯	年 龄	性 别	死难时间
段廷尉	泗水县泉林镇东泽沟村	—	男	1944 年
郝庆现	泗水县济河街道西高村	—	男	1944 年
李小兵	泗水县高峪乡前侯村	22	男	1944 年
李延春	泗水县济河街道南彭家村	—	男	1944 年
冯振田	泗水县泗河街道大鲍村	—	男	1944 年
孙瑞玲	泗水县济河街道西高村	—	男	1944 年
乔尚仁	泗水县泗河街道乔家村	—	男	1944 年
乔尚贞	泗水县泗河街道乔家村	—	男	1944 年
吴相辰	泗水县济河街道涝家庄村	—	男	1944 年
梁殿贞	泗水县金庄镇押山庄村	—	男	1944 年
乔自洪	泗水县泉林镇南石匣村	—	男	1944 年
韩景才	泗水县泉林镇白庙村	38	男	1944 年
王现志	泗水县泉林镇白庙村	28	男	1944 年
秦成志	泗水县圣水峪东卸甲河村	—	男	1944 年
薛文甫	泗水县圣水峪南孙徐村	—	男	1944 年
张立瑞	泗水县泗张镇元卜庄村	—	男	1944 年
朱立本	泗水县泗张镇罗汉庄村	—	男	1944 年
牛加宝	泗水县泗张镇大厂村	—	男	1944 年
王贤珍	泗水县泗张镇外庄村	—	男	1944 年
秦承志	泗水县圣水峪乡东卸甲村	26	男	1944 年
高维朋	泗水县泗张镇大厂村	—	男	1944 年
段常士	泗水县泗张镇仲家庄村	—	男	1944 年
李贺平	泗水县泉林镇柳河峪村	—	男	1944 年
颜士吉	泗水县苗馆镇西故安村	—	男	1944 年
尹传章	泗水县苗馆镇西故安村	—	男	1944 年
王进贤	泗水县大黄沟乡大黄沟村	—	男	1944 年
胡志海	泗水县苗馆镇赵家村	—	男	1944 年
杜跟岱	泗水县苗馆镇后李庄村	—	男	1944 年
孔宪才	泗水县苗馆镇大李庄村	—	男	1944 年
徐桂常	泗水县苗馆镇趪庄村	—	男	1944 年
姜茂申	泗水县苗馆镇毛山村	—	男	1944 年
韩景玉	泗水县泉林镇韩家村	37	男	1944 年
郑伯义	泗水县星村镇后河西庄村	—	男	1944 年
侯宜功	泗水县苗馆镇侯家庄村	—	男	1944 年

姓 名	籍 贯	年 龄	性 别	死难时间
闫茂修	泗水县星村镇岳陵村	—	男	1944 年
武帮太	泗水镇大黄沟乡东庄村	—	男	1944 年
柏秀新	泗水县中册镇蒋家庄村	—	男	1944 年
赵业修	泗水县中册镇鹅湾村	—	男	1944 年
李安孝	泗水县中册镇中册一村	—	男	1944 年
孙永久	泗水县高峪乡莲花峪村	20	男	1945 年 1 月 16 日
张千起	泗水县中册镇北临泗村	—	男	1945 年 1 月
栾志燕	泗水县柘沟镇柘沟五村	—	男	1945 年 1 月
徐茂栋	泗水县中册镇徐家庄村	—	男	1945 年 1 月
李孝雨	泗水县济河街道北孙徐村	—	男	1945 年 1 月
孙兴振	泗水县柘沟镇孙家庄村	—	男	1945 年 1 月
谭风友	泗水县金庄镇戈山厂	—	男	1945 年 2 月 6 日
李凤瑞	泗水县金庄镇戈山厂	—	男	1945 年 2 月 6 日
张志尧	泗水县金庄镇戈山厂	—	男	1945 年 2 月 6 日
陈长德	泗水县金庄镇戈山厂	—	男	1945 年 2 月 6 日
田 三	泗水县金庄镇戈山厂	—	男	1945 年 2 月 6 日
田富成	泗水县金庄镇戈山厂	—	男	1945 年 2 月 6 日
李 氏	泗水县金庄镇北戈村	58	女	1945 年 2 月 6 日
孟广坤	泗水县金庄镇南戈村	21	男	1945 年 2 月 6 日
麻振前	泗水县金庄镇南戈村	22	男	1945 年 2 月 6 日
杨 志	泗水县金庄镇南戈村	20	男	1945 年 2 月 6 日
房成彬	泗水县金庄镇南戈村	21	男	1945 年 2 月 6 日
张从合	泗水县金庄镇南戈村	17	男	1945 年 2 月 6 日
孔凡荣	泗水县金庄镇南戈村	47	男	1945 年 2 月 6 日
孔凡军	泗水县金庄镇南戈村	43	男	1945 年 2 月 6 日
张 ×	泗水县金庄镇南戈村	1 个月	女	1945 年 2 月 6 日
刘 氏	泗水县金庄镇南戈村	29	女	1945 年 2 月 6 日
刘海元	泗水县金庄镇戈山厂	—	男	1945 年 2 月 6 日
刘玉贤	泗水县金庄镇戈山厂	—	男	1945 年 2 月 6 日
张建成之女	泗水县金庄镇东戈村	5	女	1945 年 2 月 6 日
付广泗	泗水县金庄镇东戈村	25	男	1945 年 2 月 6 日
孔 氏	泗水县金庄镇东戈村	51	女	1945 年 2 月 6 日
孔现才之母	泗水县金庄镇东戈村	45	女	1945 年 2 月 6 日
乔 氏	泗水县金庄镇东戈村	30	女	1945 年 2 月 6 日

姓 名	籍 贯	年 龄	性 别	死难时间
李怀德	泗水县金庄镇东戈村	61	男	1945 年 2 月 6 日
陈怀珠	泗水县金庄镇东戈村	28	男	1945 年 2 月 6 日
张庆林	泗水县金庄镇东戈村	72	男	1945 年 2 月 6 日
刘 氏	泗水县金庄镇南戈村	13	女	1945 年 2 月 6 日
刘王氏	泗水县金庄镇南戈村	34	女	1945 年 2 月 6 日
石新明	泗水县金庄镇南戈村	23	男	1945 年 2 月 6 日
孔 氏	泗水县金庄镇北戈村	73	女	1945 年 2 月 6 日
孔黄毛	泗水县金庄镇北戈村	3	男	1945 年 2 月 6 日
陈 氏	泗水县金庄镇北戈村	20	女	1945 年 2 月 6 日
唐 ×	泗水县金庄镇北戈村	11	女	1945 年 2 月 6 日
陈长德	泗水县金庄镇北戈村	22	男	1945 年 2 月 6 日
陈 氏	泗水县金庄镇北戈村	59	女	1945 年 2 月 6 日
孔 氏	泗水县金庄镇北戈村	64	女	1945 年 2 月 6 日
颜西太	泗水县金庄镇北戈村	61	男	1945 年 2 月 6 日
李 氏	泗水县金庄镇北戈村	19	女	1945 年 2 月 6 日
谭凤友之妻	泗水县金庄镇北戈村	43	女	1945 年 2 月 6 日
谭凤友之子	泗水县金庄镇北戈村	4	男	1945 年 2 月 6 日
谭凤友之女	泗水县金庄镇北戈村	7	女	1945 年 2 月 6 日
谭凤友	泗水县金庄镇北戈村	45	男	1945 年 2 月 6 日
张凡忠之母	泗水县金庄镇北戈村	60	女	1945 年 2 月 6 日
张凡忠之子	泗水县金庄镇北戈村	13	男	1945 年 2 月 6 日
张志尧	泗水县金庄镇北戈村	18	男	1945 年 2 月 6 日
张邢氏	泗水县金庄镇北戈村	52	女	1945 年 2 月 6 日
韩宪武	泗水县金庄镇北戈村	22	男	1945 年 2 月 6 日
韩宪金	泗水县金庄镇北戈村	20	男	1945 年 2 月 6 日
魏士田	泗水县金庄镇北戈村	43	男	1945 年 2 月 6 日
李秦氏	泗水县金庄镇西戈村	47	女	1945 年 2 月 6 日
李陈氏	泗水县金庄镇西戈村	38	女	1945 年 2 月 6 日
李汉文	泗水县金庄镇西戈村	48	男	1945 年 2 月 6 日
李凡秦	泗水县金庄镇西戈村	51	男	1945 年 2 月 6 日
李 氏	泗水县金庄镇西戈村	49	女	1945 年 2 月 6 日
李汉学	泗水县金庄镇西戈村	67	男	1945 年 2 月 6 日
张焕玉	泗水县金庄镇西戈村	41	男	1945 年 2 月 6 日
张焕荣	泗水县金庄镇西戈村	50	男	1945 年 2 月 6 日

姓 名	籍 贯	年 龄	性 别	死难时间
张焕义	泗水县金庄镇西戈村	55	男	1945 年 2 月 6 日
张云清	泗水县金庄镇西戈村	78	男	1945 年 2 月 6 日
张焕银	泗水县金庄镇西戈村	52	男	1945 年 2 月 6 日
倪福田	泗水县金庄镇西戈村	67	男	1945 年 2 月 6 日
倪福昌	泗水县金庄镇西戈村	63	男	1945 年 2 月 6 日
朱 氏	泗水县金庄镇西戈村	61	女	1945 年 2 月 6 日
朱 四	泗水县金庄镇西戈村	—	男	1945 年 2 月 6 日
李长志	泗水县金庄镇西戈村	66	男	1945 年 2 月 6 日
李长厚	泗水县金庄镇西戈村	60	男	1945 年 2 月 6 日
李李氏	泗水县金庄镇西戈村	22	女	1945 年 2 月 6 日
李翟氏	泗水县金庄镇西戈村	78	女	1945 年 2 月 6 日
李唐氏	泗水县金庄镇西戈村	59	女	1945 年 2 月 6 日
李汉元	泗水县金庄镇西戈村	67	男	1945 年 2 月 6 日
李成恩	泗水县金庄镇西戈村	41	男	1945 年 2 月 6 日
李 氏	泗水县金庄镇西戈村	36	女	1945 年 2 月 6 日
李 四	泗水县金庄镇西戈村	—	男	1945 年 2 月 6 日
李孔氏	泗水县金庄镇西戈村	34	女	1945 年 2 月 6 日
李成香	泗水县金庄镇西戈村	10	女	1945 年 2 月 6 日
李运花	泗水县金庄镇西戈村	12	女	1945 年 2 月 6 日
赵二沂	泗水县金庄镇西戈村	10	男	1945 年 2 月 6 日
李成昌	泗水县金庄镇西戈村	—	男	1945 年 2 月 6 日
李成山	泗水县金庄镇西戈村	—	男	1945 年 2 月 6 日
田振刚	泗水县金庄镇西戈村	34	男	1945 年 2 月 6 日
田 氏	泗水县金庄镇西戈村	32	女	1945 年 2 月 6 日
田 妮	泗水县金庄镇西戈村	—	女	1945 年 2 月 6 日
田福成	泗水县金庄镇西戈村	68	男	1945 年 2 月 6 日
田德香	泗水县金庄镇西戈村	—	女	1945 年 2 月 6 日
李凡瑞	泗水县金庄镇西戈村	52	男	1945 年 2 月 6 日
邢志修	泗水县金庄镇东戈村	44	男	1945 年 2 月 6 日
邢东山	泗水县金庄镇东戈村	23	男	1945 年 2 月 6 日
付广卯	泗水县金庄镇东戈村	60	男	1945 年 2 月 6 日
马兴元	泗水县杨柳镇毛草岭村	—	男	1945 年 2 月
孙士忠	泗水县柘沟镇孙家庄村	—	男	1945 年 2 月
乔志洪	泗水县泉林镇南石匣村	—	男	1945 年 2 月

姓 名	籍 贯	年 龄	性 别	死难时间
张学正	泗水县高峪乡前侯村	—	男	1945 年 2 月
冯庆雨	泗水县高峪乡前侯村	—	男	1945 年 2 月
杨建慈	泗水县中册镇故县村	—	男	1945 年 2 月
牛传真	泗水县济河街道北彭村	—	男	1945 年 3 月 14 日
牛传真之妻	泗水县济河街道北彭村	—	女	1945 年 3 月 14 日
牛传真之女	泗水县济河街道北彭村	5	女	1945 年 3 月 14 日
牛传居	泗水县济河街道北彭村	—	男	1945 年 3 月 14 日
李万秋之母	泗水县济河街道北彭村	—	女	1945 年 3 月 14 日
刘丙忠之子	泗水县济河街道北彭村	—	男	1945 年 3 月 14 日
牛传告之妻	泗水县济河街道北彭村	—	女	1945 年 3 月 14 日
宋继友之妻	泗水县济河街道北彭村	—	女	1945 年 3 月 14 日
宋继友之大儿子	泗水县济河街道北彭村	4	男	1945 年 3 月 14 日
宋继友之小儿子	泗水县济河街道北彭村	1	男	1945 年 3 月 14 日
宋炳荣之子	泗水县济河街道北彭村	—	男	1945 年 3 月 14 日
宋学礼之妻	泗水县济河街道北彭村	—	女	1945 年 3 月 14 日
宋继尧	泗水县济河街道北彭村	—	男	1945 年 3 月 14 日
宋建堂	泗水县济河街道北彭村	—	男	1945 年 3 月 14 日
朱宪才	泗水县金庄镇夹谷山村	—	男	1945 年 3 月
杨玉全	泗水县中册镇故县村	—	男	1945 年 3 月
王建平	—	—	男	1945 年 5 月 8 日
吴　×	泗水县高峪乡高峪村	—	男	1945 年 5 月 27 日
张继刚	泗水县高峪乡张家庄村	30	男	1945 年 5 月 27 日
王　×	—	—	男	1945 年 5 月 27 日
陈宪卯	泗水县星村镇张家庙村	34	男	1945 年 5 月 27 日
鞠传亮	泗水县苗馆镇苗馆村	—	男	1945 年 5 月
张际柱	—	—	男	1945 年 5 月
张长峰	—	—	男	1945 年 5 月
杜任功	—	—	男	1945 年 5 月
张理仁	泗水县苗馆镇西故安村	—	男	1945 年 5 月
朱本河	泗水县苗馆镇石龙岗村	—	男	1945 年 5 月
束有田	泗水县柘沟镇苗家庄村	—	男	1945 年 5 月
杜士德	泗水县苗馆镇后李庄村	—	男	1945 年 6 月
李丙光	泗水县星村镇徐家村	—	男	1945 年 6 月
尹国奉	泗水县泗张镇上焦坡村	—	男	1945 年 7 月

姓　名	籍　贯	年　龄	性　别	死难时间
孟广山	泗水县中册镇中册一村	—	男	1945 年 7 月
张自英	泗水县星村镇姜家村	31	女	1945 年 7 月
夏五经	泗水县杨柳镇孔家村	—	男	1945 年 7 月
夏祥富	泗水县杨柳镇夏李庄村	—	男	1945 年 7 月
王士玉	泗水县济河街道潘家庄村	—	男	1945 年 7 月
王传亮	泗水县苗馆镇后李庄村	—	男	1945 年 8 月
孙宝才	泗水县杨柳镇家沟园村	—	男	1945 年 8 月
朱本正	泗水县泉林镇石漏村	—	男	1945 年 8 月
申德志	泗水县中册镇中册四村	—	男	1945 年 8 月
尹国臣	泗水县泗张镇上焦坡村	—	男	1945 年 8 月
程汉顶	泗水县柘沟镇柘沟一村	—	男	1945 年 8 月
尤昌路	泗水县泗张镇司家庄村	—	男	1945 年 9 月
徐学林	泗水县圣水峪乡蒋家庄村	—	男	1945 年 9 月
于　福	泗水县高峪乡亮庄村	—	男	—
徐茂海	泗水县中册镇西侯村	—	男	—
张衍义	泗水县中册镇西侯村	—	男	—
柏秀辛	泗水县中册镇蒋家村	—	男	—
盛　旭	泗水县高峪乡尧山村	—	男	—
王玉甫	泗水县高峪乡杨家桥村	20	男	—
王玉山	泗水县高峪乡杨家桥村	—	男	—
肖仲銮	泗水县圣水峪乡肖家峪村	21	男	—
肖仲举	泗水县圣水峪乡肖家峪村	24	男	—
杨守孝	泗水县圣水峪乡肖家峪村	23	男	—
肖立发	泗水县圣水峪乡肖家峪村	—	男	—
肖桂恩	泗水县圣水峪乡肖家峪村	—	男	—
宋长泉	泗水县泉林镇潘坡村	24	男	—
蒋印学	泗水县泉林镇泉林村	22	男	—
查老大	泗水县泉林镇泉林村	26	男	—
付印海	泗水县泉林镇泉林村	24	男	—
王　×	泗水县	—	男	—
蒋士恩	泗水县圣水峪乡黄山庄村	—	男	—
周洪海	泗水县圣水峪乡黄山庄村	—	男	—
丁玉河	泗水县圣水峪乡黄山庄村	—	男	—
高贵臣	泗水县星村镇北陈家庄村	—	男	—

姓　名	籍　贯	年　龄	性　别	死难时间
卢成彬	泗水县大黄沟乡大黄沟村	—	男	1938 年 1 月
卢兴忠	泗水县大黄沟乡大黄沟村	—	男	1938 年 1 月
王士英	泗水县泉林镇东城村	40	男	1938 年 10 月
蔡锦章	泗水县泗河街道幸福村	27	男	1938 年
蔡锦明	泗水县泗河街道幸福村	25	男	1938 年
韩小吉	泗水县泉林镇韩家村	28	男	1939 年 3 月
韩小涛	泗水县泉林镇韩家村	27	男	1939 年 3 月
郭秀山	泗水县高峪乡马庄村	36	男	1939 年 9 月
宋元勤	泗水县中册镇宋家庄村	—	男	1939 年
小　三	泗水县中册镇宋家庄村	—	男	1939 年
宋元乾	泗水县中册镇宋家庄村	—	男	1939 年
宋志山	泗水县中册镇宋家庄村	—	男	1939 年
宋庆富	泗水县中册镇宋家庄村	—	男	1939 年
杨玉峰	泗水县中册镇宋家庄村	—	男	1939 年
尤士坤	泗水县泉林镇石旺村	46	男	1939 年
王守业	泗水县泉林镇石旺村	22	男	1939 年
何守印	泗水县中册镇宋家庄村	—	男	1939 年
赵洪岱	泗水县泉林镇蒋家村	32	男	1940 年 3 月
陈宝义	泗水县泉林镇三合村	24	男	1940 年 4 月
马成山	泗水县泉林镇花园村	23	男	1940 年
蒋印忠	泗水县泉林镇花园村	44	男	1940 年
马文朋	泗水县泉林镇花园村	34	男	1940 年
蒋明成	泗水县泉林镇花园村	54	男	1940 年
马建录	泗水县泉林镇花园村	17	男	1940 年
贺传生	泗水县泉林镇历西村	20	男	1940 年
李善友	泗水县泉林镇历西村	34	男	1940 年
张祥富	泗水县泉林镇历西村	34	男	1940 年
李玉祥	泗水县柘沟镇柘沟五村	—	男	1941 年
冯庆会	泗水县高峪乡后侯村	—	男	1941 年 5 月
周雅南	泗水县高峪乡丑村	—	男	1941 年 5 月
乔修枚	泗水县泗河街道乔家村	—	男	1941 年 5 月
王龙红	泗水县泉林镇张家村	23	男	1941 年
王殿元	泗水县泉林镇三合村	28	男	1941 年
闫立照	泗水县泉林镇历东村	—	男	1941 年

姓 名	籍 贯	年 龄	性 别	死难时间
马新家	泗水县泉林镇历东村	—	男	1941 年
张桂祥	泗水县泉林镇历东村	—	男	1941 年
南允汉	泗水县泉林镇历东村	—	男	1941 年
王友学	泗水县泉林镇历东村	—	男	1941 年
伊化宝	泗水县泉林镇历东村	—	男	1941 年
张桂山	泗水县泉林镇历东村	—	男	1941 年
南允柱	泗水县泉林镇历东村	—	男	1941 年
王新友	泗水县泉林镇南贺庄村	32	男	1942 年 4 月
王新哲	泗水县泉林镇南贺庄村	29	男	1942 年 4 月
张树平	泗水县泉林镇南贺庄村	34	男	1942 年 4 月
张树安	泗水县泉林镇南贺庄村	37	男	1942 年 4 月
毛立标	泗水县泗河街道西立石村	34	男	1942 年
李福恩	—	—	男	1942 年 8 月 20 日
朱 旭	曲阜市王庄乡车家庄村	—	男	1942 年 8 月 20 日
王 云	—	—	—	1942 年 8 月
冯树芝	—	—	—	1942 年 8 月
张显荣	—	—	男	1942 年 9 月 3 日
周传凯	—	—	男	1942 年
徐春木	—	—	男	1942 年
孔佩芝	—	—	女	1942 年
夏 风	泗水县柘沟镇柘沟四村	—	男	1942 年 10 月 24 日
陈青芬	泗水县高峪乡西头村	—	男	1942 年 11 月
郑存久	泗水县济河街道长山庄村	—	男	1942 年
刘新广	泗水县济河街道长山庄村	—	男	1942 年
郑玉洪	泗水县济河街道长山庄村	—	男	1942 年
南大校	泗水县泉林镇历东村	—	男	1942 年
闫立敬	泗水县泉林镇历东村	—	男	1942 年
王家传	泗水县泉林镇历东村	—	男	1942 年
陈卜桥	泗水县泉林镇历东村	—	男	1942 年
王新伦	泗水县泉林镇南贺庄村	43	男	1942 年
陈玉庆	泗水县泉林镇西点村	—	男	1942 年
王向真	泗水县高峪乡高峪村	34	男	1943 年 2 月
周庆斗	泗水县高峪乡北丑村	50	男	1943 年 2 月
王圣经	泗水县高峪乡高峪村	28	男	1943 年 3 月

姓　名	籍　贯	年龄	性别	死难时间
周传军	泗水县高峪乡北丑村	15	男	1943 年 3 月
周长玉	泗水县高峪乡北丑村	44	女	1943 年 4 月
尤昌家	泗水县泉林镇中尤村	33	男	1943 年
滕延寿	泗水县泗河街道小鲍村	45	男	1944 年 4 月
马保三	泗水县泉林镇马家村	26	男	1944 年
张致全	泗水县泉林镇马家村	25	男	1944 年
张永居	泗水县泉林镇马家村	40	男	1944 年
陈玉恒	泗水县泉林镇西点村	—	男	1944 年
陈书园	泗水县泉林镇西点村	—	男	1944 年
薛丙山	泗水县泉林镇西点村	—	男	1944 年
薛丙瑞	泗水县泉林镇西点村	—	男	1944 年
刘孝明	泗水县泉林镇石旺村	21	男	1944 年
刘孝先	泗水县泉林镇石旺村	20	男	1944 年
张大玖	泗水县泗河街道小鲍村	46	男	1945 年 2 月
李振来	泗水县泗河街道小鲍村	45	男	1945 年 4 月
郭秀春	泗水县高峪乡马庄村	26	男	1945 年 5 月
张立成	泗水县高峪乡马庄村	28	男	1945 年 5 月
李庆禹	泗水县高峪乡马庄村	21	男	1945 年 5 月
王嗣林	泗水县高峪乡马庄村	28	男	1945 年 5 月
逮学仟	泗水县圣水峪乡石旺村	—	男	—
曹景伦	泗水县圣水峪乡石旺村	—	男	—
李加元	泗水县泉林镇泉林村	36	男	—
吉成祥	泗水县高峪乡西头村	24	男	—
陈兴庄	泗水县高峪乡西头村	21	男	—
吴春生	泗水县泉林镇泉林村	16	男	—
岳 二	泗水县泉林镇泉林村	20	男	—
付本友	泗水县泉林镇泉林村	18	男	—
杨宪和	泗水县泉林镇泉林村	—	男	—
合　计	705			

责任人：苏　伟　张祥雪　　核实人：张　辉　刘新杰　颜　坤　填表人：刘新杰
填报单位（签章）：泗水县委党史研究室　　　　　填报时间：2009 年 4 月 22 日

邹城市抗日战争时期死难者名录

姓 名	籍 贯	年 龄	性 别	死难时间
步占英	邹城市太平镇东纪沟村	26	男	1938 年 1 月
侯现宾	邹城市中心店镇常庄村	14	男	1938 年 1 月
孟现金	邹城市中心店镇常庄村	38	男	1938 年 1 月
步占桂	邹城市太平镇东纪沟村	45	男	1938 年 2 月 2 日
朱连瑾	邹城市石墙镇朱山庄	—	男	1938 年 2 月
朱连喜	邹城市石墙镇朱山庄	—	男	1938 年 2 月
朱佃振	邹城市石墙镇朱山庄	—	男	1938 年 2 月
朱连珍	邹城市石墙镇朱山庄	—	女	1938 年 2 月
朱连金	邹城市石墙镇朱山庄	—	男	1938 年 2 月
林松奎	邹城市城前镇城前村	37	男	1938 年 2 月
孙玉清之妻	邹城市城前镇城前村	75	女	1938 年 2 月
崔永庆	邹城市城前镇城前村	32	男	1938 年 2 月
王西友	邹城市城前镇城前村	50	男	1938 年 2 月
徐文得	邹城市城前镇城后村	50	男	1938 年 2 月
张丰有	邹城市城前镇王沟村	30	男	1938 年 2 月
刘启彩	邹城市城前镇刘庄村	32	男	1938 年 2 月
孙召芹之叔	邹城市城前镇刘庄村	28	男	1938 年 2 月
大牙三	邹城市城前镇刘庄村	33	男	1938 年 2 月
孙宜红之子	邹城市城前镇刘庄村	18	男	1938 年 2 月
徐文现	邹城市城前镇大柳村	46	男	1938 年 2 月
张学经	邹城市城前镇大柳村	23	男	1938 年 2 月
周焕刚	邹城市城前镇水泊村	38	男	1938 年 2 月
周焕祥之兄	邹城市城前镇水泊村	40	男	1938 年 2 月
周少众	邹城市城前镇水泊村	30	男	1938 年 2 月
周少瑞	邹城市城前镇水泊村	35	男	1938 年 2 月
周焕元之父	邹城市城前镇水泊村	48	男	1938 年 2 月
徐清臣	邹城市城前镇土门村	42	男	1938 年 2 月
张敨凤	邹城市石墙镇单山村	30	男	1938 年 2 月
张敨凤之子	邹城市石墙镇单山村	3	男	1938 年 2 月
潘计磊之妻	邹城市石墙镇乔庄村	40	女	1938 年 2 月
潘计磊之女	邹城市石墙镇乔庄村	3	女	1938 年 2 月

姓 名	籍 贯	年 龄	性 别	死难时间
刘德全之兄	邹城市石墙镇铁刘村	22	男	1938 年 2 月
秦善为	邹城市石墙镇古路口村	66	男	1938 年 2 月
张丙进	邹城市石墙镇大季村	43	男	1938 年 2 月
秦　氏	邹城市石墙镇大季村	41	女	1938 年 2 月
刘　氏	邹城市石墙镇大季村	56	女	1938 年 2 月
张桂成	邹城市石墙镇大季村	54	男	1938 年 2 月
李　氏	邹城市石墙镇大季村	83	女	1938 年 2 月
张桂元	邹城市石墙镇大季村	60	男	1938 年 2 月
张桂秀	邹城市石墙镇大季村	29	男	1938 年 2 月
张长德	邹城市石墙镇大季村	16	男	1938 年 2 月
张茂科之妹	邹城市石墙镇大季村	5	女	1938 年 2 月
张桂梅之母	邹城市石墙镇大季村	76	女	1938 年 2 月
张桂梅之侄女	邹城市石墙镇大季村	6	女	1938 年 2 月
张茂坤之妻	邹城市石墙镇大季村	26	女	1938 年 2 月
张桂贞	邹城市石墙镇大季村	34	男	1938 年 2 月
张丙节之妻	邹城市石墙镇大季村	28	女	1938 年 2 月
张保车之妻	邹城市石墙镇大季村	37	女	1938 年 2 月
张茂梓之父	邹城市石墙镇大季村	42	男	1938 年 2 月
谢登科之妻	邹城市石墙镇东沃村	47	女	1938 年 2 月
谢老渊	邹城市石墙镇东沃村	19	男	1938 年 2 月
谢联雪	邹城市石墙镇东沃村	19	男	1938 年 2 月
谢登科之长女	邹城市石墙镇东沃村	—	女	1938 年 2 月
谢登科之次女	邹城市石墙镇东沃村	—	女	1938 年 2 月
冯攀立	邹城市太平镇冯庄村	35	男	1938 年 2 月
步德成	邹城市太平镇东纪沟村	20	男	1938 年 2 月
王来喜	邹城市张庄镇松石村	—	男	1938 年 2 月
孟宪龙	邹城市中心店镇白马村	26	男	1938 年 2 月
张元立	邹城市平阳寺镇郑行村	31	男	1938 年 2 月
崔永庆	邹城市城前镇三里峪	—	男	1938 年 3 月 15 日
张金玉	平邑县临涧镇三里峪	—	男	1938 年 3 月 15 日
张玉龄	平邑县临涧镇三里峪	—	女	1938 年 3 月 15 日
李文俊	平邑县临涧镇三里峪	—	男	1938 年 3 月 15 日
张金贵	平邑县临涧镇三里峪	—	男	1938 年 3 月 15 日
耿玉山	邹城市城前镇城前村	40	男	1938 年 3 月 15 日

姓　名	籍　贯	年龄	性别	死难时间
徐学江	邹城市城前镇洼陡一村	20	男	1938 年 3 月 15 日
徐士春	邹城市城前镇岳峰村	40	男	1938 年 3 月 15 日
张荣贤	邹城市城前镇张园村	28	男	1938 年 3 月 15 日
张得立	邹城市城前镇张园村	46	男	1938 年 3 月 15 日
曾广林	邹城市城前镇洼陡一村	40	男	1938 年 3 月 15 日
庞　捐	邹城市城前镇岳峰村	30	男	1938 年 3 月 15 日
曾小六	邹城市城前镇西南沃村	30	男	1938 年 3 月 15 日
范　氏	邹城市城前镇西南沃村	30	女	1938 年 3 月 15 日
徐文现	邹城市城前镇石门村	60	男	1938 年 3 月 15 日
赵聋子	邹城市城前镇南岭村	20	男	1938 年 3 月 15 日
彭建华	邹城市太平镇银张村	28	男	1938 年 3 月
刘长柱	—	—	男	1938 年 3 月
张荣清	邹城市城前镇东康王村	—	男	1938 年 3 月
贾永刚之父	邹城市城前镇东康王村	—	男	1938 年 3 月
孙明新	邹城市城前镇单庄村	15	男	1938 年 3 月
周徐氏	邹城市城前镇榆官村	—	女	1938 年 3 月
周焕彬	邹城市城前镇榆官村	—	男	1938 年 3 月
周小贵	邹城市城前镇榆官村	—	男	1938 年 3 月
刘东贵	邹城市城前镇榆官村	—	男	1938 年 3 月
周士银	邹城市城前镇榆官村	—	男	1938 年 3 月
韩继荣	邹城市城前镇北沃村	—	男	1938 年 3 月
韩继荣之子	邹城市城前镇北沃村	—	男	1938 年 3 月
徐　×	邹城市城前镇土门村	30	男	1938 年 3 月
苏怀柱	邹城市城前镇后祝沟村	37	男	1938 年 3 月
孙明宽	邹城市城前镇孙厂村	30	男	1938 年 3 月
福　廷	邹城市城前镇东祝沟村	10	男	1938 年 3 月
徐思成	邹城市城前镇东祝沟村	18	男	1938 年 3 月
刘树印之四兄	邹城市城前镇东圈里村	22	男	1938 年 3 月
孙殿贵	邹城市城前镇西南河村	52	男	1938 年 3 月
猪蛋儿	邹城市城前镇西南河村	18	男	1938 年 3 月
孙佃友	邹城市城前镇西南河村	51	男	1938 年 3 月
郭目民	邹城市唐村镇东郭村	2	男	1938 年 3 月
孙祥泰	邹城市唐村镇东郭村	60	男	1938 年 3 月
郭九付	邹城市唐村镇东田村	60	男	1938 年 3 月

姓 名	籍 贯	年 龄	性 别	死难时间
郭和源	邹城市唐村镇东郭村	19	男	1938 年 3 月
郭九印	邹城市唐村镇东郭村	—	男	1938 年 3 月
孙祥义	邹城市唐村镇东郭村	—	男	1938 年 3 月
郭目横	邹城市唐村镇东郭村	6	男	1938 年 3 月
刘建东	—	—	男	1938 年 4 月
盛保恶	邹城市郭里镇下镇村	17	男	1938 年 4 月
仲延玉	邹城市郭里镇下镇村	50	男	1938 年 4 月
仲延玉之妻	邹城市郭里镇下镇村	49	女	1938 年 4 月
曹士平	邹城市郭里镇下镇村	25	男	1938 年 4 月
牛成贵	邹城市郭里镇下镇村	50	男	1938 年 4 月
史孝良	邹城市郭里镇下镇村	20	男	1938 年 4 月
李玉章	邹城市郭里镇下镇村	23	男	1938 年 4 月
朱庄义	邹城市中心店镇中南村	17	男	1938 年 4 月
王文学	邹城市田黄镇凉水泉村	38	男	1938 年 4 月
马胜荣	邹城市田黄镇凉水泉村	40	女	1938 年 4 月
李发明	邹城市太平镇太二村	30	男	1938 年 6 月 19 日
陈保军	邹城市城关镇西关	36	男	1938 年 6 月 19 日
代庆山	邹城市北宿镇落陵村	36	男	1938 年 6 月 19 日
李发印	邹城市太平镇太二村	27	男	1938 年 6 月 20 日
刘 代	邹城市太平镇太一村	30	男	1938 年 6 月 20 日
陈保亮	邹城市钢山街道西关	42	男	1938 年 6 月 20 日
孔庆保	—	—	男	1938 年 6 月
孙广海	邹城市城前镇北沃村	38	男	1938 年 6 月
张和兴	邹城市唐村镇东郭村	40	男	1938 年 6 月
孙祥千	邹城市唐村镇东郭村	40	男	1938 年 6 月
包庆荣	邹城市唐村镇包庄村	30	男	1938 年 6 月
王振财	邹城市唐村镇包庄村	28	男	1938 年 6 月
韩 氏	邹城市北宿镇曹庄村	—	女	1938 年 7 月
韩氏之子	邹城市北宿镇曹庄村	—	男	1938 年 7 月
张传舜	邹城市太平镇翟行村	20	男	1938 年 7 月
王茂位	—	—	男	1938 年 7 月
王现法	—	—	男	1938 年 7 月
王奉刚	邹城市城前镇前瓦屋村	30	男	1938 年 8 月
刘生云	邹城市	—	男	1938 年 8 月

姓　名	籍　贯	年　龄	性　别	死难时间
朱远程	邹城市田黄镇瓦曲村	24	男	1938 年 9 月 24 日
黄清德	邹城市张庄镇黄庄村	28	男	1938 年 9 月
黄清田	邹城市张庄镇黄庄村	47	男	1938 年 9 月
步占英	邹城市太平镇东纪沟村	16	男	1938 年 10 月
高刘代	邹城市石墙镇望云一村	26	男	1938 年 11 月
孔现科	邹城市城前镇马河村	—	男	1938 年 12 月
翟现芹	邹城市中心店镇后西村	38	女	1938 年 12 月
田瑞贞	邹城市中心店镇后西村	42	男	1938 年 12 月
宋碾伍	邹城市中心店镇后西村	31	男	1938 年 12 月
王万力	邹城市田黄镇东罗村	25	男	1938 年
王登友	邹城市田黄镇东罗村	26	男	1938 年
步德水	邹城市太平镇东纪沟村	16	男	1938 年
靳　冷	邹城市峄山镇苗庄村	—	男	1938 年
巩玉琴之子	平邑县白彦镇官庄村	—	男	1938 年
代祥瑞	邹城市北宿镇东落村	—	男	1938 年
徐广章	邹城市城前镇洼陡三村	30	男	1938 年
曾现太	邹城市城前镇西南沃村	15	男	1938 年
董老二	邹城市城前镇韩庄村	50	男	1938 年
苏　×	邹城市城前镇后祝沟村	20	男	1938 年
徐　×	邹城市城前镇前祝沟村	20	男	1938 年
苏怀仁	邹城市城前镇朱庄村	20	男	1938 年
王文付	邹城市城前镇梨杭村	21	男	1938 年
孟令武	邹城市钢山街道孟庄社区	13	男	1938 年
王丁氏	邹城市钢山街道杨下村	26	女	1938 年
王黄氏	邹城市钢山街道杨下村	25	女	1938 年
王张氏	邹城市钢山街道杨下村	54	女	1938 年
王广义之子	邹城市钢山街道杨下村	2	男	1938 年
路王氏	邹城市钢山街道杨下村	78	女	1938 年
周庆玉	邹城市钢山街道汪庄村	20	男	1938 年
李　二	邹城市钢山街道汪庄村	16	男	1938 年
小　四	邹城市钢山街道王兰村	42	男	1938 年
程庆喜	邹城市钢山街道程兰村	38	男	1938 年
王金尧	邹城市钢山街道北关	26	男	1938 年
李三香	邹城市钢山街道汪庄村	12	女	1938 年

姓　名	籍　贯	年　龄	性　别	死难时间
杨凤刚之子	邹城市郭里镇郭南村	17	男	1938 年
曹　柱	邹城市郭里镇东郭村	19	男	1938 年
陈小锁	邹城市郭里镇东郭村	19	男	1938 年
许同柱	邹城市郭里镇朝西村	24	男	1938 年
仲兆友	邹城市郭里镇下镇村	21	男	1938 年
王小井	邹城市千泉街道郭庄村	22	男	1938 年
邵华泽	邹城市石墙镇车路口村	20	男	1938 年
张兴坡	邹城市石墙镇车路口村	26	男	1938 年
李宝领之妻	邹城市石墙镇古木村	40	女	1938 年
邱彭苓	邹城市石墙镇邱庄村	30	男	1938 年
范草疙瘩	邹城市石墙镇高庄村	37	男	1938 年
刘真荣之父	邹城市石墙镇高庄村	32	男	1938 年
肖怀谨	邹城市石墙镇高庄村	35	男	1938 年
潘继荣	邹城市石墙镇南刘村	35	男	1938 年
潘继平	邹城市石墙镇南刘村	33	男	1938 年
季正钱	邹城市石墙镇南刘村	38	男	1938 年
辛同章	邹城市石墙镇车路口村	38	男	1938 年
段在榜	邹城市石墙镇白山村	37	男	1938 年
段在德	邹城市石墙镇白山村	34	男	1938 年
孙兆元	邹城市石墙镇白山村	40	男	1938 年
程家民	邹城市唐村镇西颜村	20	男	1938 年
宋井成	邹城市中心店镇后西村	22	男	1938 年
韩敬文	邹城市中心店镇小东村	25	男	1938 年
孙凤柱	邹城市中心店镇小东村	23	男	1938 年
徐全军	邹城市中心店镇小东村	21	男	1938 年
孙凤海	邹城市中心店镇小东村	42	男	1938 年
徐德武	邹城市香城镇大黄村	—	男	1938 年
张伯英	邹城市香城镇大黄村	—	女	1938 年
王金奎	邹城市香城镇香城村	—	男	1938 年
李成美	邹城市香城镇羊皮村	—	女	1938 年
崔玉富	邹城市峄山镇店北村	36	男	1938 年
甄学德	邹城市峄山镇东庄村	27	男	1938 年
李大德之父	邹城市峄山镇店北村	36	男	1938 年
王胜美之叔	邹城市峄山镇店北村	44	男	1938 年

姓　名	籍　　贯	年龄	性别	死难时间
姜　田	邹城市峄山镇店北村	24	男	1938 年
石　氏	邹城市田黄镇枣园村	—	女	1938 年
王　法	邹城市田黄镇枣园村	18	男	1938 年
席洪计	邹城市田黄镇后峪村	25	男	1938 年
董广斗	邹城市田黄镇大刘村	—	男	1938 年
李振福	邹城市田黄镇大刘村	—	男	1938 年
老　田	邹城市田黄辛庄村	30	男	1938 年
王　贞	邹城市太平镇夹道村	—	男	1938 年
蔡　×	—	—	男	1938 年
毛开义	滕州市界河镇	—	男	1938 年
张洪全之母	邹城市北宿镇南渐兴村	—	女	1938 年
孟　六	滕州市界河乡东曹村	—	男	1938 年
丁瑞成之妻	邹城市城前镇大岔河村	56	女	1938 年
武佰珍	邹城市城前牛庄村	30	男	1938 年
孙士福	邹城市凫山街道梁岗村	50	男	1938 年
孙房氏	邹城市凫山街道梁岗村	50	女	1938 年
孙巩氏	邹城市凫山街道梁岗村	70	女	1938 年
刘凤才	邹城市峄山镇峄山村	23	男	1938 年
齐李氏	邹城市峄山镇峄山村	65	女	1938 年
张喜革	邹城市北宿镇前贾村	—	男	1938 年
冯运山之父	邹城市田黄镇田黄村	—	男	1938 年
王洋河	—	—	男	1938 年
刘得仙	邹城市郭里镇旺山村	—	男	1939 年 1 月
老　黑	邹城市中心店镇小元村	50	男	1939 年 3 月
周龙章	邹城市看庄镇看庄村	20	男	1939 年 3 月
陈德富	邹城市田黄镇小山头村	35	男	1939 年 3 月
步德义	邹城市太平镇东纪沟村	38	男	1939 年 6 月
姜树标	邹城市石墙镇姜坝村	19	男	1939 年 6 月
姜洪宝	邹城市石墙镇姜坝村	24	男	1939 年 6 月
姜现彬	邹城市石墙镇姜坝村	25	男	1939 年 6 月
徐恩功	邹城市城前镇榆官村	—	男	1939 年 7 月
刘　章	邹城市城前镇上黑石村	21	男	1939 年 7 月
石念巨之妻	单县张庄村	30	女	1939 年 8 月
皮　×	—	—	男	1939 年 8 月

姓 名	籍 贯	年 龄	性 别	死难时间
孙××	邹城市郭里镇屈中村	60	男	1939 年 8 月
李 玖	邹城市郭里镇屈中村	22	男	1939 年 8 月
韩计田	邹城市郭里镇屈北村	28	男	1939 年 8 月
韩计田之妻	邹城市郭里镇屈北村	28	女	1939 年 8 月
韩计田之女	邹城市郭里镇屈北村	5	女	1939 年 8 月
仲计斗	邹城市郭里镇屈北村	29	男	1939 年 8 月
孙培河	邹城市北宿镇小北村	—	男	1939 年 8 月
蒋振吉	邹城市石墙镇大石三村	24	男	1939 年 9 月
唐兆厚	邹城市太平镇北亢村	27	男	1939 年 9 月
方二坡	邹城市太平镇北亢村	—	男	1939 年 9 月
张正泰	邹城市田黄镇东罗村	20	男	1939 年 10 月
刘建信	高青县唐方镇吴东村	33	男	1939 年 10 月
陈德成	邹城市香城镇陈桃园村	—	男	1939 年 10 月
张正富	邹城市田黄镇东罗村	26	男	1939 年 11 月
鞠在文	邹城市郭里镇后黄村	30	男	1939 年 11 月
徐学文	邹城市钢山街道苏庄村	33	男	1939 年 12 月
刘右迁	邹城市张庄镇将军堂村	42	男	1939 年 12 月
刘启志	邹城市张庄镇将军堂村	39	男	1939 年 12 月
刘昭斌	邹城市张庄镇将军堂村	46	男	1939 年 12 月
仇志清	邹城市张庄镇将军堂村	—	男	1939 年 12 月
左庆怀	邹城市田黄镇小张庄村	46	男	1939 年
李计祥	邹城市石墙镇蔡东村	36	男	1939 年
田怀干	邹城市郭里镇上镇村	20	男	1939 年
张伦林	邹城市千泉街道兴隆庄	—	男	1939 年
王光子	—	—	男	1939 年
孙明义	邹城市城前镇刘庄村	—	男	1939 年
孙广付	邹城市城前镇刘庄村	52	男	1939 年
周荣斌	邹城市城前镇卜通村	28	男	1939 年
徐思瑞	邹城市城前镇史泉村	30	男	1939 年
聂井莆	邹城市城前镇前瓦屋村	20	男	1939 年
林化月之叔	邹城市城前镇东岳庄村	40	男	1939 年
武计章之五子	邹城市城前镇后标村	10	男	1939 年
金 氏	邹城市城前镇尤家村	—	女	1939 年
仲伟成	邹城市郭里镇屈中村	20	男	1939 年

姓 名	籍 贯	年 龄	性 别	死难时间
刘文峰	邹城市郭里镇屈中村	22	男	1939 年
高茂松之妻	邹城市石墙镇古木村	40	女	1939 年
步允汉	邹城市太平镇东一村	35	男	1939 年
刘云森	邹城市唐村镇西田村	30	男	1939 年
马宝贵	邹城市张庄镇赵山庄村	—	男	1939 年
任福田	邹城市张庄镇大彦村	—	男	1939 年
刘起延	邹城市张庄镇大律村	—	男	1939 年
骆同彬	邹城市香城镇谷山前村	50	男	1939 年
陈宪存之父	邹城市峄山镇东庄村	31	男	1939 年
王凤云之兄	邹城市峄山镇东庄村	21	男	1939 年
杨本兰	邹城市峄山镇峄山村	15	女	1939 年
王培云	邹城市峄山镇东巩二村	40	男	1939 年
王玉代之伯母	邹城市峄山镇东巩二村	33	女	1939 年
王玉代之伯父	邹城市峄山镇东巩二村	32	男	1939 年
王小忙之母	邹城市峄山镇王台村	27	女	1939 年
冯志龙之母	邹城市田黄镇田黄村	—	女	1939 年
宋秀田	邹城市田黄镇田黄村	—	男	1939 年
荣成德之二叔	邹城市田黄镇田黄村	—	男	1939 年
宋合泉	邹城市田黄镇田黄村	—	男	1939 年
冯麦	邹城市田黄镇田黄村	—	男	1939 年
戚继胜之母	邹城市田黄镇田黄村	—	女	1939 年
冯腊月	邹城市田黄镇田黄村	—	男	1939 年
孙兰存	邹城市田黄镇西罗村	—	男	1939 年
黄兰田	邹城市太平镇太辛庄村	23	男	1939 年
孙吉仰	邹城市太平镇孙庙村	49	男	1939 年
徐广铎之祖父	邹城市峄山镇王台村	42	男	1939 年
刘福香	邹城市看庄镇夏看村	53	男	1939 年
刘云真	邹城市城前镇红旗岭村	20	男	1939 年
王成焕	邹城市看庄镇白水村	25	男	1939 年
任呈吉	邹城市看庄镇唐看村	—	男	1939 年
王月平	邹城市石墙镇单山村	54	男	1940 年 1 月
高承益	邹城市石墙镇望云村	52	男	1940 年 1 月
王计德	邹城市看庄镇王看村	38	男	1940 年 1 月
张井洲	邹城市田黄镇南桃村	33	男	1940 年 2 月

姓 名	籍 贯	年 龄	性 别	死难时间
张瑞文	—	—	男	1940 年 2 月
孔广贤	邹城市大束镇赵庄村	20	男	1940 年 2 月
董乃济	邹城市千泉街道东关	24	男	1940 年 3 月
杜荣鉴	邹城市千泉街道南关	20	男	1940 年 3 月
高承杰	邹城市石墙镇小望云村	32	男	1940 年 3 月
张庆梅	邹城市钢山街道西关	34	男	1940 年 3 月
任福颖	邹城市钢山街道北关	20	男	1940 年 3 月
黄兴叶	邹城市太平镇东纪沟村	24	男	1940 年 4 月
黄兴业	邹城市太平镇东一村	23	男	1940 年 4 月
孙丁氏	邹城市香城镇孙王村	—	女	1940 年 4 月
孙开臣之母	邹城市香城镇孙王村	—	女	1940 年 4 月
邓继泰	—	—	男	1940 年 5 月
小 保	邹城市中心店镇小元村	41	男	1940 年 5 月
史永丑	邹城市千泉街道兴隆村	18	男	1940 年 6 月
孙开友	邹城市张庄镇东马村	40	男	1940 年 6 月
孔庆均	邹城市中心店镇白马村	33	男	1940 年 6 月
刘广春	邹城市太平镇刘庙村	—	男	1940 年 6 月
胡永清	邹城市千泉街道小胡村	—	男	1940 年 8 月
胡永生	邹城市千泉街道小胡村	—	男	1940 年 8 月
胡永清之妻	邹城市千泉街道小胡村	—	女	1940 年 8 月
庞会均	—	—	男	1940 年 8 月
高计来	邹城市石墙镇望云四村	42	男	1940 年 8 月
丁广申	邹城市田黄镇瓦曲村	29	男	1940 年 9 月
高承芳	邹城市石墙镇小望云村	33	男	1940 年 9 月
谢明喜	邹城市郭里镇上屯村	—	男	1940 年 11 月
王丰伦	邹城市城前镇后瓦村	21	男	1940 年 12 月
王世蛋	邹城市城前镇后瓦村	20	男	1940 年 12 月
张召真	邹城市香城镇西刘村	16	男	1940 年
刘印田	邹城市田黄镇河西村	20	男	1940 年
谢登祥	邹城市太平镇杏行村	19	男	1940 年
张士允	—	—	男	1940 年
刘传明	—	—	男	1940 年
侯仰莲	邹城市中心店镇老营村	—	女	1940 年
李凤仙	邹城市北宿镇羊厂村	—	男	1940 年

姓 名	籍 贯	年 龄	性 别	死难时间
徐守友之叔	邹城市城前镇城后村	19	男	1940 年
刘 张	邹城市城前镇王沟村	17	男	1940 年
杜荣安	邹城市城前镇胡沟村	23	男	1940 年
张灿柱	邹城市城前镇杨峪村	36	男	1940 年
孙庆山	邹城市钢山街道苏庄村	23	男	1940 年
郑从榜	邹城市太平镇家坊村	27	男	1940 年
郑从元	邹城市太平镇家坊村	23	男	1940 年
李龙恩	邹城市太平镇西张村	25	男	1940 年
冯文昌	邹城市太平镇西张村	25	男	1940 年
石承福	邹城市太平镇西张村	23	男	1940 年
赵承法	邹城市中心店镇前屯村	19	男	1940 年
郭长立	邹城市香城镇后郭村	42	男	1940 年
孙计胜	邹城市香城镇后郭村	43	男	1940 年
郭双喜	邹城市香城镇后郭村	39	男	1940 年
陈佃法	邹城市平阳寺镇平阳寺村	—	男	1940 年
周银臣	邹城市平阳寺镇平阳寺村	—	男	1940 年
刘汝怀	邹城市平阳寺镇平阳寺村	—	男	1940 年
欧学勤	邹城市平阳寺镇平阳寺村	—	男	1940 年
谢登祥	邹城市平阳寺镇杏行村	85	男	1940 年
刘广喜之父	邹城市峰山镇东庄村	29	男	1940 年
颜表氏	邹城市田黄镇西罗村	—	女	1940 年
王宝伦	邹城市田黄镇西罗村	—	男	1940 年
杨德付	邹城市田黄镇西埠村	—	男	1940 年
田俊川	邹城市田黄镇大峪口村	57	男	1940 年
徐庆河	邹城市太平镇太辛庄村	22	男	1940 年
孙振运	邹城市太平镇孙庙村	50	男	1940 年
冯存厚	邹城市太平镇高场村	38	男	1940 年
程淑怀	—	—	男	1940 年
丁昭珍	—	—	男	1940 年
高宝珊	—	—	男	1940 年
冯长元	—	—	男	1940 年
张 ×	—	—	男	1940 年
尹凤祥	邹城市北宿镇小北村	—	男	1940 年
尹家军	邹城市北宿镇小北村	—	男	1940 年

姓 名	籍 贯	年 龄	性 别	死难时间
乔 乡	邹城市北宿镇后贾村	—	男	1940 年
张启曾	邹城市北宿镇后贾村	—	男	1940 年
王永泉	邹城市北宿镇后贾村	—	男	1940 年
王中泉	邹城市北宿镇后贾村	—	男	1940 年
倪雪存	邹城市看庄镇看庄村	20	男	1940 年
步占友	邹城市太平镇东纪沟村	23	男	1941 年 1 月
李继贵	邹城市香城镇小莫村	60	男	1941 年 1 月
李继勇	邹城市香城镇小莫村	58	男	1941 年 1 月
李昭喜	邹城市香城镇小莫村	23	男	1941 年 1 月
李二喜	邹城市香城镇小莫村	20	男	1941 年 1 月
夏振言	—	—	男	1941 年 2 月
郑计成	邹城市石墙镇东井村	21	男	1941 年 3 月
赵玉珠	邹城市田黄镇大张庄村	32	男	1941 年 3 月
张向成	邹城市太平镇南亢村	37	男	1941 年 6 月
赵长法	邹城市中心店镇孔家庄	—	男	1941 年 6 月
张兴牧	邹城市太平镇西里村	22	男	1941 年 6 月
刘怀朋	曲阜市南辛镇南辛集	—	男	1941 年 6 月
秦善敬	—	—	男	1941 年 7 月
孙祥志	邹城市城前镇孙厂村	22	男	1941 年 7 月
孔××	邹城市郭里镇郭里村	22	男	1941 年 7 月
孔×之妻	邹城市郭里镇郭里村	21	女	1941 年 7 月
张 ×	邹城市郭里镇郭里村	31	男	1941 年 7 月
张×之妻	邹城市郭里镇郭里村	30	女	1941 年 7 月
张×之子	邹城市郭里镇郭里村	8	男	1941 年 7 月
李继玉	邹城市香城镇小莫村	24	男	1941 年 7 月
尹计青	邹城市太平镇幸福楼村	—	男	1941 年 7 月
冯佃臣	—	—	男	1941 年 9 月
李计山	邹城市田黄镇小烧峪	42	男	1941 年 11 月
张风明	邹城市田黄镇小烧峪	—	男	1941 年 11 月
任长玉	邹城市田黄镇泉沟村	31	男	1941 年 12 月
张现振	邹城市田黄镇大刘村	18	男	1941 年 12 月
田瑞甫	邹城市石墙镇望云村	—	男	1941 年
杜荣安	邹城市城前镇胡沟村	30	男	1941 年
席东顺	邹城市田黄镇后峪村	27	男	1941 年

姓 名	籍 贯	年 龄	性 别	死难时间
肖桂福	邹城市田黄镇田岭村	22	男	1941 年
张加臣	邹城市田黄镇辛庄村	22	男	1941 年
赵玉祥	邹城市田黄镇大张庄村	23	男	1941 年
冯福臣	邹城市田黄镇田黄村	23	男	1941 年
吕中和	邹城市田黄镇等庄村	21	男	1941 年
唐召举	邹城市大束镇崮山村	35	男	1941 年
许心荣	邹城市太平镇杏行村	19	男	1941 年
刘广英	邹城市石墙镇蔡东村	22	男	1941 年
臧茂领	邹城市石墙镇羊绪村	24	男	1941 年
董法才	邹城市郭里镇郭三村	22	男	1941 年
赵成喜	邹城市郭里镇郭三村	23	男	1941 年
徐广仁	邹城市石墙镇东沃村	30	男	1941 年
岳克明	邹城市石墙镇西沃村	41	男	1941 年
杨 五	—	—	男	1941 年
杨五之母	—	—	女	1941 年
田玉泉	—	—	男	1941 年
王昭民	—	—	男	1941 年
武传贵	邹城市城前镇城后村	25	男	1941 年
孙明五	邹城市城前镇雨山村	20	男	1941 年
赵 旺	邹城市城前镇牛角村	22	男	1941 年
孙明义之妻	邹城市城前镇雨山村	19	女	1941 年
徐 ×	邹城市城前镇魏沃村	—	男	1941 年
李传石之妻	邹城市城前镇西尚河村	—	女	1941 年
刘永巨	邹城市城前镇刘岭村	40	男	1941 年
孔 ×	邹城市钢山街道北关	20	女	1941 年
马老道	邹城市钢山街道北关	40	男	1941 年
仲计秘之妻	邹城市郭里镇屈北村	41	女	1941 年
郑贵林之子	邹城市千泉街道东关	17	男	1941 年
张大军	邹城市太平镇西张村	30	男	1941 年
刘宝车	邹城市太平镇东一村	21	男	1941 年
步明祥	邹城市太平镇东一村	33	男	1941 年
步占友	邹城市太平镇东一村	22	男	1941 年
许心荣	邹城市平阳寺镇杏行村	84	男	1941 年
程庆喜	邹城市平阳寺镇	—	男	1941 年

姓 名	籍 贯	年 龄	性 别	死难时间
张伯承	邹城市田黄镇东罗村	—	男	1941 年
张广言	邹城市田黄镇东罗村	—	男	1941 年
张佰付	邹城市田黄镇东罗村	12	男	1941 年
张正法	邹城市田黄镇东罗村	—	男	1941 年
徐宪宾	邹城市太平镇太辛庄村	21	男	1941 年
张振浑	邹城市北宿镇大北村	—	男	1941 年
潘贞銮	邹城市唐村镇前唐村	—	男	1941 年
刘德祥	邹城市城前镇西南河村	51	男	1941 年
武仲清	邹城市城前镇西南河村	35	男	1941 年
武文才	邹城市城前镇西南河村	26	男	1941 年
武文庆	邹城市城前镇西南河村	18	男	1941 年
刘德胜	邹城市城前镇西南河村	19	男	1941 年
徐怀伦	邹城市城前镇许老村	46	男	1941 年
赵汉厚	邹城市看庄镇金山村	—	男	1941 年
商兆沅	邹城市看庄镇黄湾村	41	男	1941 年
商登阔	邹城市看庄镇黄湾村	20	男	1941 年
谢广礼	邹城市看庄镇东柳村	—	男	1941 年
赵兴元	邹城市看庄镇东柳村	—	男	1941 年
张元基	邹城市看庄镇东柳村	—	男	1941 年
张元祥	邹城市看庄镇东柳村	—	男	1941 年
赵广仲	邹城市看庄镇金山村	—	男	1941 年
王永胜	邹城市郭里镇庙东村	23	男	1942 年 1 月
孔现金	邹城市唐村镇后唐村	—	男	1942 年 1 月
刘文春之祖父	邹城市石墙镇铁刘村	60	男	1942 年 2 月
刘文田	邹城市石墙镇铁刘村	32	男	1942 年 2 月
刘文雨	邹城市石墙镇铁刘村	46	男	1942 年 2 月
宗传美	邹城市田黄镇北桃村	22	男	1942 年 2 月
孙兴加	邹城市太平镇南亢村	38	男	1942 年 2 月
步德水	邹城市太平镇纪沟村	27	男	1942 年 2 月
张远德	邹城市太平镇南亢村	28	男	1942 年 2 月
王元中	微山县鲁桥镇鲁桥村	—	男	1942 年 2 月
王元中之女	微山县鲁桥镇鲁桥村	—	女	1942 年 2 月
步德三	邹城市太平镇东纪沟村	31	男	1942 年 3 月
孙明海	邹城市城前镇东尚河村	22	男	1942 年 3 月

姓 名	籍 贯	年 龄	性 别	死难时间
付文河	邹城市田黄镇北桃村	37	男	1942 年 3 月
周长富	邹城市太平镇东里彦村	45	男	1942 年 4 月
黄如山	邹城市张庄镇烧峪村	22	男	1942 年 5 月
童传益之弟	邹城市城前镇西康王村	—	男	1942 年 5 月
童传太	邹城市城前镇西康王村	20	男	1942 年 5 月
张正泉	邹城市香城镇邢庄村	23	男	1942 年 6 月
邵文富	邹城市郭里镇前黄村	49	男	1942 年 6 月
黄来秀	邹城市张庄镇老林村	25	男	1942 年 7 月
孙计忠	邹城市太平镇冯楼村	21	男	1942 年 7 月
李计新	邹城市张庄镇烧峪村	24	男	1942 年 8 月
崔连周	邹城市太平镇崔井村	17	男	1942 年 8 月
韩瑞雪	邹城市太平镇崔井村	23	男	1942 年 8 月
高小黑	邹城市石墙镇望云村	—	男	1942 年 8 月
刘化存	邹城市中心店镇二十里铺村	44	男	1942 年 8 月
步占山	邹城市太平镇东纪沟村	29	男	1942 年 9 月
步德胜	邹城市太平镇东纪沟村	30	男	1942 年 9 月
李庆德	邹城市太平镇东纪沟村	20	男	1942 年 9 月
高善同	邹城市石墙镇望云村	20	男	1942 年 9 月
高维厚	邹城市石墙镇望云村	25	男	1942 年 9 月
郑兴益	邹城市石墙镇东井村	24	男	1942 年 9 月
姜汉林	—	—	男	1942 年 9 月
冯 二	邹城市田黄镇鲍家庄	—	男	1942 年 9 月
刘传彪	邹城市北宿镇西故村	—	男	1942 年 9 月
张兆连	邹城市北宿镇西故村	—	男	1942 年 9 月
胡传鑫	邹城市北宿镇东故村	—	男	1942 年 9 月
孙善英之妻	邹城市北宿镇东故村	—	女	1942 年 9 月
孙善英之母	邹城市北宿镇东故村	—	女	1942 年 9 月
步占山	邹城市太平镇东一村	28	男	1942 年 9 月
张朝法	邹城市田黄镇北山村	—	男	1942 年 9 月
骆唐氏	邹城市田黄镇圈里村	53	女	1942 年 9 月
倪学歧	邹城市看庄镇白山村	21	男	1942 年 9 月
朱 三	邹城市太平镇南亢村	32	男	1942 年 9 月
赵其昌	邹城市太平镇南亢村	41	男	1942 年 9 月
罗风明	邹城市中心店镇二十里铺村	43	男	1942 年 9 月

姓　名	籍　贯	年　龄	性　别	死难时间
冯攀栋	邹城市太平镇冯庄村	32	男	1942 年 10 月
冯攀湖	邹城市太平镇冯庄村	36	男	1942 年 11 月
杨明州	单县	20	男	1942 年 11 月
高二麻子	邹城市看庄镇看庄村	17	男	1942 年 11 月
刘辉银	邹城市城前镇关峪村	20	男	1942 年
张光岩	邹城市田黄镇东罗村	45	男	1942 年
宋传梅	邹城市田黄镇北桃村	29	男	1942 年
张正芝	邹城市田黄镇东罗村	23	男	1942 年
王丙德	邹城市田黄镇瓦曲村	22	男	1942 年
陈宏宜	邹城市田黄镇圈里村	26	男	1942 年
郭广池	邹城市中心店镇大牛场村	26	男	1942 年
王文书	邹城市太平镇姚庄村	32	男	1942 年
邬贵新	邹城市太平镇姚庄村	23	男	1942 年
步德四	邹城市太平镇东纪沟村	24	男	1942 年
张兴义	邹城市太平镇西里彦村	29	男	1942 年
刘现纯	邹城市太平镇西里彦村	26	男	1942 年
韩瑞林	邹城市太平镇崔井村	—	男	1942 年
曹继胜	邹城市郭里镇宫庄村	23	男	1942 年
王振北	邹城市郭里镇下屯村	27	男	1942 年
李殿吉	邹城市石墙镇高庄村	22	男	1942 年
张黑妮	邹城市石墙镇高庄村	23	男	1942 年
王秀苓	邹城市石墙镇金斗村	30	男	1942 年
王兴沛	邹城市石墙镇西沃村	25	男	1942 年
李广合	—	—	男	1942 年
刘建苓	—	—	男	1942 年
刘东升	—	—	男	1942 年
刘怀朋	邹城市田黄区鲁源村	—	男	1942 年
李　霞	邹城市田黄区鲁源村	—	女	1942 年
姬广建	邹城市田黄区鲁源村	—	男	1942 年
赵广金	邹城市看庄镇金山庄	—	男	1942 年
夏作云	—	—	男	1942 年
韩维旭	邹城市千泉街道南关	—	男	1942 年
韩维冕	邹城市千泉街道南关	—	男	1942 年
韩维六	邹城市千泉街道南关	19	男	1942 年

姓 名	籍 贯	年 龄	性 别	死难时间
丁 起	邹城市城前镇东康王村	—	男	1942 年
刘洪生	邹城市城前镇渔汪岭村	36	男	1942 年
徐思才之母	邹城市城前镇渔汪岭村	51	女	1942 年
徐庆合	邹城市张庄镇牛角村	20	男	1942 年
彭 ×	邹城市城前镇东岳庄村	—	男	1942 年
王开法	邹城市城前镇东尚河村	—	男	1942 年
孔祥志	邹城市城前镇孔岭村	20	男	1942 年
柏景阳	邹城市城前镇青邑村	25	男	1942 年
武文清	邹城市城前镇青邑村	34	男	1942 年
巩振柱之女	邹城市城前镇青邑村	6	女	1942 年
岳家之儿媳	邹城市城前镇郑庄村	—	女	1942 年
孙 氏	邹城市城前镇郑庄村	—	女	1942 年
姜玉金	邹城市钢山街道苏庄村	18	男	1942 年
孔现德	邹城市钢山街道苏庄村	25	男	1942 年
王传贞	邹城市钢山街道北关	53	男	1942 年
宋玉春	邹城市太平镇邱楼村	21	男	1942 年
步士春	邹城市太平镇东一村	27	男	1942 年
步占香	邹城市太平镇东一村	34	男	1942 年
张兴义	邹城市太平镇西里村	28	男	1942 年
刘现纯	邹城市太平镇西里村	25	男	1942 年
郑 氏	邹城市张庄镇老林村	—	女	1942 年
王法远	邹城市张庄镇老林村	—	男	1942 年
刘正方	邹城市张庄镇果庄村	17	男	1942 年
赵承军	邹城市中心店镇前屯村	23	男	1942 年
孙永财	邹城市香城镇孙王村	40	男	1942 年
王文书	邹城市平阳寺镇姚庄村	—	男	1942 年
邹桂新	邹城市平阳寺镇姚庄村	87	男	1942 年
胡永锋	邹城市田黄镇河西村	—	男	1942 年
聂凤来	邹城市田黄镇瓦曲村	—	男	1942 年
张正山	邹城市田黄镇东罗村	39	男	1942 年
陈兆祥	邹城市太平镇白衣堂村	29	男	1942 年
杨德明	邹城市唐村镇杨庄村	—	男	1942 年
朱玉代	邹城市峄山镇店北村	23	男	1942 年
丁计全	邹城市张庄镇烧峪村	29	男	1943 年 1 月

姓 名	籍 贯	年 龄	性 别	死难时间
杨广德	邹城市郭里镇东郭村	38	男	1943 年 1 月
刘彦喜	邹城市郭里镇上镇村	23	男	1943 年 1 月
吴德功	邹城市郭里镇东张村	34	男	1943 年 1 月
杨景悦	—	—	男	1943 年 1 月
刘　×	邹城市张庄镇果庄村	40	男	1943 年 1 月
王保超	邹城市张庄镇仙桥村	17	男	1943 年 1 月
刘树荣	邹城市钢山街道前八村	20	男	1943 年 2 月
梁凤亭	邹城市香城镇北王村	22	男	1943 年 2 月
冯佃臣	邹城市城前镇北王村	25	男	1943 年 2 月
张伯富	邹城市田黄镇东罗村	29	男	1943 年 2 月
董振山	邹城市田黄镇后峪村	24	男	1943 年 2 月
陈现富	邹城市田黄镇辛庄村	21	男	1943 年 2 月
胡中田	邹城市田黄镇大刘村	23	男	1943 年 2 月
苏德友	邹城市田黄镇大刘村	23	男	1943 年 2 月
刘庆朋之妻	邹城市田黄镇鲁源村	—	女	1943 年 2 月
陈洪宣	邹城市田黄镇圈里村	24	男	1943 年 2 月
汪兴义	邹城市田黄镇大张庄村	20	男	1943 年 3 月
张文各	邹城市北宿镇南屯村	21	男	1943 年 3 月
李景安	邹城市田黄镇圈里村	20	男	1943 年 3 月
赵王氏	邹城市田黄镇杨家峪村	40	女	1943 年 3 月
孙成海	邹城市张庄镇	—	男	1943 年 3 月
孙成海之子	邹城市张庄镇	—	男	1943 年 3 月
张传玉	邹城市千泉街道大西苇村	—	男	1943 年 4 月
时振久	邹城市香城镇	22	男	1943 年 4 月
张　财	邹城市张庄镇东王营村	—	男	1943 年 4 月
秦显成	邹城市太平镇冯楼村	21	男	1943 年 5 月
时宝庆	邹城市田黄镇	30	男	1943 年 5 月
孙吉忠	邹城市太平镇秦河村	20	男	1943 年 5 月
黄均甫	邹城市张庄镇老林村	—	男	1943 年 5 月
刘广德	邹城市张庄镇刘洼村	17	男	1943 年 5 月
刘召喜	邹城市张庄镇刘洼村	21	男	1943 年 5 月
刘　来	邹城市张庄镇刘洼村	24	男	1943 年 5 月
孙长海	邹城市田黄镇大张庄村	34	男	1943 年 5 月
马玉柱	邹城市千泉街道马庄	—	男	1943 年 6 月

続表

姓 名	籍 贯	年 龄	性 别	死难时间
宗恒财	邹城市田黄镇北桃村	38	男	1943 年 6 月
高呈德	邹城市看庄镇倪看村	47	男	1943 年 6 月
卢庆堂	邹城市石墙镇韩庄村	23	男	1943 年 7 月
张作平	邹城市郭里镇朝西村	25	男	1943 年 7 月
张贵香	邹城市大束镇	—	男	1943 年 7 月
蒋广夏	邹城市张庄镇北马村	43	男	1943 年 7 月
崔亚夫	—	—	男	1943 年 8 月
杜 ×	—	17	男	1943 年 8 月
惠成家	邹城市城前镇北王村	20	男	1943 年 8 月
汝永贵	邹城市田黄镇北桃村	38	男	1943 年 8 月
孙计文	—	—	男	1943 年 9 月
徐学志	邹城市城前镇魏沃村	38	男	1943 年 9 月
冯庆武	邹城市田黄镇纸坊村	31	男	1943 年 10 月
边德荣	邹城市太平镇尹沟村	30	男	1943 年 10 月
张增桐	—	—	男	1943 年 10 月
刘绪先	邹城市中心店镇二十里铺村	25	男	1943 年 11 月
张玉思	邹城市太平镇东张村	19	男	1943 年 11 月
刘法胜	邹城市石墙镇小石村	21	男	1943 年 11 月
卢济富	邹城市石墙镇韩庄村	24	男	1943 年 11 月
张玉恩	邹城市平阳寺镇东张村	82	男	1943 年 11 月
张庆雨	邹城市田黄镇北山村	—	男	1943 年 11 月
邵 ×	邹城市唐村镇河头村	—	男	1943 年 12 月
田友存	邹城市田黄镇大张庄村	26	男	1943 年 12 月
高玉珍	—	—	男	1943 年 12 月
高玉珍之子	—	—	男	1943 年 12 月
孔 ×	邹城市张庄镇位庄村	—	男	1943 年
唐德才	邹城市看庄镇东郭村	31	男	1943 年
付现章	邹城市看庄镇西郭村	25	男	1943 年
冯兴胜	邹城市城前镇北王村	32	男	1943 年
冯佃胜	邹城市城前镇北王村	26	男	1943 年
孙明海	邹城市城前镇东尚河村	20	男	1943 年
张庆祥	邹城市城前镇南王村	23	男	1943 年
范福合	邹城市田黄镇石山汪村	24	男	1943 年
张伯和	邹城市田黄镇东罗村	37	男	1943 年

姓　名	籍　贯	年　龄	性　别	死难时间
王全德	邹城市田黄镇后峪村	27	男	1943 年
柴见付	邹城市田黄镇北山村	31	男	1943 年
陈佐成	邹城市田黄镇河西村	31	男	1943 年
刘玉海	邹城市田黄镇大张庄村	22	男	1943 年
田有存	邹城市田黄镇大张庄村	24	男	1943 年
孟怀信	邹城市田黄镇圈里村	27	男	1943 年
赵玉富	邹城市田黄镇白龙池村	23	男	1943 年
刘照珠	邹城市田黄镇大刘村	20	男	1943 年
相永启	邹城市田黄镇田黄村	29	男	1943 年
李兆德	邹城市北宿镇马楼村	34	男	1943 年
司维宣	邹城市石墙镇望云村	23	男	1943 年
史孝金	邹城市郭里镇上镇村	26	男	1943 年
王传启	邹城市郭里镇庙东村	22	男	1943 年
马加存	邹城市石墙镇车路口村	23	男	1943 年
刘正宜	—	—	男	1943 年
肖老六	—	—	男	1943 年
王有富	—	—	男	1943 年
张胜生	—	—	男	1943 年
郭广持	邹城市中心店镇小赵村	—	男	1943 年
步德吴	—	—	男	1943 年
谢登云	—	—	男	1943 年
田友河	邹城市田黄镇大张庄村	31	男	1943 年 7 月
张振华	—	—	男	1943 年
李呈炳	—	—	男	1943 年
李庆著	—	—	男	1943 年
张　五	邹城市城前镇南沃村	—	男	1943 年
孔庆林	邹城市城前镇东圈里村	23	男	1943 年
孟召海	邹城市城前镇罗圈峪村	20	男	1943 年
何　×	—	—	男	1943 年
张丕贵	邹城市石墙镇黄金山村	26	男	1943 年
杜守池	邹城市石墙镇韩庄村	25	男	1943 年
步占苓	邹城市太平镇东一村	31	男	1943 年
步占珍	邹城市太平镇东一村	30	男	1943 年
步长泰	邹城市太平镇东一村	—	男	1943 年

姓　名	籍　贯	年　龄	性　别	死难时间
步昭春	邹城市太平镇西三村	24	男	1943 年
王允海	邹城市张庄镇老林村	—	男	1943 年
王四娃	邹城市张庄镇大律村	20	男	1943 年
刘杨氏	邹城市张庄镇大律村	57	女	1943 年
刘先兰	邹城市张庄镇大律村	12	女	1943 年
刘先菊	邹城市张庄镇大律村	10	女	1943 年
刘起峰	邹城市张庄镇大律村	—	男	1943 年
刘正沂	邹城市张庄镇果庄村	—	男	1943 年
李计新	邹城市张庄镇位庄村	—	男	1943 年
张召林	邹城市张庄镇位庄村	—	男	1943 年
李　冈	邹城市张庄镇位庄村	—	男	1943 年
张伯凤	邹城市张庄镇位庄村	—	男	1943 年
田黄荣	邹城市张庄镇位庄村	—	男	1943 年
肖　×	邹城市张庄镇位庄村	—	男	1943 年
喜　官	邹城市张庄镇位庄村	—	男	1943 年
张延河	邹城市张庄镇位庄村	—	男	1943 年
高现奎	邹城市张庄镇西马村	—	男	1943 年
陈清松	邹城市香城镇大河村	—	男	1943 年
张　巧	邹城市田黄镇田黄村	—	男	1943 年
冯夫臣	邹城市田黄镇田黄村	—	男	1943 年
三皮脸	邹城市田黄镇田黄村	—	男	1943 年
朱大洋	邹城市田黄镇田黄村	—	男	1943 年
董石代	邹城市田黄镇田黄村	—	男	1943 年
张付辰	邹城市田黄镇河西村	—	男	1943 年
朱玉楷	邹城市田黄镇河西村	—	男	1943 年
林洪喜之妻	邹城市田黄镇瓦曲村	40	女	1943 年
李进财之女	邹城市田黄镇瓦曲村	12	女	1943 年
赵三妮	邹城市田黄镇石山汪村	—	女	1943 年
李传德	邹城市田黄镇西罗村	—	男	1943 年
杨位清	邹城市田黄镇西罗村	—	男	1943 年
刘　×	邹城市田黄镇大刘村	36	男	1943 年
肖奉曹	邹城市田黄镇肖沟村	60	男	1943 年
边广套	邹城市太平镇边庄村	42	男	1943 年
孙召焕	邹城市太平镇边庄村	23	男	1943 年

姓　名	籍　贯	年　龄	性　别	死难时间
董勤善	邹城市太平镇边庄村	32	男	1943 年
冯召×	邹城市太平镇边庄村	—	男	1943 年
邵德其	邹城市太平镇邵庄村	—	男	1943 年
陈宪同	邹城市田黄镇瓦曲村	23	男	1943 年
马洪喜	—	—	男	1943 年
黄茂阁	—	—	男	1943 年
刘连先	—	—	男	1943 年
张振乾	邹城市太平镇夹道村	—	男	1944 年 1 月
孔庆伦	邹城市郭里镇旺山村	—	男	1944 年 1 月
齐士昌之父	邹城市香城镇白石铺村	42	男	1944 年 1 月
王允劲之妻	邹城市香城镇白石铺村	30	女	1944 年 1 月
张传银	邹城市峄山镇张庄村	20	男	1944 年 3 月
张传河	邹城市峄山镇张庄村	40	男	1944 年 3 月
金贵元	—	—	男	1944 年 3 月
张广兴	邹城市石墙镇单山村	37	男	1944 年 3 月
张妮妮	邹城市石墙镇单山村	9	女	1944 年 3 月
周茂鑫	邹城市平阳寺镇	—	男	1944 年 3 月
赵玉元	—	—	男	1944 年 4 月
赵省銮	—	—	男	1944 年 4 月
王维洋	邹城市石墙镇金斗村	31	男	1944 年 4 月
孙传成	邹城市香城镇茶树沟村	17	男	1944 年 5 月
相维修	邹城市香城镇茶树沟村	39	男	1944 年 5 月
朱本瑞	邹城市北宿镇东故村	32	男	1944 年 5 月
齐高氏	邹城市唐村镇西颜村	30	女	1944 年 5 月
郭和友	邹城市唐村镇西颜村	30	男	1944 年 5 月
李庆桐	邹城市看庄镇李楼村	—	男	1944 年 6 月
董　×	邹城市田黄镇田黄村	—	男	1944 年 6 月
朱　×	邹城市田黄镇田黄村	—	男	1944 年 6 月
冯　×	邹城市田黄镇田黄村	—	男	1944 年 6 月
张　×	邹城市田黄镇田黄村	—	男	1944 年 6 月
黄奉芹	邹城市张庄镇前汉石桥村	19	男	1944 年 6 月
高计琨	邹城市张庄镇高山庄村	32	男	1944 年 6 月
刘夫昌	邹城市香城镇刘桃村	19	男	1944 年 7 月
赵守付	邹城市城前镇马河村	28	男	1944 年 7 月

姓 名	籍 贯	年 龄	性 别	死难时间
孙现友	邹城市田黄镇纸坊村	20	男	1944 年 7 月
武明斗	邹城市城前镇北沃村	26	男	1944 年 7 月
蒋怀生	邹城市田黄镇大张庄村	—	男	1944 年 7 月
高现群	邹城市田黄镇大张庄村	—	男	1944 年 7 月
孟凡印	—	—	男	1944 年 8 月
刘绪成	邹城市田黄镇南桃村	22	男	1944 年 8 月
包传海	邹城市田黄镇大张庄村	21	男	1944 年 8 月
王传秀	邹城市田黄镇宋山头村	23	男	1944 年 9 月
孙文斌	邹城市田黄镇瓦曲村	25	男	1944 年 9 月
刘绪成	邹城市田黄镇大刘村	24	男	1944 年 9 月
张占友	淄博市博山区	—	男	1944 年 9 月
张文德	—	—	男	1944 年 9 月
齐丙夫之父	邹城市唐村镇西颜村	40	男	1944 年 10 月
刘中夏	邹城市张庄镇果庄村	24	男	1944 年 11 月
崔方胜	邹城市田黄镇杨家峪村	22	男	1944 年 11 月
赵庆申	邹城市田黄镇杨家峪村	20	男	1944 年 11 月
陈青松	—	—	男	1944 年 11 月
张秀富	邹城市张庄镇烧峪村	31	男	1944 年 12 月
李凡士	邹城市太平镇赵庄村	25	男	1944 年 12 月
高维哲	邹城市石墙镇望云村	28	男	1944 年 12 月
路兴堂	邹城市石墙镇羊绪村	29	男	1944 年 12 月
杨广志	邹城市郭里镇东郭村	21	男	1944 年 12 月
王昭偏	邹城市香城镇茶树沟村	—	男	1944 年 12 月
相允休	—	—	男	1944 年 12 月
王广云	—	—	男	1944 年 12 月
王德荣	邹城市峄山镇高皇村	20	男	1944 年
罗吉安	邹城市峄山镇大庄村	27	男	1944 年
黄广祥	邹城市看庄镇西柳村	21	男	1944 年
王有合	邹城市香城镇前刘村	17	男	1944 年
赵贵存	邹城市城前镇东尚河村	26	男	1944 年
秦继友	邹城市城前镇西尚河村	19	男	1944 年
周士山	邹城市城前镇北王村	19	男	1944 年
寇长财	邹城市城前镇长老峪村	24	男	1944 年
张伯恩	邹城市田黄镇东罗村	25	男	1944 年

姓 名	籍 贯	年 龄	性 别	死难时间
李广勤	邹城市田黄镇后峪村	24	男	1944 年
李玉生	邹城市田黄镇瓦曲村	29	男	1944 年
张树正	邹城市田黄镇河西村	28	男	1944 年
肖桂林	邹城市田黄镇田岭村	28	男	1944 年
聂克山	邹城市田黄镇田岭村	23	男	1944 年
刘瑞芝	邹城市田黄镇吴家庄村	29	男	1944 年
邵长善	邹城市田黄镇田黄村	31	男	1944 年
吕广岱	邹城市大束镇赵庄村	24	男	1944 年
武丙合	邹城市大束镇蒋南村	26	男	1944 年
董召金	邹城市大束镇北葛村	24	男	1944 年
高呈德	邹城市大束镇时枣行村	21	男	1944 年
戴祥振	邹城市北宿镇东落村	24	男	1944 年
蔡金贵	邹城市石墙镇东坡村	21	男	1944 年
高善昌	邹城市石墙镇古木村	17	男	1944 年
杜永合	邹城市郭里镇独山村	20	男	1944 年
张怀古	邹城市郭里镇下镇村	27	男	1944 年
董光方	邹城市	—	男	1944 年
付度刚	邹城市	—	男	1944 年
董桂臣	邹城市	—	男	1944 年
董小喜	邹城市	—	男	1944 年
董秀法之女	邹城市	—	女	1944 年
李思海	—	—	男	1944 年
汤方元	—	—	男	1944 年
汤方元之妻	—	—	女	1944 年
王开信	平邑县	—	男	1944 年
张洪一	—	—	男	1944 年
温象坤	—	—	男	1944 年
刘 慧	—	—	女	1944 年
段传祥	邹城市城前镇高庄村	40	男	1944 年
大 头	邹城市城前镇石垛子村	26	男	1944 年
邢振财	邹城市城前镇金岭村	—	男	1944 年
李孙氏	邹城市城前镇长老峪村	52	女	1944 年
王万贞	邹城市城前镇尤家村	26	男	1944 年
冯佃俊	邹城市城前镇许老村	24	女	1944 年

姓 名	籍 贯	年 龄	性 别	死难时间
小 斧	邹城市城前镇许老村	6	男	1944 年
祖 鸽	邹城市城前镇许老村	3	女	1944 年
小 成	邹城市城前镇许老村	几个月	男	1944 年
郑福元	邹城市钢山街道孟庄社区	61	男	1944 年
董宝贵	邹城市太平镇中城村	—	男	1944 年
步占卫	邹城市太平镇东一村	21	男	1944 年
杨广明	邹城市太平镇东一村	36	男	1944 年
张小队	邹城市太平镇东一村	21	男	1944 年
步士斤	邹城市太平镇东一村	48	男	1944 年
步海兰	邹城市太平镇东二村	32	男	1944 年
冯攀良	邹城市太平镇冯庄村	21	男	1944 年
陈明亮	邹城市田黄镇河西村	—	男	1944 年
张正恩	邹城市田黄镇东罗村	—	男	1944 年
张正芹	邹城市田黄镇东罗村	—	女	1944 年
李广芹	邹城市田黄镇后峪村	29	男	1944 年
曹凤龙	邹城市田黄镇西罗村	—	男	1944 年
张兆银	邹城市太平镇太辛庄村	19	男	1944 年
冯遵菊	邹城市太平镇白衣堂村	30	男	1944 年
张岩合	邹城市石山村	—	男	1944 年
仲继堂	邹城市太平镇冯庄村	31	男	1945 年 1 月
周二妮	邹城市看庄镇看庄村	14	女	1945 年 1 月
周栓妮	邹城市看庄镇看庄村	8	男	1945 年 1 月
黑 狗	邹城市看庄镇看庄村	15	男	1945 年 1 月
周庆海	邹城市看庄镇看庄村	20	男	1945 年 1 月
刘芳真	邹城市看庄镇白石村	—	男	1945 年 1 月
刘二蛋	邹城市刘庄	—	男	1945 年 1 月
李宪科	邹城市张庄镇立石山村	23	男	1945 年 2 月
高彦桂	邹城市张庄镇东北洼村	26	男	1945 年 2 月
徐宪仁	邹城市田黄镇瓦曲村	37	男	1945 年 2 月
田慎言	邹城市田黄镇大张庄村	26	男	1945 年 2 月
郑思香	邹城市太平镇郑行村	26	男	1945 年 2 月
陈佃尧	邹城市太平镇陈庄村	25	男	1945 年 2 月
朱玉金	邹城市北宿镇南落村	27	男	1945 年 2 月
朱长秀	邹城市北宿镇大北村	32	男	1945 年 2 月

姓 名	籍 贯	年 龄	性 别	死难时间
王广元	邹城市石墙镇望云村	—	男	1945 年 2 月
程玉坦	邹城市张庄镇白山峪村	28	男	1945 年 2 月
王现金	邹城市张庄镇白山峪村	27	男	1945 年 2 月
孙计武	邹城市城前镇雨山村	26	男	1945 年 2 月
孙本胜	邹城市张庄镇烧峪村	24	男	1945 年 3 月
王万贵	邹城市田黄镇朝阳寺村	26	男	1945 年 3 月
周介亭	邹城市田黄镇瓦曲村	—	男	1945 年 3 月
骆景奎	邹城市田黄镇圈里村	—	男	1945 年 3 月
王元保	邹城市张庄镇吴家庄	26	男	1945 年 4 月
赵子成	邹城市张庄镇小烧峪	21	男	1945 年 4 月
巩怀彬	邹城市田黄镇大律庄村	36	男	1945 年 4 月
胡兆河	邹城市田黄镇河西村	36	男	1945 年 4 月
刘润德	邹城市太平镇东纪沟村	18	男	1945 年 4 月
步士法	邹城市太平镇东纪沟村	24	男	1945 年 4 月
孔昭胜	—	—	男	1945 年 4 月
韩瑞雷	邹城市太平镇崔井村	25	男	1945 年 4 月
陈广山	安徽省萧县郝家寨		男	1945 年 4 月
戴祥振	—	—	男	1945 年 4 月
郑召香	邹城市太平镇郑行村	26	男	1945 年 5 月
薄其銮	—	—	男	1945 年 5 月
薄其富	—		男	1945 年 5 月
王广胜	—		男	1945 年 5 月
王广胜之侄媳	—	—	女	1945 年 5 月
李长远	—	—	男	1945 年 5 月
张怀君	邹城市平阳寺镇张村	82	男	1945 年 5 月
郑召香	邹城市平阳寺镇郑行村	81	男	1945 年 5 月
吕怀信	邹城市田黄镇圈里村	24	男	1945 年 5 月
王兴芝	邹城市田黄镇瓦曲村	—	男	1945 年 5 月
丁守义	邹城市田黄镇瓦曲村		男	1945 年 5 月
丁秀海	邹城市田黄镇瓦曲村		男	1945 年 5 月
丁秀海之子	邹城市田黄镇瓦曲村		男	1945 年 5 月
周长智	邹城市田黄镇瓦曲村		男	1945 年 5 月
刘立武之妻	邹城市田黄镇瓦曲村	—	女	1945 年 5 月
桂玉顺	邹城市田黄镇瓦曲村	—	男	1945 年 5 月

姓 名	籍 贯	年龄	性别	死难时间
董福山	邹城市田黄镇瓦曲村	—	男	1945 年 5 月
董福才	邹城市田黄镇瓦曲村	—	男	1945 年 5 月
马何文	邹城市田黄镇瓦曲村	—	男	1945 年 5 月
黄以臣	邹城市田黄镇瓦曲村	—	男	1945 年 5 月
黄以淳	邹城市田黄镇瓦曲村	—	男	1945 年 5 月
陈福千	邹城市田黄镇瓦曲村	—	男	1945 年 5 月
陈明启	邹城市田黄镇河西村	25	男	1945 年 5 月
任锡玉	邹城市田黄镇瓦曲村	—	男	1945 年 5 月
褚景旺	邹城市田黄镇瓦曲村	—	男	1945 年 5 月
牛桂山	邹城市田黄镇瓦曲村	—	男	1945 年 5 月
任长贵	邹城市田黄镇瓦曲村	—	男	1945 年 5 月
靳克富	邹城市峄山镇苗庄村	21	男	1945 年 6 月
孙永现	邹城市张庄镇大沟村	25	男	1945 年 6 月
聂佃生	邹城市城前镇白山峪村	20	男	1945 年 6 月
韦培汝	邹城市城前镇位家口村	25	男	1945 年 6 月
郑士文	邹城市城前镇桃园村	24	男	1945 年 6 月
李玉文	邹城市城前镇长老峪村	20	男	1945 年 6 月
张云桂	邹城市田黄镇白龙池村	28	男	1945 年 6 月
程贞春	邹城市太平镇姚庄村	46	男	1945 年 6 月
安 吉	—	—	男	1945 年 6 月
程增春	邹城市平阳寺镇姚庄村	—	男	1945 年 6 月
张怀贞	邹城市田黄镇洪山沟村	—	男	1945 年 6 月
刘现玉	邹城市香城镇洪山村	21	男	1945 年 7 月
孙明喜	邹城市城前镇刘庄	21	男	1945 年 7 月
时培法	邹城市城前镇城后村	22	男	1945 年 7 月
刘玉贵	邹城市田黄镇辛庄村	26	男	1945 年 7 月
吕士义	邹城市田黄镇辛庄村	21	男	1945 年 7 月
宋桂均	邹城市田黄镇大山头村	33	男	1945 年 7 月
步广银	邹城市太平镇西纪沟村	24	男	1945 年 7 月
孔召胜	邹城市石墙镇羊绪村	43	男	1945 年 7 月
薄启祥	邹城市石墙镇石墙村	—	男	1945 年 7 月
薄启福	邹城市石墙镇石墙村	—	男	1945 年 7 月
薄启乐	邹城市石墙镇石墙村	—	男	1945 年 7 月
时培岭	邹城市香城镇小河圈村	24	男	1945 年 8 月

姓 名	籍 贯	年 龄	性 别	死难时间
李才新	邹城市城前镇后标村	20	男	1945 年 8 月
孔祥文	邹城市城前镇位沃村	23	男	1945 年 8 月
窦广和之父	邹城市郭里镇郭里村	—	男	1945 年 8 月
窦广和之母	邹城市郭里镇郭里村	—	女	1945 年 8 月
聂汉忠	邹城市石墙镇东季村	30	男	1945 年 8 月
李兴银	邹城市北宿镇小北村	—	男	1945 年 8 月
李景连	邹城市北宿镇小北村	—	男	1945 年 8 月
王河柱	邹城市北宿镇小北村	—	男	1945 年 8 月
孙丙河	邹城市北宿镇小北村	—	男	1945 年 8 月
张德彬	邹城市北宿镇小北村	—	男	1945 年 8 月
聂佃发	邹城市张庄镇烟庄村	19	男	1945 年 9 月
卓玉坤	邹城市张庄镇小烧峪	22	男	1945 年 9 月
孙宜连	邹城市城前镇孙庄村	18	男	1945 年 9 月
韦林得	邹城市田黄镇西罗村	33	男	1945 年 9 月
仲伟成	邹城市郭里镇屈北村	22	男	1945 年 9 月
刘文峰	邹城市郭里镇屈北村	28	男	1945 年 9 月
刘召春	邹城市张庄镇吉利庄	27	男	1945 年 9 月
康士杰	邹城市香城镇康桃村	25	男	1945 年
周元千	邹城市香城镇田王村	25	男	1945 年
唐广元	邹城市香城镇唐邱村	24	男	1945 年
相茶功	邹城市香城镇茶前相村	22	男	1945 年
高计全	邹城市张庄镇吴家庄	22	男	1945 年
郑井府	邹城市张庄镇烟庄村	20	男	1945 年
张爱桂	邹城市张庄镇位庄	25	男	1945 年
肖怀德	邹城市张庄镇立石山村	20	男	1945 年
彭庆德	邹城市城前镇康王村	26	男	1945 年
朱现昌	邹城市城前镇大崇村	22	男	1945 年
孙广太	邹城市城前镇雨山村	27	男	1945 年
刘召春	邹城市城前镇大黄林村	19	男	1945 年
周士珍	邹城市城前镇马河村	26	男	1945 年
周士选	邹城市城前镇马河村	23	男	1945 年
魏思良	邹城市城前镇大黄林村	21	男	1945 年
李铎林	邹城市城前镇大黄林村	23	男	1945 年
林万兰	邹城市城前镇岔河东山村	25	男	1945 年

姓 名	籍 贯	年 龄	性 别	死难时间
苏得忠	邹城市城前镇三河口村	26	男	1945 年
魏广付	邹城市城前镇位窝村	25	男	1945 年
魏文奎	邹城市城前镇位窝村	23	男	1945 年
刘传申	邹城市城前镇上石河村	19	男	1945 年
王万祯	邹城市城前镇放粮村	19	男	1945 年
张奉申	邹城市田黄镇北山村	25	男	1945 年
郭德银	邹城市田黄镇上鲍村	21	男	1945 年
刘丙章	邹城市田黄镇泉沟村	26	男	1945 年
张伯风	邹城市田黄镇东罗村	30	男	1945 年
董付山	邹城市田黄镇后峪村	33	男	1945 年
席洪季	邹城市田黄镇后峪村	21	男	1945 年
王兴之	邹城市田黄镇后峪村	24	男	1945 年
周广筹	邹城市田黄镇瓦曲村	28	男	1945 年
任锡筹	邹城市田黄镇瓦曲村	26	男	1945 年
刘令喜	邹城市田黄镇河西村	22	男	1945 年
王万忠	邹城市田黄镇大古墩村	29	男	1945 年
王来宪	邹城市田黄镇黄宫架村	17	男	1945 年
黄成友	邹城市田黄镇辛庄村	24	男	1945 年
张马胡	邹城市田黄镇颜庄村	18	男	1945 年
史得宽	邹城市田黄镇圈里村	26	男	1945 年
陈富千	邹城市田黄镇圈里村	27	男	1945 年
孟计德	邹城市田黄镇田黄村	19	男	1945 年
闵宪中	邹城市大束镇赵庄村	26	男	1945 年
唐印同	邹城市大束镇崮山村	23	男	1945 年
唐茂田	邹城市大束镇崮山村	26	男	1945 年
张怀君	邹城市太平镇张村	21	男	1945 年
陈广汉	邹城市太平镇太平村	24	男	1945 年
李忠代	邹城市北宿镇马楼村	23	男	1945 年
夏保贞	邹城市北宿镇曹庄村	29	男	1945 年
陈德胜	邹城市太平镇西纪沟村	28	男	1945 年
陈德贵	邹城市太平镇西纪沟村	23	男	1945 年
冯攀田	邹城市太平镇冯庄村	24	男	1945 年
边德福	邹城市太平镇边庄村	19	男	1945 年
刘广太	邹城市石墙镇蔡西村	21	男	1945 年

姓 名	籍 贯	年 龄	性 别	死难时间
高歧水	邹城市石墙镇望云村	31	男	1945 年
王奉亮	邹城市郭里镇寺玉村	17	男	1945 年
刘允德	邹城市郭里镇上镇村	25	男	1945 年
仲伟胜	邹城市郭里镇屈北村	28	男	1945 年
郑景全	邹城市郭里镇郭四村	26	男	1945 年
宫廷彬	邹城市郭里镇下屯村	30	男	1945 年
孙广林	邹城市郭里镇孙庄村	22	男	1945 年
常学义	邹城市郭里镇郭三村	35	男	1945 年
王中明	—	—	男	1945 年
杨××	—	—	男	1945 年
姜建明	邹城市	—	男	1945 年
步士法	邹城市太平镇纪沟村	—	男	1945 年
朱 ×	邹城市北宿镇大北村	—	男	1945 年
郑来民	邹城市太平镇黄甫村	—	男	1945 年
刘守朋之三子	邹城市城前镇连庄村	—	男	1945 年
刘 妮	邹城市城前镇连庄村	—	男	1945 年
徐发运	邹城市城前镇连庄村	—	男	1945 年
刘现伦之妻	邹城市城前镇场岭村	30	女	1945 年
武传全	邹城市城前镇南王村	28	男	1945 年
郑二麻子	邹城市石墙镇铁刘村	27	男	1945 年
翟文汉	邹城市太平镇翟行村	24	男	1945 年
樊允新	邹城市太平镇樊桥村	—	男	1945 年
步士法	邹城市太平镇东二村	23	男	1945 年
边德福	邹城市太平镇冯庄村	18	男	1945 年
尹福厚	邹城市太平镇尹沟村	21	男	1945 年
齐方仁	邹城市唐村镇西颜村	60	男	1945 年
齐从印	邹城市唐村镇西颜村	40	男	1945 年
李 之	邹城市张庄镇大烧峪村	—	男	1945 年
骆秀富	邹城市张庄镇大烧峪村	—	男	1945 年
李计新	邹城市张庄镇大烧峪村	—	男	1945 年
高立柏	邹城市张庄镇高山庄村	34	男	1945 年
万士武	邹城市中心店镇前屯村	31	男	1945 年
陈广汉	邹城市平阳寺镇平阳寺村	—	男	1945 年
王召兰之夫	邹城市峄山镇店北村	25	男	1945 年

姓 名	籍 贯	年 龄	性 别	死难时间
陈佑成	邹城市田黄镇河西村	—	男	1945 年
曹方强	邹城市田黄镇栖峪村	27	男	1945 年
王兴芝	邹城市田黄镇后峪村	30	男	1945 年
张玉启	邹城市田黄镇西罗村	—	男	1945 年
张谟范	邹城市太平镇东拐村	22	男	1945 年
张贻顺	邹城市太平镇东拐村	34	男	1945 年
张贻治	邹城市太平镇东拐村	23	男	1945 年
张开登	邹城市太平镇东拐村	17	男	1945 年
张开福	邹城市太平镇东拐村	24	男	1945 年
刘成银	—	—	男	1945 年
刘成玉	—	—	男	1945 年
付兆顺	潍坊市丁家岭村	—	男	1945 年
夏宝灿	—	—	男	1945 年
徐守安	—	—	男	—
钟小城	—	—	男	—
范广祥	邹城市大束镇大东村	—	男	—
梁传胜	邹城市中心店镇中二村	—	男	—
张传刚	邹城市太平镇西纪沟村	—	男	—
孔度山	—	—	男	—
翟杰奎	滕州市级索镇前王晁村	13	男	—
王兆祥	滕州市级索镇前王晁村	—	男	—
张化文	金乡县绵城镇高庄	—	男	—
孙传祥	邹城市城前镇刘庄	—	男	—
随登峰	邹城市钢山街道办事处朱山村	—	男	—
随登峰之妻	邹城市钢山街道办事处朱山村	—	女	—
随登峰之子	邹城市钢山街道办事处朱山村	1	男	—
送柴人	邹城市钢山街道办事处朱山村	40	男	—
老七之妻	邹城市钢山街道办事处朱山村	20	女	—
湛振奎	邹城市千泉街道办事处	—	男	—
胡景瑞	邹城市千泉街道办事处	—	男	—
胡庆元	邹城市千泉街道办事处	—	男	—
王传贵	邹城市千泉街道办事处	—	男	—
边广晟	邹城市太平镇观堂村	32	男	—
张传尧	邹城市太平镇翟行村	—	男	—

姓 名	籍 贯	年 龄	性 别	死难时间
翟文林	邹城市太平镇翟行村	—	男	—
张传雨	邹城市太平镇翟行村	—	男	—
张成岩	邹城市太平镇南城村	—	男	—
张玉奎	邹城市太平镇张行村	—	男	—
步德雨	邹城市太平镇东一村	—	男	—
步占土	邹城市太平镇东一村	—	男	—
步德臣	邹城市太平镇东一村	—	男	—
刘运田	邹城市太平镇东一村	—	男	—
步德山	邹城市太平镇东纪村	30	男	
步德四	邹城市太平镇东纪村	23	男	
李庆德	邹城市太平镇东纪村	19	男	
陈德胜	邹城市太平镇西纪村	27	男	
陈德贵	邹城市太平镇西纪村	22	男	
步广银	邹城市太平镇西纪村	23	男	
谢显仁	邹城市太平镇西纪村	26	男	
李凡土	邹城市太平镇赵庄村	—	男	—
冯 越	邹城市太平镇冯庄村	—	男	—
冯景怀	邹城市太平镇冯庄村	—	男	—
崔联洲	邹城市太平镇崔井村	—	男	—
崔绪金	邹城市太平镇崔井村	—	男	—
步德岱	邹城市太平镇纪沟村	—	男	—
付奕生	邹城市太平镇纪沟村	—	男	—
张文楷	邹城市太平镇西里村	—	男	—
张二丁	邹城市平阳寺镇	—	男	—
赵玉银	邹城市太平镇高营村	—	男	—
张成和	邹城市太平镇高营村	—	男	—
高计香	邹城市太平镇高营村	—	男	—
孔凡义	邹城市太平镇高营村	—	男	—
孙由滨	邹城市太平镇秦河村	—	男	—
孙焕章	邹城市太平镇秦河村	—	男	—
孙丕珠	邹城市太平镇秦河村	—	男	—
孙小黑	邹城市太平镇秦河村	—	男	—
孙丕堂	邹城市太平镇秦河村	—	男	—
孙丕荣	邹城市太平镇秦河村	—	男	—

姓　名	籍　贯	年　龄	性　别	死难时间
孙吉旺	邹城市太平镇秦河村	—	男	—
贾兆喜	邹城市太平镇秦河村	—	男	—
秦克尧	邹城市太平镇秦河村	—	男	—
边广侦	邹城市太平镇冯庄村	—	男	—
冯年栋	邹城市太平镇冯庄村	—	男	—
冯井东	邹城市太平镇冯庄村	—	男	—
冯井起	邹城市太平镇冯庄村	—	男	—
冯井烂	邹城市太平镇冯庄村	—	男	—
冯之周	邹城市太平镇冯庄村	—	男	—
袁长春	邹城市大束镇袁麻村	—	男	1938 年 1 月 1 日
边呈德	邹城市中心店镇东渐兴村	32	男	1938 年 5 月
冯维印	邹城市唐村镇东双村	—	男	1938 年
冯作彦	邹城市唐村镇东双村	—	男	1938 年
胡培祥	邹城市郭里镇东郭村	22	男	1938 年
胡　山	邹城市大束镇黄庙村	—	男	1938 年
蒋名尧	邹城市大束镇中葛村	—	男	1938 年
孔凤各	邹城市大束镇黄庙村	—	男	1938 年
李长文	邹城市唐村镇东双村	—	男	1938 年
刘四八	邹城市郭里镇朝东村	19	男	1938 年
潘道年	邹城市太平镇孙庙村	20	男	1938 年
潘道平	邹城市太平镇孙庙村	18	男	1938 年
齐方秀	邹城市唐村镇西颜村	—	男	1938 年
孙孝海	邹城市郭里镇朝东村	21	男	1938 年
王传新	邹城市唐村镇东双村	—	男	1938 年
杨凤法	邹城市郭里镇东郭村	23	男	1938 年
杨士判	邹城市唐村镇东双村	—	男	1938 年
于××	邹城市郭里镇东郭村	30	男	1938 年
谢明雨	邹城市郭里镇乡上村	—	男	1939 年 4 月
韩开福	邹城市郭里镇朝东村	—	男	1939 年 5 月
谢明印	邹城市郭里镇乡上村	—	男	1939 年 10 月
曹茂连	邹城市郭里镇屈中村	21	男	1939 年
段振海	邹城市郭里镇屈中村	19	男	1939 年
高玉修	邹城市大束镇南桑村	—	男	1939 年
何××	邹城市北宿镇谷堆村	—	男	1939 年

姓 名	籍 贯	年 龄	性 别	死难时间
季西湖	邹城市大束镇付堂村	—	男	1939 年
季兆更	邹城市大束镇付堂村	—	男	1939 年
邱现元	邹城市太平镇邱楼村	47	男	1939 年
邱兴甲	邹城市大束镇付堂村	—	男	1939 年
宋井才	邹城市中心店镇前西村	31	男	1939 年
宋留成	邹城市太平镇林海村	14	男	1939 年
袁振雨	邹城市中心店镇前西村	32	男	1939 年
郑计×	邹城市郭里镇屈中村	50	男	1939 年
仲淘气	邹城市郭里镇屈中村	18	男	1939 年
李贵祥	邹城市大束镇水河村	—	男	1940 年 8 月
曹瑞连	邹城市唐村镇王炉村	—	男	1940 年
曹瑞三	邹城市唐村镇王炉村	—	男	1940 年
曹瑞喜	邹城市唐村镇王炉村	—	男	1940 年
何胜哲	邹城市香城镇张马庄	—	男	1940 年
孔凡德	邹城市中心店镇前南村	—	男	1940 年
孔庆卯	邹城市中心店镇前南村	12	男	1940 年
孔宪柱	邹城市中心店镇前南村	49	男	1940 年
刘玉堂	邹城市唐村镇秦官村	—	男	1940 年
齐方银	邹城市唐村镇秦官村	—	男	1940 年
王金丙	邹城市钢山街道北关社区	25	男	1940 年
王金田	邹城市钢山街道北关社区	24	男	1940 年
王昭旭	邹城市北宿镇后贾村	—	男	1940 年
闫怀明	邹城市郭里镇朝东村	23	男	1940 年
袁兴礼	邹城市大束镇梭庄村	—	男	1940 年
张继吴	邹城市中心店镇前南村	28	男	1940 年
马 财	邹城市太平镇南亢村	30	男	1941 年 1 月
马 二	邹城市太平镇南亢村	31	男	1941 年 1 月
赵士良	邹城市大束镇曹村	—	男	1941 年 1 月
王成仁	邹城市郭里镇旺山村	79	男	1941 年 2 月
陈东法	—	—	男	1941 年
郭复明	邹城市香城镇后郭村	39	男	1941 年
郭 三	邹城市香城后郭村	32	男	1941 年
季西旺	邹城市大束镇付堂村	—	男	1941 年

姓 名	籍 贯	年 龄	性 别	死难时间
刘现珠	邹城市太平镇邱楼村	58	男	1941 年
刘召明	邹城市唐村镇后双村	—	男	1941 年
刘振海	邹城市唐村镇后双村	—	男	1941 年
路问臣	邹城市大束镇匡庄村	—	男	1941 年
孙长林	邹城市香城镇后郭村	33	男	1941 年
王××	邹城市郭里镇郭三村	38	男	1941 年
王××	邹城市郭里镇郭三村	36	男	1941 年
夏五河	邹城市唐村镇后双村	—	男	1941 年
徐××	邹城市郭里镇郭三村	36	男	1941 年
张玉水	邹城市唐村镇后双村	—	男	1941 年
张玉朱	邹城市唐村镇后双村	—	男	1941 年
赵玉法	邹城市郭里镇郭三村	32	男	1941 年
周广美	邹城市太平镇西里村	43	男	1942 年 6 月
周刘贵	邹城市太平镇西里村	27	男	1942 年 6 月
周茂财	邹城市太平镇西里村	42	男	1942 年 6 月
周庆法	邹城市太平镇西里村	45	男	1942 年 6 月
刘井会	邹城市郭里镇旺山村	78	男	1942 年 9 月
陈××	邹城市郭里镇郭二村	36	男	1942 年
崔计夏	邹城市太平镇高石村	—	男	1942 年
孔广仁	邹城市大束镇赵庄村	—	男	1942 年
孟凡富	邹城市大束镇羊山村	—	男	1942 年
闵现忠	邹城市大束镇赵庄村	—	男	1942 年
王世鸿	邹城市钢山街道北关	18	男	1942 年
张兴怀	邹城市钢山街道北关	28	男	1942 年
张贻仁	邹城市钢山街道北关	23	男	1942 年
赵计良	邹城市郭里镇郭一村	20	男	1942 年
齐××	邹城市唐村镇西颜村	50	男	1943 年 4 月
刘得后	邹城市郭里镇旺山村	—	男	1943 年 8 月
步占举	邹城市太平镇纪沟村	—	男	1943 年
步昭璞	邹城市太平镇纪沟村	—	男	1943 年
高玉志	邹城市大束镇南桑村	—	男	1943 年
韩景胜	邹城市城前镇西尚河	—	男	1943 年

姓 名	籍 贯	年 龄	性 别	死难时间
何克义	邹城市太平镇纪沟村	—	男	1943 年
侯仰全	邹城市大束镇侯洼村	—	男	1943 年
黄乐泉	邹城市太平镇纪沟村	—	男	1943 年
李兆桢	邹城市太平镇纪沟村	—	男	1943 年
任夫颖	邹城市钢山街道北关	23	男	1943 年
董振泗	邹城市大束镇赵庄村	—	男	1944 年
冯西仁	邹城市大束镇赵庄村	—	男	1944 年
李桂和	邹城市太平镇边庄村	16	男	1944 年
任德鑫	邹城市钢山街道北关	27	男	1944 年
张茂岭	邹城市石墙镇羊绪村	—	男	1945 年
步占明	邹城市太平镇东一村	—	男	—
黄陈氏	邹城市太平镇黄园村	—	女	—
黄大年	邹城市太平镇黄园村	—	男	—
刘 全	邹城市太平镇邱楼村	26	男	—
张传为	邹城市太平镇张行村	—	男	—
张书理	邹城市太平镇张行村	—	男	—
张小群	邹城市太平镇南城村	—	男	—
张玉昌	邹城市太平镇张行村	—	男	—
合 计	**1201**			

责任人：赵元龄 段祥国　　　　核实人：时建明 冯宪华　　　　填表人：乔 帅

填报单位（签章）：邹城市委党史研究室　　　　填报时间：2009 年 5 月 5 日

微山县抗日战争时期死难者名录

姓　名	籍　贯	年　龄	性　别	死难时间
王玉科	微山县两城乡南薄东村	23	男	1938 年 3 月
李念六	微山县两城乡南薄东村	32	男	1938 年 3 月
杜风业	微山县两城乡两城一村	—	男	1938 年 3 月
王　山	微山县马坡乡东程楼村	—	男	1938 年 3 月
刘汝娃	微山县马坡乡东九村	50	男	1938 年 3 月
潘德运	微山县夏镇街道泰山村	43	男	1938 年 3 月
杨××	微山县夏镇街道文昌村	42	男	1938 年 3 月
张　氏	微山县夏镇街道盐当村	34	女	1938 年 3 月
朱本喜	微山县夏镇街道马楼村	52	男	1938 年 3 月
冯振田	微山县昭阳街道南庄东村	42	男	1938 年 3 月
孙文祥	微山县昭阳街道南庄东村	44	男	1938 年 3 月
张　氏	微山县昭阳街道南庄东村	42	女	1938 年 3 月
朱恒贞	微山县欢城镇东闫村	11	男	1938 年 4 月 9 日
刘汉杰之母	微山县夏镇街部城东村	56	女	1938 年 4 月
陈广山之兄	微山县夏镇街道部城东村	36	男	1938 年 4 月
吴富玉	微山县夏镇街道部城东村	40	男	1938 年 4 月
王道宽之二叔	微山县夏镇街道部城东村	22	男	1938 年 4 月
王传民	微山县夏镇街道部城东村	26	男	1938 年 4 月
王传民之妹	微山县夏镇街道部城东村	20	女	1938 年 4 月
李张妮	微山县夏镇街道部城东村	18	女	1938 年 4 月
鲁士林	微山县夏镇街道泰山村	45	男	1938 年 4 月
潘志宾之父	微山县夏镇街道泰山村	39	男	1938 年 4 月
姜方玉之父	微山县夏镇街道泰山村	41	男	1938 年 4 月
彭兴苓之父	微山县夏镇街道泰山村	38	男	1938 年 4 月
朱××	微山县夏镇街道谢桥村	41	男	1938 年 4 月
杨××	微山县夏镇街道青年村	43	男	1938 年 4 月
吴××	微山县夏镇街道青年村	38	男	1938 年 4 月
乔××	微山县昭阳街道寨子村	42	男	1938 年 4 月
毕德华之舅	微山县昭阳街道寨子村	45	男	1938 年 4 月
王庆余	微山县夏镇街道李谷堆村	50	男	1938 年 4 月
高××	微山县夏镇街道盐当村	29	男	1938 年 4 月

姓　名	籍　贯	年　龄	性　别	死难时间
王　祥	微山县夏镇街道盐当村	21	男	1938 年 4 月
周×××	微山县夏镇街道盐当村	43	男	1938 年 4 月
郑兴旺	微山县夏镇街道盐当村	36	男	1938 年 4 月
蔡可信	微山县夏镇街道顺河村	38	男	1938 年 4 月
宋新英	微山县夏镇街道顺河村	39	女	1938 年 4 月
徐振河	微山县夏镇街道箭道村	45	男	1938 年 4 月
王　×	微山县夏镇街道箭道村	20	男	1938 年 4 月
张孙氏	微山县夏镇街道箭道村	30	女	1938 年 4 月
张孙氏之女	微山县夏镇街道箭道村	5	女	1938 年 4 月
张　氏	微山县夏镇街道李堂村	39	女	1938 年 4 月
叶　妮	微山县夏镇街道建新村	1	女	1938 年 4 月
张义喜之母	微山县夏镇街道月河村	38	女	1938 年 4 月
俞中仁之父	微山县夏镇街道月河村	38	男	1938 年 4 月
秦计才	微山县夏镇街道月河村	33	男	1938 年 4 月
李兴民之三叔	微山县夏镇街道月河村	29	男	1938 年 4 月
张目怀	微山县夏镇街道月河村	34	男	1938 年 4 月
王妮之大娘	微山县夏镇街道月河村	37	女	1938 年 4 月
刘远花	微山县夏镇街道月河村	33	女	1938 年 4 月
郑兴贵	微山县夏镇街道文昌村	48	男	1938 年 4 月
王振祥之子	微山县夏镇街道文昌村	24	男	1938 年 4 月
张国黎	微山县夏镇街道文昌村	32	男	1938 年 4 月
张国怀	微山县夏镇街道文昌村	29	男	1938 年 4 月
张广军之弟	微山县夏镇街道文昌村	24	男	1938 年 4 月
张国利	微山县夏镇街道文昌村	24	男	1938 年 4 月
布广玲	微山县夏镇街道李谷堆村	50	男	1938 年 4 月
李干奎	微山县夏镇街道李谷堆村	60	男	1938 年 4 月
李干美	微山县夏镇街道李谷堆村	61	男	1938 年 4 月
布继彬	微山县夏镇街道李谷堆村	58	男	1938 年 4 月
闫广礼	微山县夏镇街道李谷堆村	52	男	1938 年 4 月
闫冒刚	微山县夏镇街道李谷堆村	53	男	1938 年 4 月
种　氏	微山县夏镇街道李谷堆村	52	女	1938 年 4 月
李克昌	微山县夏镇街道李谷堆村	55	男	1938 年 4 月
王　氏	微山县夏镇街道李谷堆村	53	女	1938 年 4 月
张本礼	微山县夏镇街道李谷堆村	—	男	1938 年 4 月

姓　名	籍　贯	年　龄	性　别	死难时间
李小车	微山县夏镇街道李谷堆村	—	男	1938 年 4 月
郑西田	微山县夏镇街道薛庄村	60	男	1938 年 4 月
于怀勋	微山县夏镇街道鹿湾村	60	男	1938 年 4 月
王立品	微山县夏镇街道鹿湾村	22	男	1938 年 4 月
张全武	微山县夏镇街道刘村	29	男	1938 年 4 月
陈学顺	微山县夏镇街道南门外村	20	男	1938 年 4 月
王　三	微山县夏镇街道南门外村	22	男	1938 年 4 月
刘继文	微山县夏镇街道南门外村	38	男	1938 年 4 月
张克银	微山县夏镇街道部城西村	31	男	1938 年 4 月
陈学余	微山县夏镇街道部城西村	35	男	1938 年 4 月
徐王氏	微山县留庄镇满口村	32	女	1938 年 4 月
满凤伦	微山县留庄镇满口村	—	男	1938 年 4 月
贾士兰	微山县留庄镇满口村	45	女	1938 年 4 月
满凤格	微山县留庄镇满口村	—	男	1938 年 4 月
贾陈氏	微山县留庄镇满口村	—	女	1938 年 4 月
杜李氏	微山县留庄镇满口村	—	女	1938 年 4 月
满徐氏	微山县留庄镇满口村	23	女	1938 年 4 月
满元芳	微山县留庄镇满口村	50	男	1938 年 4 月
李广兰	微山县留庄镇满口村	42	女	1938 年 4 月
袁忠志	微山县留庄镇满口村	40	男	1938 年 4 月
满士来	微山县留庄镇满口村	50	男	1938 年 4 月
王根喜	微山县留庄镇满口村	18	男	1938 年 4 月
满昌印	微山县留庄镇满口村	25	男	1938 年 4 月
满士明	微山县留庄镇满口村	43	男	1938 年 4 月
满重阳	微山县留庄镇满口村	16	男	1938 年 4 月
袁李氏	微山县留庄镇满口村	46	女	1938 年 4 月
满凤林	微山县留庄镇满口村	50	男	1938 年 4 月
满朝丙	微山县留庄镇满口村	66	男	1938 年 4 月
顾士荣	微山县留庄镇满口村	80	男	1938 年 4 月
满昌月	微山县留庄镇满口村	60	男	1938 年 4 月
李保安	微山县留庄镇满口村	50	男	1938 年 4 月
满朝仲	微山县留庄镇满口村	46	男	1938 年 4 月
孔凡兰	微山县留庄镇满口村	50	女	1938 年 4 月
孔徐氏	微山县留庄镇满口村	46	女	1938 年 4 月

姓 名	籍 贯	年 龄	性 别	死难时间
满凤昌	微山县留庄镇满口村	46	男	1938 年 4 月
满刘氏	微山县留庄镇满口村	70	女	1938 年 4 月
满刘氏	微山县留庄镇满口村	60	女	1938 年 4 月
伊其凤	微山县留庄镇土山村	49	男	1938 年 4 月
满思上	微山县留庄镇土山村	42	男	1938 年 4 月
王志问	微山县留庄镇王口村	—	男	1938 年 4 月
王朝冈	微山县赵庙乡	—	男	1938 年 5 月
张可成	微山县赵庙乡王庄村	40	男	1938 年 5 月
李刁春	微山县赵庙乡王庄村	—	男	1938 年 5 月
侯统志	微山县两城乡鲁北一村	36	男	1938 年 5 月
吕学谦	微山县两城乡鲁南村	36	男	1938 年 5 月
张开辰	微山县夏镇街道沙谷堆村	20	男	1938 年 5 月
赵兴安之母	微山县夏镇街道辛庄村	46	女	1938 年 5 月
李瑞云	微山县夏镇街道青山村	—	男	1938 年 5 月
蒋有勋	微山县夏镇街道青山村	23	男	1938 年 5 月
王金福	微山县夏镇街道青山村	36	男	1938 年 5 月
赵继德	微山县夏镇街道青山村	26	男	1938 年 5 月
蒋有功	微山县夏镇街道青山村	25	男	1938 年 5 月
孙宏俊	微山县夏镇街道青山村	23	男	1938 年 5 月
赵士勤	微山县夏镇街道部城东村	23	男	1938 年 5 月
杨玉人	微山县夏镇街道部城东村	22	男	1938 年 5 月
赵士田	微山县夏镇街道部城东村	21	男	1938 年 5 月
王六之兄	微山县夏镇街道月河村	38	男	1938 年 5 月
赵远德	微山县夏镇街道部城西村	28	男	1938 年 5 月
王宝衡之子	微山县夏镇街道部城西村	21	男	1938 年 5 月
朱开成	微山县夏镇街道谢桥村	36	男	1938 年 5 月
于兴海	微山县夏镇街道奎文村	—	男	1938 年 5 月
吴××	微山县夏镇街道奎文村	—	男	1938 年 5 月
王曾平	微山县南阳镇建闸村	65	男	1938 年 5 月
殷昭银	微山县韩庄镇田楼村	30	男	1938 年 6 月
田三俊	微山县韩庄镇田楼村	45	男	1938 年 6 月
殷昭桐	微山县韩庄镇田楼村	23	男	1938 年 6 月
张立元	微山县韩庄镇田楼村	46	男	1938 年 6 月
殷延福	微山县韩庄镇田楼村	40	男	1938 年 6 月

姓　名	籍　贯	年　龄	性　别	死难时间
殷延琛	微山县韩庄镇田楼村	57	男	1938 年 6 月
殷昭仁	微山县韩庄镇田楼村	28	男	1938 年 6 月
田后达	微山县韩庄镇田楼村	46	男	1938 年 6 月
田　忠	微山县韩庄镇田楼村	50	男	1938 年 6 月
田忠旬	微山县韩庄镇田楼村	60	男	1938 年 6 月
宋仁来	微山县韩庄镇田楼村	25	男	1938 年 6 月
王大妮	微山县韩庄镇田楼村	17	男	1938 年 6 月
田　后	微山县韩庄镇田楼村	47	男	1938 年 6 月
冯茂瓦	微山县韩庄镇田楼村	30	男	1938 年 6 月
杨庆云	微山县西平乡杨堂南村	53	男	1938 年 6 月
许　氏	微山县夏镇街道白庄村	41	女	1938 年 6 月
常宪臣	微山县高楼乡聂庄铺村	44	男	1938 年 6 月
胡××	微山县夏镇街道城后村	38	男	1938 年 6 月
王××	微山县夏镇街道戚城村	40	男	1938 年 6 月
赵运德	微山县夏镇街道部城东村	42	男	1938 年 6 月
杨传龄	微山县夏镇街道谢桥村	26	男	1938 年 6 月
杨永昌	微山县夏镇街道谢桥村	25	男	1938 年 6 月
杨贯喜	微山县留庄镇北羊庄村	61	男	1938 年 6 月
王志田	微山县留庄镇北羊庄村	63	男	1938 年 6 月
胡陨文	微山县留庄镇胡西头村	—	男	1938 年 7 月
杨汝来	微山县留庄镇北羊庄村	60	男	1938 年 7 月
胡勋文	微山县留庄镇湖西头村	58	男	1938 年 7 月
赵夫柱之祖母	微山县西平乡杨堂北村	53	女	1938 年 7 月
赵远梦	微山县西平乡杨堂北村	47	男	1938 年 8 月
华允普之祖母	微山县韩庄镇后朱姬庄村	75	女	1938 年 8 月
宋荣福	微山县欢城镇蒋庄村	30	男	1938 年 8 月
张卜氏	微山县欢城镇大王庙村	45	女	1938 年 8 月
张本茂	微山县欢城镇大王庙村	56	男	1938 年 8 月
闫　二	微山县夏镇街道殷庄村	18	男	1938 年 8 月
华绍章	微山县韩庄镇后朱姬庄村	60	男	1938 年 9 月
陈玉胜	微山县西平乡庞庄村	35	男	1938 年 9 月
薛守云	微山县夏镇街道小官口村	32	男	1938 年 9 月
尚廷训之祖母	微山县夏镇街道黄庄村	51	女	1938 年 9 月
张忍明之祖母	微山县夏镇街道纸坊前村	48	女	1938 年 9 月

姓　名	籍　贯	年　龄	性　别	死难时间
韦从田	微山县傅村镇杨村	17	男	1938 年 9 月
朱英现之妻	微山县傅村镇杨村	19	女	1938 年 9 月
李汝美	微山县傅村镇西汇子村	44	—	1938 年 10 月
高学明	微山县西平乡庞庄村	35	男	1938 年 10 月
黄迎喜	微山县西平乡庞庄村	34	男	1938 年 10 月
刘德宽之母	微山县西平乡庞庄村	53	女	1938 年 10 月
卜广元	微山县傅村镇三尖寨村	36	男	1938 年 10 月
李天福	微山县傅村镇三尖寨村	39	男	1938 年 10 月
林翠仁之妻	微山县昭阳街道刘昌庄村	—	女	1938 年 10 月
蔡可祥之妻	微山县昭阳街道刘昌庄村	—	女	1938 年 10 月
韩均志之妻	微山县昭阳街道刘昌庄村	—	女	1938 年 10 月
孟现标之妻	微山县昭阳街道刘昌庄村	—	女	1938 年 10 月
孟召貌之妻	微山县昭阳街道刘昌庄村	—	女	1938 年 10 月
刘××	微山县夏镇街道白庄村	43	男	1938 年 11 月
陈××	微山县夏镇街道白庄村	44	男	1938 年 11 月
陈××	微山县夏镇街道白庄村	42	男	1938 年 11 月
许天付	微山县夏镇街道白庄村	46	男	1938 年 11 月
许广湖	微山县夏镇街道白庄村	42	男	1938 年 11 月
郑怀荣	微山县夏镇街道白庄村	41	男	1938 年 11 月
许广胜	微山县夏镇街道白庄村	42	男	1938 年 11 月
刘金奎	微山县傅村镇前寨村	26	男	1938 年 11 月
刘传玉	微山县傅村镇刘村	71	男	1938 年 11 月
华绍桂	微山县韩庄镇前朱姬庄村	25	男	1938 年 12 月
张荣军	微山县韩庄镇后阁村	18	男	1938 年
华宏才	微山县韩庄镇后朱姬庄村	33	男	1938 年
华明发之母	微山县韩庄镇后朱姬庄村	38	女	1938 年
孟广生	微山县韩庄镇赵庄村	59	男	1938 年
郭养珍	微山县韩庄镇赵庄村	40	男	1938 年
任士友	微山县韩庄镇赵庄村	48	男	1938 年
华敬斗	微山县韩庄镇葛墟店村	32	男	1938 年
华　山	微山县韩庄镇葛墟店村	42	男	1938 年
华觉营	微山县韩庄镇葛墟店村	36	男	1938 年
张西彬	微山县韩庄镇葛墟店村	29	男	1938 年
刘张氏	微山县韩庄镇葛墟店村	38	女	1938 年

姓 名	籍 贯	年 龄	性 别	死难时间
王兆彬	微山县欢城镇袁楼村	27	男	1938 年
於文全	微山县欢城镇袁楼村	20	男	1938 年
於文彬	微山县欢城镇袁楼村	27	男	1938 年
石成田	微山县欢城镇石庄村	30	男	1938 年
丁宜迁	微山县欢城镇西田陈村	38	男	1938 年
丁修洪	微山县欢城镇西田陈村	28	男	1938 年
丁同修	微山县欢城镇西田陈村	22	男	1938 年
丁修贷	微山县欢城镇西田陈村	23	男	1938 年
丁伦桥	微山县欢城镇西田陈村	24	男	1938 年
丁立修	微山县欢城镇西田陈村	23	男	1938 年
丁助修	微山县欢城镇西田陈村	21	男	1938 年
张绍伍	微山县欢城镇西田陈村	28	男	1938 年
房继宪	微山县欢城镇界牌口村	30	男	1938 年
肖百发	微山县欢城镇大王庙村	50	女	1938 年
张开武	微山县欢城镇大王庙村	50	男	1938 年
李承亮	微山县欢城镇大王庙村	52	男	1938 年
张三凡	微山县欢城镇大王庙村	47	女	1938 年
陈继贤	微山县张楼乡程子庙村	44	男	1938 年
李振山之母	微山县张楼乡程子庙村	35	女	1938 年
李振山之弟	微山县张楼乡程子庙村	5	男	1938 年
郭怀章	微山县两城乡黄山一村	16	男	1938 年
孙清成	微山县西平乡孙庄村	42	男	1938 年
钟广顺之祖母	微山县西平乡孙庄村	56	女	1938 年
辛小全	微山县两城乡黄山一村	—	男	1938 年
赵 喜	微山县两城乡北薄南村	—	男	1938 年
屈 妮	微山县两城乡山庄村	15	女	1938 年
周脉銮	微山县两城乡南薄前村	31	男	1938 年
吴罗安	微山县两城乡东单前村	25	男	1938 年
吴宿迁	微山县两城乡东单前村	41	男	1938 年
吴继元	微山县两城乡东单前村	21	男	1938 年
吴继友	微山县两城乡东单前村	32	男	1938 年
屈凡江	微山县两城乡东山庄村	31	男	1938 年
屈延亮	微山县两城乡东山庄村	23	男	1938 年
屈陈氏	微山县两城乡东山庄村	35	女	1938 年

姓名	籍贯	年龄	性别	死难时间
王忠雨	微山县两城乡鲁北三村	52	男	1938 年
王忠雪	微山县两城乡鲁北三村	46	男	1938 年
杨　栋	微山县两城乡黄山四村	15	男	1938 年
孙园方	微山县两城乡黄山四村	24	男	1938 年
杨老破	微山县两城乡黄山四村	35	男	1938 年
杨四麻	微山县两城乡黄山四村	50	男	1938 年
李兴元	微山县两城乡陈庄村	25	男	1938 年
杨福成	微山县两城乡陈庄村	23	男	1938 年
陈忠发	微山县两城乡陈庄村	32	男	1938 年
黄扬海	微山县两城乡两城六村	36	男	1938 年
汪小妮	微山县两城乡黄山三村	2	女	1938 年
李怀玉	微山县两城乡两城四村	32	男	1938 年
张学志	微山县两城乡两城四村	60	男	1938 年
王继彩	微山县两城乡两城四村	46	男	1938 年
史占芝	微山县两城乡两城四村	51	男	1938 年
窦广兰	微山县两城乡鲁北二村	23	男	1938 年
侯夫志	微山县两城乡鲁北二村	50	男	1938 年
张兴南	微山县两城乡鲁北二村	28	男	1938 年
王玉田	微山县两城乡鲁北三村	24	男	1938 年
韩廷洋	微山县两城乡大辛庄村	38	男	1938 年
赵步友	微山县两城乡大辛庄村	49	男	1938 年
屈绍舟	微山县两城乡大辛庄村	39	男	1938 年
汪存栋	微山县两城乡黄山三村	32	男	1938 年
汪传友	微山县两城乡黄山三村	21	男	1938 年
汪存亭	微山县两城乡黄山三村	29	男	1938 年
汪张氏	微山县两城乡黄山三村	31	女	1938 年
屈绍申	微山县两城乡西寨村	—	男	1938 年
屈凡告	微山县两城乡西寨村	—	男	1938 年
殷昭远	微山县微山岛乡张阿村	35	男	1938 年
马继功	微山县鲁桥镇枣林村	46	男	1938 年
李庆龙	微山县鲁桥镇枣林村	26	男	1938 年
刘希才	微山县鲁桥镇郑埝村	19	男	1938 年
李　氏	微山县马坡乡西程楼村	—	女	1938 年
闫呈美之祖母	微山县马坡乡西程楼村	—	女	1938 年

姓 名	籍 贯	年 龄	性 别	死难时间
何振月	微山县夏镇街道亓楼村	40	男	1938 年
蔡可玉	微山县欢城镇西村	17	男	1938 年
关文喜	微山县欢城镇张楼村	20	男	1938 年
张全武	微山县夏镇街道西刘村	23	男	1938 年
刘 英	微山县留庄镇徐营村	—	女	1938 年
葛印斗	微山县留庄镇马口一村	49	男	1938 年
王铺伞	微山县留庄镇马口一村	27	男	1938 年
孙善海	微山县留庄镇马口一村	40	男	1938 年
孙丙厚	微山县留庄镇马口一村	18	男	1938 年
孙刘氏	微山县留庄镇马口一村	38	女	1938 年
徐振凯	微山县留庄镇马口一村	41	男	1938 年
徐振柳	微山县留庄镇马口二村	38	男	1938 年
吕家营	微山县留庄镇马口二村	40	男	1938 年
顾承义	微山县留庄镇马口一村	—	男	1938 年
顾兆新	微山县留庄镇马口一村	—	男	1938 年
郭沛仁	江苏省沛县	60	男	1938 年
李自高	微山县留庄镇桥上村	—	男	1938 年
孔宪忠	微山县留庄镇桥上村	—	男	1938 年
杨士同	微山县留庄镇桥上村	—	男	1938 年
姚良君	微山县留庄镇桥上村	—	男	1938 年
杨知喜	微山县留庄镇桥上村	—	男	1938 年
朱运水	微山县傅村镇肖口村	40	男	1938 年
马后江	微山县傅村镇肖口村	40	男	1938 年
宋申瑞	微山县傅村镇郭坊村	30	男	1938 年
刘家洪	微山县昭阳街道种口二村	25	男	1938 年
种衍斌	微山县昭阳街道种口二村	22	男	1938 年
赵继贵之妻	微山县昭阳街道爱湖村	—	女	1938 年
刘冠均	微山县南阳镇南阳北一村	31	男	1938 年
张绪法	微山县韩庄镇郗山三村	—	男	1938 年
殷昭金	微山县韩庄镇郗山三村	—	男	1938 年
姜福凡	微山县西平乡庞庄村	42	男	1938 年
王加臣	微山县张楼乡东丁官屯村	21	男	1939 年 1 月
常宪群	微山县高楼乡聂庄铺村	18	男	1939 年 2 月
薛艾元之父	微山县夏镇街道朱道沟村	38	男	1939 年 2 月

姓 名	籍 贯	年 龄	性 别	死难时间
薛艾元之弟	微山县夏镇街道朱道沟村	3 天	男	1939 年 2 月
朱振之妻	微山县夏镇街道朱道沟村	30	女	1939 年 2 月
朱振之子	微山县夏镇街道朱道沟村	5 个月	男	1939 年 2 月
薛艾之四叔	微山县夏镇街道朱道沟村	41	男	1939 年 2 月
王修美之女	微山县夏镇街道朱道沟村	6 个月	女	1939 年 2 月
胡书全	微山县留庄镇	39	男	1939 年 2 月
满朝干	微山县留庄镇满口村	—	男	1939 年 3 月
满朝炳	微山县留庄镇满口村	—	男	1939 年 3 月
付贵林	微山县傅村镇大傅村	36	男	1939 年 4 月
卜宪滋	微山县欢城镇卜寨村	—	男	1939 年 5 月
满员亨	微山县留庄镇土山村	46	男	1939 年 6 月
卜宪山	微山县欢城镇卜寨村	—	男	1939 年 7 月
马成章	微山县南阳镇南阳村	37	男	1939 年 7 月
董星贵	微山县南阳镇联兴村	—	男	1939 年 8 月
孙长玉之祖父	微山县夏镇街道西寨村	48	男	1939 年 9 月
王德新	微山县夏镇街道西寨村	32	男	1939 年 9 月
周洪伟之祖父	微山县夏镇街道西寨村	46	男	1939 年 9 月
周洪虎之祖父	微山县夏镇街道西寨村	44	男	1939 年 9 月
梁志民	微山县南阳镇北一村	50	男	1939 年 9 月
马玉元	微山县南阳镇北一村	50	男	1939 年 9 月
赵 ×	微山县南阳镇北一村	—	男	1939 年 9 月
刘 氏	微山县南阳镇北一村	—	女	1939 年 9 月
刘 氏	微山县南阳镇北一村	—	女	1939 年 9 月
陈桂福	微山县南阳镇北一村	40	男	1939 年 9 月
翟有如	微山县南阳镇北一村	40	男	1939 年 9 月
吕保珍	微山县南阳镇北一村	40	男	1939 年 9 月
田明友	微山县南阳镇北一村	40	男	1939 年 9 月
梁宪闵	微山县南阳镇北一村	40	男	1939 年 9 月
张兆本	微山县留庄镇土山村	49	男	1939 年 10 月
张保仁	微山县张楼乡张楼村	—	男	1939 年 10 月
李昭柱	微山县韩庄镇大黄庄村	24	男	1939 年 12 月
孔凡钧	微山县鲁桥镇圈里村	21	男	1939 年
郭宝奎	微山县韩庄镇郗山二村	34	男	1939 年
王传新	微山县欢城镇李庄村	23	男	1939 年

姓 名	籍 贯	年 龄	性 别	死难时间
张作文	微山县欢城镇前寨门口村	20	男	1939 年
朱文山	微山县欢城镇土楼村	28	男	1939 年
邹金成	微山县欢城镇蔡楼村	—	男	1939 年
孟昭军	微山县两城乡南薄前村	19	男	1939 年
董 五	微山县两城乡青山村	38	男	1939 年
赵允泗	微山县两城乡南薄前村	19	男	1939 年
王本信	微山县两城乡鲁北二村	25	男	1939 年
冯尊义	微山县两城乡鲁北二村	23	男	1939 年
王玉功	微山县两城乡鲁北三村	19	男	1939 年
于福祥	微山县两城乡北薄东村	—	男	1939 年
赵佃一	微山县两城乡北薄东村	—	男	1939 年
李常远	微山县韩庄镇大黄庄村	23	男	1939 年
李昭宇	微山县韩庄镇大黄庄村	28	男	1939 年
孔凡均	微山县鲁桥镇圈里村	21	男	1939 年
吕站平	微山县马坡乡寨西村	—	男	1939 年
李昌荣	微山县欢城镇李庄村	20	男	1939 年
谢同镇	微山县夏镇街道箭道村	21	男	1939 年
薛时刚	微山县夏镇街道朱道沟村	28	男	1939 年
柳现祥	微山县夏镇街道朱道沟村	19	男	1939 年
李连富	微山县傅村镇马庄村	36	男	1939 年
张 乔	微山县傅村镇马庄村	32	男	1939 年
张传宜	微山县傅村镇陈湾村	20	男	1939 年
张裕兰	微山县昭阳街道西万六村	17	女	1939 年
马学文	微山县南阳镇梅屯村	—	男	1939 年
杨庆银	微山县南阳镇南阳村	—	男	1939 年
周玉运	微山县南阳镇南阳村	16	男	1939 年
林××	微山县南阳镇北二村	—	男	1939 年
张新志	微山县昭阳街道西楼村	40	男	1939 年
马汉阳	微山县南阳镇顺河村	31	男	1939 年
马梅林	微山县南阳镇顺河村	—	男	1939 年
高明旺	微山县南阳镇顺河村	—	男	1939 年
马 氏	微山县南阳镇顺河村	—	女	1939 年
高 氏	微山县南阳镇顺河村	—	女	1939 年
王志有	微山县南阳镇南阳村	30	男	1939 年

姓 名	籍 贯	年 龄	性 别	死难时间
李兴贵	微山县南阳镇北二村	60	男	1939 年
陈臭妮	微山县南阳镇北二村	60	男	1939 年
王×××	微山县南阳镇北二村	60	男	1939 年
段　氏	微山县南阳镇北二村	60	女	1939 年
刘方安	微山县南阳镇北二村	70	男	1939 年
刘　氏	微山县南阳镇北二村	60	女	1939 年
王　氏	微山县南阳镇北二村	60	女	1939 年
汪×××	微山县南阳镇北二村	—	男	1939 年
徐　氏	微山县南阳镇北二村	—	女	1939 年
董　八	微山县南阳镇北一村	—	男	1939 年
宋×××	微山县南阳镇北一村	—	男	1939 年
梁西旨	微山县南阳镇北一村	50	男	1939 年
陈玉河	微山县南阳镇北一村	51	男	1939 年
卜宪富	微山县欢城镇卜寨村	—	男	1940 年 3 月
渐怀俊	微山县昭阳街道渐口西村	33	男	1940 年 4 月
刘林苓	微山县昭阳街道	—	—	1940 年 4 月
李张氏	微山县南阳镇李埝村	38	女	1940 年 4 月
李春荣	微山县南阳镇李埝村	—	女	1940 年 4 月
李广全	微山县南阳镇李埝村	22	男	1940 年 4 月
宫于氏	微山县南阳镇李埝村	36	女	1940 年 4 月
李春怀	微山县南阳镇李埝村	40	男	1940 年 4 月
马仓喜	微山县南阳镇李埝村	13	女	1940 年 4 月
马　氏	微山县南阳镇李埝村	38	女	1940 年 4 月
代丰顺	微山县南阳镇李埝村	34	男	1940 年 4 月
宋光电	微山县欢城镇蒋庄村	23	男	1940 年 5 月
华敬连	微山县韩庄镇后朱姬庄村	40	男	1940 年 6 月
高　凯	微山县夏镇街道青年村	19	男	1940 年 7 月
肖小顶	微山县南阳镇李埝村	20	男	1940 年 9 月
华敬思	微山县韩庄镇石庄村	37	男	1940 年 11 月
周广印	微山县夏镇街道李楼村	19	男	1940 年 11 月
李长发	微山县赵庙乡赵楼村	—	男	1940 年 12 月
孙新如	微山县赵庙乡赵楼村	—	男	1940 年 12 月
马乃玉	微山县赵庙乡赵楼村	—	男	1940 年 12 月
郭成品	微山县赵庙乡赵楼村	—	男	1940 年 12 月

姓 名	籍 贯	年 龄	性 别	死难时间
赵厚斌	微山县赵庙乡赵楼村	—	男	1940 年 12 月
李小生	微山县赵庙乡赵楼村	—	男	1940 年 12 月
黄二头	微山县赵庙乡赵楼村	—	男	1940 年 12 月
张西厚	微山县韩庄镇石庄村	34	男	1940 年
李张氏	微山县韩庄镇大黄庄村	53	女	1940 年
刘金彪	微山县韩庄镇郗山二村	32	男	1940 年
赵尽忠	微山县赵庙乡	40	男	1940 年
尹广林	微山县欢城镇尹洼村	36	男	1940 年
於兴让	微山县欢城镇袁楼村	40	男	1940 年
桑宜东	微山县欢城镇土楼村	27	男	1940 年
张绍喜	微山县昭阳街道三孔桥村	—	男	1940 年
赵本新	微山县昭阳街道老坝村	30	男	1940 年
王志美	微山县昭阳街道西楼村	33	男	1940 年
李成信	微山县昭阳街道寨子村	27	男	1940 年
黄克敬	微山县昭阳街道南庄西村	33	男	1940 年
张怀起	微山县张楼乡张楼村	—	男	1940 年
曹合民	微山县两城乡鲁村	22	男	1940 年
孟昭玉	微山县两城乡南薄前村	18	男	1940 年
于小乱	微山县两城乡北薄东村	16	男	1940 年
董绍干	微山县两城乡北薄南村	26	男	1940 年
李广田	微山县两城乡航运社村	25	男	1940 年
刘金标	微山县韩庄镇郗山二村	40	男	1940 年
殷延鲍	微山县微山岛乡张阿村	21	男	1940 年
殷延铸	微山县韩庄镇大黄庄村	27	男	1940 年
殷延兴	微山县韩庄镇大黄庄村	22	男	1940 年
张运理	微山县韩庄镇刘敖村	20	男	1940 年
殷延伟	微山县韩庄镇郗山一村	52	男	1940 年
王运加	微山县韩庄镇郗山三村	25	男	1940 年
谷继风	微山县韩庄镇后王村	27	男	1940 年
褚福银	微山县韩庄镇小房头村	33	男	1940 年
褚福桂	微山县韩庄镇小房头村	17	男	1940 年
肖 氏	微山县高楼乡聂庄铺村	—	女	1940 年
刘亲芳	—	—	男	1940 年
刘茂楼	—	—	男	1940 年

姓　名	籍　贯	年　龄	性　别	死难时间
刘玉平	微山县马坡乡马坡前村	24	男	1940 年
郑崇榜	微山县马坡乡夹坊村	29	男	1940 年
郑从邦	微山县马坡乡东九村	—	男	1940 年
郑从元	微山县马坡乡夹坊村	—	男	1940 年
郑从福	微山县马坡乡夹坊村	—	男	1940 年
张文忠	微山县夏镇街道顺河村	48	男	1940 年
张广澍	微山县夏镇街道谢桥村	27	男	1940 年
张洪升	微山县夏镇街道顺河村	25	男	1940 年
俞锡桃	微山县夏镇街道镇中街	27	男	1940 年
李单桂	微山县夏镇街道东薛庄村	26	男	1940 年
刘彦喜	微山县夏镇街道黄庄村	32	男	1940 年
刘志业	微山县夏镇街道东翁村	22	男	1940 年
王金升	微山县夏镇街道南门外村	20	男	1940 年
孟　二	微山县夏镇街道部城东村	26	男	1940 年
姚存德	微山县留庄镇桥上村	—	男	1940 年
姚存志	微山县留庄镇桥上村	—	男	1940 年
邓玉顺	微山县南阳镇南阳村	29	男	1940 年
唐振标	微山县南阳镇王苏白村	27	男	1940 年
杜兴运	微山县留庄镇赵庄村	30	男	1940 年
丁如友	微山县南阳镇丁楼村	25	男	1940 年
潘德欣	微山县夏镇街道	—	男	1941 年 1 月
邓立品	微山县夏镇街道	—	男	1941 年 1 月
李长福	微山县夏镇街道	—	男	1941 年 1 月
卜宪岺	微山县欢城镇卜寨村	—	男	1941 年 3 月
张永沛	微山县夏镇街道部城东村	40	男	1941 年 3 月
赵西顶	微山县夏镇街道部城东村	42	男	1941 年 3 月
吴富至	微山县夏镇街道部城东村	37	男	1941 年 4 月
赵西龄	微山县夏镇街道部城东村	39	男	1941 年 4 月
陈大辫子	微山县夏镇街道部城村	56	男	1941 年 4 月
张俊青之妻	微山县夏镇街道部城村	38	女	1941 年 4 月
王玉亭	微山县两城乡黄山一村	21	男	1941 年 4 月
张国黎	微山县夏镇街道大官口村	—	男	1941 年 6 月
张广树	微山县夏镇街道大官口村	—	男	1941 年 6 月
张文中	微山县夏镇街道	—	男	1941 年 6 月

姓　名	籍　贯	年　龄	性　别	死难时间
李丹桂	微山县夏镇街道	—	男	1941 年 6 月
俞锡涛	微山县夏镇街道	—	男	1941 年 6 月
陈永祥	微山县夏镇街道	—	男	1941 年 6 月
吴树杰	微山县夏镇街道	—	男	1941 年 6 月
王友伦	微山县昭阳街道寨子村	19	男	1941 年 6 月
华宏彩	微山县韩庄镇后朱姬庄村	34	男	1941 年 8 月
张真乐	微山县欢城镇陶阳寺村	41	男	1941 年 8 月
陈广海	微山县两城乡陈庄村	22	男	1941 年 11 月
褚思忠	微山县韩庄镇里张阿村	27	男	1941 年 12 月
张方瓦	微山县韩庄镇前寨村	20	男	1941 年
朱广元	微山县欢城镇渡口村	21	男	1941 年
李书告	微山县欢城镇西田陈村	37	男	1941 年
郝增节	微山县欢城镇房庄村	30	男	1941 年
郝增弟	微山县欢城镇房庄村	36	男	1941 年
李合同	微山县欢城镇李庄村	23	男	1941 年
赵荣富	微山县欢城镇西闫村	24	男	1941 年
颜赵氏	微山县欢城镇西闫村	51	女	1941 年
颜赵氏之母	微山县欢城镇西闫村	—	女	1941 年
李广法	微山县昭阳街道三孔桥村	23	男	1941 年
陈传志	微山县昭阳街道三孔桥村	28	男	1941 年
汪永堂	微山县昭阳街道三孔桥村	19	男	1941 年
李西环	微山县昭阳街道微滨村	20	男	1941 年
杨怀连	微山县两城乡北薄北村	41	男	1941 年
董观坡	微山县两城乡北薄南村	—	男	1941 年
傅士清	微山县韩庄镇孙庄村	35	男	1941 年
殷洪立	微山县韩庄镇郗山六村	34	男	1941 年
褚跃彬	微山县微山岛乡里张阿村	38	男	1941 年
李文生	微山县高楼乡高楼村	30	男	1941 年
张玉卯	微山县马坡乡河口村	—	男	1941 年
闫业方	微山县欢城镇上辛庄村	19	男	1941 年
於振春	微山县欢城镇房庄村	23	男	1941 年
孟广德	微山县夏镇街道部城东村	29	男	1941 年
孟　三	微山县夏镇街道部城东村	24	男	1941 年
王吉善	微山县夏镇街道东风路	29	男	1941 年

姓 名	籍 贯	年龄	性别	死难时间
陈景龙	微山县夏镇街道南门外村	26	男	1941 年
周广银	微山县夏镇街道部城东村	21	男	1941 年
殷延桐	微山县微山岛乡杨村	22	男	1941 年
杨知喜	微山县留庄镇蒋坑村	20	男	1941 年
王在孝	微山县留庄镇马口一村	50	男	1941 年
孟宪炬	微山县留庄镇南羊庄村	29	男	1941 年
孟 聪	微山县留庄镇南羊庄村	—	男	1941 年
朱孟氏	微山县留庄镇南羊庄村	—	女	1941 年
赵荣贤	微山县傅村镇班村	31	男	1941 年
樊广沛	微山县傅村镇樊村	21	男	1941 年
郭丙信	微山县傅村镇郭庄村	26	男	1941 年
殷召后	微山县昭阳街道黄埠庄村	39	男	1941 年
殷延明	微山县昭阳街道黄埠庄村	40	男	1941 年
曹继友	微山县昭阳街道黄埠庄村	40	男	1941 年
朱四孩	微山县昭阳街道黄埠庄村	30	男	1941 年
吴德友	微山县昭阳街道黄埠庄村	31	男	1941 年
吴书礼	微山县昭阳街道黄埠庄村	29	男	1941 年
殷强昌	微山县昭阳街道黄埠庄村	30	男	1941 年
朱绪美	微山县昭阳街道黄埠庄村	31	女	1941 年
朱葛氏	微山县昭阳街道黄埠庄村	29	女	1941 年
曹文运	微山县昭阳街道黄埠庄村	38	男	1941 年
吴开言	微山县昭阳街道黄埠庄村	40	男	1941 年
孟麻强	微山县昭阳街道黄埠庄村	40	男	1941 年
孟召德	微山县昭阳街道黄埠庄村	38	男	1941 年
郭秉信	微山县傅村镇郭庄村	26	男	1941 年
张春月	微山县南阳镇顺和村	20	男	1941 年
田玉姚	微山县南阳镇王占一村	23	男	1941 年
王志成	微山县昭阳街道西楼村	60	男	1941 年
白益才	微山县欢城镇下辛庄村	26	男	1942 年 3 月
褚雅青	微山县微山岛乡里张阿村	40	男	1942 年 4 月
吴德秀	微山县昭阳街道黄庄村	22	男	1942 年 4 月
殷昭德	微山县韩庄镇郗山三村	25	男	1942 年 4 月
褚思恩	微山县微山岛乡张阿村	41	男	1942 年 4 月
褚敬德	微山县微山岛乡张阿村	33	男	1942 年 4 月

姓　名	籍　贯	年 龄	性 别	死难时间
殷孝昌	微山县微山岛乡大官村	46	男	1942 年 4 月
殷信昌	微山县微山岛乡大官村	62	男	1942 年 4 月
殷茂信	微山县微山岛乡杨村	50	男	1942 年 4 月
殷茂恩	微山县微山岛乡杨村	46	男	1942 年 4 月
殷聚贤	微山县微山岛乡大官村	68	男	1942 年 4 月
殷红法	微山县微山岛乡	13	男	1942 年 4 月
武德林之妹	微山县微山岛乡上庄村	18	女	1942 年 4 月
殷宪润之祖母	微山县微山岛乡吕蒙村	62	女	1942 年 4 月
殷延同	微山县微山岛乡吕蒙村	44	男	1942 年 4 月
李明山之母	微山县微山岛乡沟南村	41	女	1942 年 4 月
马汝光之祖母	微山县微山岛乡沟北村	—	女	1942 年 4 月
张纪凤之祖父	微山县微山岛乡沟北村	—	男	1942 年 4 月
洪振海	枣庄市	—	男	1942 年 4 月
崔兴文	微山县昭阳街道蒋集河南村	23	男	1942 年 4 月
王洪磊	江苏省沛县	—	男	1942 年 5 月
焦玉庆	微山县马坡乡石里北村	35	男	1942 年 6 月
孟昭勇	微山县张楼乡北丁官屯村	18	男	1942 年 7 月
董绍元	微山县两城乡北薄东村	21	男	1942 年 7 月
吴凡举	微山县马坡乡	28	男	1942 年 11 月
刘建安	微山县马坡乡李庄村	16	男	1942 年 11 月
曹德清	—	—	男	1942 年 12 月
李延厚	微山县昭阳街道蒋庄村	—	男	1942 年 12 月
王金前	微山县昭阳街道蒋庄村	—	男	1942 年 12 月
郑忠席	微山县鲁桥镇鲁桥七村	—	男	1942 年秋
郑启福	微山县鲁桥镇鲁桥七村	—	男	1942 年秋
郑启奎	微山县鲁桥镇鲁桥七村	—	男	1942 年秋
刘士佑	微山县鲁桥镇鲁桥六村	25	男	1942 年
刘文光	微山县鲁桥镇鲁桥七村	40	男	1942 年
孙明海	微山县鲁桥镇鲁桥七村	—	男	1942 年
张成木	微山县赵庙乡曹庄村	30	男	1942 年
岳大臭	微山县赵庙乡曹庄村	20	男	1942 年
井昭德	微山县赵庙乡曹庄村	30	男	1942 年
张如意	微山县赵庙乡曹庄村	22	男	1942 年
曹葛氏	微山县欢城镇房庄村	31	女	1942 年

姓 名	籍 贯	年 龄	性 别	死难时间
桑伦年	微山县欢城镇土楼村	26	男	1942 年
桑伦元	微山县欢城镇土楼村	24	男	1942 年
杜玉洪	微山县昭阳街道老坝村	19	男	1942 年
韩维义	微山县昭阳街道刘昌庄村	32	男	1942 年
张善德	微山县韩庄镇马山村	25	男	1942 年
王清明	微山县韩庄镇多义村	24	男	1942 年
张方开	微山县韩庄镇后王庄村	20	男	1942 年
华敬远	微山县韩庄镇半楼村	25	男	1942 年
孙景伦	微山县韩庄镇大柳庄村	28	男	1942 年
张如胜	微山县马坡乡河口村	—	男	1942 年
刘建安	微山县马坡乡东李庄村	—	男	1942 年
刘西芹	微山县马坡乡东李庄村	—	男	1942 年
董学仁	微山县马坡乡泉上村	18	男	1942 年
曹广胜	微山县马坡乡泉上村	31	男	1942 年
赵成山	微山县欢城镇房庄村	19	男	1942 年
朱士田	微山县欢城镇房庄村	23	男	1942 年
杨聿刚	微山县夏镇街道镇中街	27	男	1942 年
于凤平	微山县夏镇街道奎文村	22	男	1942 年
周存平	微山县夏镇街道南门口村	24	男	1942 年
陈继文	微山县夏镇街道南门口村	28	男	1942 年
郭成召	微山县夏镇街道箭道村	29	男	1942 年
张绍顺	微山县夏镇街道前八里屯村	32	男	1942 年
孙洪章	微山县夏镇街道青云庵村	24	男	1942 年
赵继德	微山县夏镇街道青云庵村	28	男	1942 年
姜有功	微山县夏镇街道青云庵村	24	男	1942 年
宗填乾	微山县微山岛乡杨村	60	男	1942 年
汪家云之三姐	微山县微山岛乡沟南村	—	女	1942 年
殷昭栾	微山县微山岛乡上庄村	30	男	1942 年
李朝玉	微山县留庄镇沙堤村	—	男	1942 年
李凤起	微山县留庄镇后塘子村	40	男	1942 年
孔庆山	微山县留庄镇桥上村	—	男	1942 年
高柏祥	微山县傅村镇高庄村	22	男	1942 年
孙宗氏	微山县傅村镇樊村	62	女	1942 年
安增益	微山县傅村镇三河口东村	27	男	1942 年

姓　名	籍　贯	年　龄	性　别	死难时间
朱敦成	微山县傅村镇朱杭村	21	男	1942 年
张体镇	微山县两城乡两城五村	37	男	1942 年
马希胜	微山县南阳镇关王庙村	19	男	1942 年
张玉喜	微山县鲁桥镇九孔桥村	22	男	1943 年 1 月
张德本	微山县夏镇街道东风路	32	男	1943 年 2 月
王兴得	微山县马坡乡石里北村	41	男	1943 年 3 月
段海成	微山县昭阳街道恩庄村	37	男	1943 年 4 月
孙井艾	微山县鲁桥镇九孔桥村	42	男	1943 年 5 月
满尚青	微山县欢城镇蒋庄村	24	男	1943 年 5 月
徐宜林	微山县留庄镇徐家堂村	30	男	1943 年 5 月
张允峙	微山县韩庄镇马山村	34	男	1943 年 5 月 27 日
曾广胜	微山县张楼乡北丁官屯村	24	男	1943 年 7 月
蔡敬清	微山县韩庄镇郗山三村	44	男	1943 年 7 月
殷昭杰	微山县韩庄镇郗山四村	21	男	1943 年 7 月
卜昭星	微山县傅村镇杨路口村	—	男	1943 年 7 月
华彦足之叔	微山县韩庄镇后朱姬庄村	26	男	1943 年 8 月
王道胜	微山县韩庄镇郗山六村	32	男	1943 年 8 月
曹继云	微山县昭阳街道蒋集河南村	30	男	1943 年 9 月
生碧泉	滕州市	34	男	1943 年 11 月 11 日
王兴武	微山县鲁桥镇鲁桥四村	26	男	1943 年
杜　英	微山县鲁桥镇新河村	40	男	1943 年
仲崇宜	微山县鲁桥镇仲浅村	23	男	1943 年
刘业立之妻	微山县鲁桥镇鲁桥七村	—	女	1943 年
史忠臣	微山县鲁桥镇鲁桥七村	23	男	1943 年
刘启昌	微山县赵庙乡王庄村	25	男	1943 年
张作青	微山县欢城镇后寨门口村	26	男	1943 年
张金元	微山县欢城镇俞楼村	29	男	1943 年
申殿法	微山县昭阳街道老坝村	24	男	1943 年
齐士明	微山县昭阳街道老坝村	19	男	1943 年
李成江	微山县昭阳街道老坝村	18	男	1943 年
黄克征	微山县昭阳街道南庄西村	26	男	1943 年
董观林	微山县两城乡北薄南村	21	男	1943 年
刘传柱	微山县两城乡古沟村	24	男	1943 年
张现成	微山县两城乡独东村	16	男	1943 年

姓　名	籍　贯	年　龄	性　别	死难时间
屈绍会	微山县两城乡房西村	46	男	1943 年
周绍山	微山县两城乡房西村	42	男	1943 年
董端谨	微山县两城乡北薄北村	19	男	1943 年
屈宜保	微山县两城乡房西村	40	男	1943 年
屈宜端	微山县两城乡房西村	27	男	1943 年
屈凡举	微山县两城乡房西村	27	男	1943 年
郭清江	微山县两城乡房西村	40	男	1943 年
董绍根	微山县两城乡青山村	—	男	1943 年
李应华	微山县两城乡青山村	—	男	1943 年
陈　牛	微山县两城乡青山村	—	男	1943 年
刘　成	微山县两城乡青山村	—	男	1943 年
刘志田	微山县韩庄镇孟庄村	41	男	1943 年
褚思佩	微山县微山岛乡里张阿村	42	男	1943 年
刘清柏	微山县韩庄镇刘敖村	28	男	1943 年
陈现科	微山县鲁桥镇师庄村	44	男	1943 年
陈现忠	微山县鲁桥镇师庄村	34	男	1943 年
宋祖贤	微山县高楼乡高楼村	37	男	1943 年
赵峙宇	—	—	男	1943 年
生×××	微山县马坡乡胡村	—	男	1943 年
岳庆永	微山县马坡乡石里南村	—	男	1943 年
王永修	微山县马坡乡石里南村	—	男	1943 年
周传会	微山县马坡乡周庄村	19	男	1943 年
张玉印	微山县马坡乡河口村	—	男	1943 年
丁金海	微山县欢城镇双王楼村	25	男	1943 年
郭恒喜	微山县夏镇街道前八里屯村	24	男	1943 年
周存义	微山县夏镇街道南门口村	26	男	1943 年
孙洪俊	微山县夏镇街道南门口村	28	男	1943 年
张宪文	微山县夏镇街道南门口村	26	男	1943 年
周绍荣	微山县夏镇街道洛房村	26	男	1943 年
王科玲之母	微山县微山岛乡谢楼村	38	女	1943 年
王科玲之女	微山县微山岛乡谢楼村	—	女	1943 年
李宪功	微山县微山岛乡吕蒙村	22	男	1943 年
徐月忠	微山县留庄镇徐家堂村	29	男	1943 年
赵金胜	微山县傅村镇小李庄村	22	男	1943 年

姓　名	籍　贯	年　龄	性别	死难时间
卜宪成	微山县傅村镇卓庙村	27	男	1943 年
卜宪举	微山县傅村镇卓庙村	26	男	1943 年
马后喜	微山县傅村镇肖口村	31	男	1943 年
杨家保	微山县傅村镇三河口南村	31	男	1943 年
刘增文	微山县傅村镇三河口南村	24	男	1943 年
杨益祥	微山县傅村镇三河口南村	26	男	1943 年
杨付花	微山县昭阳街道爱湖村	—	女	1943 年
杨夫洪	微山县昭阳街道爱湖村	—	女	1943 年
赵继贵	微山县昭阳街道爱湖村	—	男	1943 年
赵继贵之子	微山县昭阳街道爱湖村	—	男	1943 年
史有胜之母	微山县昭阳街道爱湖村	—	女	1943 年
王广生之三弟	微山县昭阳街道爱湖村	—	男	1943 年
班开富	微山县傅村镇朱楼村	22	男	1943 年
贾冠荣	微山县南阳镇南店子村	19	男	1943 年
王崇华	微山县傅村镇樊村	21	男	1943 年
田家银	微山县傅村镇樊村	19	男	1943 年
陈景德	微山县傅村镇高庄村	21	男	1943 年
贾昭喜	微山县昭阳街道种口二村	23	男	1944 年 1 月
吴　起	微山县马坡乡吴庙村	19	男	1944 年 3 月
盛太英	微山县马坡乡盛楼村	36	男	1944 年 3 月
唐守全	微山县两城乡大辛庄村	19	男	1944 年 4 月
刘俊生	微山县马坡乡荆集南村	25	男	1944 年 5 月
杨怀佑	微山县傅村镇杨路口村	26	男	1944 年 5 月 28 日
种成明	微山县昭阳街道种口四村	32	男	1944 年 6 月
尚德修	微山县夏镇街道古楼村	40	男	1944 年 6 月
种化瑞	微山县昭阳街道渐口西村	35	男	1944 年 6 月
张玉成	微山县傅村镇杨路口村	24	男	1944 年 6 月
种化奇	微山县昭阳街道后学南村	31	男	1944 年 7 月
张玉民	微山县张楼乡陶官屯村	26	男	1944 年 7 月
曹文汉	微山县昭阳街道蒋集河南村	34	男	1944 年 8 月
李玉鼎	微山县昭阳街道蒋集河南村	22	男	1944 年 8 月
曹文鼎	微山县昭阳街道蒋集河南村	23	男	1944 年 8 月
曹隐娃	微山县昭阳街道蒋集河南村	22	男	1944 年 8 月
王志信	微山县欢城镇西王楼村	22	男	1944 年 11 月

姓 名	籍 贯	年 龄	性 别	死难时间
吴海修	微山县马坡乡吴庙村	26	男	1944 年 12 月
仲跻双	微山县鲁桥镇仲浅村	29	男	1944 年
张开运	微山县鲁桥镇圈里村	23	男	1944 年
张广倍	微山县鲁桥镇圈里村	20	男	1944 年
於文山	微山县欢城镇於村	30	男	1944 年
於文超	微山县欢城镇於村	33	男	1944 年
马思银	微山县欢城镇於村	34	男	1944 年
田传贤	微山县欢城镇田楼村	23	男	1944 年
郝允洪	微山县欢城镇房庄村	28	男	1944 年
郝增决	微山县欢城镇房庄村	26	男	1944 年
赵敬安	微山县欢城镇房庄村	28	男	1944 年
赵敬信	微山县欢城镇房庄村	26	男	1944 年
李昭田	微山县昭阳街道三孔桥村	21	男	1944 年
靳广付	微山县昭阳街道南庄东村	19	男	1944 年
胡长保	微山县昭阳街道南庄西村	20	男	1944 年
张昭毛	微山县昭阳街道西万六村	21	男	1944 年
张裕芹	微山县昭阳街道西万一村	37	男	1944 年
赵守才	微山县张楼乡陶官屯村	38	男	1944 年
孙庆玉	微山县两城乡古沟村	19	男	1944 年
李怀富	微山县两城乡古沟村	15	男	1944 年
李兴江	微山县两城乡古沟村	41	男	1944 年
辛秀元	微山县两城乡黄山村	15	男	1944 年
刘忠堂	微山县两城乡小庄村	26	男	1944 年
张长安	微山县两城乡北薄南村	27	男	1944 年
杨怀祥	微山县两城乡北薄南村	21	男	1944 年
杨东仁	微山县两城乡北薄北村	27	男	1944 年
田忠义	微山县韩庄镇后阁村	29	男	1944 年
张永义	微山县韩庄镇西岳庄村	42	男	1944 年
张广茂	微山县鲁桥镇仲浅村	27	男	1944 年
孙庆科	微山县高楼乡盐店村	20	男	1944 年
司连朝	微山县高楼乡高楼村	47	男	1944 年
刘作景	微山县马坡乡东九村	43	男	1944 年
张士贤	微山县马坡乡河口村	—	男	1944 年
刘庆玉	微山县马坡乡荆集南村	22	男	1944 年

姓 名	籍 贯	年 龄	性 别	死难时间
葛保德	微山县马坡乡石里北村	22	男	1944 年
肖照城	微山县马坡乡址坊头村	39	男	1944 年
李传喜	微山县欢城镇崔庄村	24	男	1944 年
赵贵礼	微山县欢城镇二龙岗村	24	男	1944 年
孔凡业	微山县欢城镇陈楼村	24	男	1944 年
李尚远	微山县欢城镇房庄村	22	男	1944 年
刘家顺	微山县欢城镇房庄村	20	男	1944 年
张仁会	微山县欢城镇房庄村	26	男	1944 年
郝允朋	微山县欢城镇房庄村	26	男	1944 年
尚德修	微山县夏镇街道部城西村	30	男	1944 年
赵兴全	微山县夏镇街道辛庄村	20	男	1944 年
周凤岭	微山县夏镇街道部城东村	34	男	1944 年
杨新田	微山县夏镇街道顺河村	24	男	1944 年
张在全	微山县夏镇街道镇中街	30	男	1944 年
曾宪平	微山县夏镇街道泰山村	25	男	1944 年
任兴德	微山县夏镇街道箭道村	20	男	1944 年
李长山	微山县夏镇街道殷庄村	22	男	1944 年
刘成芳	微山县夏镇街道大刘庄村	26	男	1944 年
常宪文	微山县夏镇街道曹庄村	24	男	1944 年
沈恒动	微山县夏镇街道杨闸村	23	男	1944 年
杨广田	微山县夏镇街道洛房村	22	男	1944 年
赵兴全	微山县夏镇街道洛房村	22	男	1944 年
张加荣	微山县夏镇街道洛房村	22	男	1944 年
杨广志	微山县夏镇街道洛房村	21	男	1944 年
吕传银	微山县夏镇街道吕家庄村	24	男	1944 年
朱学贤	微山县夏镇街道朱道沟村	26	男	1944 年
史孝法	微山县夏镇街道南门外村	21	男	1944 年
刘子玉	微山县留庄镇后留庄村	18	男	1944 年
陈友胜	微山县留庄镇马口村	22	男	1944 年
王广运	微山县傅村镇杨路口村	23	男	1944 年
安增田	微山县傅村镇三河口南村	24	男	1944 年
肖延胜	微山县傅村镇肖口村	—	男	1944 年
杨传太	微山县傅村镇肖口村	23	男	1944 年
杨传网	微山县傅村镇肖口村	—	男	1944 年

姓 名	籍 贯	年 龄	性 别	死难时间
葛永训	微山县昭阳街道黄埠庄村	46	男	1944 年
曹召兰	微山县昭阳街道黄埠庄村	40	男	1944 年
殷茂冉	微山县昭阳街道黄埠庄村	46	男	1944 年
杜成尧	微山县鲁桥镇新河村	32	男	1944 年
侯保玉	微山县鲁桥镇泗河崖村	26	男	1944 年
何维江	微山县韩庄镇东岳庄村	33	男	1944 年
种士义	微山县韩庄镇东岳庄村	25	男	1944 年
盛保元	微山县鲁桥镇泗河崖村	26	男	1944 年
宁伯家	微山县赵庙乡赵庙村	27	男	1945 年 2 月
宁成桂	微山县赵庙乡赵庙村	20	男	1945 年 2 月
刘西勤	微山县马坡乡西李庄村	20	男	1945 年 2 月
刘袁氏	微山县昭阳街道微滨村	62	女	1945 年 2 月
姜方氏	微山县昭阳街道微滨村	65	女	1945 年 2 月
史孝连	微山县两城乡两城四村	19	男	1945 年 3 月
韩廷顺	微山县两城乡大辛庄村	26	男	1945 年 3 月
盖庆恩	微山县两城乡东单后村	45	男	1945 年 3 月
赵新友	微山县高楼乡高楼村	23	男	1945 年 3 月
王冠立	微山县马坡乡盛楼村	35	男	1945 年 3 月
种昭朴	微山县昭阳街道后学北村	23	男	1945 年 4 月
唐志明	微山县鲁桥镇圈里村	27	男	1945 年 5 月
杨茂玉	微山县昭阳街道南坝村	25	男	1945 年 6 月
李延珊	微山县昭阳街道蒋集河南村	21	男	1945 年 6 月
董绍喜	微山县马坡乡马坡前村	26	男	1945 年 6 月
韩延刚	微山县马坡乡西李庄村	31	男	1945 年 6 月
王庆曾	微山县马坡乡寨子东村	19	男	1945 年 6 月
王士祥	微山县傅村镇斜庙村	29	男	1945 年 6 月
种茂石	微山县昭阳街道南坝村	26	男	1945 年 7 月
陈修清	微山县昭阳街道黄庄村	24	男	1945 年 7 月
盛春友	微山县马坡乡马坡东村	26	男	1945 年 8 月
李传训	微山县马坡乡西李庄村	20	男	1945 年 8 月
程留生	微山县马坡乡潘庄村	16	男	1945 年 8 月
高 九	微山县南阳镇北二村	27	男	1945 年 8 月
孙允廷	微山县鲁桥镇小口门村	21	男	1945 年 9 月
崔兴浩	微山县昭阳街道蒋集河南村	20	男	1945 年 9 月

姓　名	籍　贯	年　龄	性　别	死难时间
许昭英	微山县昭阳街道恩庄村	22	男	1945 年 9 月
张裕侦	微山县昭阳街道西万一村	40	男	1945 年 9 月
曹德福	微山县鲁桥镇枣林村	24	男	1945 年 9 月
韩开元	微山县鲁桥镇鲁桥二村	23	男	1945 年
仲崇亮	微山县鲁桥镇仲浅村	27	男	1945 年
井兆民	微山县鲁桥镇仲浅村	24	男	1945 年
仲伟喜	微山县鲁桥镇仲浅村	21	男	1945 年
陈起顺	微山县鲁桥镇南王庙村	27	男	1945 年
唐志原	微山县鲁桥镇圈里村	22	男	1945 年
王瑞镇	微山县鲁桥镇师庄村	24	男	1945 年
杜允池	微山县鲁桥镇师庄村	32	男	1945 年
苏保周	微山县赵庙乡	21	男	1945 年
刘　奎	微山县赵庙乡王庄村	31	男	1945 年
尹克龙	微山县欢城镇尹洼村	32	男	1945 年
尹兴现	微山县欢城镇尹洼村	40	男	1945 年
尹忠仁	微山县欢城镇尹洼村	39	男	1945 年
李振笃	微山县欢城镇丁庄村	38	男	1945 年
赵成启	微山县欢城镇房庄村	24	男	1945 年
孙广义	微山县欢城镇俞楼村	22	男	1945 年
倪守端	微山县欢城镇俞楼村	20	男	1945 年
李昭义	微山县昭阳街道三孔桥村	29	男	1945 年
李桂远	微山县昭阳街道三孔桥村	22	男	1945 年
齐开月	微山县昭阳街道寨子村	21	男	1945 年
汪茂胜	微山县昭阳街道寨子村	22	男	1945 年
姬广胜	微山县昭阳街道刘昌庄村	26	男	1945 年
王玉金	微山县两城乡南薄东村	26	男	1945 年
李龙启	微山县两城乡南薄东村	22	男	1945 年
刘业海	微山县两城乡小庄村	26	男	1945 年
董绍坦	微山县两城乡北薄西村	21	男	1945 年
王继世	微山县两城乡鲁北村	26	男	1945 年
马兴福	微山县两城乡房西村	24	男	1945 年
屈作良	微山县两城乡房西村	24	男	1945 年
金荣泰	微山县两城乡航运社村	19	男	1945 年
陈保生	微山县两城乡陈庄村	29	男	1945 年

姓 名	籍 贯	年 龄	性 别	死难时间
马连友	微山县韩庄镇大房头村	27	男	1945 年
刘晓峰	微山县微山岛乡西张阿村	23	男	1945 年
王双喜	微山县高楼乡盐店村	23	男	1945 年
赵新兰	微山县高楼乡高楼村	36	男	1945 年
赵金山	微山县高楼乡高楼村	26	男	1945 年
王贯立	微山县马坡乡盛楼村	35	男	1945 年
张绪喜	微山县马坡乡河口村	—	男	1945 年
冯维成	微山县马坡乡东李庄村	—	男	1945 年
董玉炳	微山县马坡乡盛楼村	36	男	1945 年
马秀福	微山县马坡乡马坡后村	19	男	1945 年
秦启云	微山县马坡乡马坡前村	19	男	1945 年
国友恩	微山县马坡乡马坡前村	19	男	1945 年
孙广美	微山县马坡乡南张庄村	49	男	1945 年
刘登文	微山县马坡乡荆集南村	26	男	1945 年
冯作喜	微山县马坡乡冯庄村	25	男	1945 年
郑方鹏	微山县马坡乡夹坊村	24	男	1945 年
郑本义	微山县马坡乡夹坊村	26	男	1945 年
金启东	微山县马坡乡石里南村	24	男	1945 年
朱敦泗	微山县欢城镇房庄村	22	男	1945 年
於文常	微山县欢城镇於村	21	男	1945 年
於德方	微山县欢城镇於村	16	男	1945 年
宋兴义	微山县欢城镇宋闸村	18	男	1945 年
宋永连	微山县欢城镇蔡园村	27	男	1945 年
朱仓荣	微山县欢城镇蔡园村	28	男	1945 年
王兆云	微山县欢城镇王楼东村	24	男	1945 年
张正纯	微山县欢城镇陶阳寺村	26	男	1945 年
卜广运	微山县欢城镇袁楼村	19	男	1945 年
高继龙	微山县欢城镇南村	21	男	1945 年
张学芳	微山县欢城镇南村	25	男	1945 年
王玉桂	微山县欢城镇西村	21	男	1945 年
彭志连	微山县欢城镇西辛庄村	26	男	1945 年
宋光居	微山县欢城镇蒋庄村	31	男	1945 年
范振华	微山县夏镇街道镇中街	25	男	1945 年
陈志君	微山县夏镇街道泰山村	27	男	1945 年

姓　名	籍　贯	年　龄	性　别	死难时间
朱绍清	微山县夏镇街道朱庄村	23	男	1945 年
梁继元	微山县夏镇街道前八里屯村	25	男	1945 年
杨茂珠	微山县夏镇街道前鲍楼村	21	男	1945 年
张珍堂	微山县夏镇街道部城西村	23	男	1945 年
胡福杰	微山县夏镇街道青云庵村	24	男	1945 年
冯振喜	微山县夏镇街道部城东村	28	男	1945 年
郝明德	微山县夏镇街道部城东村	22	男	1945 年
宗传仪	微山县微山岛乡杨村	21	男	1945 年
孔凡胜	微山县微山岛乡沟南村	31	男	1945 年
徐长生	微山县留庄镇马口二村	15	男	1945 年
杨知友	微山县留庄镇留庄三村	24	男	1945 年
石广富	微山县留庄镇石口村	21	男	1945 年
石广胜	微山县留庄镇石口村	22	男	1945 年
葛永红	微山县昭阳街道黄埠庄村	44	男	1945 年
马继顺	微山县南阳镇南阳村	16	男	1945 年
马宝玉	微山县南阳镇南阳村	23	男	1945 年
李启法	微山县南阳镇南阳村	27	男	1945 年
马春超	微山县南阳镇建民村	14	男	1945 年
吴兴顺	微山县南阳镇东渡口村	25	男	1945 年
刘科山	微山县南阳镇梁庄村	21	男	1945 年
王二栋	微山县南阳镇卢埝村	26	男	1945 年
于春贯	微山县南阳镇于屯村	19	男	1945 年
张方开	微山县韩庄镇后庄村	25	男	1945 年
魏申运	微山县西平乡六营村	27	男	1945 年
李吨田	微山县赵庙乡	—	男	—
吴邦平	微山县赵庙乡	—	男	—
赵现文	微山县赵庙乡	41	男	—
刘道昌	微山县赵庙乡王庄村	18	男	—
王先伦	微山县赵庙乡王庄村	—	男	—
孔繁斌	微山县欢城镇陈楼村	—	男	—
宋志元	微山县欢城镇陈楼村	37	男	—
郑孝严	微山县鲁桥镇鲁桥一村	—	男	—
刘延友	微山县鲁桥镇鲁桥一村	—	男	—
黄兆乾	微山县赵庙乡	42	男	—

姓　名	籍　贯	年　龄	性　别	死难时间
杨如栋	微山县西平乡杨堂南村	43	男	—
王祥之子	微山县夏镇街道箭道村	—	男	—
周××	微山县夏镇街道盐当村	—	男	—
高贵柏之弟	微山县夏镇街道盐当村	—	男	—
刘德清	微山县微山岛乡西张阿村	—	男	—
侯立中	微山县微山岛乡吕蒙村	35	男	—
姚孙氏	微山县南阳镇东姚村	—	女	—
姚来平	微山县南阳镇东姚村	—	男	—
姚来彬	微山县南阳镇东姚村	—	男	—
张永昌	微山县两城乡大辛庄村	28	男	1938 年
曹景义	微山县两城乡大辛庄村	37	男	1938 年
李怀亮	微山县两城乡大辛庄村	32	男	1938 年
曹景祥	微山县两城乡大辛庄村	29	男	1938 年
葛印会	微山县两城乡大辛庄村	38	男	1938 年
刘奉河	微山县两城乡大辛庄村	35	男	1938 年
唐念佛	微山县两城乡大辛庄村	29	男	1938 年
刘奉池	微山县两城乡大辛庄村	25	男	1938 年
李景东	微山县两城乡大辛庄村	33	男	1938 年
何振月	微山县夏镇亓楼村	40	男	1939 年 5 月
卜宪春	微山县欢城镇卜寨村	—	男	1939 年 5 月
裴庆金	微山县欢城镇卜寨村	—	男	1939 年 8 月
张洪娥	微山县欢城镇前寨门口村	20	男	1940 年 1 月
卜宪力	微山县欢城镇卜寨村	—	男	1940 年 1 月
裴华北	微山县欢城镇卜寨村	—	男	1940 年 3 月
卜宪连	微山县欢城镇卜寨村	—	男	1940 年 12 月
赵殿元	微山县两城乡西单村	21	男	1940 年
邵玉牛	微山县两城乡西单村	20	男	1940 年
邵得华	微山县两城乡西单村	23	男	1940 年
姚存喜	微山县留庄镇桥上村	—	男	1940 年
孔宪贵	微山县留庄镇桥上村	—	男	1940 年
邹张氏	微山县欢城镇卜寨村	—	女	1943 年
合　计	946			

责任人：姬长银　　　核实人：姬长银　庄校生　　　填表人：李景薇
　　　　　　　　　　　　　　李景薇　王向东

填报单位（签章）：微山县委党史研究室　　　　填报时间：2009 年 4 月 25 日

鱼台县抗日战争时期死难者名录

姓 名	籍 贯	年 龄	性 别	死难时间
曹修顺	鱼台县李阁镇曹集村	30	男	1938 年 1 月
宋等科	鱼台县唐马乡宋砦村	20	男	1938 年 10 月
刘士义	鱼台县老砦乡东里西村	31	男	1938 年 10 月
李文学	鱼台县老砦乡位庄村	22	男	1938 年 3 月
郭守学	鱼台县老砦乡位庄村	28	男	1938 年 3 月
刁青芹	鱼台县唐马乡宋砦村	15	女	1938 年 3 月
吕留巨	鱼台县老砦乡老北村	12	男	1938 年 3 月
吕留锁	鱼台县老砦乡老北村	11	男	1938 年 3 月
李文祥	鱼台县鱼城镇潘庄村	44	男	1938 年
田树街	鱼台县唐马乡田庄村	58	男	1938 年 4 月
田生全	鱼台县唐马乡田庄村	46	男	1938 年 4 月
强云彩	鱼台县张黄镇强家村	23	男	1938 年
强同亭之母	鱼台县张黄镇强家村	30	女	1938 年
杜廷明	鱼台县王鲁镇后杜村	54	男	1938 年
杜廷方	鱼台县王鲁镇后杜村	52	男	1938 年
杜廷显	鱼台县王鲁镇后杜村	48	男	1938 年 5 月
赵 偏	鱼台县王鲁镇碌碡屯村	23	男	1938 年 5 月
罗俊岭	鱼台县鱼城镇西关	49	男	1938 年 5 月
李范氏	鱼台县鱼城镇乔口村	52	女	1938 年 5 月
乔景勋	鱼台县鱼城镇乔庄村	35	男	1938 年 5 月
舒怀勤	鱼台县鱼城镇李党村	21	男	1938 年 5 月
卓小印	鱼台县鱼城镇乔庄村	25	男	1938 年 5 月
乔二孩子	鱼台县鱼城镇乔庄村	18	男	1938 年 5 月
李春芳	鱼台县鱼城镇乔庄村	20	男	1938 年 5 月
李 氏	鱼台县鱼城镇乔口村	23	女	1938 年 5 月
代金芳	鱼台县鱼城镇王刘村	22	男	1938 年 5 月
刘德运	鱼台县鱼城镇王刘村	20	男	1938 年 5 月
李保善	鱼台县罗屯乡隋海村	54	男	1938 年 5 月
高步臣	鱼台县罗屯乡隋海村	—	男	1938 年 5 月
隋维礼	鱼台县罗屯乡隋海村	—	男	1938 年 5 月
隋善保	鱼台县罗屯乡隋海村	47	男	1938 年 5 月

姓 名	籍 贯	年 龄	性 别	死难时间
隋义海	鱼台县罗屯乡隋海村	36	男	1938 年 5 月
隋志平	鱼台县罗屯乡隋海村	—	男	1938 年 5 月
隋体榜	鱼台县罗屯乡隋海村	—	男	1938 年 5 月
隋以元	鱼台县罗屯乡隋海村	—	男	1938 年 5 月
隋以利	鱼台县罗屯乡隋海村	—	男	1938 年 5 月
隋春山	鱼台县罗屯乡隋海村	—	男	1938 年 5 月
隋青山	鱼台县罗屯乡隋海村	—	男	1938 年 5 月
隋体根	鱼台县罗屯乡隋海村	—	男	1938 年 5 月
隋体辞	鱼台县罗屯乡隋海村	—	男	1938 年 5 月
隋文山	鱼台县罗屯乡隋海村	54	男	1938 年 5 月
隋体荣	鱼台县罗屯乡隋海村	—	男	1938 年 5 月
隋体金	鱼台县罗屯乡隋海村	34	男	1938 年 5 月
马守邦	鱼台县罗屯乡隋海村	—	男	1938 年 5 月
隋善良	鱼台县罗屯乡隋海村	35	男	1938 年 5 月
隋善方	鱼台县罗屯乡隋海村	45	男	1938 年 5 月
倪学亮	鱼台县罗屯乡隋海村	—	男	1938 年 5 月
宋兆银	鱼台县罗屯乡隋海村	—	男	1938 年 5 月
高作文	鱼台县罗屯乡隋海村	—	男	1938 年 5 月
李保行	鱼台县罗屯乡隋海村	—	男	1938 年 5 月
隋善邦	鱼台县罗屯乡隋海村	—	男	1938 年 5 月
鉴雅言	鱼台县罗屯乡鉴家村	—	男	1938 年 5 月
张老巴	鱼台县罗屯乡埝上村	—	男	1938 年 5 月
张君会	鱼台县清河乡前张村	—	男	1938 年 5 月
姜保前	鱼台县罗屯乡姜楼村	—	男	1938 年 5 月
杨登潮	鱼台县罗屯乡隋庄村	—	男	1938 年 5 月
金二宜	鱼台县罗屯乡姜楼村	—	男	1938 年 5 月
杨登江	鱼台县罗屯乡隋庄村	—	男	1938 年 5 月
姜西星	鱼台县罗屯乡姜楼村	—	男	1938 年 5 月
袁永良	鱼台县罗屯乡隋庄村	—	男	1938 年 5 月
李保珍	鱼台县罗屯乡马庄村	—	男	1938 年 5 月
隋志元	鱼台县罗屯乡隋海村	22	男	1938 年 5 月
隋延祥	鱼台县罗屯乡隋海村	55	男	1938 年 5 月
隋善尤	鱼台县罗屯乡隋海村	21	男	1938 年 5 月
马守清	鱼台县罗屯乡隋海村	40	男	1938 年 5 月

姓 名	籍 贯	年 龄	性 别	死难时间
马守山	鱼台县罗屯乡隋海村	28	男	1938 年 5 月
隋体忠	鱼台县罗屯乡隋海村	—	男	1938 年 5 月
隋善举	鱼台县罗屯乡隋海村	39	男	1938 年 5 月
袁永代	鱼台县罗屯乡隋海村	—	男	1938 年 5 月
马坡田	鱼台县罗屯乡隋海村	—	男	1938 年 5 月
李纯登	鱼台县罗屯乡隋海村	—	男	1938 年 5 月
李士节	鱼台县罗屯乡隋海村	—	男	1938 年 5 月
隋体古	鱼台县罗屯乡隋海村	—	男	1938 年 5 月
王焕真	鱼台县罗屯乡王楼村	29	男	1938 年 5 月
申保录	鱼台县唐马乡宋砦村	32	男	1938 年 5 月
李二银	鱼台县清河镇王楼村	23	男	1938 年 5 月
张化善	鱼台县清河镇杜屯村	66	男	1938 年 5 月
张学勋	鱼台县清河镇杜屯村	64	男	1938 年 5 月
强二妮	鱼台县清河镇相里村	40	女	1938 年 5 月
闫 腊	鱼台县清河镇相里村	31	男	1938 年 5 月
周 氏	鱼台县清河镇相里村	63	女	1938 年 5 月
小老张	鱼台县清河镇相里村	21	男	1938 年 5 月
丁留长	鱼台县清河镇丁岗村	26	男	1938 年 5 月
张树田	鱼台县清河镇丁岗村	24	男	1938 年 5 月
张西盅	鱼台县清河镇清河村	74	男	1938 年 5 月
田××	鱼台县清河镇马辛村	28	男	1938 年 5 月
张会臣	鱼台县清河镇油坊村	30	男	1938 年 5 月
张抬臣	鱼台县清河镇油坊村	22	男	1938 年 5 月
王仰信	鱼台县张黄镇王庄村	20	男	1938 年 5 月
陈沆泉	鱼台县王庙镇陈庄村	28	男	1938 年 5 月
王怀义	鱼台县鱼城镇乔庄村	40	男	1938 年 5 月
王东礼	鱼台县鱼城镇王庄村	32	男	1938 年 5 月
袁佑成之父	鱼台县清河镇袁家村	31	男	1938 年
程广义	鱼台县谷亭镇中心村	23	男	1939 年
纪传文	鱼台县谷亭镇爱国村	22	男	1939 年
李传文	鱼台县谷亭镇解放村	20	男	1939 年
赵玉环	鱼台县谷亭镇解放村	19	男	1939 年
周茂好	鱼台县谷亭镇周堂村	23	男	1939 年
王广礼	鱼台县王庙镇张集村	30	男	1938 年

姓 名	籍 贯	年 龄	性 别	死难时间
周庆江	鱼台县王庙镇林庄村	50	男	1938 年
樊月合	鱼台县王庙镇林庄村	44	男	1938 年
樊大孩	鱼台县王庙镇林庄村	32	男	1938 年
常来福	鱼台县王庙镇常店村	45	男	1938 年
张月心	鱼台县王庙镇林庄村	23	男	1938 年
樊德全	鱼台县王鲁镇樊庄村	21	男	1939 年
王殿农	鱼台县王鲁镇陈堂村	21	男	1939 年
马维民	鱼台县唐马乡左堌堆村	22	男	1940 年
金位然	鱼台县唐马乡梁庄村	25	男	1940 年
李心西	鱼台县王鲁镇吴马村	23	男	1940 年
赵正元	鱼台县谷亭镇解放村	32	男	1940 年
秦良玉	鱼台县谷亭镇中心村	25	男	1940 年
常协前	鱼台县王庙镇常店村	—	男	1938 年
李蒋氏	鱼台县鱼城镇王庄村	47	女	1938 年
张继峰	鱼台县鱼城镇双西村	30	男	1938 年
林玉发	鱼台县鱼城镇林庄村	29	男	1938 年
张继雨	鱼台县鱼城镇双西村	31	男	1938 年
常协贵	鱼台县唐马乡郭楼村	28	男	1939 年 1 月
陈万法	鱼台县唐马乡赵庄村	27	男	1939 年 1 月
于井周	鱼台县唐马乡郭楼村	30	男	1939 年 1 月
于明忠	鱼台县唐马乡郭楼村	38	男	1939 年 1 月
宫恩科	鱼台县唐马乡郭楼村	31	男	1939 年 1 月
崔文元	鱼台县唐马乡郭楼村	24	男	1939 年 1 月
于明成	鱼台县唐马乡郭楼村	45	男	1939 年 1 月
于明成之女	鱼台县唐马乡郭楼村	8 个月	女	1939 年 1 月
郭庆芹	鱼台县王庙镇程庄寨村	31	男	1939 年 2 月
石克迁	鱼台县鱼城镇中东北村	41	男	1939 年 2 月
聂廷元	鱼台县王鲁镇大聂村	44	男	1939 年 3 月
聂继高	鱼台县王鲁镇大聂村	17	男	1939 年 3 月
李东判	鱼台县鱼城镇潘庄村	60	男	1939 年 3 月
王马氏	鱼台县谷亭镇彭庄村	49	女	1944 年
李上任	鱼台县鱼城镇潘庄村	27	男	1939 年 4 月
齐继廷	鱼台县老砦乡城东村	15	男	1939 年 4 月
巩桂春	鱼台县鱼城镇巩堂村	22	男	1939 年 5 月

姓　名	籍　贯	年　龄	性　别	死难时间
巩立业	鱼台县鱼城镇巩堂村	10	男	1939 年 5 月
巩立站	鱼台县鱼城镇巩堂村	31	男	1939 年 5 月
巩金平	鱼台县鱼城镇巩堂村	29	男	1939 年 5 月
巩立昌	鱼台县鱼城镇巩堂村	26	男	1939 年 5 月
邓振全	鱼台县鱼城镇巩堂村	48	男	1939 年 5 月
蒋瑞堂	鱼台县谷亭镇中心村	23	男	1942 年
李井大	鱼台县谷亭镇中心村	31	男	1942 年
胡花妮	鱼台鱼城镇巩堂村	16	女	1939 年 5 月
胡陈氏	鱼台鱼城镇巩堂村	22	女	1939 年 5 月
胡大孩	鱼台鱼城镇巩堂村	4	男	1939 年 5 月
李　氏	鱼台鱼城镇巩堂村	26	女	1939 年 5 月
李丫丫	鱼台鱼城镇巩堂村	5	女	1939 年 5 月
李小锁	鱼台鱼城镇巩堂村	20	男	1939 年 5 月
胡小瑞	鱼台鱼城镇巩堂村	23	男	1939 年 5 月
任陈氏	鱼台县鱼城镇双东村	42	女	1939 年 5 月
蒋国运	鱼台县鱼城镇前蒋村	28	男	1939 年 5 月
蒋家珍	鱼台县鱼城镇前蒋村	33	男	1939 年 5 月
蒋国康	鱼台县鱼城镇前蒋村	52	男	1939 年 5 月
张现真	鱼台县罗屯乡堼上村	68	男	1939 年 5 月
刘结巴	鱼台县罗屯乡堼上村	42	男	1939 年 5 月
武学文	鱼台县罗屯乡堼上村	23	男	1939 年 5 月
武学善	鱼台县罗屯乡堼上村	21	男	1939 年 5 月
马二华	鱼台县罗屯乡堼上村	59	男	1939 年 5 月
张殿怀	鱼台县罗屯乡堼上村	50	男	1939 年 7 月
刘俊辉之祖父	鱼台县老砦乡刘砦村	33	男	1939 年 7 月
刘开安之父	鱼台县老砦乡刘砦村	41	男	1939 年 7 月
张来启	鱼台县老砦乡小砦村	31	男	1939 年 7 月
康为跃	鱼台县老砦乡小砦村	25	男	1939 年 7 月
刘同山	鱼台县老砦乡刘砦村	31	男	1939 年 7 月
张远玉	鱼台县王庙镇冀庙村	18	男	1939 年 9 月
董二麻子	鱼台县张黄镇小吴村	32	男	1939 年 9 月
董张氏	鱼台县张黄镇小吴村	21	女	1939 年 9 月
杨金柱	鱼台县鱼城镇北关	20	男	1939 年 9 月
刘得胜	鱼台县罗屯乡娇洼村	40	男	1939 年 9 月

姓 名	籍 贯	年 龄	性 别	死难时间
刘得胜之子	鱼台县罗屯乡矫洼村	—	男	1939 年 9 月
田马氏	鱼台县唐马乡大王村	23	女	1941 年 2 月
王邵氏	鱼台县唐马乡大王村	33	女	1941 年 2 月
王邵氏之长子	鱼台县唐马乡大王村	4	男	1941 年 2 月
刘得胜之妻	鱼台县罗屯乡矫洼村	37	女	1939 年 11 月
房玉杰	鱼台县王庙镇南房村	19	男	1939 年 12 月
房玉英	鱼台县王庙镇南房村	24	男	1939 年 12 月 8 日
宋作印	鱼台县李阁镇宋洼村	52	男	1939 年 12 月 8 日
陈召亭	鱼台县唐马乡赵庄村	19	男	1939 年 12 月
陈 英	鱼台县谷亭镇玉皇庙村	21	男	1943 年
石 章	鱼台县鱼城镇李党村	18	男	1943 年
马秀山	鱼台县王庙镇冀马村	20	男	1939 年 12 月
王安亭	鱼台县谷亭镇建设村	30	男	1945 年
张体顺	鱼台县鱼城镇双西村	34	男	1939 年
张广得	鱼台县鱼城镇双西村	32	男	1939 年
张体桂	鱼台县鱼城镇双西村	33	男	1939 年
王德全	鱼台县鱼城镇胡阁村	35	男	1939 年
王清汉	鱼台县鱼城镇双西村	30	男	1939 年
张继亮	鱼台县鱼城镇双西村	32	男	1939 年
刘长美	鱼台县鱼城镇双西村	30	男	1939 年
张如川	鱼台县鱼城镇西洪村	40	男	1939 年
张如良	鱼台县鱼城镇西洪村	21	男	1939 年
强同合	鱼台县鱼城镇	30	男	1939 年
张养正	鱼台县鱼城镇	27	男	1939 年
张连新	鱼台县鱼城镇中西北村	46	男	1939 年
张松亭	鱼台县鱼城镇中西北村	37	男	1939 年
杨 蛋	鱼台县鱼城镇中西北村	20	男	1939 年
张东征	鱼台县鱼城镇	31	男	1939 年
闫天铭	鱼台县鱼城镇闫庄村	30	男	1939 年
张振鼓	鱼台县鱼城镇王庄村	50	男	1939 年
董加玉	鱼台县鱼城镇中西南村	45	男	1939 年
郑 双	鱼台县鱼城镇中西南村	41	男	1939 年
李春洋	鱼台县鱼城镇中西南村	21	男	1939 年
邓振文	鱼台县鱼城镇中西北村	40	男	1939 年

姓 名	籍 贯	年 龄	性 别	死难时间
李传玉	鱼台县王鲁镇李集村	28	男	1939 年
展桂云	鱼台县清河镇展洼村	38	男	1944 年
甘同仁	鱼台县唐马乡杨宅子村	23	男	1944 年
宋淑元	鱼台县唐马乡宋寨村	25	男	1944 年
陈德明	鱼台县唐马乡古洼村	32	男	1944 年
战林芝	鱼台县唐马乡安集村	29	男	1944 年
赵守信	鱼台县唐马乡苗村	22	男	1944 年
隋云芝	鱼台县唐马乡隋庄村	26	男	1944 年
郭心启	鱼台县王庙镇程庄寨村	—	男	1939 年
郭心功	鱼台县王庙镇程庄寨村	—	男	1939 年
郭宗太	鱼台县王庙镇程庄寨村	—	男	1939 年
于振水	鱼台县谷亭镇解放村	19	男	1944 年
马汉祥	鱼台县谷亭镇龙身村	20	男	1944 年
赵正芹	鱼台县谷亭镇张小楼村	23	男	1944 年
王 二	鱼台县谷亭镇李更卜村	24	男	1944 年
高同发	鱼台县谷亭镇密滩村	24	男	1944 年
申永霞	鱼台县老砦乡东里村	21	男	1944 年
盛毛孩	鱼台县老砦乡盛庄村	25	男	1944 年
王好朋	鱼台县王庙镇宋庄村	23	男	1939 年
郭心海	鱼台县王庙镇宋庄村	19	男	1939 年
张凤月	鱼台县王庙镇张庄村	22	男	1939 年
周狗抢	鱼台县鱼城镇杨楼村	25	男	1939 年
杨小咋	鱼台县鱼城镇杨楼村	26	男	1939 年
李春高	鱼台县鱼城镇杨楼村	31	男	1939 年
李三横	鱼台县鱼城镇李党村	18	男	1939 年
马霄鹏	鱼台县唐马乡陈丙村	36	男	1939 年
宋善昌	鱼台县唐马乡宋寨村	25	男	1939 年
王玉敏	鱼台县谷亭镇胜利村	18	男	1939 年
董少宰	鱼台县谷亭镇中心村	33	男	1939 年
董声震	鱼台县谷亭镇中心村	22	男	1939 年
李景德	鱼台县谷亭镇中心村	22	男	1939 年
于常玲	鱼台县谷亭镇双韩村	22	男	1939 年
周小轮	鱼台县谷亭镇周堂村	30	男	1940 年
王玉华	鱼台县谷亭镇运北村	24	男	1939 年

姓 名	籍 贯	年 龄	性 别	死难时间
于书友	鱼台县谷亭镇周堂村	33	男	1939 年
王×××	鱼台县鱼城镇中西南村	—	男	1939 年
崔广叶	鱼台县王庙镇崔庄村	18	男	1939 年
刘素荣	鱼台县王庙镇冀庙村	24	男	1939 年
曹福田	鱼台县王庙镇冀庙村	25	男	1939 年
王广重	鱼台县王庙镇陈庙村	23	男	1939 年
杨景星	鱼台县王鲁镇闫庙村	24	男	1944 年
周明志	鱼台县王鲁镇魏堂村	38	男	1944 年
马得草	鱼台县王鲁镇耿庄村	20	男	1944 年
吕云山	鱼台县王鲁镇王鲁村	22	男	1944 年
宋善祥	鱼台县谷亭镇中心村	31	男	1940 年
房玉新	鱼台县王庙镇南房村	26	男	1939 年
房金谷	鱼台县王庙镇南房村	23	男	1939 年
房玉春	鱼台县王庙镇南房村	33	男	1939 年
马东印	鱼台县王庙镇李胡同村	20	男	1939 年
刘继云	鱼台县张黄镇张黄村	20	男	1943 年
王玉贵	鱼台县王庙镇李胡同村	26	男	1939 年
甄守清	鱼台县清河镇相里村	24	男	1944 年
甄守顺	鱼台县清河镇相里村	20	男	1944 年
蒋家和	鱼台县鱼城镇前蒋村	34	男	1940 年 1 月
李 成	鱼台县鱼城镇李党村	28	男	1940 年 1 月
陈均义	鱼台县谷亭镇建设村	30	男	1943 年
朱兴邦	鱼台县唐马乡朱庄村	—	男	1942 年
杨现章	鱼台县唐马乡杨新庄村	—	男	1940 年 3 月
吴凤银	鱼台县张黄镇小吴村	23	男	1940 年 7 月
李新征	鱼台县鱼城镇中东北村	23	男	1940 年 7 月
王兆云	鱼台县王鲁镇史楼村	30	男	1942 年 8 月
范学文	鱼台县鱼城镇中东南村	25	男	1940 年 8 月
段瑞宣	鱼台县鱼城镇中东南村	24	男	1940 年 8 月
蔡干亭	鱼台县鱼城镇中东南村	23	男	1940 年 8 月
杨允让	鱼台县鱼城镇中东南村	25	男	1940 年 8 月
段克俭	鱼台县鱼城镇中东南村	25	男	1940 年 8 月
李兴白	鱼台县王鲁镇史楼村	25	男	1942 年 8 月
李兴财	鱼台县王鲁镇史楼村	27	男	1942 年 8 月

姓 名	籍 贯	年 龄	性 别	死难时间
李 彪	鱼台县王鲁镇史楼村	30	男	1942 年 8 月
韩德荣	鱼台县鱼城镇中东南村	24	男	1940 年 8 月
杨传忠	鱼台县鱼城镇中东南村	25	男	1940 年 8 月
薛庆哲	鱼台县鱼城镇中东南村	25	男	1940 年 8 月
杨允忠	鱼台县鱼城镇中东南村	23	男	1940 年 8 月
杨瑞芝	鱼台县鱼城镇中东南村	44	男	1940 年 11 月
杨敬渠	鱼台县鱼城镇中东南村	24	男	1940 年 11 月
王传程	鱼台县唐马乡宋庄村	—	男	1940 年 11 月
金超然	鱼台县谷亭镇运北村	35	男	1940 年 12 月
闫兴财	鱼台县谷亭镇临河村	23	男	1940 年
隋守约	鱼台县唐马乡隋集村	34	男	1939 年
甄西铃	鱼台县谷亭镇和平村	20	男	1940 年
王印保	鱼台县谷亭镇临河村	19	男	1939 年
赵汝河	鱼台县谷亭镇新民村	37	男	1939 年
林西瓜	鱼台县鱼城镇林庄村	25	男	1940 年
杨质俊	鱼台县李阁镇田胡村	21	男	1940 年
王文启	鱼台县李阁镇路屯村	17	男	1940 年
尚作礼	鱼台县李阁镇尚庄村	26	男	1940 年
谢恒福	鱼台县老砦镇独山村	22	男	1940 年
林述发	鱼台县鱼城镇林庄村	27	男	1940 年
董升龙	鱼台县鱼城镇中西北村	56	男	1940 年
张 平	鱼台县鱼城镇中西北村	61	男	1940 年
周兴云	鱼台县鱼城镇崔庄村	35	男	1938 年
顾电州	鱼台县鱼城镇顾楼村	23	男	1938 年
张西争	鱼台县鱼城镇张庄村	43	男	1940 年
张正身	鱼台县鱼城镇张庄村	47	男	1940 年
张启身	鱼台县鱼城镇张庄村	30	男	1940 年
吴凤阁之长子	鱼台县鱼城镇中西北村	50	男	1940 年
李狗二	鱼台县鱼城镇顾楼村	27	男	1938 年
隋晨峰	鱼台县罗屯乡隋集村	20	男	1940 年
田来运之祖父	鱼台县罗屯乡罗屯村	28	男	1940 年
杨庆银	鱼台县唐马乡杨宅子村	30	男	1940 年
闵刘氏	鱼台县唐马乡唐马村	50	女	1940 年
张体进	鱼台县王庙镇冀庙村	18	男	1940 年

姓 名	籍 贯	年 龄	性 别	死难时间
武明兰	鱼台县王鲁镇闫庙村	30	男	1940 年
武保清	鱼台县李阁镇路屯村	26	男	1940 年
徐士德	鱼台县李阁镇路屯村	29	男	1940 年
金召然	鱼台县谷亭镇运北村	25	男	1940 年 12 月
于淑友	鱼台县谷亭镇周堂村	21	男	1941 年 1 月
李金四	鱼台县王鲁镇史楼村	20	男	1941 年 2 月
郝云喜之妻	鱼台县王鲁镇闫庙村	24	女	1941 年 2 月
张占梅	鱼台县鱼城镇罗庄村	45	男	1941 年 4 月
魏德周	鱼台县王庙镇大魏村	39	男	1941 年 5 月
窦留柱	鱼台县老砦乡李集村	9	男	1941 年 4 月
周振环	鱼台县谷亭镇周堂村	—	男	1943 年
牛凤啟	鱼台县王鲁镇史楼村	29	男	1942 年
杨玉楼	鱼台县鱼城镇中东北村	20	男	1941 年 7 月
侯保伦	鱼台县唐马乡后付村	23	男	1941 年 6 月
巩本义	鱼台县清河镇田庄村	16	男	1945 年 11 月
渠士忠	鱼台县清河镇刘庙村	25	男	1945 年 11 月
张如奎	鱼台县鱼城镇西洪庙村	35	男	1941 年 11 月
刘学忠	鱼台县王鲁镇于梅村	18	男	1945 年 11 月
朱兴明	鱼台县唐马乡大朱庄村	25	男	1942 年
田玉明	鱼台县唐马乡安庄村	20	男	1942 年
郑凤山	鱼台县唐马乡郑庄村	25	男	1942 年
仇凤章	鱼台县唐马乡石庄村	26	男	1942 年
张成修	鱼台县唐马乡梁庄村	40	男	1942 年
孙敦启	鱼台县唐马乡安庄村	23	男	1942 年
沈兴全	鱼台县唐马乡大沈庄村	27	男	1942 年
沈大小	鱼台县唐马乡大沈庄村	24	男	1942 年
宋林棣	鱼台县谷亭镇胜利村	35	女	1942 年
张远和	鱼台县老砦乡义和村	23	男	1942 年
宋井瑞	鱼台县王庙镇张庄村	24	男	1941 年 11 月
田春业	鱼台县王庙镇大魏村	20	男	1941 年 11 月
赵玉勤	鱼台县王庙镇杨大场村	18	男	1941 年 11 月
樊存德	鱼台县王庙镇林庄村	24	男	1941 年 11 月
杨传林	鱼台县王庙镇周堂村	24	男	1941 年 11 月
聂峨亭	鱼台县王鲁镇大聂村	59	男	1945 年 11 月

姓 名	籍 贯	年 龄	性 别	死难时间
王作霞	鱼台县王鲁镇田庙村	27	男	1945 年 11 月
魏保健	鱼台县王鲁镇魏堂村	22	男	1945 年 11 月
房金尊	鱼台县王庙镇南房村	31	男	1941 年 11 月
李东鲁	鱼台县王庙镇东堤村	20	男	1941 年 11 月
李宽民	鱼台县王庙镇东堤村	17	男	1941 年 11 月
孙尚学	鱼台县清河镇孙桥村	20	男	1943 年 11 月
朱新正	鱼台县王庙镇朱庙村	40	男	1941 年 11 月
秦正鲁	鱼台县谷亭镇马石庄村	—	男	1941 年 7 月
吕洪章	鱼台县唐马乡杨新庄村	21	男	1941 年 8 月
闫中香	鱼台县王庙镇陈庙村	23	男	1941 年
甄天瑞	鱼台县谷亭镇建设村	20	男	1945 年
邓庆×	鱼台县鱼城镇中西南村	—	男	1941 年
聂振檩	鱼台县王鲁镇大聂村	29	男	1939 年
聂承山	鱼台县王鲁镇大聂村	28	男	1939 年
取振标	鱼台县王鲁镇大聂村	29	男	1939 年
王绍福	鱼台县王鲁镇碌碡屯村	29	男	1939 年
周振圆	鱼台县谷亭镇周堂村	31	男	1940 年
张茂珠	鱼台县王鲁镇窦闫李村	28	男	1939 年
屈士冲	鱼台县王鲁镇屈庄村	26	男	1939 年
张龙田	鱼台县清河镇刘庄村	29	男	1939 年
程宪阳	鱼台县王庙镇程庄寨村	20	男	1941 年
赵仰法	鱼台县王鲁镇姬尼庄村	21	男	1939 年
郭耕夫	鱼台县王庙镇程庄寨村	29	男	1939 年
张其志	鱼台县王庙镇张玉村	23	男	1941 年
张玉庆	鱼台县王庙镇后楼村	28	男	1941 年
张体壁	鱼台县王庙镇张集村	20	男	1941 年
杨善良	鱼台县王庙镇后皮店村	49	男	1941 年
严伯皋	鱼台县唐马乡随庄村	50	男	1942 年 1 月
杨善法	鱼台县王庙镇后皮店村	38	男	1942 年 1 月
程绪文	鱼台县谷亭镇新华村	27	男	1944 年
吴永华	鱼台县王鲁镇闫庙村	21	男	1941 年 2 月
张养身	鱼台县鱼城镇郭庄村	29	男	1942 年 3 月
张一芳	鱼台县唐马乡杨宅子村	22	男	1943 年
王希胜	鱼台县谷亭镇彭庄村	30	男	1944 年

姓 名	籍 贯	年 龄	性 别	死难时间
沙明文	鱼台县唐马乡杨宅子村	22	男	1943 年
李士光	鱼台县唐马乡杨宅子村	20	男	1943 年
宋学礼	鱼台县唐马乡宋寨村	23	男	1943 年
李景福	鱼台县王鲁镇卜李村	26	男	1943 年 3 月
周玉文	鱼台县王鲁镇后杜村	38	男	1943 年 3 月
闫立平	鱼台县鱼城镇田集村	20	男	1942 年 3 月
张翠祥	鱼台县鱼城镇田集村	23	男	1942 年 3 月
段凤荣	鱼台县鱼城镇田集村	20	男	1942 年 3 月
常秀来	鱼台县王鲁镇常柳行村	30	男	1943 年 3 月
李继坡	鱼台县清河镇张庄村	18	男	1943 年 3 月
董兴桥	鱼台县唐马乡堈上村	22	男	1943 年
闫士佑	鱼台县谷亭镇土楼村	32	男	1943 年
古汝发	鱼台县谷亭镇胡集村	23	男	1943 年
程继文	鱼台县谷亭镇新华村	23	男	1943 年
赵正言	鱼台县谷亭镇高庄村	24	男	1943 年
徐效信	鱼台县谷亭镇张小楼村	23	男	1943 年
董正义	鱼台县谷亭镇临河村	26	男	1943 年
陈来生	鱼台县谷亭镇新民村	23	男	1943 年
王俊选	鱼台县老砦乡老西村	24	男	1943 年
孔广德	鱼台县老砦乡后六村	28	男	1943 年
冷广军	鱼台县王庙镇宋庄村	23	男	1942 年 3 月
赵言伦	鱼台县王庙镇姑庵村	29	男	1943 年 3 月
韩兴光	鱼台县王鲁镇大聂村	27	男	1942 年 3 月
李树伯	鱼台县王鲁镇李集村	20	男	1943 年 3 月
魏保中	鱼台县王鲁镇屈庄陈年村	34	男	1943 年 3 月
宋述林	鱼台县王鲁镇耿庄村	17	男	1943 年 3 月
房金钱	鱼台县王庙镇南房村	25	男	1942 年 3 月
房柱田	鱼台县王庙镇北房村	24	男	1942 年 3 月
张玉允	鱼台县清河镇清河村	20	男	1943 年 3 月
马广元	鱼台县鱼城镇马羡村	20	男	1942 年 3 月
陈洪顺	鱼台县张黄镇大陈村	17	男	1942 年 3 月
李云成	鱼台县鱼城镇李党村	20	男	1942 年 4 月
宋新奎	鱼台县谷亭镇八里湾村	67	男	1943 年
袁忠华	鱼台县王庙镇冀庙村	20	男	1942 年 7 月

姓　名	籍　贯	年龄	性　别	死难时间
刘玉荣	鱼台县王庙镇冀庙村	26	男	1942 年 8 月
李相山	鱼台县王鲁镇史楼村	25	男	1942 年 10 月
刘春会	鱼台县鱼城镇杨楼村	26	男	1942 年 11 月
陈长生	鱼台县谷亭镇新民村	23	男	1945 年
任正义	鱼台县谷亭镇中心村	46	男	1945 年
秦宝林	鱼台县谷亭镇中心村	34	男	1945 年
李丰县	鱼台县鱼城镇林庄村	18	男	1942 年
程二孩	鱼台县鱼城镇中西南村	—	男	1942 年
程二孩之母	鱼台县鱼城镇中西南村	—	女	1942 年
程二孩之弟	鱼台县鱼城镇中西南村	—	男	1942 年
林二轩	鱼台县鱼城镇林庄村	17	男	1942 年
任　娃	鱼台县王庙镇常店村	—	男	1942 年
骆德山	鱼台县李阁镇骆庄村	50	男	1942 年
宋景瑞	鱼台县老砦乡晁庄村	21	男	1941 年
林庆朱	鱼台县鱼城镇林庄村	17	男	1942 年
谢明志	鱼台县谷亭镇胜利村	26	男	1940 年
刘效珠	鱼台县清河镇石集村	37	男	1941 年
刘召均	鱼台县王鲁镇三里屯村	20	男	1941 年
朱建修	鱼台县唐马乡大朱庄村	21	男	1941 年
李德功	鱼台县谷亭镇胜利村	31	男	1941 年
张士学	鱼台县谷亭镇双韩村	20	男	1943 年
韩秀章	鱼台县谷亭镇临河村	39	男	1943 年
蒋昭连	鱼台县谷亭镇蒋庄村	20	男	1941 年
张允平	鱼台县谷亭镇临河村	20	男	1941 年
王东军	鱼台县王庙镇苏店村	21	男	1942 年
田永先	鱼台县王庙镇苏店村	25	男	1942 年
满堂福	鱼台县王庙镇苏店村	19	男	1942 年
屈万成	鱼台县王鲁镇耿庄村	25	男	1941 年
骆士哼	鱼台县李阁镇骆庄村	40	男	1942 年
骆德运	鱼台县李阁镇骆庄村	43	男	1942 年
路锦旧	鱼台县李阁镇路屯村	38	男	1942 年
夏和田	鱼台县鱼城镇夏庄村	21	男	1942 年
张广金之祖父	鱼台县鱼城镇中西南村	60	男	1942 年
沙桂芳	鱼台县鱼城镇中西南村	23	男	1942 年

姓 名	籍 贯	年 龄	性 别	死难时间
董加桂	鱼台县鱼城镇中西南村	41	男	1942 年
林莲花	鱼台县鱼城镇林庄村	23	男	1942 年
屈万年	鱼台县王鲁镇耿庄村	26	男	1941 年
刘化胜	鱼台县王鲁镇刘庄村	45	男	1941 年
李作州	鱼台县王鲁镇刘庄村	23	男	1941 年
田玉真	鱼台县王鲁镇刘庄村	42	男	1941 年
刘瑞朝	鱼台县谷亭镇和平村	17	男	1940 年
郭心河	鱼台县王庙镇程庄寨村	21	男	1942 年
侯保全	鱼台县唐马乡后付村	—	男	1940 年
齐孝天	鱼台县王鲁镇刘庄村	19	男	1941 年
韩云霞	鱼台县王鲁镇后聂村	23	男	1941 年
李茂生	鱼台县王鲁镇大聂村	21	男	1941 年
朱传中	鱼台县王鲁镇王鲁村	23	男	1941 年
李相中	鱼台县王鲁镇史楼村	21	男	1941 年
常协同	鱼台县王庙镇常店村	29	男	1942 年
房金陵	鱼台县王庙镇南房村	21	男	1942 年
周茂勋	鱼台县谷亭镇周堂村	35	男	1940 年
董西林	鱼台县王庙镇常店村	23	男	1942 年
张树东	鱼台县清河镇丁岗村	26	男	1941 年
张化友	鱼台县唐马乡宋砦村	28	男	1942 年 7 月
闫来山	鱼台县谷亭镇中心村	43	男	1941 年
袁忠士	鱼台县王庙镇冀庙村	21	男	1943 年 7 月
秦正法	鱼台县谷亭镇马石庄村	31	男	1943 年 10 月
李玉振	鱼台县唐马乡杨新庄村	40	男	1943 年 7 月
张孝广	鱼台县谷亭镇缪集村	28	男	1943 年 7 月
李学志	鱼台县王鲁镇史楼村	30	男	1941 年 12 月
邓振海	鱼台县鱼城镇中西南村	34	男	1943 年
宋洪臣	鱼台县唐马乡宋庄村	23	男	1942 年
郭朝坤	鱼台县谷亭镇胜利村	31	男	1940 年
张凤月	鱼台县唐马乡张庄村	29	男	1942 年
杨恩太	鱼台县唐马乡杨新庄村	19	男	1942 年
薛瑞堂	鱼台县谷亭镇中心村	27	男	1942 年
葛小过	鱼台县唐马乡葛庄村	19	男	1942 年
王茂林	鱼台县谷亭镇双韩村	22	男	1942 年

姓　名	籍　贯	年　龄	性　别	死难时间
刘西春	鱼台县老砦乡闫集村	20	男	1942 年
曹金迎	鱼台县谷亭镇双韩村	29	男	1942 年
张永年	鱼台县王庙镇张庄村	26	男	1943 年
田学先	鱼台县王庙镇田庄村	36	男	1943 年
高树芳	鱼台县王庙镇张庄村	21	男	1943 年
马汉景	鱼台县	—	男	1943 年
张凤文	鱼台县王庙镇张庄村	23	男	1943 年
李树启	鱼台县王鲁镇李集村	35	男	1942 年
刘化周	鱼台县王鲁镇刘庄村	41	男	1942 年
闫承喜	鱼台县王鲁镇后闫村	24	男	1942 年
吴兴顺	鱼台县王鲁镇魏堂村	22	男	1942 年
刘常留	鱼台县王庙镇小张村	24	男	1943 年
王西义	鱼台县王庙镇苏店村	25	男	1943 年
严钦照	鱼台县唐马乡随庄村	30	男	1941 年
陈仰居	鱼台县谷亭镇新华村	28	男	1940 年
金慰然	鱼台县谷亭镇运北村	24	男	1940 年
陈德胜	鱼台县谷亭镇玉皇庙村	24	男	1940 年
朱长青	鱼台县谷亭镇玉皇庙村	19	男	1940 年
聂承瑞	鱼台县王鲁镇大聂村	17	男	1940 年
盛店友	鱼台县谷亭镇套楼村	37	男	1940 年
李兴武	鱼台县王鲁镇佃户李村	19	男	1940 年
李根启	鱼台县王鲁镇于屯村	21	男	1940 年
石延德	鱼台县王鲁镇陈堂村	27	男	1940 年
张正兴	鱼台县王鲁镇窦闫李村	33	男	1943 年
刘大海	鱼台县王庙镇海北村	26	男	1943 年
房金建	鱼台县王庙镇南房村	20	男	1943 年
李培山	鱼台县王庙镇李胡同村	24	男	1943 年
宋术武	鱼台县王庙镇宋庄村	21	男	1943 年
房郁李	鱼台县王庙镇南房村	22	男	1943 年
于安田	鱼台县谷亭镇周堂村	53	男	1941 年
张　氏	鱼台县谷亭镇缪集村	33	女	1943 年
赵凤妮	鱼台县老砦乡晃庄村	15	男	1943 年 7 月
李怀扬	—	—	男	1944 年 11 月
闫天铭之姐夫	鱼台县鱼城镇鱼城村	—	男	1944 年

姓 名	籍 贯	年 龄	性 别	死难时间
刘振江	鱼台县罗屯乡郭庄村	58	男	1944 年
郭文明	鱼台县罗屯乡郭庄村	41	男	1944 年
解日光	鱼台县罗屯乡郭庄村	46	男	1944 年
稻　子	鱼台县罗屯乡罗屯村	30	男	1944 年
姚念学	鱼台县谷亭镇西姚村	—	男	1940 年
王瞎子	鱼台县罗屯乡罗屯村	23	男	1944 年
于德吉	鱼台县唐马乡朱庄村	26	男	1945 年 6 月
路小三	鱼台县李阁镇路屯村	16	男	1944 年 8 月
路文华	鱼台县李阁镇路屯村	22	男	1945 年 8 月
李培林	鱼台县鱼城镇顾楼村	21	男	1945 年 8 月
顾以军	鱼台县鱼城镇顾楼村	35	男	1945 年 8 月
顾以成	鱼台县鱼城镇顾楼村	36	男	1945 年 8 月
段桂友	鱼台县鱼城镇中东北村	30	男	1945 年
马汉祥	鱼台县谷亭镇马闸村	27	男	1944 年
杨善谋	鱼台县鱼城镇中东北村	29	男	1945 年
张　响	鱼台县鱼城镇	31	男	1945 年
张现芝	鱼台县鱼城镇郭庄村	50	男	1945 年
宫宝文	鱼台县唐马乡郭楼村	60	男	1938 年
张老六	鱼台县清河镇张集村	20	男	1938 年
张玉荣	鱼台县清河镇张集村	28	男	1938 年
孙守忠	鱼台县清河镇孙桥村	20	男	1938 年
杜廷兰	鱼台县清河镇杜屯村	41	男	1938 年
杜泮斗	鱼台县清河镇杜屯村	40	男	1938 年
张敬恩	鱼台县谷亭镇运北村	51	男	1938 年
王四牛	鱼台县谷亭镇运北村	47	男	1938 年
李合山	鱼台县谷亭镇李庄村	58	男	1938 年
张振云	鱼台县谷亭镇王子亮村	37	男	1938 年
窦小网	鱼台县谷亭镇七圣堂村	34	男	1938 年
马宜先	鱼台县谷亭镇姜庄村	41	男	1938 年
李心成	鱼台县谷亭镇东段村	18	男	1938 年
田政康	鱼台县谷亭镇东段村	19	男	1938 年
王西奎	鱼台县谷亭镇李庄村	21	男	1938 年
杨献栋	微山县杨庄村	30	男	1945 年
姚吕氏	鱼台县老砦乡老北村	23	女	1938 年

姓　名	籍　贯	年　龄	性　别	死难时间
马维士	鱼台县王庙镇梁海村	29	男	1945 年
王好胜	鱼台县王鲁镇权王村	—	男	1942 年
王玉亮	鱼台县王鲁镇权王村	—	男	1942 年
周小秋	鱼台县谷亭镇周堂村	—	男	1943 年
刘继云	鱼台县张黄镇张黄村	20	男	1945 年
段金合	鱼台县张黄镇殷王村	25	男	1945 年
曹福元	鱼台县王庙镇冀庙村	20	男	1945 年
宋大奎	鱼台县王鲁镇闫庙村	21	男	1943 年
王振国	鱼台县王庙镇谢庄村	—	男	1945 年
鲍耕田	鱼台县老砦乡后六屯村	—	男	1944 年
王　云	鱼台县谷亭镇新民村	33	男	1945 年
王刘氏	鱼台县谷亭镇建设村	—	女	1945 年
王文海	鱼台县谷亭镇建设村	—	男	1945 年
陈忠友	鱼台县王鲁镇张庙村	—	男	1938 年 5 月
宋得要	鱼台县唐马乡宋砦村	20	男	1938 年 5 月
张成成	鱼台县老砦乡任和村	4	男	1939 年 3 月
张金亮	鱼台县清河镇赵店村	24	男	1940 年 5 月
合　计	**558**			

责任人：陈庆鹤　张运乾　　　　核实人：陈　蕾　时景文　　　　填表人：马燕萍

填报单位（签章）：鱼台县委党史研究室　　　　　　　　　　填表时间：2009 年 5 月 4 日

金乡县抗日战争时期死难者名录

姓 名	籍 贯	年 龄	性 别	死难时间
韩守四	金乡县肖云镇韩楼村	23	男	1944 年
韩守五	金乡县肖云镇韩楼村	20	男	1944 年
翟邓氏	金乡县鱼山镇关庙村	59	女	1938 年
于粗腰	金乡县肖云镇大李楼村	25	男	1938 年
邵兴武	金乡县马庙镇邵庄村	—	男	1944 年
杨德伦	金乡县马庙镇杨官庄村	19	男	1944 年
殷伯才	金乡县马庙镇彭阁村	21	男	1944 年
殷凤起	金乡县马庙镇孟铺村	20	男	1944 年
周齐斗	金乡县肖云镇官庙村	29	男	1944 年
王合臣	金乡县肖云镇唐王村	25	男	1945 年
冯明跃	金乡县肖云镇肖云村	23	男	1944 年
周玉环	金乡县肖云镇菜园村	18	男	1944 年
王清贤	金乡县肖云镇菜园村	28	男	1944 年
王继言	金乡县高河乡王楼村	—	男	1938 年 4 月
刘广起	金乡县高河乡王楼村	—	男	1938 年 4 月
邵金玉	金乡县肖云镇邵庄村	36	男	1938 年 4 月
邵金标	金乡县肖云镇邵庄村	34	男	1938 年 4 月
孙东昌	金乡县金乡镇周庄村	26	男	1938 年 4 月
张大孩	金乡县金乡镇周庄村	20	男	1938 年 4 月
张心立	金乡县金乡镇周庄村	18	男	1938 年 4 月
孙张氏	金乡县金乡镇周庄村	26	女	1938 年 4 月
张老胖	金乡县金乡镇周庄村	21	男	1938 年 4 月
李海山	金乡县金乡镇周庄村	22	男	1938 年 4 月
张心田	金乡县金乡镇周庄村	30	男	1938 年 4 月
刘二孩	金乡县金乡镇周庄村	19	男	1938 年 4 月
苏 孩	金乡县金乡镇周庄村	35	男	1938 年 4 月
周 孩	金乡县金乡镇周庄村	34	男	1938 年 4 月
刘 孩	金乡县金乡镇周庄村	23	男	1938 年 4 月
张老五	金乡县金乡镇周庄村	20	男	1938 年 4 月
苏成铎	金乡县金乡镇苏楼村	—	男	1938 年 4 月
苏玉铎	金乡县金乡镇苏楼村	—	男	1938 年 4 月

姓 名	籍 贯	年龄	性别	死难时间
苏迁梅	金乡县金乡镇苏楼村	—	男	1938 年 4 月
苏迁常	金乡县金乡镇苏楼村	—	男	1938 年 4 月
苏迁顺	金乡县金乡镇苏楼村	—	男	1938 年 4 月
苏庆奇	金乡县金乡镇苏楼村	—	男	1938 年 4 月
苏玉山	金乡县金乡镇苏楼村	—	男	1938 年 4 月
张 四	金乡县金乡镇苏楼村	—	男	1938 年 4 月
周茂林	金乡县金乡镇苏楼村	—	男	1938 年 4 月
苏宣道	金乡县金乡镇苏楼村	—	男	1938 年 4 月
宋成选	金乡县高河乡位楼村	60	男	1938 年 4 月
王来昆	金乡县高河乡鲁庄集村	—	男	1938 年 4 月
小 包	金乡县鸡黍镇田口村	—	女	1938 年 4 月
赵来文之母	金乡县鸡黍镇田口村	—	女	1938 年 4 月
李成和之父	金乡县鸡黍镇南楼村	—	男	1938 年 4 月
李景田	金乡县鱼山镇李双楼村	32	男	1938 年 4 月
李宪祥	金乡县鱼山镇李双楼村	29	男	1938 年 4 月
张大闹	金乡县金乡镇窦堂村	29	男	1938 年 4 月
张二闹	金乡县金乡镇窦堂村	21	男	1938 年 4 月
陈念德	金乡县鸡黍镇牛庄村	—	男	1938 年 5 月 11 日
牛志轩之父	金乡县鸡黍镇牛庄村	—	男	1938 年 5 月 11 日
徐李氏	金乡县鸡黍镇李小楼村	—	女	1938 年 5 月 11 日
孔宪德	金乡县鸡黍镇孔庄村	—	男	1938 年 5 月 11 日
任正发之妻	金乡县鸡黍镇耿楼村	—	女	1938 年 5 月 11 日
王艳山	金乡县鸡黍镇王庄村	—	男	1938 年 5 月 11 日
张秀清	金乡县鸡黍镇牛庄村	—	男	1938 年 5 月 11 日
李现法	金乡县鸡黍镇小李庄村	—	男	1938 年 5 月 11 日
董立存	金乡县鸡黍镇东风村	—	男	1938 年 5 月 11 日
苏茂彬	金乡县鸡黍镇苏楼村	—	男	1938 年 5 月 11 日
李遵谦	金乡县鸡黍镇南楼村	—	男	1938 年 5 月 11 日
周金友之母	金乡县鸡黍镇鸡黍村	—	女	1938 年 5 月 11 日
周金生	金乡县鸡黍镇鸡黍村	—	男	1938 年 5 月 11 日
曾纪善	金乡县鸡黍镇董楼村	30	男	1938 年 5 月 11 日
孟广明	金乡县鸡黍镇董楼村	40	男	1938 年 5 月 11 日
邵留声	金乡县鸡黍镇杨瓦屋村	—	男	1938 年 5 月 11 日
杨玉德	金乡县鸡黍镇杨瓦屋村	—	男	1938 年 5 月 11 日

姓 名	籍 贯	年 龄	性 别	死难时间
杨玉祥	金乡县鸡黍镇杨瓦屋村	—	男	1938 年 5 月 11 日
杨玉兰	金乡县鸡黍镇杨瓦房村	—	女	1938 年 5 月 11 日
靳凤尊	金乡县鸡黍镇鸡黍村	—	男	1938 年 5 月 11 日
王殿奎	金乡县鸡黍镇鸡黍村	—	男	1938 年 5 月 11 日
孙志勉	金乡县鸡黍镇鸡黍村	—	男	1938 年 5 月 11 日
孙志堂	金乡县鸡黍镇鸡黍村	—	男	1938 年 5 月 11 日
周 正	金乡县鸡黍镇鸡黍村	—	男	1938 年 5 月 11 日
小绿头	金乡县鸡黍镇鸡黍村	—	男	1938 年 5 月 11 日
周占成之妻	金乡县鸡黍镇鸡黍村	—	女	1938 年 5 月 11 日
韩存元之妹	金乡县鸡黍镇鸡黍村	—	女	1938 年 5 月 11 日
李若雷之祖母	金乡县鸡黍镇鸡黍村	—	女	1938 年 5 月 11 日
张学俊	金乡县	—	男	1938 年 4 月
张继武	金乡县	—	男	1938 年 4 月
张继红	金乡县	—	男	1938 年 4 月
张庆福	金乡县	—	男	1938 年 4 月
白玉宗	金乡县	—	男	1938 年 4 月
麻登科	金乡县金乡镇西关村	—	男	1938 年 4 月
张克云	金乡县	—	男	1938 年 4 月
王张氏	金乡县	—	女	1938 年 4 月
解李氏	金乡县	—	女	1938 年 4 月
解明氏	金乡县	—	女	1938 年 4 月
李丙文	金乡县	—	男	1938 年 4 月
王汝芹	金乡县	—	男	1938 年 4 月
王×××	金乡县	—	女	1938 年 4 月
孙中秀	金乡县	—	男	1938 年 4 月
孙××	金乡县	—	男	1938 年 4 月
孙××	金乡县	—	女	1938 年 4 月
王志栋	金乡县	—	男	1938 年 4 月
王西长	金乡县	—	男	1938 年 4 月
王××	金乡县	—	男	1938 年 4 月
王×氏	金乡县	—	女	1938 年 4 月
李兆礼	金乡县	—	男	1938 年 4 月
李延世	金乡县	—	男	1938 年 4 月
李茂树	金乡县	—	男	1938 年 4 月

姓 名	籍 贯	年 龄	性 别	死难时间
李文启	金乡县	—	男	1938 年 4 月
苏丙锋	金乡县	—	男	1938 年 4 月
苏亚锋	金乡县	—	男	1938 年 4 月
苏延顺	金乡县	—	男	1938 年 4 月
李永乐	金乡县鸡黍镇田口村	35	男	1940 年 11 月
朱知俭	金乡县鸡黍镇朱楼村	—	男	1938 年 5 月 11 日
周振华	金乡县鸡黍镇二荣楼村	—	男	1938 年 5 月 11 日
黄德功	金乡县金乡镇	—	男	1938 年 5 月
张 二	金乡县金乡镇	—	男	1938 年 5 月
窦若现	金乡县金乡镇窦湾村	22	男	1938 年 5 月
窦若迁	金乡县金乡镇窦湾村	21	男	1938 年 5 月
窦东荣	金乡县金乡镇窦湾村	18	男	1938 年 5 月
李继才	金乡县金乡镇窦湾村	19	男	1938 年 5 月
付点山	金乡县金乡镇仇岗村	47	男	1938 年 5 月
高祥云	金乡县金乡镇仇岗村	39	男	1938 年 5 月
李克芹	金乡县金乡镇	—	男	1938 年 5 月
崔振学	金乡县金乡镇	—	男	1938 年 5 月
刘继良	金乡县马庙镇玉皇庙村	28	男	1945 年
付锡朋	金乡县马庙镇杨庙村	24	男	1945 年
田兴四	金乡县马庙镇田楼村	23	男	1945 年
刘朝奎	金乡县马庙镇刘沙沃村	35	男	1945 年
卓效勇	金乡县马庙镇卓庙村	50	男	1945 年
刘凤文	金乡县马庙镇玉皇庙村	23	男	1945 年
孔宪思	金乡县马庙镇义合村	24	男	1945 年
郑其法	金乡县鸡黍镇郑楼村	26	男	1938 年 5 月 14 日
贾玉祥	金乡县羊山镇徐楼村	33	男	1945 年
李马安	金乡县肖云镇殷庄村	32	男	1945 年
宋大孩	金乡县肖云镇殷庄村	26	男	1945 年
徐体茂	金乡县马庙镇洪庙村	23	男	1945 年
殷凤起	金乡县马庙镇孟铺村	18	男	1944 年
邵泽州	金乡县马庙镇邵庄村	—	男	1938 年 5 月 14 日
肖俊清	金乡县马庙镇肖楼村	34	男	1938 年 5 月 14 日
胡相忠	金乡县马庙镇翟庄村	31	男	1945 年
张洪吉	金乡县马庙镇杨官庄村	26	男	1945 年

姓　名	籍　贯	年　龄	性　别	死难时间
翟爱学	金乡县马庙镇翟庄村	18	男	1945 年
阎继山	金乡县鸡黍镇徐庙村	24	男	1938 年 5 月 14 日
魏景明	金乡县鱼山镇孙楼村	21	男	1945 年
张振海	金乡县鱼山镇张庄村	23	男	1945 年
李坤荣	金乡县鱼山镇李同楼村	21	男	1945 年
李庆生	金乡县羊山镇东街村	21	男	1945 年 7 月
周汉海	金乡县马庙镇周沙沃村	—	男	1938 年 5 月 14 日
徐廷山	金乡县马庙镇徐寨门村	—	男	1945 年
小　奋	金乡县鸡黍镇朱楼村	16	男	1938 年 5 月 14 日
张同宝	金乡县肖云镇菜园村	23	男	1944 年
李遵杰	金乡县肖云镇李白庙村	21	男	1944 年
李淑合	金乡县马庙镇汤庄村	28	男	1938 年 5 月 15 日
李天明	金乡县马庙镇汤庄村	24	男	1938 年 5 月 15 日
李相洙	金乡县马庙镇汤庄村	30	男	1938 年 5 月 15 日
周留存	金乡县马庙镇邵庄村	30	男	1938 年 5 月 15 日
韩三妮	金乡县肖云镇韩楼村	21	男	1944 年
李乐俊	金乡县肖云镇店子村	19	男	1944 年
张传金	金乡县马庙镇北周村	15	男	1944 年
随路清	金乡县鱼山镇隋楼村	31	男	1938 年 5 月
麻登启	金乡县金乡镇西关村	—	男	1938 年 5 月
马玉清	金乡县金乡镇西关村	—	男	1938 年 5 月
王振山	金乡县金乡镇西关村	—	男	1938 年 5 月
周　德	金乡县金乡镇西关村	—	男	1938 年 5 月
伊文奎	金乡县金乡镇西关村	—	男	1938 年 5 月
韩春田	金乡县金乡镇西关村	—	男	1938 年 5 月
张四月	金乡县金乡镇朱楼村	—	男	1938 年 5 月
张德红	金乡县金乡镇朱楼村	—	男	1938 年 5 月
赵士坤	金乡县金乡镇朱楼村	—	男	1938 年 5 月
王少元	金乡县金乡镇朱楼村	—	男	1938 年 5 月
罗化章	金乡县金乡镇	80	男	1938 年 5 月
李六路	金乡县金乡镇	10	男	1938 年 5 月
李树义	金乡县金乡镇	—	男	1938 年 5 月
李广汉	金乡县金乡镇	—	男	1938 年 5 月
李广汉之子	金乡县金乡镇	—	男	1938 年 5 月

姓 名	籍 贯	年 龄	性 别	死难时间
刘耀贤	金乡县金乡镇王架村	—	男	1938 年 5 月
张念敏	金乡县金乡镇袁楼村	—	男	1938 年 5 月
张志贞	金乡县金乡镇袁楼村	19	男	1938 年 5 月
周圣训	金乡县金乡镇袁楼村	—	男	1938 年 5 月
周四新	金乡县金乡镇袁楼村	—	男	1938 年 5 月
黄金宝	金乡县金乡镇袁楼村	—	男	1938 年 5 月
张二荣	金乡县金乡镇王架村	—	男	1938 年 5 月
鲍小芹	金乡县金乡镇王架村	—	女	1938 年 5 月
黑 孩	金乡县金乡镇刘庄村	—	男	1938 年 5 月
张广义	金乡县金乡镇刘庄村	—	男	1938 年 5 月
刘王氏	金乡县金乡镇刘庄村	—	女	1938 年 5 月
张学贵	金乡县金乡镇十里村	—	男	1938 年 5 月
张化伦	金乡县金乡镇十里村	—	男	1938 年 5 月
张景曹	金乡县金乡镇十里村	—	男	1938 年 5 月
郑西荣	金乡县金乡镇十里村	—	男	1938 年 5 月
高玉贵	金乡县金乡镇十里村	—	男	1938 年 5 月
王小群	金乡县金乡镇十里村	—	男	1938 年 5 月
付方兰	金乡县金乡镇十里村	—	女	1938 年 5 月
周宪福	金乡县金乡镇周桥村	—	男	1938 年 5 月
周玉坤	金乡县金乡镇周桥村	—	男	1938 年 5 月
盖 氏	金乡县金乡镇周桥村	—	女	1938 年 5 月
周贵岩	金乡县金乡镇周桥村	—	男	1938 年 5 月
张建文	金乡县金乡镇李庄村	—	男	1938 年 5 月
李忠起	金乡县金乡镇李庄村	—	男	1938 年 5 月
李黑孩	金乡县金乡镇十里村	—	男	1938 年 5 月
苏庆儒	金乡县金乡镇苏楼村	—	男	1938 年 5 月
张提奎	金乡县金乡镇苏楼村	—	男	1938 年 5 月
周贵山	金乡县金乡镇桃园村	22	男	1938 年 5 月
王德海	金乡县金乡镇桃园村	40	男	1938 年 5 月
李志树	金乡县金乡镇陈庄村	—	男	1938 年 5 月
李二毛	金乡县金乡镇陈庄村	—	男	1938 年 5 月
王怀玉	金乡县金乡镇葛庄村	—	男	1938 年 5 月
王若才之祖父	金乡县金乡镇葛庄村	—	男	1938 年 5 月
王汉杰	金乡县金乡镇王庄村	—	男	1938 年 5 月

姓 名	籍 贯	年 龄	性 别	死难时间
徐志活之父	金乡县金乡镇王庄村	—	男	1938 年 5 月
哑 女	金乡县金乡镇王庄村	—	女	1938 年 5 月
刘广善	金乡县金乡镇王庄村	—	男	1938 年 5 月
张西彻	金乡县金乡镇旗杆张村	—	男	1938 年 5 月
张西合	金乡县金乡镇旗杆张村	—	男	1938 年 5 月
张西存	金乡县金乡镇旗杆张村	—	男	1938 年 5 月
张学贵	金乡县金乡镇十里村	—	男	1938 年 5 月
张德江	金乡县金乡镇旗杆张村	—	男	1938 年 5 月
郭小飞	金乡县金乡镇郭楼村	—	男	1938 年 5 月
高 氏	金乡县金乡镇郭楼村	—	女	1938 年 5 月
吴应兰	金乡县金乡镇吴庄村	—	男	1938 年 5 月
张星瑞	金乡县金乡镇孙楼村	—	男	1938 年 5 月
张振西	金乡县金乡镇孙楼村	—	男	1938 年 5 月
尚汉臣	金乡县金乡镇尚楼村	—	男	1938 年 5 月
尚李氏	金乡县金乡镇尚楼村	—	女	1938 年 5 月
高道周	金乡县金乡镇魏庄村	—	男	1938 年 5 月
高道德	金乡县金乡镇魏庄村	—	男	1938 年 5 月
杨启福	金乡县金乡镇金一村	—	男	1938 年 5 月
二 墩	金乡县金乡镇金一村	—	男	1938 年 5 月
吴 孩	金乡县金乡镇金一村	—	男	1938 年 5 月
魏宪瑞	金乡县金乡镇东关村	—	男	1938 年 5 月
杨恒启	金乡县金乡镇东关村	—	男	1938 年 5 月
高德山	金乡县金乡镇南门村	—	男	1938 年 5 月
高德风	金乡县金乡镇南门村	—	男	1938 年 5 月
高德云	金乡县金乡镇南门村	—	男	1938 年 5 月
杨 一	金乡县金乡镇北当村	—	男	1938 年 5 月
刘世先	河南商丘	—	男	1938 年 5 月
苏茂田	金乡县金乡镇	—	男	1938 年 5 月
李文贵	金乡县金乡镇	—	男	1938 年 5 月
李万清	金乡县金乡镇	—	男	1938 年 5 月
孔宪德	金乡县鸡黍镇孔庄村	—	男	1938 年 5 月
张同会	金乡县金乡镇窦堂村	18	男	1938 年 5 月
张同德	金乡县金乡镇窦堂村	17	男	1938 年 5 月
张同祥	金乡县金乡镇窦堂村	20	男	1938 年 5 月

姓　名	籍　贯	年　龄	性　别	死难时间
张小良	金乡县金乡镇窦堂村	18	男	1938 年 5 月
张小领	金乡县金乡镇窦堂村	18	男	1938 年 5 月
张继银	金乡县金乡镇旗杆张村	42	男	1938 年 5 月
张继词	金乡县金乡镇旗杆张村	—	男	1938 年 5 月
张德轩	金乡县金乡镇旗杆张村	—	男	1938 年 5 月
张　氏	金乡县卜集乡夏庄村	—	女	1938 年 5 月
刘　氏	金乡县卜集乡史马刘村	—	女	1938 年 5 月
刘三德	金乡县卜集乡史马刘村	—	男	1938 年 5 月
马袋孩	金乡县卜集乡史马刘村	—	男	1938 年 5 月
李士彬	金乡县鸡黍镇徐庙村	20	男	1938 年 5 月
周得奎	金乡县鸡黍镇董楼村	42	男	1938 年 5 月
周永业	金乡县鸡黍镇董楼村	48	男	1938 年 5 月
任正发	金乡县鸡黍镇耿楼村	—	男	1938 年 5 月
耿桂林	金乡县鸡黍镇耿楼村	—	男	1938 年 5 月
大刘孩	金乡县鸡黍镇耿楼村	—	男	1938 年 5 月
王××之妹	金乡县鸡黍镇耿楼村	—	女	1938 年 5 月
李遵庆	金乡县鸡黍镇南楼村	—	男	1938 年 5 月
李若新	金乡县鸡黍镇南楼村	—	男	1938 年 5 月
周金焕之外婆	金乡县鸡黍镇鸡黍村	71	女	1938 年 5 月
李根生	金乡县鸡黍镇刘口村	28	男	1938 年 5 月
于景路	金乡县卜集乡于庄村	—	男	1938 年 5 月
于培章	金乡县卜集乡于庄村	—	男	1938 年 5 月
于芝元	金乡县卜集乡于庄村	—	男	1938 年 5 月
于小四	金乡县卜集乡于庄村	—	男	1938 年 5 月
朱学迁	金乡县卜集乡黄埝村	40	男	1938 年 5 月
牛遵敬	金乡县胡集镇仇寺村	—	男	1938 年 5 月
陈敬堂之祖父	金乡县胡集镇仇寺村	—	男	1938 年 5 月
仇云桥	金乡县胡集镇仇寺村	—	男	1938 年 5 月
孙孙氏	金乡县胡集镇南孙楼村	66	女	1938 年 5 月
孙大厂	金乡县胡集镇南孙楼村	36	男	1938 年 5 月
孙族长	金乡县胡集镇南孙楼村	70	男	1938 年 5 月
邱学吉	金乡县胡集镇邱楼村	28	男	1938 年 5 月
安金城	金乡县胡集镇前安村	42	男	1938 年 5 月
安丛善	金乡县胡集镇前安村	—	男	1938 年 5 月

姓 名	籍 贯	年 龄	性 别	死难时间
安金发之妻	金乡县胡集镇前安村	28	女	1938 年 5 月
安邦平	金乡县胡集镇前安村	58	男	1938 年 5 月
徐运启	金乡县胡集镇北周村	60	男	1938 年 5 月
周金铁	金乡县胡集镇北周村	56	男	1938 年 5 月
仇广林之伯父	金乡县胡集镇三皇村	—	男	1938 年 5 月
仇保传	金乡县胡集镇三皇村	—	男	1938 年 5 月
仇跃平之祖父	金乡县胡集镇三皇村	—	男	1938 年 5 月
代春雨	金乡县胡集镇后代楼村	39	男	1938 年 5 月
王永吉	金乡县胡集镇大北村	—	男	1938 年 5 月
孙刘氏	金乡县胡集镇南孙楼村	—	女	1938 年 5 月
孙李氏	金乡县胡集镇南孙楼村	68	女	1938 年 5 月
刘明会	金乡县胡集镇大北村	38	男	1938 年 5 月
麻 雨	金乡县胡集镇大北村	37	男	1938 年 5 月
赵月平之祖父	金乡县胡集镇大北村	71	男	1938 年 5 月
李洪前	金乡县胡集镇大北村	75	男	1938 年 5 月
张永田	金乡县胡集镇大北村	30	男	1938 年 5 月
刘迎春	金乡县羊山镇前刘村	—	男	1938 年 5 月
刘松军	金乡县羊山镇前刘村	—	男	1938 年 5 月
葛清山	金乡县羊山镇葛庄村	—	男	1938 年 5 月
胡建顺	金乡县羊山镇南胡村	—	男	1938 年 5 月
邵永芹	金乡县马庙镇邵庄村	—	男	1938 年 5 月
邵方森	金乡县马庙镇邵庄村	—	男	1938 年 5 月
邵方俊	金乡县马庙镇邵庄村	—	男	1938 年 5 月
邵长春	金乡县马庙镇邵庄村	—	男	1938 年 5 月
邵方亭	金乡县马庙镇邵庄村	—	男	1938 年 5 月
邵西旗	金乡县马庙镇邵庄村	—	男	1938 年 5 月
邵长兴	金乡县马庙镇邵庄村	—	男	1938 年 5 月
刘老四	金乡县卜集乡张桥村	53	男	1938 年 5 月
谢井田	金乡县高河乡王楼村	—	男	1938 年 5 月
王吉安	金乡县高河乡王楼村	—	男	1938 年 5 月
王大孩	金乡县高河乡王楼村	—	—	1938 年 5 月
邵兴刚	金乡县马庙镇邵庄村	—	男	1938 年 5 月
陈效伦	金乡县马庙镇车庙村	25	男	1944 年
周玉轩	金乡县鸡黍镇周草庙村	24	男	1944 年

姓　名	籍　贯	年　龄	性　别	死难时间
杨德功	金乡县鱼山镇李同楼村	24	男	1938 年 5 月
李玉岱	金乡县鱼山镇李同楼村	23	男	1938 年 5 月
李义元	金乡县鱼山镇五所楼村	17	男	1938 年 5 月
吕建银	金乡县羊山镇东街村	35	男	1944 年 7 月
徐廷林	金乡县马庙镇徐寨门村	—	男	1944 年
孟宪彬	金乡县马庙镇孟庄村	32	男	1944 年
马开海	金乡县肖云镇鲍楼村	19	男	1944 年 10 月
孟宪章	金乡县肖云镇鲍楼村	26	男	1944 年 10 月
马开武	金乡县肖云镇鲍楼村	18	男	1944 年 10 月
崔宪启	金乡县鸡黍镇郑楼村	23	男	1938 年 5 月
胡学勤	金乡县高河乡胡楼村	18	男	1938 年 5 月
刘清玉	金乡县金乡镇王架村	40	男	1938 年 5 月
张广汉	金乡县卜集乡白坨村	27	男	1938 年 5 月
周平云	金乡县卜集乡白坨村	23	男	1938 年 5 月
张福田	金乡县卜集乡白坨村	25	男	1938 年 5 月
李本玉	金乡县卜集乡刘油坊村	37	男	1938 年 5 月
李本立	金乡县卜集乡刘油坊村	35	男	1938 年 5 月
李本田	金乡县卜集乡刘油坊村	32	男	1938 年 5 月
满堂银	金乡县卜集乡刘油坊村	28	男	1938 年 5 月
孙同进	金乡县卜集乡满庄村	—	男	1938 年 5 月
孙遇到	金乡县卜集乡孙瓦房村	—	男	1938 年 5 月
李继闫	金乡县卜集乡赵庄村	—	男	1938 年 5 月
于电选	金乡县卜集乡孟庄村	60	男	1938 年 5 月
于王氏	金乡县卜集乡孟庄村	57	女	1938 年 5 月
于电臣	金乡县卜集乡孟庄村	58	男	1938 年 5 月
于李氏	金乡县卜集乡孟庄村	56	女	1938 年 5 月
申清汉	金乡县鸡黍镇太山庙村	—	男	1938 年 7 月
马　龙	金乡县羊山镇东四村	30	男	1938 年 10 月
范××	金乡县	40	男	1938 年 10 月
祝念余	金乡县鸡黍镇董楼村	30	男	1938 年
周清云	金乡县鸡黍镇董楼村	40	男	1938 年
杨文军	金乡县肖云镇谢集村	20	男	1938 年
谢光星	金乡县肖云镇谢集村	25	男	1938 年
谢光伍	金乡县肖云镇谢集村	26	男	1938 年

姓　名	籍　贯	年龄	性别	死难时间
谢大黄	金乡县肖云镇谢集村	23	男	1938 年
杨文艳	金乡县肖云镇谢集村	21	男	1938 年
杨胜松	金乡县肖云镇谢集村	24	男	1938 年
杨文楼	金乡县肖云镇谢集村	21	男	1938 年
谢洪信	金乡县肖云镇谢集村	27	男	1938 年
谢建君	金乡县肖云镇谢集村	26	男	1938 年
寻李氏	金乡县鸡黍镇辛庄村	36	女	1938 年
寻柏印	金乡县鸡黍镇辛庄村	60	男	1938 年
张元环	金乡县胡集镇沙沃村	21	男	1938 年
马体功	金乡县胡集镇沙沃村	26	男	1938 年
张云汉	金乡县胡集镇张楼村	—	男	1938 年
孟宪忠	金乡县胡集镇姬庄村	—	男	1938 年
王玉山	金乡县胡集镇王海村	—	男	1938 年
刘双邱	金乡县胡集镇高杨刘村	85	男	1938 年
王乃田	金乡县胡集镇杨庙村	16	男	1938 年
杨　楼	金乡县胡集镇杨庙村	19	男	1938 年
杨小假	金乡县胡集镇杨庙村	—	男	1938 年
朱心月之兄	金乡县胡集镇胡集村	—	男	1938 年
朱心月之弟	金乡县胡集镇胡集村	—	男	1938 年
刘心成	金乡县胡集镇黄东村	19	男	1938 年
张　山	金乡县胡集镇黄东村	25	男	1938 年
张奉距	金乡县胡集镇张堂村	—	男	1938 年
张奉武	金乡县胡集镇张堂村	—	男	1938 年
张景科	金乡县肖云镇张楼村	28	男	1938 年
朱井龙之父	金乡县胡集镇胡集村	—	男	1938 年
朱井龙之伯父	金乡县胡集镇胡集村	—	男	1938 年
李小元	金乡县高河乡郭七楼村	—	男	1938 年
王学森	金乡县高河乡高河村	—	男	1938 年
刘云卓	金乡县鸡黍镇刘楼村	—	男	1938 年
孔召爽	金乡县鸡黍镇孔庄村	85	男	1938 年
赵二像	金乡县鸡黍镇袁庄村	28	男	1938 年
李永坤	金乡县鱼山镇李同楼村	22	男	1938 年
李庆阳	金乡县羊山沈庄村	21	男	1943 年
徐廷征	金乡县马庙镇徐寨门村	—	男	1943 年

姓　名	籍　贯	年　龄	性　别	死难时间
徐廷山	金乡县马庙镇徐寨门村	—	男	1944 年
徐廷周	金乡县马庙镇徐寨门村	—	男	1938 年
袁　氏	金乡县鸡黍镇张寨村	—	女	1938 年
三　娃	金乡县鸡黍镇牛庄村	—	男	1938 年
赵守坤	金乡县鸡黍镇二荣楼村	—	男	1938 年
杨　氏	金乡县鸡黍镇小李庄村	—	女	1938 年
杨新州	金乡县鸡黍镇东风村	—	男	1938 年
刘以明	金乡县鸡黍镇大刘村	18	男	1938 年
田五连	金乡县鸡黍镇焦杭村	—	男	1938 年
焦茂中	金乡县鸡黍镇焦杭村	—	男	1938 年
杨福吉	金乡县鸡黍镇杨庄村	—	男	1938 年
杨端云	金乡县鸡黍镇杨庄村	—	男	1938 年
杨中吉	金乡县鸡黍镇杨庄村	—	男	1938 年
苏进山	金乡县鸡黍镇苏楼村	40	男	1938 年
杨培成	金乡县鸡黍镇杨瓦房村	—	男	1938 年
邵志展	金乡县鸡黍镇杨瓦房村	—	男	1938 年
王一贵	金乡县胡集镇黄西村	22	男	1939 年 7 月
王乃昌	金乡县胡集镇黄西村	16	男	1939 年 7 月
吕继福	金乡县司马乡程庙村	—	男	1939 年 7 月
魏运全	金乡县兴隆乡胡庄村	22	男	1939 年 8 月
张宾如	金乡县金乡镇高庄村	29	男	1939 年 9 月
张新通	金乡县金乡镇周庄村	28	男	1939 年 9 月
王鉴览	金乡县金乡镇孔庄村	29	男	1939 年 9 月
翟子超	金乡县马庙镇翟庄村	30	男	1939 年 9 月
袁文勋	金乡县鸡黍镇张寨村	33	男	1939 年 9 月
张德岭	金乡县兴隆乡张庙村	43	男	1939 年 9 月
于景元	金乡县卜集乡孟庄村	29	男	1939 年 10 月
常二黑	金乡县肖云镇菜园村	—	男	1939 年
王大扣	金乡县肖云镇菜园村	—	男	1939 年
王二扣	金乡县肖云镇菜园村	—	男	1939 年
德茂祥	金乡县金乡镇	—	男	1940 年 2 月
常桂斗	金乡县司马镇常庄村	21	男	1940 年 2 月
童纪友	金乡县兴隆乡胡庄村	24	男	1940 年 8 月
吕洪元	金乡县司马乡程庙村	—	男	1940 年

姓 名	籍 贯	年 龄	性 别	死难时间
代永存	金乡县高河乡高河村	—	男	1940 年
代长大	金乡县高河乡高河村	—	男	1940 年
孟宪文	金乡县马庙镇孟庄村	18	男	1940 年
杨清竹	金乡县马庙镇咸古店村	37	男	1940 年
杨本厚	金乡县马庙镇咸古店村	58	男	1940 年
程俊渊	金乡县马庙镇大程楼村	20	男	1940 年
老水鸡	金乡县肖云镇吕庄村	64	男	1940 年
李多多	金乡县鸡黍镇田口村	18	男	1940 年
孙厚法	金乡县化雨乡孙庄村	22	男	1940 年
李洪亮	金乡县司马镇李寨村	19	男	1940 年
杨绍本	金乡县司马镇杨庄村	26	男	1940 年
张学之	金乡县高河乡高河村	—	男	1940 年
李西敏	金乡县高河乡苏楼村	—	男	1940 年
王艳子	金乡县高河乡苏楼村	—	男	1940 年
苏廷活	金乡县高河乡代楼村	—	男	1940 年
李启明	金乡县高河乡代楼村	—	男	1940 年
张广玲	金乡县卜集乡张八缸村	50	男	1940 年
张振荣	金乡县卜集乡张八缸村	38	男	1940 年
杨运分	金乡县肖云镇吕常寺村	18	男	1940 年
杨运选	金乡县肖云镇吕常寺村	22	男	1940 年
杨华哨	金乡县肖云镇吕常寺村	29	男	1940 年
张金岗	金乡县肖云镇吕常寺村	26	男	1940 年
陈宗仁	金乡县肖云镇陈楼村	26	男	1940 年
陈万星	金乡县肖云镇陈楼村	23	男	1940 年
张正兴	金乡县金乡镇南店子街	21	男	1941 年 1 月
胡广胜	金乡县肖云镇谢集村	37	男	1941 年 5 月
李 氏	金乡县化雨乡李楼村	—	女	1941 年 5 月
耿以钊	金乡县鸡黍镇耿楼村	32	男	1941 年 10 月 8 日
刘洪开	金乡县化雨乡冯海村	—	男	1941 年 11 月
陈周彬	金乡县化雨乡冯海村	—	男	1941 年 11 月
冯淑仁	金乡县化雨乡冯海村	—	男	1941 年 11 月
王效孟	金乡县兴隆乡胡庄村	26	男	1941 年 11 月
牛立功	金乡县马庙镇杨官庄村	15	男	1941 年
程来迁	金乡县马庙镇大程楼村	20	男	1941 年

姓 名	籍 贯	年 龄	性 别	死难时间
曹新民	金乡县司马乡曹庄村	25	男	1941 年
朱瑞合	金乡县司马乡朱庙村	30	男	1941 年
玉良中	金乡县高河乡高河村	21	男	1941 年
侯登举	金乡县金乡镇东联村后台子村	22	男	1941 年
董文正	金乡县卜集乡周集村	24	男	1941 年
杨春山	金乡县鸡黍镇杨庄村	22	男	1941 年
李茂荣	金乡县兴隆乡李草庙村	24	男	1941 年
单绍杰	金乡县鸡黍镇单海村	23	男	1942 年 2 月 1 日
单小麻	金乡县鸡黍镇单海村	40	男	1942 年 2 月 1 日
单蛐妮	金乡县鸡黍镇单海村	—	女	1942 年 2 月 1 日
单忠臣	金乡县鸡黍镇单海村	—	男	1942 年 2 月 1 日
单治国之父	金乡县鸡黍镇单海村	70	男	1942 年 2 月 1 日
单忠友	金乡县鸡黍镇单海村	70	男	1942 年 2 月 1 日
单毛昌之子	金乡县鸡黍镇单海村	10	男	1942 年 2 月 1 日
唐 气	金乡县化雨乡袁集村	—	男	1942 年 3 月
李 庆	金乡县化雨乡袁集村	—	男	1942 年 4 月
胡义臣	金乡县化雨乡袁集村	—	男	1942 年 5 月
马洪藻	金乡县鱼山镇丙公村	48	男	1942 年 5 月
韩 洋	金乡县鱼山镇崔口村	17	男	1942 年 5 月
陈北木	金乡县鱼山镇崔口村	17	男	1942 年 5 月
孟庆丰	金乡县司马乡司马村	27	男	1942 年 6 月
孟现昌	金乡县司马乡司马村	25	男	1942 年 6 月
李明桂	金乡县司马乡司马村	26	男	1942 年 6 月
李明晨	金乡县司马镇司马村	22	男	1942 年 6 月
李少芹	金乡县司马镇古李村	24	男	1942 年 9 月
王允记之祖母	金乡县鸡黍镇王庄村	—	女	1942 年 11 月 15 日
王成举之祖母	金乡县鸡黍镇王庄村	—	女	1942 年 11 月 15 日
唐如财	金乡县化雨乡袁集村	—	男	1942 年 11 月
孟庆玉	金乡县化雨乡中孟村	24	男	1942 年 12 月
李乐新	金乡县肖云镇店子村	30	男	1942 年
李黄毛	金乡县肖云镇店子村	34	男	1942 年
李乐义	金乡县肖云镇店子村	28	男	1942 年
宋宗友	金乡县肖云镇殷庄村	29	男	1942 年
李登岭	金乡县肖云镇殷庄村	28	男	1942 年

姓 名	籍 贯	年龄	性别	死难时间
孙宜春	金乡县肖云镇吕庄村	40	男	1942 年
寻玉刚	金乡县鱼山镇寻坊村	27	男	1942 年
王玉林	金乡县卜集乡高墙村	39	男	1942 年
袁丕思	金乡县肖云镇鲍楼村	45	男	1939 年 7 月
张汉备	金乡县卜集乡高墙村	28	男	1943 年
唐会来	金乡县化雨乡袁集村	—	男	1942 年
朱德继	金乡县司马乡朱庙村	26	男	1942 年
杨升级	金乡县高河乡邵庙村	22	男	1942 年
柴玉起	金乡县高河乡周庄村	27	男	1942 年
申起祥	金乡县金乡镇桃园村	26	男	1942 年
马金昌	金乡县卜集乡史马刘村	22	男	1942 年
杨怀修	金乡县羊山镇杨庄村	24	男	1942 年
宋继舜	金乡县马庙镇宋阁村	27	男	1942 年
杨省真	金乡县鸡黍镇薛庄村	42	男	1942 年
胡玉起	金乡县鸡黍镇宗营村	24	男	1942 年
宗守本	金乡县鸡黍镇宗营村	28	男	1942 年
戴梅先	金乡县化雨乡耿楼村	21	男	1942 年
周进宝	金乡县化雨乡周庄村	20	男	1942 年
刘玉书	金乡县化雨乡姜楼村	26	男	1942 年
杨安作	金乡县司马镇马庄村	22	男	1942 年
董怀信	金乡县司马镇赵村	28	男	1942 年
仇庆生	金乡县司马镇仇李村	28	男	1942 年
仇庆来	金乡县司马镇仇李村	26	男	1942 年
李海峰	金乡县司马镇仇李村	28	男	1942 年
李守训	金乡县司马镇司马村	23	男	1942 年
吴德成	金乡县兴隆乡兴隆村	22	男	1942 年
李述六	金乡县兴隆乡李大楼村	20	男	1942 年
张金斗	金乡县兴隆乡张楼村	26	男	1942 年
刘德海	金乡县鸡黍镇丁庙村	27	男	1943 年 2 月 7 日
刘大孩	金乡县鸡黍镇大刘村	19	男	1943 年 4 月
介玉珠	金乡县金乡镇高庄村	24	男	1943 年 4 月
江若洲	金乡县金乡镇高庄村	25	男	1943 年 4 月
周灿芬	金乡县金乡镇孔楼村	24	男	1943 年 4 月
张大黄	金乡县肖云镇韩楼村	80	男	1943 年 4 月

姓 名	籍 贯	年龄	性别	死难时间
韩小五	金乡县肖云镇韩楼村	23	男	1943 年 5 月
周召三	金乡县司马乡周庙村	23	男	1943 年 5 月
周根友	金乡县金乡镇周庄村	22	男	1943 年 8 月
周少亭	金乡县司马镇邵庙村	26	男	1943 年 8 月
张双喜	金乡县司马乡茶棚村	15	男	1943 年 9 月 20 日
隋瑞文	金乡县化雨乡周集村	—	男	1943 年
李奉成	金乡县化雨乡李堂村	—	男	1943 年
李绍明	金乡县化雨乡李堂村	—	男	1943 年
王乃云	金乡县司马乡朱庙村	23	男	1943 年
夏全德	金乡县司马乡朱庙村	20	男	1943 年
徐福廷	金乡县高河乡临河村	27	男	1943 年
魏汝山	金乡县高河乡魏楼村	26	男	1943 年
魏汝彬	金乡县高河乡魏楼村	21	男	1943 年
马金灵	金乡县高河乡韩庄村	24	男	1943 年
周连成	金乡县金乡镇桃园村	29	男	1943 年
张正本	金乡县卜集乡孙珩村	29	男	1943 年
李延慎	金乡县羊山镇关帝村	22	男	1943 年 8 月
武会坤	金乡县羊山镇武坑村	24	男	1943 年
王献法	金乡县马庙镇洪庙村	22	男	1943 年
李保生	金乡县马庙镇车庙村	26	男	1943 年
宋为玉	金乡县马庙镇宋庄村	38	男	1943 年
刘胜国	金乡县化雨乡化北村	21	男	1943 年
胡建山	金乡县化雨乡化北村	22	男	1943 年
李瑞山	金乡县化雨乡早立村	28	男	1943 年
王刘东	金乡县化雨乡唐楼村	21	男	1943 年
芮银科	金乡县化雨乡唐楼村	22	男	1943 年
徐目月	金乡县化雨乡唐楼村	24	男	1943 年
周福全	金乡县化雨乡寻楼村	21	男	1943 年
侯成培	金乡县司马镇侯高庄村	24	男	1943 年
杨同礼	金乡县司马镇魏门楼村	28	男	1943 年
徐延山	金乡县兴隆乡徐寨村	22	男	1943 年
阎厚文	金乡县兴隆乡寨里集村	23	男	1943 年
李伯杰	金乡县兴隆乡李草庙村	22	男	1943 年
王玉海	金乡县兴隆乡桑园村	22	男	1943 年

姓 名	籍 贯	年 龄	性 别	死难时间
吴忠良	金乡县兴隆乡兴隆村	20	男	1943 年
高世桥	金乡县兴隆乡徐寨村	26	男	1943 年
张在芹	金乡县兴隆乡张湾村	24	男	1943 年
李新换	金乡县化雨乡李堂村	—	男	1943 年
李兆良	金乡县化雨乡李堂村	—	男	1943 年
马少卫	金乡县卜集乡史马刘村	—	男	1943 年
黄宝战	金乡县卜集乡黄埝村	32	男	1943 年
张汉武	金乡县卜集乡高墙村	26	男	1943 年
袁汝哲	金乡县鸡黍镇张寨村	26	男	1939 年 9 月
翟振同	金乡县马庙镇翟庄村	17	男	1939 年
李来阁	金乡县肖云镇肖云村	19	女	1943 年
戴合文	金乡县肖云镇戴庙村	42	男	1943 年
李树诚	金乡县肖云镇店子村	—	男	1943 年
周存山	金乡县鸡黍镇董楼村	36	男	1943 年
王玉振	金乡县鸡黍镇刘口村	24	男	1943 年
张利福	金乡县鸡黍镇张寨村	50	男	1940 年
孙冠清	金乡县胡集镇大孙楼村	32	男	1943 年
孙玉臣	金乡县胡集镇大孙楼村	—	男	1943 年
尚刘纪	金乡县胡集镇尚庄村	—	男	1943 年
王洪祥	金乡县肖云镇菜园村	33	男	1940 年
杨师立	金乡县马庙镇杨庄村	20	男	1943 年
王爱军	金乡县马庙镇马庙村	17	男	1943 年
杨树仁	金乡县鱼山镇杨庄村	30	男	1943 年
孙炳武	金乡县肖云镇石井村	20	男	1940 年 7 月
孙树长	金乡县卜集乡高墙村	37	男	1943 年
李树贞	金乡县肖云镇店子村	36	女	1943 年
李乐亮	金乡县肖云镇店子村	22	男	1942 年
徐体连	金乡县马庙镇洪庙村	30	男	1944 年 1 月
徐咏孔	金乡县马庙镇洪庙村	40	男	1944 年 1 月
周 氏	金乡县鸡黍镇徐庙村	—	女	1944 年 5 月
张怀喜	金乡县司马镇蔡庄村	22	男	1944 年 5 月
李成均	金乡县司马镇李寨村	20	男	1944 年 6 月
郝友吉	金乡县司马镇周庄村	28	男	1944 年 7 月
马开英	金乡县肖云镇鲍楼村	26	男	1944 年 10 月

姓 名	籍 贯	年 龄	性 别	死难时间
李成东	金乡县鸡黍镇田口村	28	男	1942 年
周树强	金乡县鸡黍镇周草庙村	16	男	1942 年
韩小六	金乡县肖云镇韩楼村	22	男	1944 年
韩二妮	金乡县肖云镇韩楼村	25	女	1944 年
郑金祥	金乡县肖云镇韩楼村	26	男	1944 年
韩秀刚	金乡县肖云镇韩楼村	40	男	1944 年
韩黄黄	金乡县肖云镇韩楼村	51	男	1944 年
韩小敏	金乡县肖云镇韩楼村	—	男	1944 年
孟立生	金乡县鸡黍镇董楼村	24	男	1944 年
郭凤良	金乡县胡集镇北郭村	24	男	1944 年
郭德章	金乡县胡集镇北郭村	17	男	1944 年
秦朝振	金乡县胡集镇于王屯村	33	男	1944 年
秦明善	金乡县胡集镇于王屯村	33	男	1944 年
李永刚	金乡县胡集镇于王屯村	25	男	1944 年
李代玲	金乡县羊山镇东四村	23	男	1944 年
杨怀修	金乡县胡集镇北郭村	22	男	1944 年
郭朝刚	金乡县胡集镇北郭村	23	男	1944 年
郭德启	金乡县胡集镇北郭村	24	男	1944 年
潘月电	金乡县胡集镇北郭村	25	男	1944 年
郭保深	金乡县胡集镇北郭村	26	男	1944 年
薛相坤	金乡县肖云镇薛庄村	22	男	1941 年
李永合	金乡县肖云镇晁庄村	34	男	1944 年
朱彦烈	金乡县鸡黍镇后盐村	24	男	1941 年
李庆河	金乡县羊山镇沈庄	22	男	1941 年 4 月
刘庆艳	金乡县羊山镇	60	男	1944 年
李东运	金乡县高河乡临河村	19	男	1944 年
孙邦汉	金乡县高河乡孟庄村	23	男	1944 年
赵甫山	金乡县金乡镇杨庄村	22	男	1944 年
胡西连	金乡县肖云镇孔集村	24	男	1944 年
高连升	金乡县肖云镇周大庄村	28	男	1944 年
李奉祥	金乡县肖云镇唐王庄村	22	男	1944 年
李建凯	金乡县卜集乡卜集村	26	男	1944 年
魏锡良	金乡县马庙镇杨官村	24	男	1944 年
李桂银	金乡县马庙镇车庙村	22	男	1944 年

姓 名	籍 贯	年 龄	性 别	死难时间
李景元	金乡县马庙镇车庙村	28	男	1944 年
李敬峰	金乡县鸡黍镇东李村	24	男	1944 年
焦西雨	金乡县鸡黍镇焦杭村	23	男	1944 年
宗世雨	金乡县鸡黍镇宗营村	26	男	1944 年
郭光华	金乡县鸡黍镇郭庄村	22	男	1944 年
周保军	金乡县鸡黍镇张寨村	22	男	1944 年
任正秋	金乡县鸡黍镇石佛村	23	男	1944 年
赵献松	金乡县化雨乡赵庙村	20	男	1944 年
孟庆友	金乡县化雨乡化北村	19	男	1944 年
卓效义	金乡县司马镇夏楼村	19	男	1944 年
郝秀文	金乡县司马镇侯高庄村	26	男	1944 年
胡传魁	金乡县司马镇魏门楼村	22	男	1944 年
赵保举	金乡县司马镇周堌堆村	31	男	1944 年
率井田	金乡县司马镇率庄村	24	男	1944 年
杨凤畅	金乡县司马镇魏门楼村	29	男	1944 年
李茂金	金乡县司马镇李寨村	21	男	1944 年
侯明山	金乡县司马镇韩杨村	20	男	1944 年
刘继轩	金乡县兴隆乡二郎庙村	22	男	1944 年
赵方臣	金乡县兴隆乡赵楼村	20	男	1944 年
刘义明	金乡县兴隆乡胡庄村	22	男	1944 年
李祥仁	金乡县兴隆乡蔡园村	20	男	1944 年
任广礼	金乡县兴隆乡任庄村	26	男	1944 年
孙文正	金乡县兴隆乡胡口村	20	男	1944 年
高学士	金乡县兴隆乡桑园村	20	男	1944 年
郭敦先	金乡县兴隆乡郭店村	22	男	1944 年
周 山	金乡县胡集镇南周村	32	男	1944 年
李祥坡	金乡县胡集镇南郭村	28	男	1944 年
张富征	金乡县肖云镇肖云村	39	男	1944 年
冯延方	金乡县肖云镇冯士村	31	男	1944 年
李 川	金乡县肖云镇李尧村	38	男	1944 年
李富头	金乡县肖云镇李尧村	42	男	1944 年
李朝停	金乡县肖云镇李尧村	39	男	1944 年
张 超	金乡县肖云镇张华楼村	24	男	1942 年
胡西德	金乡县肖云镇孔集村	23	男	1942 年

姓 名	籍 贯	年 龄	性别	死难时间
吴德宝	金乡县肖云镇店子村	18	男	1942 年
赵忠启	金乡县鸡黍镇赵庄村	43	男	1944 年
赵方贤	金乡县鸡黍镇赵庄村	19	男	1944 年
宗守本	金乡县鸡黍镇宗营村	31	男	1942 年
胡运超	金乡县羊山镇杨庄村	23	男	1944 年
李乐忠	金乡县肖云镇店子村	29	男	1942 年
王乃瑞	金乡县金乡镇	23	男	1945 年 1 月
王延海	金乡县金乡镇东秦街	27	男	1945 年 2 月
胡运起	金乡县羊山镇仇庄村	28	男	1945 年 2 月
韩守五	金乡县司马镇韩杨村	24	男	1945 年 4 月
李凤祥	金乡县司马镇仇李村	38	男	1945 年 5 月
杨登亮	金乡县司马镇薛洼村	29	男	1945 年 5 月
李友元	金乡县司马镇田庙村	22	男	1945 年 6 月
肖体元	金乡县马庙镇肖楼村	22	男	1943 年
侯钦芝	金乡县金乡镇花园村	24	男	1945 年 7 月
高 印	金乡县兴隆乡桑园村	24	男	1945 年 7 月
陈德海	金乡县鸡黍镇鸡黍村	40	男	1945 年 7 月
张平和	金乡县鸡黍镇张胡同村	21	男	1943 年
朱二白	金乡县鸡黍镇后盐村	23	男	1943 年
李广忠	金乡县肖云镇晃庄村	29	男	1943 年
李留景	金乡县肖云镇晃庄村	23	男	1945 年 8 月
张效义	金乡县鸡黍镇杨庄村	24	男	1945 年 8 月
牛体胜	金乡县司马镇牛庄村	24	男	1945 年 8 月
江朋福	金乡县肖云镇江庄村	24	男	1945 年 9 月
江朋德	金乡县肖云镇江庄村	22	男	1945 年 9 月
孙玉春	金乡县羊山镇高庙村	27	男	1945 年 9 月
李留景之弟	金乡县肖云镇晃庄村	21	男	1945 年 9 月
高西臣	金乡县肖云镇大李楼村	32	男	1945 年
李确成	金乡县肖云镇大李楼村	29	男	1942 年
李念锦	金乡县肖云镇邵庄村	36	男	1945 年
寻文义	金乡县羊山镇李堂村	30	男	1945 年
寻克忠	金乡县马庙镇付庄村	58	男	1945 年
王云田	金乡县马庙镇王海村	30	男	1945 年
周毛孩	金乡县肖云镇周大庄村	23	男	1945 年

姓 名	籍 贯	年 龄	性 别	死难时间
李汝山	金乡县鱼山镇隋楼村	12	男	1945 年
宋宗祥	金乡县肖云镇殷庄村	29	男	1945 年
李印常	金乡县化雨乡李申村	—	男	1945 年
李春吉	金乡县化雨乡李申村	—	男	1945 年
李春豪	金乡县化雨乡李申村	—	男	1945 年
董广文	金乡县化雨乡李申村	—	男	1945 年
李培来	金乡县鱼山镇葛村	42	男	1945 年
马延翁	金乡县肖云镇冯士村	28	男	1945 年
李广胜	金乡县肖云镇殷庄村	21	男	1945 年
宋宗发	金乡县肖云镇殷庄村	22	男	1945 年
王友田	金乡县肖云镇东王楼村	41	男	1943 年
谢贞纪	金乡县肖云镇谢集村	25	男	1943 年
卜宪法	金乡县肖云镇谢集村	27	男	1943 年
张省千	金乡县肖云镇吕常寺村	36	男	1943 年
张为春	金乡县肖云镇张洼村	21	男	1943 年
邵丙厂	金乡县肖云镇孔集村	23	男	1943 年
朱明堂	金乡县肖云镇店子村	—	男	1945 年
邵保良	金乡县马庙镇邵庄村	20	男	1945 年
杨清瑞	金乡县马庙镇咸古店村	21	女	1945 年
渠如海	金乡县马庙镇马庙村	19	男	1945 年
周震龙	金乡县鸡黍镇郑楼村	16	男	1945 年
周清田	金乡县鸡黍镇董楼村	38	男	1945 年
秦培忠	金乡县鸡黍镇董楼村	42	男	1945 年
杨新余	金乡县羊山镇杨庄村	44	男	1943 年
李奉德	金乡县肖云镇唐王村	39	男	1943 年
李令银	金乡县肖云镇店子村	25	男	1943 年
戴梅义	金乡县肖云镇戴庙村	33	男	1943 年
魏东柱	金乡县高河乡马庄村	20	男	1945 年
崔长胜	金乡县金乡镇北当街	28	男	1945 年
高志亮	金乡县金乡镇高庄村	34	男	1945 年
阎东生	金乡县肖云镇郑大楼村	22	男	1945 年
王钦朋	金乡县肖云镇郑小楼村	26	男	1945 年
韩花猫	金乡县肖云镇韩楼村	27	男	1945 年
周吉业	金乡县肖云镇周花园村	26	男	1945 年

姓 名	籍 贯	年 龄	性 别	死难时间
孟宪英	金乡县肖云镇周大庄村	24	男	1945 年
周广士	金乡县肖云镇周大庄村	23	男	1945 年
王世民	金乡县肖云镇肖云村	27	男	1945 年
江超范	金乡县肖云镇江庄村	25	男	1945 年
孔祥进	金乡县肖云镇杨旱楼村	27	男	1945 年
杨佳印	金乡县卜集乡杨集村	28	男	1945 年
刘树良	金乡县羊山镇周楼村	26	男	1945 年
刘相才	金乡县羊山镇周楼村	23	男	1945 年
李留具	金乡县马庙镇湘子村	28	男	1945 年
曹士峨	金乡县马庙镇曹坊村	27	男	1945 年
李洪胜	金乡县马庙镇车庙村	29	男	1945 年
李可义	金乡县马庙镇车庙村	23	男	1945 年
王成起	金乡县鸡黍镇南李村	39	男	1945 年
李芝林	金乡县鸡黍镇李小楼村	21	男	1945 年 9 月
李唐山	金乡县鸡黍镇田口村	32	男	1945 年
陈运起	金乡县鸡黍镇田口村	28	男	1945 年
李钦堂	金乡县鸡黍镇田口村	31	男	1945 年
马金斗	金乡县王丕镇马楼村	23	男	1945 年
程瑞起	金乡县王丕镇张暗楼村	25	男	1945 年
张为亭	金乡县王丕镇彭井村	20	男	1945 年
李祥云	金乡县王丕镇彭井村	28	男	1945 年
孙延照	金乡县化雨乡孙庄村	19	男	1945 年
李金龙	金乡县化雨乡孙庄村	20	男	1945 年
田西运	金乡县化雨乡孙庄村	24	男	1945 年
戴梅荣	金乡县化雨乡耿楼村	24	男	1945 年
檀林位	金乡县司马镇蔡庄村	27	男	1945 年
朱德宽	金乡县兴隆乡李草庙村	42	男	1945 年
孙宜明	金乡县兴隆乡任庄村	22	男	1945 年
李启贞	金乡县兴隆乡李草庙村	28	男	1945 年
黄绍文	金乡县兴隆乡杨堂村	26	男	1945 年
李厚增	金乡县兴隆乡皮前楼村	24	男	1945 年
李广学	金乡县兴隆乡兴隆村	26	男	1945 年
陈忠文	金乡县肖云镇陈楼村	22	男	—
马同岗	金乡县化雨乡北马村	19	男	—

姓 名	籍 贯	年 龄	性 别	死难时间
刘明祥	金乡县马庙镇邵庄村	—	男	—
邵明祥	金乡县马庙镇邵庄村	—	男	—
邵向征	金乡县马庙镇邵庄村	—	男	—
邵向安	金乡县马庙镇邵庄村	—	男	—
邵向同	金乡县马庙镇邵庄村	—	男	—
徐小三	金乡县马庙镇徐寨门村	—	男	—
刘继胜	金乡县兴隆乡二朗庙村	19	男	—
李成美	金乡县鸡黍镇李楼村	—	男	—
军 灿	金乡县鸡黍镇李楼村	—	男	—
李成船	金乡县鸡黍镇侯楼村	—	男	—
李成光	金乡县鸡黍镇东桥村	—	男	—
朱知敬	金乡县鸡黍镇朱楼村	—	男	—
合 计	757			

责任人：张安民　肖玉钦　　　　核实人：张为国　韩振芳　荆晶晶　填表人：荆晶晶　崔　峰
填报单位：金乡县委党史研究室　　　　　　　　　　　填报时间：2009 年 4 月 29 日

汶上县抗日战争时期死难者名录

姓 名	籍 贯	年 龄	性 别	死难时间
杜会山	汶上县白石乡贾村	22	男	1938 年 1 月
陈兰江	汶上县汶上镇北门	30	男	1938 年 2 月
李全芝	汶上县汶上镇北门	40	男	1938 年 2 月
赵福山之父	汶上县汶上镇北门	60	男	1938 年 2 月
赵福山之母	汶上县汶上镇北门	61	女	1938 年 2 月
王瑞轩	汶上县汶上镇北门	43	男	1938 年 2 月
高连生	汶上县汶上镇北门	45	男	1938 年 2 月
高 群	汶上县汶上镇北门	17	男	1938 年 2 月
孙文正	汶上县汶上镇北门	53	男	1938 年 2 月
孙治学	汶上县汶上镇北门	34	男	1938 年 2 月
孙治学之母	汶上县汶上镇北门	66	女	1938 年 2 月
孙治学之女	汶上县汶上镇北门	7	女	1938 年 2 月
夏居业	汶上县汶上镇北门	28	男	1938 年 2 月
赵广彬	汶上县汶上镇北门	29	男	1938 年 2 月
林广芝	汶上县汶上镇北门	32	男	1938 年 2 月
侯七	汶上县汶上镇北门	17	男	1938 年 2 月
侯七之外祖父	汶上县汶上镇北门	63	男	1938 年 2 月
侯七之外祖母	汶上县汶上镇北门	68	女	1938 年 2 月
陈龙光	汶上县汶上镇北门	40	男	1938 年 2 月
韩小岁	汶上县汶上镇北门	23	男	1938 年 2 月
田万祥	汶上县汶上镇北门	28	男	1938 年 2 月
王小井	汶上县汶上镇北门	27	男	1938 年 2 月
丁文祥之舅	汶上县汶上镇北门	73	男	1938 年 2 月
段 三	汶上县汶上镇东门	27	男	1938 年 2 月
段三之妻	汶上县汶上镇东门	26	女	1938 年 2 月
段三之祖母	汶上县汶上镇东门	70	女	1938 年 2 月
段三之女	汶上县汶上镇东门	1	女	1938 年 2 月
段三之子	汶上县汶上镇东门	3	男	1938 年 2 月
李全真	汶上县汶上镇北门	—	男	1938 年 2 月
高英林	汶上县汶上镇北门	—	男	1938 年 2 月
吕 美	汶上县汶上镇北门	80	男	1938 年 2 月

姓 名	籍 贯	年龄	性别	死难时间
杜焕新	汶上县汶上镇北门	—	男	1938 年 2 月
杜克荣	汶上县汶上镇北门	—	男	1938 年 2 月
孙治学之弟	汶上县汶上镇北门	—	男	1938 年 2 月
胡加林	汶上县汶上镇北门	27	男	1938 年 2 月
段 五	汶上县汶上镇东门	—	男	1938 年 2 月
段五之妻	汶上县汶上镇东门	—	女	1938 年 2 月
高新荣	汶上县汶上镇东门	—	男	1938 年 2 月
高新荣之妻	汶上县汶上镇东门	—	女	1938 年 2 月
高新荣之子	汶上县汶上镇东门	—	男	1938 年 2 月
韩兰田	汶上县汶上镇东门	—	男	1938 年 2 月
蔚××	汶上县汶上镇东门	—	男	1938 年 2 月
杜新忠	汶上县汶上镇东门	—	男	1938 年 2 月
杜新忠大弟	汶上县汶上镇东门	—	男	1938 年 2 月
杜新忠二弟	汶上县汶上镇东门	—	男	1938 年 2 月
韩小四	汶上县汶上镇东门	—	男	1938 年 2 月
刘福祥之表哥	汶上县汶上镇东门	—	男	1938 年 2 月
王中元	汶上县汶上镇东门	—	男	1938 年 2 月
高建春之祖父	汶上县苑庄镇大高村	—	男	1938 年 2 月
郑留连	汶上县杨店乡郑村	26	男	1938 年 3 月 18 日
马广金	汶上县杨店乡郑村	42	男	1938 年 3 月 18 日
郑 通	汶上县杨店乡郑村	29	男	1938 年 3 月 18 日
孔昭录	汶上县次丘镇沈堂村	45	男	1938 年 3 月
徐永昌	汶上县郭仓乡孔毛坦村	16	男	1938 年 3 月
刘运河之妻	汶上县苑庄镇白塔村	22	女	1938 年 4 月 6 日
李继环	汶上县苑庄镇苑庄村	—	男	1938 年 4 月 7 日
孙端品之姐	汶上县苑庄镇毕村	—	女	1938 年 4 月 7 日
张夫征	汶上县康驿镇水店村	—	男	1938 年 6 月 27 日
张夫奎	汶上县康驿镇水店村	—	男	1938 年 6 月 27 日
张夫良	汶上县康驿镇水店村	—	男	1938 年 6 月 27 日
梁兆更	汶上县南旺镇梁庄村	30	男	1938 年 8 月
尹吉武	汶上县郭仓乡张楼村	26	男	1938 年 9 月
路如本	汶上县郭仓乡西海村	20	男	1938 年 10 月
路连本	汶上县郭仓乡西海村	21	男	1938 年 10 月
王来勤	汶上县白石乡杨庄	38	男	1938 年 12 月

姓 名	籍 贯	年 龄	性 别	死难时间
王德后	汶上县白石乡杨庄	18	男	1938 年 12 月
刘千一	汶上县白石乡杨庄	38	男	1938 年 12 月
姚沛良	汶上县白石乡路庄	19	男	1938 年 12 月
路海一	汶上县白石乡路庄	23	男	1938 年 12 月
李桂三	汶上县康驿镇李元村	16	男	1938 年
辛兰如	汶上县刘楼乡辛海村	57	男	1938 年
杜成林	汶上县寅寺镇	—	男	1938 年
姬学栓	汶上县寅寺镇	—	男	1938 年
王广战	汶上县寅寺镇王楼村	30	男	1938 年
曹如地	汶上县寅寺镇东寅寺村	29	男	1938 年
何庆业	汶上县寅寺镇东寅寺村	21	男	1938 年
田利太	汶上县寅寺镇石西村	—	男	1938 年
田利原	汶上县寅寺镇石西村	—	男	1938 年
王传甲	汶上县寅寺镇后王村	32	男	1938 年
王传雨	汶上县寅寺镇后王村	29	男	1938 年
王振文	汶上县寅寺镇南王村	25	男	1938 年
王广会	汶上县寅寺镇刘家楼村	40	男	1938 年
高庆荣	汶上县寅寺镇周村	38	男	1938 年 4 月 18 日
李同亮	汶上县寅寺镇前草村	32	男	1938 年 4 月 18 日
三旺之女	汶上县寅寺镇周村	20	女	1938 年 4 月 18 日
袁胜毅	汶上县寅寺镇周村	32	男	1938 年 4 月 18 日
李广建	汶上县寅寺镇西草村	30	女	1938 年 4 月 18 日
信立建	汶上县寅寺镇信庄村	—	男	1938 年 4 月 18 日
丁成三	汶上县寅寺镇东草村	28	男	1938 年 4 月 18 日
李愿印	汶上县寅寺镇前草村	35	男	1938 年 4 月 18 日
李云中	汶上县寅寺镇东草村	52	男	1938 年 4 月 18 日
李中田	汶上县寅寺镇东草村	53	男	1938 年 4 月 18 日
林英田	汶上县寅寺镇东草村	51	男	1938 年 4 月 18 日
徐槐林	汶上县郭楼镇营墙村	32	男	1938 年
杨来富	汶上县军屯乡军屯村	30	男	1938 年
解全敬	汶上县军屯乡解庄村	41	男	1938 年
解丙田	汶上县军屯乡解庄村	40	男	1938 年
高林廷	汶上县苑庄镇大高村	—	男	1938 年
陈伯衡	汶上县汶上镇周村	33	男	1939 年 3 月

姓 名	籍 贯	年 龄	性 别	死难时间
张明汉	汶上县军屯乡北陶城村	31	男	1939 年 3 月
郭廷林	汶上县义桥乡后张吾村	50	男	1939 年 4 月
郭大喜	汶上县义桥乡后张吾村	19	男	1939 年 4 月
王金元	汶上县郭仓乡张楼村	32	男	1939 年 4 月
张长思	汶上县次丘镇沈堂村	31	男	1939 年 5 月
林成新	汶上县次丘镇西温口村	51	男	1939 年 7 月
董宪诗	汶上县军屯乡徐村	16	男	1939 年 8 月
贾得胜	汶上县白石乡武村	32	男	1939 年 8 月
孙西岭	汶上县军屯乡甲街	29	男	1939 年 9 月
姜纪营	汶上县刘楼乡新河头村	21	男	1939 年 10 月
王朝殿	汶上县郭仓乡乔村	21	男	1939 年 10 月
路存一	汶上县白石乡路庄	25	男	1939 年 11 月
贾芝图	汶上县白石乡武村	30	男	1939 年 11 月
王朝刚	汶上县郭仓乡乔村	19	男	1939 年 12 月
王朝展	汶上县郭仓乡乔村	14	男	1939 年 12 月
周庆余	汶上县汶上镇陈闸村	34	男	1939 年
林焕文	汶上县汶上镇陈闸村	16	男	1939 年
李振革	汶上县康驿镇解庄村	23	男	1939 年
李振殿	汶上县康驿镇解庄村	25	男	1939 年
王玉昌	汶上县南旺镇南旺三村	38	男	1939 年
韩耀华	汶上县刘楼乡徐老庄村	—	男	1939 年
李玉银	汶上县寅寺镇马口村	—	男	1939 年
高中山	汶上县寅寺镇马口村	—	男	1939 年
程庆云	汶上县寅寺镇前林村	21	男	1939 年
姬庆寅	汶上县寅寺镇前林村	22	男	1939 年
林英太	汶上县寅寺镇前林村	21	男	1939 年
张永连	汶上县寅寺镇刘家楼村	30	男	1939 年
崔成灏	汶上县郭楼镇高庄村	26	男	1939 年
李文仪	汶上县郭楼镇大李村	27	男	1939 年
蔚王氏	汶上县郭楼镇蔚村	33	女	1939 年
范老一	汶上县郭楼镇范庙村	—	男	1939 年
张××	汶上县郭楼镇张辛庄村	41	男	1939 年
郭永福	汶上县郭楼镇郭楼村	19	男	1939 年
李王氏	汶上县郭楼镇古城村	88	女	1939 年

姓　名	籍　贯	年　龄	性　别	死难时间
崔汶海	汶上县郭楼镇崔园村	19	男	1939 年
吕学彬	汶上县郭仓乡路毛村	31	男	1939 年
赵建堂	汶上县军屯乡松山村	32	男	1939 年
解杨氏	汶上县军屯乡解庄村	38	女	1939 年
柳步怀	汶上县苑庄镇白塔村	—	男	1939 年
吴　涛	—	36	男	1940 年 1 月 16 日
白观生	汶上县南旺镇南旺东村	25	男	1940 年 2 月
贺长友之父	汶上县郭仓乡杨庄村	26	男	1940 年 2 月
张志跃之妻	汶上县郭仓乡杨庄村	31	女	1940 年 2 月
徐茂林之父	汶上县郭仓乡杨庄村	25	男	1940 年 2 月
尹作法之外祖父	汶上县郭仓乡杨庄村	39	男	1940 年 2 月
张状甲之妻	汶上县郭仓乡杨庄村	37	女	1940 年 2 月
房郭氏	汶上县义桥乡东孙吾村	26	女	1940 年 3 月
徐福海	汶上县军屯乡李集村	18	男	1940 年 3 月
郭永洋之父	汶上县郭仓乡郭仓村	25	男	1940 年 6 月
尹　石	汶上县郭仓乡郭仓村	31	男	1940 年 6 月
杨玉美	汶上县郭仓乡后烟店村	37	男	1940 年 7 月
张培如	汶上县郭仓乡张楼村	32	男	1940 年 7 月
张寿椿	汶上县郭仓乡张楼村	20	男	1940 年 8 月
郭克勤	汶上县义桥乡杨街村	—	男	1940 年 8 月
于昭明	汶上县军屯乡于村	18	男	1940 年 12 月
王恩峦	汶上县白石乡西泉村	30	男	1940 年 12 月
陈洪常	汶上县白石乡白石村	41	男	1940 年 12 月
王来芹	汶上县白石乡杨庄村	40	男	1940 年 12 月
王佳后	汶上县白石乡杨庄村	20	男	1940 年 12 月
付家乐之妻	汶上县南旺镇寺前二村	30	女	1940 年
徐恩西	汶上县刘楼乡徐牛村	—	男	1940 年
马王氏	汶上县次丘镇王口村	28	女	1940 年
胡××	汶上县次丘镇王口村	30	男	1940 年
马郑娟	汶上县寅寺镇拴庄村	20	女	1940 年
马廷杰	汶上县寅寺镇拴庄村	—	男	1940 年
马廷杰之家人	汶上县寅寺镇拴庄村	—	—	1940 年
何树华	汶上县寅寺镇东石楼村	22	男	1940 年
范吉彬	汶上县郭楼镇范庙村	—	男	1940 年

姓 名	籍 贯	年龄	性别	死难时间
王赵氏	汶上县郭楼镇王楼村	48	女	1940 年
张文宾	汶上县郭楼镇丁庙村	84	男	1940 年
贾志亮	汶上县郭楼镇万庄村	86	男	1940 年
梁 娥	汶上县郭楼镇北坝村	26	男	1940 年
房验驴	汶上县郭仓乡孙场村	25	男	1940 年
徐永昌	汶上县郭仓乡孔毛村	24	男	1940 年
刘管礼	汶上县义桥乡辛庄村	—	男	1940 年
刘徐氏	汶上县义桥乡刘学庄村	—	女	1940 年
聂刘贺	汶上县义桥乡白店村	41	男	1941 年 1 月
白观胜	汶上县南旺镇南旺东村	22	男	1941 年 2 月
白观绍	汶上县南旺镇南旺东村	22	男	1941 年 2 月
杨玉江	汶上县郭仓乡张楼村	22	男	1941 年 3 月
苑存平	汶上县苑庄镇后苑楼村	31	男	1941 年 3 月
白关生	汶上县南站镇梁白西村	33	男	1941 年 4 月
刘咸恩	汶上县南站镇柳林	20	男	1941 年 4 月
贾爱国	汶上县白石乡武村	27	男	1941 年 6 月
张玉新	汶上县苑庄镇丁庄村	—	男	1941 年夏
毛云端	汶上县郭楼镇大李庄毛庙	24	男	1941 年 7 月
田万帮	汶上县郭仓乡张楼村	37	男	1941 年 8 月
李文祥	汶上县白石乡白石村	31	男	1941 年 12 月
路学本	汶上县军屯乡采山	35	男	1941 年
房绪勇	汶上县南站镇东李尹村	27	男	1941 年
房荣领	汶上县南站镇东李尹村	23	男	1941 年
王足德	汶上县康驿镇前徐村	—	男	1941 年
胡××	汶上县次丘镇双楼村	20	男	1941 年
王新田	汶上县寅寺镇王楼村	21	男	1941 年
李振宣	汶上县寅寺镇李村	43	男	1941 年
李玉章	汶上县寅寺镇李村	46	男	1941 年
何树俊	汶上县寅寺镇小楼村	22	男	1941 年
何树新	汶上县寅寺镇小楼村	21	男	1941 年
李玉贵	汶上县寅寺镇侯之门村	21	男	1941 年
二 邪	汶上县寅寺镇石西村	—	男	1941 年
壮 子	汶上县寅寺镇石西村	—	男	1941 年
林英信	汶上县寅寺镇前林村	24	男	1941 年

姓 名	籍 贯	年 龄	性 别	死难时间
林树英	汶上县寅寺镇前林村	23	男	1941 年
李金环	汶上县寅寺镇北王村	35	男	1941 年
苏立国	汶上县寅寺镇苏庄村	21	男	1941 年
王 横	汶上县寅寺镇刘家楼村	30	男	1941 年
张兴军	汶上县郭楼镇王府庄村	47	男	1941 年
杨典据	汶上县郭楼镇杨集村	26	男	1941 年
杨典宾	汶上县郭楼镇杨集村	18	男	1941 年
陈尚璧	汶上县郭楼镇陈楼村	72	男	1941 年
刘王氏	汶上县郭楼镇后沙村	40	女	1941 年
李殿春	汶上县军屯乡魏杨村	28	男	1941 年
梅进怀之父	汶上县军屯乡梅山村	42	男	1941 年
姬脉元	汶上县军屯乡梅山村	39	男	1941 年
孟姬氏	汶上县军屯乡梅山村	38	女	1941 年
郭玉九	汶上县军屯乡戚姬村	27	男	1941 年
彭广田之叔	汶上县军屯乡北陶村	21	男	1941 年
张洪春	汶上县苑庄镇梁庄	22	男	1942 年 1 月
张兴学	汶上县次丘镇荣庙村	17	男	1942 年 3 月
刘少雨	汶上县郭楼镇后沙河洼	22	男	1942 年 4 月
张培植	汶上县郭仓乡张楼村	36	男	1942 年 5 月
任广才	汶上县军屯乡任庄	28	男	1942 年 5 月
张瑞珂	汶上县军屯乡任庄	21	男	1942 年 5 月
霍德让	汶上县郭仓乡任仓村	22	男	1942 年 8 月
杨玉和	汶上县郭仓乡张楼村	19	男	1942 年 9 月
张建帮	汶上县郭仓乡张楼村	25	男	1942 年 9 月
梁××	汶上县南站镇程寺村	20	男	1942 年
李兆仁	汶上县南站镇李街村	18	男	1942 年
王 三	汶上县南站镇西李尹村	27	男	1942 年
范宠叶	汶上县南站镇后李尹村	25	男	1942 年
袁××	汶上县次丘镇姬庄村	72	女	1942 年
刘桂花	汶上县寅寺镇王楼村	31	女	1942 年
何树龙	汶上县寅寺镇小楼村	36	男	1942 年
侯国新	汶上县寅寺镇侯之门村	23	男	1942 年
刘运工	汶上县寅寺镇沙河洼村	21	男	1942 年
何庆星	汶上县寅寺镇王府庄村	27	男	1942 年

姓 名	籍 贯	年 龄	性 别	死难时间
崔成如	汶上县寅寺镇石东村	25	男	1942 年
宋力广	汶上县寅寺镇石东村	21	男	1942 年
张广生	汶上县寅寺镇吕庄村	21	男	1942 年
牛冒席	汶上县郭楼镇董赵庄村	30	男	1942 年
赵张氏	汶上县郭楼镇董赵庄村	32	女	1942 年
郑万镇	汶上县郭楼镇郑村	28	男	1942 年
郑心恒	汶上县郭楼镇郑村	27	男	1942 年
付王氏	汶上县郭楼镇东海寺村	40	女	1942 年
梁世奎	汶上县郭楼镇梁庞庄村	19	男	1942 年
梁德胜	汶上县郭楼镇梁庞庄村	—	男	1942 年
孔 氏	汶上县郭楼镇梁庞庄村	46	女	1942 年
孔氏之子	汶上县郭楼镇梁庞庄村	6	男	1942 年
张新芝	汶上县郭楼镇梁庞庄村	45	女	1942 年
蔡狗二	汶上县郭楼镇林黄村	81	男	1942 年
李玉会	汶上县郭楼镇大古村	36	男	1942 年
曹延友	汶上县军屯乡东曹村	20	男	1942 年
赵克甲	汶上县军屯乡马山村	32	男	1942 年
张敬桢	汶上县郭楼镇张辛庄	22	男	1942 年
张西宣	汶上县白石乡西营	19	男	1942 年
王长中	汶上县次丘镇次丘村	27	男	1943 年 1 月 15 日
刘少连	汶上县郭楼镇后沙河洼	18	男	1943 年 1 月
张兆佑	汶上县郭楼镇张辛庄	17	男	1943 年 1 月
陈刘氏	汶上县义桥乡兴隆庄村	33	女	1943 年 2 月
雷茂海	汶上县郭仓乡张楼村	25	男	1943 年 3 月
梁九芝	汶上县汶上镇东门	41	男	1943 年 5 月
徐福林	汶上县郭仓乡徐堂村	26	男	1943 年 7 月
杨吉杭	汶上县军屯乡云尾村	45	男	1943 年 7 月
钱连刚	汶上县军屯乡钱村	24	男	1943 年 8 月
何庆余	汶上县郭楼镇陈海河庄	18	男	1943 年 11 月
韩利建	汶上县刘楼乡陈村	28	男	1943 年 12 月
韩高妮	汶上县刘楼乡陈村	26	男	1943 年 12 月
杨延华	汶上县军屯乡云尾村	23	男	1943 年 12 月
李振川	汶上县寅寺镇李村	43	男	1943 年
何庆池	汶上县寅寺镇王府庄村	32	男	1943 年

姓 名	籍 贯	年 龄	性 别	死难时间
何庆会	汶上县寅寺镇王府庄村	31	男	1943 年
王成祥	汶上县寅寺镇刘家楼村	30	男	1943 年
郭延录	汶上县郭楼镇高庄村	20	男	1943 年
崔张氏	汶上县郭楼镇高庄村	50	女	1943 年
张兆右	汶上县郭楼镇张辛庄村	30	男	1943 年
王继湖	汶上县郭楼镇南坝村	41	男	1943 年
毛云渠	汶上县郭楼镇毛庙村	43	男	1943 年
郭玉新	汶上县军屯乡戚姬村	27	男	1943 年
李连仲	汶上县白石乡前郑村	—	男	1943 年
李金泉	汶上县白石乡前郑村	—	男	1943 年
孟兆伍	汶上县白石乡前郑村	—	男	1943 年
苏刘瓜	汶上县白石乡前郑村	—	男	1943 年
王连生	汶上县白石乡前郑村	—	男	1943 年
李金场	汶上县白石乡前郑村	—	男	1943 年
冯双寅	汶上县白石乡前郑村	—	男	1943 年
李为常	汶上县白石乡后郑村	—	男	1943 年
李为民	汶上县白石乡后郑村	—	男	1943 年
李冠成	汶上县白石乡后郑村	—	男	1943 年
李老六	汶上县白石乡后郑村	—	男	1943 年
王传文	汶上县白石乡后郑村	—	男	1943 年
张二顺	汶上县义桥乡徐学村	—	男	1943 年
沈锡金	汶上县	29	男	1944 年 1 月
王存才	汶上县郭楼镇东张庄	17	男	1944 年 2 月
李大俭	汶上县郭楼镇水口	19	男	1944 年 2 月
尹承德	汶上县郭楼镇小右墩	36	男	1944 年 4 月
姜永石	汶上县白石乡孔庄	58	男	1944 年 4 月
田立元	汶上县寅寺镇西石楼	20	男	1944 年 5 月
李文亭	汶上县白石乡兴化寺	24	男	1944 年 7 月
崔方来	汶上县白石乡兴化寺	22	男	1944 年 7 月
王立俭	汶上县白石乡兴化寺	24	男	1944 年 7 月
曹如弟	汶上县寅寺镇曹何庄	19	男	1944 年 8 月
魏长久	汶上县次丘镇曹场	23	男	1944 年 9 月
闫培明	汶上县次丘镇闫高庄	22	男	1944 年 9 月
林英武	汶上县郭楼镇林楼	39	男	1944 年 9 月

姓 名	籍 贯	年龄	性别	死难时间
何维常	汶上县郭楼镇陈海河庄	30	男	1944 年 11 月
刘步全	汶上县南旺镇柳林二村	30	男	1944 年
贾志星	汶上县寅寺镇刘家楼村	30	男	1944 年
何庆生	汶上县寅寺镇吕庄村	23	男	1944 年
何家礼	汶上县寅寺镇吕庄村	24	男	1944 年
张庆连	汶上县寅寺镇吕庄村	26	男	1944 年
马正山	汶上县郭楼镇大古村	27	男	1944 年
郭瑞会	汶上县军屯乡戚姬村	23	男	1944 年
解培胜	汶上县军屯乡解庄村	26	男	1944 年
柳方英	汶上县军屯乡马山村	30	男	1944 年
韩方莲	汶上县军屯乡马山村	50	男	1944 年
韩迷糊	汶上县军屯乡马山村	21	男	1944 年
赵学岩	汶上县军屯乡马山村	36	男	1944 年
白安惠	汶上县军屯乡马山村	32	女	1944 年
韩定柱	汶上县军屯乡马山村	40	男	1944 年
张成善	汶上县军屯乡南陶村	21	男	1944 年
张向山	汶上县义桥乡杨学村	18	男	1944 年
何敬祥	汶上县寅寺镇东寅寺	25	男	1944 年
宋印堂	汶上县寅寺镇宋新庄	19	男	1945 年 2 月
戴景元	汶上县义桥乡沈营	34	男	1945 年 3 月
王政学	汶上县义桥乡孙汪	25	男	1945 年 3 月
刘恩俭	汶上县义桥乡孙汪	26	男	1945 年 3 月
刘俊生	汶上县次丘镇东温口	23	男	1945 年 3 月
李方习	汶上县次丘镇王口郭庄	22	男	1945 年 3 月
左传忠	汶上县寅寺镇东石楼	22	男	1945 年 3 月
杨展基	汶上县郭楼镇杨集	25	男	1945 年 3 月
崔淑臣	汶上县郭楼镇西李庄	32	男	1945 年 3 月
张德于	汶上县寅寺镇前李村	26	男	1945 年 4 月
胡传雪	汶上县寅寺镇东石楼	25	男	1945 年 4 月
王现立	汶上县寅寺镇东石楼	19	男	1945 年 4 月
郭永慎	汶上县郭仓乡郭仓村	27	男	1945 年 4 月
姬脉臣	汶上县白石乡前郑村	—	男	1945 年 4 月
李尚堂	汶上县白石乡孔庄村	32	男	1945 年 5 月
郭永祥	汶上县汶上镇路街	32	男	1945 年 5 月

姓 名	籍 贯	年 龄	性 别	死难时间
师正修	汶上县辛店乡李岗	20	男	1945 年 5 月
王本生	汶上县郭楼镇张马庄	20	男	1945 年 5 月
薛崇林	汶上县郭仓乡续村	25	男	1945 年 5 月
房茂玲	汶上县南站镇东李尹	41	男	1945 年 6 月
魏长久	汶上县次丘镇曹场村	21	男	1945 年 6 月
房续鲁	汶上县南站镇东李尹	38	男	1945 年 7 月
何庆业	汶上县寅寺镇东寅寺	35	男	1945 年 7 月
何敬远	汶上县寅寺镇东寅寺	21	男	1945 年 7 月
继庆友	汶上县寅寺镇林堂	23	男	1945 年 7 月
刘无登	汶上县寅寺镇西坊	30	男	1945 年 7 月
张东株	汶上县郭仓乡张楼村	35	男	1945 年 7 月
孟广镇	汶上县郭仓乡张楼村	26	男	1945 年 7 月
杨树元	汶上县军屯乡沟头村	42	男	1945 年 7 月
柳芳英	汶上县军屯乡马山庄	23	男	1945 年 7 月
韩方润	汶上县军屯乡马山庄	48	男	1945 年 7 月
张保亮	汶上县郭仓乡杨庄	27	男	1945 年 8 月
杨振环	汶上县军屯乡沟头村	14	男	1945 年 8 月
柳恒恩	汶上县白石乡东营	39	男	1945 年 8 月
孟纪东	汶上县南站镇北村	24	男	1945 年
李继让	汶上县寅寺镇崔辛庄	28	男	1945 年
杜为立	汶上县寅寺镇崔辛庄	28	男	1945 年
崔成喜	汶上县寅寺镇崔辛庄	22	男	1945 年
王百顺	汶上县寅寺镇西周村	25	男	1945 年
高福元	汶上县寅寺镇西周村	18	男	1945 年
刘石东	汶上县南站镇南村	25	男	1945 年
伊德×	汶上县南站镇伊村	—	男	1945 年
崔李氏	汶上县郭楼镇西李庄村	28	女	1945 年
赵李氏	汶上县郭楼镇林庙村	32	女	1945 年
崔郭氏	汶上县郭楼镇关庄村	28	女	1945 年
张传玉	汶上县郭楼镇王坝口村	30	男	1945 年
唐孙氏	汶上县郭楼镇张坝口村	28	女	1945 年
司广文	汶上县郭楼镇姜店村	34	男	1945 年
林存仁	汶上县郭楼镇马店村	20	男	1945 年
郭三牛	汶上县军屯乡戚姬村	26	男	1945 年

姓　名	籍　贯	年　龄	性　别	死难时间
解庆印	汶上县军屯乡解庄村	27	男	1945 年
王心开	汶上县康驿镇大沟村	18	男	—
王永宽	汶上县康驿镇大沟村	19	男	—
王立全	汶上县康驿镇刘王村	18	男	—
辛洪胜	汶上县康驿镇玉皇庙村	29	男	—
刘纪安	汶上县苑庄镇毕村	—	男	—
毕立贞	汶上县苑庄镇毕村	—	男	—
李高氏	汶上县义桥乡义中村	—	女	—
胡克让之妻	汶上县次丘镇白马河村	38	女	1938 年 2 月
李存喜	汶上县次丘镇段庄村	20	男	1938 年 12 月
小　白	汶上县次丘镇段庄村	26	男	1938 年 12 月
王三石	汶上县郭仓乡韦楼村	—	男	1938 年冬
姜大头	汶上县刘楼乡梁村	16	男	1938 年
张岗池	汶上县郭楼镇后烟店村	26	男	1938 年
曹汝军	汶上县苑庄镇李村	30	男	1938 年
刘太平	汶上县次丘镇高庄村	18	男	1939 年 1 月
高汉元	汶上县次丘镇高庄村	32	男	1939 年 1 月
崔中俭	汶上县军屯乡徐村	38	男	1939 年 3 月
路克文	汶上县郭仓乡王楼村	30	男	1939 年冬
路敦清	汶上县郭仓乡王楼村	30	男	1939 年冬
贾志前	汶上县刘楼乡侯村	—	男	1939 年
贾瑞厚	汶上县刘楼乡侯村	—	男	1939 年
陈　破	汶上县次丘镇湖口村	16	男	1939 年
刘相池	汶上县苑庄镇后小村	30	男	1939 年
吕赶年	汶上县苑庄镇后小村	19	男	1939 年
孔相标之兄	汶上县苑庄镇后小村	—	男	1939 年
徐玉喜	汶上县军屯乡徐村	40	男	1940 年 6 月
九　子	汶上县军屯乡西四村	32	男	1940 年
高××	汶上县南站镇高胡同村	40	男	1941 年
邵米杰	汶上县刘楼乡邵街村	48	男	1941 年
张本富	汶上县军屯乡戚姬村	60	男	1941 年
郭玉柱	汶上县军屯乡戚姬村	50	男	1941 年
宋广厂	汶上县军屯乡北陶村	41	男	1941 年
王朝松	汶上县次丘镇东温口村	16	男	1942 年

姓　名	籍　贯	年　龄	性　别	死难时间
王光如	汶上县郭楼镇张马庄村	37	男	1942 年
刘志秀	汶上县军屯乡白店村	32	男	1942 年
徐广里	汶上县军屯乡军屯村	37	男	1942 年
商振吉	汶上县军屯乡军屯村	36	男	1942 年
刘西田	汶上县军屯乡北留村	40	男	1942 年
杨吉顶之子	汶上县军屯乡北留村	16	男	1942 年
刘西田之子	汶上县军屯乡北留村	19	男	1942 年
王继恩	汶上县军屯乡北留村	42	男	1942 年
王继恩之子	汶上县军屯乡北留村	21	男	1942 年
秦吉路之伯父	汶上县军屯乡北留村	43	男	1942 年
杜广海	汶上县次丘镇次丘村	20	男	1943 年 5 月 4 日
王桂荣	汶上县次丘镇枣杭村	39	男	1943 年
张后进	汶上县寅寺镇王堂村	35	男	1943 年
李留才	汶上县苑庄镇前小村	—	男	—
李文章	汶上县苑庄镇苑庄村	—	男	—
孔祥明	汶上县苑庄镇东演马村	—	男	—
李德胜	汶上县苑庄镇东演马村	32	男	—
杜立茂	汶上县苑庄镇毕村	—	男	—
毕庆瑞	汶上县苑庄镇毕村	—	男	—
合　计	**424**			

责任人：林　宏　焦恒明　　　　核实人：傅瑞民　何西光　　　　填表人：何西光

填报单位（签章）：汶上县委党史研究室　　　　　　　　填报时间：2009 年 4 月 21 日

梁山县抗日战争时期死难者名录

姓　名	籍　贯	年　龄	性　别	死难时间
孟继洲	梁山县梁山镇孟庄村	38	男	1939 年 5 月
刘延征	梁山县梁山镇杏花村	39	男	1939 年 12 月
齐敬仁	梁山县韩岗镇齐岗村	17	男	1938 年 5 月
王　氏	梁山县梁山镇杏花村	50	女	1942 年
张学顺	梁山县梁山镇后集村	37	男	1938 年 5 月
马民庚	梁山县梁山镇后集村	34	男	1938 年 5 月
马传慈	梁山县梁山镇后集村	40	男	1938 年 5 月
徐凤友	梁山县梁山镇后集村	24	男	1939 年 8 月
姜德山	梁山县梁山镇后集村	27	男	1940 年
马心祥	梁山县梁山镇后集村	24	男	1945 年
史一和	梁山县梁山镇后集村	28	男	1940 年
王老建	梁山县梁山镇后集村	40	男	1938 年 5 月
闫清泉之妻	梁山县梁山镇后集村	41	女	1938 年 5 月
张守贞之伯父	梁山县梁山镇馍台村	25	男	1939 年
张来银	梁山县梁山镇馍台村	13	男	1939 年
王庆功之祖母	梁山县梁山镇馍台村	70	女	1939 年
赵培仁	梁山县馆驿镇靳口村	22	男	1938 年秋
解道久	梁山县馆驿镇靳口村	23	男	1938 年秋
陈庆霞	梁山县馆驿镇靳口村	20	男	1938 年秋
马奎义	梁山县馆驿镇靳口村	24	男	1938 年秋
常振群	梁山县馆驿镇靳口村	25	男	1938 年秋
赵培迎	梁山县馆驿镇靳口村	27	男	1938 年秋
李金召	梁山县馆驿镇靳口村	26	男	1938 年秋
孙周氏	梁山县馆驿镇靳口村	27	女	1938 年秋
解二姐	梁山县馆驿镇靳口村	26	女	1938 年秋
张存恩	梁山县馆驿镇靳口村	25	男	1938 年秋
陈庆文	梁山县馆驿镇靳口村	27	男	1938 年秋
韩化申	梁山县馆驿镇靳口村	70	男	1938 年秋
韩永喜	梁山县韩岗镇西草庙村	20	男	1938 年 12 月
张慎端	梁山县梁山镇馍台村	50	男	1939 年
张作刚	梁山县梁山镇馍台村	26	男	1940 年 4 月

姓 名	籍 贯	年 龄	性 别	死难时间
袁龙和之兄	梁山县梁山镇馒台村	25	男	1939 年
狗头山	梁山县梁山镇馒台村	20	男	1939 年
狗头山之父	梁山县梁山镇馒台村	60	男	1939 年
曹汉仁	梁山县梁山镇邓楼村	23	男	1940 年 5 月
李元奎	梁山县梁山镇邓楼村	22	男	1940 年 5 月
王清池	梁山县梁山镇邓楼村	22	男	1940 年 5 月
王钦明	梁山县梁山镇中王村	20	男	1945 年 2 月
王太川	梁山县梁山镇中王村	23	男	1945 年 7 月
甘继顺	梁山县梁山镇李庄村	43	男	1941 年 8 月
崔兆强	梁山县梁山镇丁堂村	27	男	1938 年
王宜法之祖母	梁山县梁山镇鱼王村	29	女	1938 年
刘洪荣	梁山县梁山镇前集村	25	男	1941 年 7 月
郝德库	梁山县梁山镇前集村	23	男	1945 年 3 月
李风高	梁山县梁山镇前集村	27	男	1939 年 2 月
刘汉青	梁山县梁山镇前集村	28	男	1941 年
刘清营	梁山县梁山镇前集村	26	男	1940 年 9 月
庄道传之祖母	梁山县梁山镇庄楼村	52	女	1939 年
石俊亮	梁山县梁山镇许河村	15	男	1944 年
孙于奇	梁山县梁山镇许河村	19	男	1944 年
吴化存	梁山县梁山镇许河村	25	男	1945 年
杨遵魁	梁山县梁山镇许河村	26	男	1942 年 8 月
陈立申	梁山县梁山镇孔坊村	12	男	1944 年
陈立明	梁山县梁山镇孔坊村	42	男	1940 年
王庆西	梁山县梁山镇鱼王庄村	16	男	1939 年
邵千闹	梁山县梁山镇邵楼村	25	男	1940 年 5 月
李明英	梁山县梁山镇李庄村	24	男	1945 年
梁传正	梁山县梁山镇梁庄村	27	男	1940 年 1 月
孙承引	梁山县梁山镇前孙庄村	28	男	1945 年 5 月
吕成祥	梁山县梁山镇吕垭口村	20	男	1940 年
孟昭河	梁山县梁山镇马振杨村	22	男	1945 年 7 月
马乃金	梁山县梁山镇马振杨村	20	男	1944 年 5 月
王保川	梁山县梁山镇马振杨村	20	男	1945 年
宋小脑	梁山县梁山镇茶庄村	45	男	1939 年 8 月
宋连近	梁山县梁山镇茶庄村	55	男	1939 年 8 月

姓　名	籍　贯	年龄	性别	死难时间
侯　氏	梁山县梁山镇茶庄村	69	女	1939 年 8 月
宋连水	梁山县梁山镇茶庄村	58	男	1939 年 8 月
杨　氏	梁山县梁山镇茶庄村	57	女	1939 年 8 月
张秃子	梁山县梁山镇茶庄村	63	男	1939 年 8 月
何　三	梁山县梁山镇茶庄村	18	女	1939 年 8 月
何　大	梁山县梁山镇茶庄村	56	男	1939 年 8 月
宋继灵	梁山县梁山镇茶庄村	66	女	1939 年 8 月
吕朝青	梁山县梁山镇茶庄村	73	男	1939 年 8 月
任　氏	梁山县梁山镇茶庄村	61	女	1939 年 8 月
宋广美	梁山县梁山镇茶庄村	18	男	1939 年 8 月
杨新元	梁山县梁山镇茶庄村	17	男	1939 年 8 月
杨　氏	梁山县梁山镇茶庄村	50	女	1939 年 8 月
孙继发	梁山县梁山镇孙庄村	23	男	1943 年 8 月
张传新	梁山县梁山镇张坊村	21	男	1939 年 8 月
张恒远	梁山县梁山镇张坊村	20	男	1945 年
张脉洞	梁山县梁山镇张坊村	27	男	1941 年
冯天光	梁山县梁山镇张坊村	16	男	1941 年
刘汉清	梁山县梁山镇前集村	27	男	1942 年
郝德弟	梁山县梁山镇前集村	17	男	1942 年 8 月
司法周	梁山县梁山镇郑垓村	26	男	1941 年
李明英	梁山县梁山镇郑垓村	23	男	1945 年
梁九海	梁山县梁山镇郝山头	20	男	1944 年
冯振仁	梁山县梁山镇冯屹口村	24	男	1944 年
吕进义	梁山县梁山镇前窑	15	男	1940 年
宋生仕	梁山县梁山镇张垓村	21	男	1944 年
王惠亮	梁山县梁山镇独山村	20	男	1938 年 9 月
关金亮	梁山县梁山镇关庄村	19	男	1938 年 9 月
吕进华	梁山县梁山镇吕屹口	21	男	1945 年
刘洪喜	梁山县梁山镇刘集村	21	男	1940 年
刘圣旺	梁山县马营乡胡坑村	27	男	1944 年
刘圣来	梁山县马营乡胡坑村	33	男	1944 年
刘圣伐	梁山县马营乡胡坑村	25	男	1944 年
时玉英	梁山县韩岗镇时庄村	24	男	1938 年
张二孩	梁山县韩岗镇时庄村	25	男	1938 年

姓 名	籍 贯	年 龄	性 别	死难时间
赵衍江	梁山县马营乡辛兴屯村	36	男	1939 年 2 月
孟昭君	梁山县马营乡辛兴屯村	32	男	1940 年 9 月
岳守乾	梁山县马营乡辛兴屯村	20	男	1940 年 10 月
尚成文	梁山县马营乡辛兴屯村	28	男	1939 年 3 月
赵衍功	梁山县马营乡辛兴屯村	36	男	1945 年
赵衍朝	梁山县马营乡辛兴屯村	32	男	1945 年 9 月
赵登亭	梁山县马营乡辛兴屯村	32	男	1944 年 9 月
赵衍芬	梁山县马营乡辛兴屯村	37	男	1945 年
张克喜	梁山县马营乡辛兴屯村	27	男	1944 年 3 月
孙治文	梁山县马营乡赵坝村	24	男	1942 年
赵修灵	梁山县马营乡赵坝村	33	男	1942 年
赵修宋	梁山县马营乡赵坝村	27	男	1942 年
赵善和	梁山县马营乡赵坝村	41	男	1942 年
赵如太	梁山县马营乡赵坝村	22	男	1945 年 8 月
赵修平	梁山县马营乡赵坝村	26	男	1941 年 8 月
赵修泗	梁山县马营乡赵坝村	26	男	1944 年 6 月
王有亮	梁山县马营乡赵坝村	23	男	1942 年
胡学常	梁山县马营乡胡屯村	24	男	1940 年
张得刚	梁山县马营乡张飞垓村	24	男	1939 年 6 月
李元让	梁山县马营乡东李庄村	27	男	1943 年
张德田	梁山县马营乡东李庄村	28	男	1943 年
李德见	梁山县马营乡东李庄村	30	男	1942 年
张德立	梁山县马营乡东李庄村	24	男	1938 年
张淑月	梁山县马营乡东李庄村	29	男	1944 年
李兴忠	梁山县马营乡倪楼村	24	男	1944 年
李咸斋	梁山县马营乡倪楼村	26	男	1940 年 8 月
李传邦	梁山县马营乡倪楼村	23	男	1944 年
张继民	梁山县马营乡芦里村	21	男	1939 年 8 月
聂少财	梁山县马营乡芦里村	20	男	1940 年 3 月
张继西	梁山县马营乡芦里村	39	男	1940 年 3 月
张义换	梁山县马营乡北木屯村	30	男	1944 年
张义公	梁山县马营乡北木屯村	29	男	1945 年
宋老若	梁山县马营乡北木屯村	29	男	1944 年
杨黄毛	梁山县马营乡杨营村	19	男	1941 年

姓 名	籍 贯	年 龄	性 别	死难时间
杨兆领	梁山县马营乡杨营村	20	男	1943 年
陈克义	梁山县马营乡杨营村	24	男	1942 年
杨良辰	梁山县马营乡杨营村	25	男	1942 年
杨以水	梁山县马营乡杨屯村	19	男	1942 年
杨以山	梁山县马营乡杨屯村	21	男	1942 年
杨培祥	梁山县马营乡杨屯村	19	男	1942 年
杨培坤	梁山县马营乡杨屯村	18	男	1942 年
林应来	梁山县马营乡南木屯村	24	男	1941 年
杜小锁	梁山县马营乡杜庄村	28	男	1939 年
杜黑黑	梁山县马营乡杜庄村	28	男	1940 年
赵修爱	梁山县马营乡赵坝村	30	男	1943 年
赵如诺	梁山县马营乡赵坝村	28	男	1942 年
徐聋七	梁山县马营乡薛屯村	18	男	1940 年 3 月
赵作用	梁山县马营乡东李庄村	22	男	1941 年 5 月
郭延杰	梁山县韩垓镇开河东村	30	男	1938 年
李丙友	梁山县韩垓镇李堂村	25	男	1938 年
李敬益	梁山县韩垓镇李堂村	19	男	1941 年
郑学本	梁山县韩垓镇李堂村	24	男	1939 年 10 月
刘庆珂	梁山县韩垓镇桑庄村	24	男	1939 年 8 月
褚玉福	梁山县韩垓镇东马垓村	22	男	1939 年 8 月
王福池	梁山县韩垓镇前王村	17	男	1939 年 8 月
刘洪渠	汶上县	33	男	1940 年
丁三楞	梁山县韩岗镇丁楼村	18	男	1939 年 8 月
丁小墩	梁山县韩岗镇丁楼村	17	男	1939 年 8 月
薛庆昂	梁山县韩垓镇东马垓村	24	男	1940 年
薛凡芝	梁山县韩垓镇东马垓村	20	男	1940 年
张兰席	梁山县韩垓镇张庄村	22	男	1941 年
王福顺	梁山县韩垓镇前王村	31	男	1941 年
苗登科	梁山县韩垓镇孙龙赵村	17	男	1943 年
闫树桥	汶上县次邱镇闫高庄	35	男	1944 年
刘太西	梁山县韩垓镇小屯村	27	男	1944 年 8 月
赵长印	梁山县韩垓镇孙龙赵村	16	男	1944 年
薛凡勤	梁山县韩垓镇薛垓村	27	男	1945 年
薛凡奎	梁山县韩垓镇薛垓村	29	男	1945 年

姓 名	籍 贯	年 龄	性 别	死难时间
薛宪锡	梁山县韩垓镇薛垓村	31	男	1945 年
薛小六	梁山县韩垓镇薛垓村	20	男	1945 年
吴德胜	梁山县韩垓镇吴垓村	23	男	1945 年
佟良田	梁山县韩垓镇佟楼村	23	男	1937 年
郝吉起	梁山县韩垓镇高店村	45	男	1938 年
郝吉焕	梁山县韩垓镇高店村	27	男	1938 年
郝如舟	梁山县韩垓镇高店村	41	男	1938 年
郝玉福	梁山县韩垓镇高店村	34	男	1938 年
郝吉庆	梁山县韩垓镇高店村	24	男	1945 年 6 月
郝吉岭	梁山县韩垓镇高店村	22	男	1939 年 8 月
郝玉秀	梁山县韩垓镇高店村	21	男	1940 年春
张思良	梁山县小路口镇张那里村	21	男	1945 年
董兴兆	梁山县小路口镇后董集村	82	男	1940 年
潘二瞎子	梁山县小路口镇楚桥村	17	男	1939 年
潘贵春	梁山县小路口镇楚桥村	20	男	1938 年 6 月
李继福	梁山县小路口镇后鱼口村	22	男	1944 年
李继方	梁山县小路口镇后鱼口村	23	男	1938 年
闫平安	梁山县小路口镇闫那里	86	男	1938 年
郝玉岐	梁山县韩垓镇高店村	23	男	1938 年
郝吉星	梁山县韩垓镇高店村	25	男	1938 年
韦庆池	梁山县韩垓镇前关村	21	男	1945 年
张广顺	梁山县韩垓镇大李庄村	21	男	1945 年 7 月
马狗子	梁山县韩垓镇郭仓村	18	男	1940 年
王传洲	梁山县韩垓镇刘口村	21	男	1940 年 12 月
袁二宽	梁山县大路口乡袁那里村	27	男	1941 年
刘传兰	梁山县大路口乡北刘村	—	男	1942 年
乔建庆	梁山县大路口乡西乔村	—	男	1945 年
刘学存	梁山县大路口乡西刘村	—	男	1941 年
姜希广	梁山县大路口乡东姜村	56	男	1944 年
姜德响	梁山县大路口乡东姜村	30	男	1944 年
姜德香	梁山县大路口乡东姜村	33	男	1945 年
姜德慎	梁山县大路口乡东姜村	19	男	1945 年
王兆芳	梁山县大路口乡任楼村	—	男	1938 年
杨广夏	梁山县大路口乡西杨村	17	男	1937 年

姓 名	籍 贯	年 龄	性 别	死难时间
杨跟帮	梁山县大路口乡西杨村	19	男	1937 年
杨良贵	梁山县大路口乡西杨村	18	男	1937 年
张广琢	梁山县大路口乡双庙村	30	男	1942 年
戚成云	梁山县大路口乡西戚村	23	男	1943 年
肖广大	梁山县大路口乡西戚村	24	男	1945 年
李春灵	梁山县大路口乡沙沃李村	23	男	1945 年
李文彬	梁山县大路口乡沙沃李村	37	男	1944 年
翟 氏	梁山县大路口乡袁那里村	47	女	1941 年 6 月
袁延休	梁山县大路口乡袁那里村	—	男	1941 年 6 月
王文义	梁山县大路口乡袁那里村	—	男	1941 年 6 月
李长秀	梁山县大路口乡清堂李村	—	男	1940 年
张广亚	梁山县大路口乡大张村	32	男	1940 年 5 月
张现来	梁山县大路口乡大张村	36	男	1940 年 5 月
张现清	梁山县大路口乡大张村	27	男	1939 年 10 月
张现立	梁山县大路口乡大张村	34	男	1938 年 9 月
张庆朝	梁山县大路口乡大张村	40	男	1941 年 8 月
张二秃	梁山县大路口乡大张村	26	男	1941 年 8 月
冯明亮	梁山县大路口乡东冯村	—	男	1942 年
乔建华	梁山县大路口乡西乔村	29	男	1940 年
姜德昌	梁山县大路口乡西姜村	—	男	1942 年
姜青山	梁山县大路口乡西姜村	—	男	1942 年
姜希贵	梁山县大路口乡东姜村	23	男	1945 年
王德进	梁山县大路口乡任楼村	—	男	1936 年
王登起	梁山县大路口乡任楼村	—	男	1942 年
王玉赴	梁山县大路口乡任楼村	—	男	1942 年
许杰格	梁山县大路口乡西许村	19	女	1944 年
许传于	梁山县大路口乡东许村	21	男	1941 年
陶传学	梁山县大路口乡陶那里村	32	男	1943 年
刘思元	梁山县大路口乡陶那里村	30	男	1943 年
陶传顺	梁山县大路口乡陶那里村	31	男	1942 年
杨建武之长女	梁山县大路口乡西杨村	9	女	1938 年
杨建坤之长女	梁山县大路口乡西杨村	8	女	1938 年
张登连	梁山县大路口乡双庙村	27	男	1941 年
张登岳	梁山县大路口乡双庙村	30	男	1941 年

姓 名	籍 贯	年 龄	性 别	死难时间
闫现瑞	梁山县大路口乡东博村	28	男	1940 年
刘振芹	梁山县大路口乡东博村	29	男	1945 年
闫现章	梁山县大路口乡东博村	25	男	1943 年
岳帮和	梁山县大路口乡翟楼村	—	男	1937 年
翟玉贤	梁山县大路口乡翟楼村	—	男	1937 年
翟清旺	梁山县大路口乡翟楼村	—	男	1937 年
刘明俊	梁山县大路口乡刘举楼	42	男	1942 年
刘明凡	梁山县大路口乡刘举楼	43	男	1942 年
刘道魁	梁山县大路口乡刘举楼	36	男	1943 年
乔建亭	梁山县大路口乡大乔村	37	男	1940 年 8 月
乔玉兰	梁山县大路口乡大乔村	59	男	1940 年 8 月
王万荣	梁山县大路口乡王芝茂村	20	男	1942 年
阚敬修	梁山县徐集镇阚庄村	23	男	1938 年
潘道昭	梁山县徐集镇潘庄村	63	男	1939 年 3 月
潘心孟	梁山县徐集镇潘庄村	64	男	1939 年 3 月
潘恒祺	梁山县徐集镇潘庄村	25	男	1939 年 3 月
潘恒恩	梁山县徐集镇潘庄村	43	男	1939 年 3 月
潘心田	梁山县徐集镇潘庄村	36	男	1939 年 3 月
潘连进	梁山县徐集镇潘庄村	24	男	1939 年 3 月
潘进冲	梁山县徐集镇潘庄村	26	男	1939 年 3 月
潘二孩	梁山县徐集镇潘庄村	23	男	1939 年 3 月
潘道随	梁山县徐集镇潘庄村	60	男	1939 年 3 月
潘恒文	梁山县徐集镇潘庄村	53	男	1939 年 3 月
潘恒强	梁山县徐集镇潘庄村	40	男	1939 年 3 月
关金平	梁山县徐集镇才西村	35	男	1939 年 12 月
王新平	梁山县徐集镇才北村	31	男	1939 年 11 月
王李氏	梁山县徐集镇才北村	35	女	1939 年 11 月
杨义生	梁山县徐集镇前杨楼村	22	男	1940 年 8 月
孔凡朴	梁山县徐集镇孔楼村	60	男	1942 年 10 月
张文清	梁山县徐集镇张楼村	40	男	1943 年 4 月
郭有栾	梁山县徐集镇孙庄村	18	男	1944 年
王化信	梁山县徐集镇西王村	36	男	1944 年
张方玉	梁山县徐集镇郭楼村	27	男	1945 年 12 月
吕秀盘	梁山县徐集镇吕楼村	16	男	1941 年 12 月

姓　名	籍　贯	年龄	性别	死难时间
秦保玉	梁山县徐集镇秦店村	19	男	1940 年 1 月
贾道正	梁山县徐集镇才南村	24	男	1942 年
王绪贞	梁山县徐集镇才南村	57	男	1941 年 8 月
刘兰田	梁山县徐集镇路楼村	18	男	1938 年 6 月
张提马	梁山县徐集镇曹楼村	31	男	1943 年
王遵禹	梁山县徐集镇西王村	21	男	1945 年
吴广金	梁山县徐集镇吴楼村	47	男	1940 年 3 月
张兆璋	梁山县徐集镇堂子村	32	男	1941 年 3 月
林宪起	梁山县徐集镇林辛村	23	男	1939 年
杨继合	梁山县徐集镇林辛村	56	男	1939 年
张兆章	梁山县徐集镇堂子村	31	男	1940 年 3 月
王继祥	梁山县寿张集乡王楼村	16	男	1943 年 1 月
邹安道	梁山县小路口镇邹桥村	18	男	1944 年 5 月
王继龙	梁山县寿张集乡王楼村	22	男	1942 年 8 月
陈小旺	梁山县韩岗镇丁楼村	23	男	1940 年 3 月
井　锥	梁山县寿张集乡井桥村	35	男	1938 年
井　随	梁山县寿张集乡井桥村	32	男	1938 年
殷登山	梁山县寿张集乡殷庄村	—	男	1942 年
马心成	梁山县寿张集乡穆桥村	26	男	1942 年 3 月
赵如芹	梁山县寿张集乡穆桥村	23	男	1942 年 3 月
赵如合	梁山县寿张集乡穆桥村	82	男	1942 年 8 月
赵如法之女	梁山县寿张集乡穆桥村	15	女	1942 年 4 月
穆广长	梁山县寿张集乡穆桥村	19	男	1942 年 8 月
穆广文	梁山县寿张集乡穆桥村	23	男	1942 年 8 月
景绍尧	梁山县寿张集乡景庄村	46	男	1942 年
齐洪臣	梁山县韩岗镇齐岗村	20	男	1940 年 4 月
宋金祥	梁山县梁山镇张垓村	41	男	1940 年 5 月
阮　氏	梁山县梁山镇杏花村	—	女	1940 年 5 月
崔兆彦	梁山县梁山镇丁堂村	23	男	1940 年 5 月
任周氏	梁山县梁山镇任庄村	—	女	1940 年 5 月
景传统	梁山县寿张集乡景庄村	30	男	1942 年
王如毫	梁山县寿张集乡林王庄村	60	男	1941 年
王淑里	梁山县寿张集乡林王庄村	40	男	1942 年
王淑田	梁山县寿张集乡林王庄村	50	男	1942 年

姓　名	籍　贯	年龄	性别	死难时间
林成章	梁山县寿张集乡林王庄村	50	男	1942 年
牛思凤	梁山县寿张集乡牛垓村	30	男	1939 年
牛德胜	梁山县寿张集乡牛垓村	24	男	1944 年
路家俭	梁山县寿张集乡宋庄村	28	男	1942 年
王兴棵	梁山县寿张集乡宋庄村	23	男	1942 年
王爱桂	梁山县寿张集乡唐坊村	18	男	1943 年 3 月
王克义	梁山县寿张集乡唐坊村	43	男	1943 年
倪崇法	梁山县寿张集乡倪王庄村	26	男	1937 年
齐加仔	梁山县韩岗镇齐岗村	20	男	1940 年 7 月
孟召任	梁山县韩岗镇齐岗村	35	男	1940 年 7 月
倪崇立	梁山县寿张集乡倪王庄村	25	男	1945 年
肖来章	梁山县寿张集乡肖庄村	40	男	1942 年
徐守宪	梁山县寿张集乡徐坊村	20	男	1943 年
徐万云	梁山县寿张集乡徐坊村	25	男	1943 年
徐丙起	梁山县寿张集乡徐坊村	24	男	1944 年
徐守凤	梁山县寿张集乡徐坊村	22	男	1941 年
王福新	梁山县寿张集乡徐坊村	18	男	1945 年
徐新宽	梁山县寿张集乡徐坊村	20	男	1945 年
杨安义	梁山县寿张集乡杨楼村	62	男	1942 年
徐元轩	梁山县寿张集乡徐楼村	33	男	1942 年 6 月
徐元兴	梁山县寿张集乡徐楼村	18	男	1941 年
徐元法	梁山县寿张集乡徐楼村	18	男	1941 年
徐丕生	梁山县寿张集乡徐楼村	33	男	1943 年
戚令奎	梁山县寿张集乡徐楼村	23	男	1942 年
郭玉立	梁山县寿张集乡郭楼村	24	男	1945 年
郭玉才之三子	梁山县寿张集乡郭楼村	18	男	1941 年
刘幸合	梁山县韩岗镇齐岗村	42	男	1940 年 10 月
郭玉满之妻	梁山县寿张集乡郭楼村	36	女	1942 年
陈少俭	梁山县寿张集乡四合兴村	30	男	1944 年
谢立江	梁山县寿张集乡四合兴村	23	男	1940 年
周长更	梁山县寿张集乡四合兴村	35	男	1940 年 1 月
周德才	梁山县寿张集乡四合兴村	32	男	1945 年
周脉寒	梁山县寿张集乡四合兴村	43	男	1945 年
蒋衍司之子	梁山县寿张集乡蒋集村	10	男	1942 年

姓 名	籍 贯	年 龄	性 别	死难时间
蒋继贺	梁山县寿张集乡蒋集村	—	男	1942 年
王继海	梁山县寿张集乡宋铺村	21	男	1940 年 1 月
张朝伦	梁山县寿张集乡宋铺村	24	男	1940 年 8 月
孙娃子	梁山县寿张集乡东孙庄村	20	男	1943 年 8 月
柴文喜	梁山县寿张集乡道沟村	24	男	1939 年
刘玉然	梁山县寿张集乡道沟村	23	男	1942 年
刘继然	梁山县寿张集乡道沟村	24	男	1942 年
柴新立	梁山县寿张集乡道沟村	22	男	1942 年
刘景方	梁山县寿张集乡道安楼村	21	男	1940 年
安继功	梁山县寿张集乡道安楼村	18	男	1942 年
安继顺	梁山县寿张集乡道安楼村	19	男	1942 年
王玉贵	梁山县寿张集乡贾庄村	20	男	1943 年
王玉振	梁山县寿张集乡贾庄村	23	男	1943 年
王月贵	梁山县寿张集乡贾庄村	25	男	1943 年
张如尧	梁山县寿张集乡东张庄村	22	男	1938 年
张如意	梁山县寿张集乡东张庄村	26	男	1939 年
石长英	—	25	女	1938 年
石长英之女	—	3	女	1938 年
王继会	梁山县寿张集乡寿张集村	47	男	1942 年
孙生同	梁山县寿张集乡寿张集村	60	男	1942 年
孙丕忠	梁山县寿张集乡寿张集村	19	男	1944 年
王永廷	梁山县寿张集乡寿张集村	28	男	1939 年
井忠乾	梁山县寿张集乡寿张集村	26	男	1941 年
王继全	梁山县寿张集乡寿张集村	30	男	1941 年
王世臣	梁山县寿张集乡寿张集村	20	男	1940 年
张本山	梁山县寿张集乡寿张集村	48	男	1942 年
刘兆江	梁山县寿张集乡寿张集村	38	男	1942 年秋
刘兆江之父	梁山县寿张集乡寿张集村	64	男	1942 年秋
刘兆江之母	梁山县寿张集乡寿张集村	67	女	1942 年秋
李小瞎	梁山县寿张集乡寿张集村	27	男	1940 年
张×××	梁山县寿张集乡程垓村	41	男	1940 年 8 月
张传业	梁山县寿张集乡程垓村	36	男	1942 年 8 月
郭文福	梁山县寿张集乡程垓村	20	男	1939 年 8 月
闫兴行	梁山县寿张集乡程垓村	18	男	1939 年 8 月

姓 名	籍 贯	年 龄	性 别	死难时间
郭文全	梁山县寿张集乡程垓村	24	男	1940 年
程效忠	梁山县寿张集乡程垓村	23	男	1943 年
程效方	梁山县寿张集乡程垓村	27	男	1944 年
张继春	梁山县寿张集乡程垓村	19	男	1945 年
郭文章	梁山县寿张集乡程垓村	27	男	1939 年 8 月
周庆祥	梁山县寿张集乡周堤口村	23	男	1940 年 8 月
周庆稳	梁山县寿张集乡周堤口村	25	男	1940 年
周茂奎	梁山县寿张集乡周堤口村	21	男	1940 年
周茂石	梁山县寿张集乡周堤口村	19	男	1940 年
周龙高	梁山县寿张集乡周堤口村	24	男	1940 年
黄克战	梁山县寿张集乡周堤口村	27	男	1940 年
纪文锋	梁山县寿张集乡周堤口村	18	男	1940 年
任洪强	梁山县寿张集乡周堤口村	20	男	1940 年
石景波	梁山县寿张集乡玉皇庙村	32	男	1938 年
游清汉	梁山县寿张集乡玉皇庙村	19	男	1938 年
杨月环	梁山县寿张集乡玉皇庙村	23	男	1938 年
石长林	梁山县寿张集乡玉皇庙村	24	男	1942 年 10 月
张继玉	梁山县寿张集乡玉皇庙村	28	男	1938 年
李树民	梁山县寿张集乡李楼村	23	男	1941 年
张桂贞	梁山县寿张集乡李楼村	26	男	1941 年
李尚安	梁山县寿张集乡李楼村	28	男	1941 年
李桂祥	梁山县寿张集乡李楼村	17	男	1941 年
孙中月	梁山县寿张集乡西孙庄村	28	男	1939 年
孙忠正	梁山县寿张集乡西孙庄村	25	男	1942 年
孙中岭	梁山县寿张集乡西孙庄村	31	男	1939 年 1 月
孙广汉	梁山县寿张集乡西孙庄村	31	男	1939 年
李庆友	梁山县寿张集乡李文斗村	22	男	1945 年
李德科	梁山县寿张集乡李文斗村	40	男	1940 年
吕凤周	梁山县寿张集乡杨楼村	39	男	1940 年 5 月
李桂平	梁山县寿张集乡贾庄村	24	男	1940 年
徐新安	梁山县寿张集乡贾庄村	28	男	1942 年
石长营	梁山县寿张集乡东张庄村	29	男	1943 年
石长军	梁山县寿张集乡东张庄村	24	男	1942 年
徐永顺	梁山县寿张集乡宋铺村	21	男	1942 年 3 月

姓 名	籍 贯	年 龄	性 别	死难时间
高广格	梁山县寿张集乡宋铺村	25	男	1945 年 3 月
孙继武	梁山县寿张集乡东孙庄村	31	男	1945 年 4 月
井忠寿	梁山县寿张集乡井桥村	19	男	1941 年
徐元厚	梁山县寿张集乡徐楼村	36	男	1942 年
宓广田	梁山县寿张集乡程垓村	24	男	1940 年 10 月
董衍本	梁山县杨营镇董楼村	44	男	1942 年
董兴发	梁山县杨营镇董楼村	26	男	1942 年
董兴余	梁山县杨营镇董楼村	26	男	1942 年
董衍和	梁山县杨营镇董楼村	41	男	1942 年
王学平	梁山县杨营镇洼王村	29	男	1945 年
王学懿	梁山县杨营镇洼王村	27	男	1945 年
王学宾	梁山县杨营镇洼王村	22	男	1945 年
郭 氏	梁山县杨营镇碌碡庙村	55	女	1941 年
李月子	梁山县杨营镇碌碡庙村	29	男	1944 年
李金来	梁山县杨营镇碌碡庙村	20	男	1945 年 2 月
李心全	梁山县杨营镇碌碡庙村	53	男	1941 年
张尊立	梁山县杨营镇张楼村	25	男	1939 年
蔡金奎	梁山县杨营镇蔡庄村	34	男	1939 年
王继前	梁山县杨营镇王庄村	25	男	1945 年
王效信	梁山县杨营镇王庄村	27	男	1940 年
王孬孩	梁山县杨营镇王庄村	27	男	1941 年
陈召孟	梁山县小路口镇马楼村	54	男	1942 年
孙明禄	梁山县小路口镇孙那里村	22	男	1943 年 3 月
丁玉齐	梁山县杨营镇东丁庄村	18	男	1939 年
高三徽	梁山县杨营镇高垓村	21	男	1940 年
高战方	梁山县杨营镇高垓村	18	男	1940 年
李培蔚	梁山县杨营镇柏庄村	—	男	1939 年
祝学明	梁山县小安山镇祝庄村	29	男	1941 年 6 月 6 日
祝圣让	梁山县小安山镇祝庄村	45	男	1941 年 6 月 6 日
祝有余	梁山县小安山镇祝庄村	31	男	1941 年 6 月 6 日
祝圣谟	梁山县小安山镇祝庄村	34	男	1941 年 6 月 6 日
祝贵金	梁山县小安山镇祝庄村	25	男	1941 年 6 月 6 日
祝圣印	梁山县小安山镇祝庄村	25	男	1941 年 6 月 6 日
祝贵合	梁山县小安山镇祝庄村	28	男	1941 年 6 月 6 日

姓 名	籍 贯	年 龄	性 别	死难时间
祝贵秘	梁山县小安山镇祝庄村	23	男	1941年6月6日
祝学稳	梁山县小安山镇祝庄村	38	男	1941年6月6日
祝贵芳	梁山县小安山镇祝庄村	43	男	1941年6月6日
祝学勤	梁山县小安山镇祝庄村	44	男	1941年6月6日
祝贵斌	梁山县小安山镇祝庄村	20	男	1941年6月6日
祝学言	梁山县小安山镇祝庄村	25	男	1941年6月6日
祝学才	梁山县小安山镇祝庄村	22	男	1941年6月6日
祝学功	梁山县小安山镇祝庄村	48	男	1941年6月6日
祝圣居	梁山县小安山镇祝庄村	23	男	1941年6月6日
祝有海	梁山县小安山镇祝庄村	25	男	1941年6月6日
祝贵江	梁山县小安山镇祝庄村	27	男	1941年6月6日
李培芹	梁山县杨营镇柏庄村	—	男	1944年
李培乾	梁山县杨营镇柏庄村	—	男	1944年
李西庆	梁山县杨营镇柏庄村	—	男	1940年
高永清	梁山县杨营镇杨营村	21	男	1938年
杨作显	梁山县杨营镇杨营村	—	男	1938年
周庆武	梁山县杨营镇姚庄村	15	男	1941年
周保光	梁山县杨营镇姚庄村	17	男	1941年
周保华	梁山县杨营镇姚庄村	18	男	1941年
周修明	梁山县杨营镇姚庄村	15	男	1941年
周迎春	梁山县杨营镇姚庄村	19	男	1941年
周登洲	梁山县杨营镇姚庄村	22	男	1941年3月
周庆连	梁山县杨营镇姚庄村	16	男	1943年
周登来	梁山县杨营镇姚庄村	21	男	1941年
周家底	梁山县杨营镇姚庄村	20	男	1941年
周庆贵	梁山县杨营镇姚庄村	21	男	1941年
周福信	梁山县杨营镇姚庄村	23	男	1941年
周福任	梁山县杨营镇姚庄村	21	男	1941年
周玉强	梁山县杨营镇姚庄村	19	男	1941年
周保军	梁山县杨营镇姚庄村	20	男	1941年
周跟岁	梁山县杨营镇姚庄村	19	男	1941年
周长尧	梁山县杨营镇姚庄村	15	男	1941年
周长弟	梁山县杨营镇姚庄村	17	男	1941年
齐加迎	梁山县韩岗镇齐岗村	27	男	1941年

姓 名	籍 贯	年 龄	性 别	死难时间
周活美	梁山县杨营镇姚庄村	18	男	1941 年
大 强	梁山县杨营镇姚庄村	17	男	1941 年
麻 五	梁山县杨营镇姚庄村	18	男	1941 年
小 冷	梁山县杨营镇姚庄村	19	男	1941 年
小 四	梁山县杨营镇姚庄村	18	男	1941 年
小 小	梁山县杨营镇姚庄村	19	男	1941 年
王新节	梁山县杨营镇太平王村	24	男	1943 年
王振华	梁山县杨营镇太平王村	26	男	1942 年 3 月
王学桂	梁山县杨营镇太平王村	17	男	1938 年 5 月
孙长永	梁山县杨营镇孙庄村	22	男	1940 年
荣忠思	梁山县杨营镇荣庄村	16	男	1945 年
荣忠纳	梁山县杨营镇荣庄村	15	男	1945 年
周有恒	梁山县杨营镇周楼村	—	男	1945 年
周德胜	梁山县杨营镇周楼村	20	男	1944 年 3 月
荣小标	梁山县韩岗镇荣店村	20	男	1941 年 11 月
周昌兴	梁山县杨营镇周楼村	19	男	1939 年 8 月
周德林	梁山县杨营镇周楼村	21	男	1940 年
周昌禄	梁山县杨营镇周楼村	25	男	1944 年
张文光	梁山县杨营镇张庄村	38	男	1939 年
李魁星	梁山县杨营镇张庄村	33	男	1941 年 6 月
张景海	梁山县杨营镇张庄村	25	男	1944 年 5 月
李兴俭	梁山县杨营镇张庄村	20	男	1943 年 8 月
张兴蹦	梁山县杨营镇张庄村	27	男	1943 年
于振周	梁山县杨营镇张庄村	33	男	1941 年
王继芝	梁山县杨营镇胡台庙村	32	男	1943 年
王继明	梁山县杨营镇胡台庙村	22	男	1942 年 9 月
王继禹	梁山县杨营镇胡台庙村	25	男	1940 年 7 月
施丙钦	梁山县杨营镇胡台庙村	20	男	1939 年 10 月
翟清连	梁山县杨营镇胡台庙村	25	男	1940 年
高洪爱	梁山县杨营镇高明垓村	20	男	1940 年
艾金钊	梁山县杨营镇艾庄村	32	男	1939 年
艾思和	梁山县杨营镇艾庄村	33	男	1941 年
艾云峰	梁山县杨营镇艾庄村	73	男	1944 年
艾尚全	梁山县杨营镇艾庄村	76	男	1944 年

姓 名	籍 贯	年龄	性别	死难时间
蒋学海	梁山县杨营镇艾庄村	74	男	1944 年
侯朝兴	梁山县杨营镇侯庄村	22	男	1943 年
侯朝选	梁山县杨营镇侯庄村	24	男	1942 年 7 月
张继存	梁山县杨营镇侯庄村	19	男	1941 年
董兴考	梁山县杨营镇董楼村	27	男	1942 年
董兴臣	梁山县杨营镇董楼村	29	男	1942 年
董学银	梁山县杨营镇董楼村	25	男	1945 年
董兴达	梁山县杨营镇董楼村	31	男	1942 年
杨五辈	梁山县杨营镇杨营村	—	男	1938 年
杨文平	梁山县杨营镇杨营村	—	男	1938 年
杨文香	梁山县杨营镇杨营村	—	男	1938 年
杨停支	梁山县杨营镇杨营村	—	男	1939 年
王维山	梁山县杨营镇馆里村	20	男	1942 年
王曰海	梁山县杨营镇馆里村	22	男	1942 年
王成强	梁山县杨营镇馆里村	22	男	1941 年
王成春	梁山县杨营镇馆里村	23	男	1944 年
侯召筐	梁山县杨营镇侯寺村	24	男	1945 年
侯希文	梁山县杨营镇侯寺村	24	男	1945 年
侯召江	梁山县杨营镇侯寺村	21	男	1945 年
侯召诺	梁山县杨营镇侯寺村	24	男	1945 年
杨广大	梁山县杨营镇薛阁村	20	男	1939 年
薛广安	梁山县杨营镇薛阁村	22	男	1943 年
薛兆余	梁山县杨营镇薛阁村	20	男	1941 年
侯宪水	梁山县杨营镇大侯村	21	男	1944 年 7 月
冯玉温	梁山县杨营镇冯庄村	21	男	1941 年 11 月
冯玉臣	梁山县杨营镇冯庄村	18	男	1944 年 6 月
冯兴邦	梁山县杨营镇冯庄村	51	男	1942 年 10 月
吴兆武	梁山县杨营镇吴庄村	36	男	1941 年 11 月
杨福安	梁山县杨营镇大杨村	27	男	1942 年
孙长水	梁山县杨营镇孙庄村	23	男	1944 年 5 月
靳召明	梁山县杨营镇孙庄村	26	男	1944 年 6 月
李占伐	梁山县杨营镇西李庄村	21	男	1939 年 2 月
刘固山	梁山县杨营镇贾庄村	20	男	1939 年 8 月
王学明	梁山县杨营镇庄垓村	20	男	1942 年 8 月

姓 名	籍 贯	年 龄	性 别	死难时间
郭明仁	梁山县杨营镇庄垓村	29	男	1942 年 8 月
高子丰	梁山县杨营镇油坊村	43	男	1945 年
高启贤	梁山县杨营镇油坊村	18	男	1942 年 8 月
高万臣	梁山县杨营镇油坊村	35	男	1939 年 8 月
姜继周	梁山县杨营镇曹庄村	23	男	1945 年
侯召明	梁山县杨营镇曹庄村	22	男	1945 年
王继乾	梁山县杨营镇王庄村	23	男	1942 年
张世平	梁山县馆驿镇东郝村	27	男	1938 年
郝吉卓	梁山县馆驿镇东郝庄	24	男	1942 年 5 月
张井礼	梁山县馆驿镇王府集村	18	男	1939 年
樊祥田	梁山县馆驿镇王府集村	18	男	1940 年
蒋发田	梁山县馆驿镇蒋庄村	18	男	1941 年
高小合	梁山县馆驿镇轩庄村	32	男	1942 年
齐保奇	梁山县馆驿镇侯集村	20	男	1943 年
于德教	梁山县馆驿镇侯集村	18	男	1944 年
李兴才	梁山县馆驿镇李庄村	32	男	1945 年
孔祥德	梁山县馆驿镇西郝村	27	男	1939 年
李继法	梁山县馆驿镇西郝村	32	男	1940 年
李广群	梁山县馆驿镇陈李庄村	28	男	1941 年
李广玉	梁山县馆驿镇陈李庄村	25	男	1942 年
李修珠	梁山县馆驿镇陈李庄村	20	男	1943 年
樊祥理	梁山县馆驿镇王府集村	22	男	1944 年
徐本善	梁山县馆驿镇王府集村	27	男	1945 年
庄道发	梁山县馆驿镇潘庄村	21	男	1940 年
庄道生	梁山县馆驿镇潘庄村	21	男	1941 年
刘海峰	梁山县馆驿镇西北楼村	21	男	1940 年
丁焦氏	梁山县馆驿镇王府集村	21	女	1940 年
李保元	梁山县馆驿镇高庄村	28	男	1940 年
邓恩献	梁山县馆驿镇邓庄村	32	男	1940 年
轩小强	梁山县馆驿镇轩庄村	20	男	1940 年
韩电甲	梁山县馆驿镇东红庙村	18	男	1940 年
张命法	梁山县馆驿镇张桥村	19	男	1940 年
田均贤	梁山县馆驿镇东田店村	20	男	1940 年
许玉田	梁山县馆驿镇东田店村	21	男	1940 年

姓 名	籍 贯	年 龄	性 别	死难时间
田树环	梁山县馆驿镇东田店村	21	男	1940 年
王笃话	梁山县馆驿镇徐楼村	27	男	1940 年
唐少鲁	梁山县馆驿镇尚庄村	40	男	1941 年
唐绍坦	梁山县馆驿镇尚庄村	21	男	1940 年
蒋张氏	梁山县馆驿镇蒋庄村	50	女	1941 年
蒋昭德	梁山县馆驿镇姚庄村	25	男	1941 年
张 四	梁山县馆驿镇姚庄村	17	男	1941 年
邓在位	梁山县馆驿镇邓庄村	33	男	1941 年
邓在平	梁山县馆驿镇邓庄村	33	男	1941 年
滑秀木	梁山县馆驿镇滑庄村	18	男	1941 年
宋俊杰	梁山县韩岗镇西孙庄村	20	男	1941 年
郭春殿	梁山县小路口镇张三槐村	21	男	1943 年 6 月
田思和	梁山县馆驿镇东田店村	23	男	1941 年
田言良	梁山县馆驿镇东田店村	22	男	1941 年
田树告	梁山县馆驿镇东田店村	17	男	1941 年
田树亮	梁山县馆驿镇东田店村	21	男	1941 年
田焕社之叔	梁山县馆驿镇东田店村	20	男	1941 年
田焕奇之堂妹	梁山县馆驿镇东田店村	1	女	1941 年
董玉生	梁山县小路口镇赵那里村	27	男	1945 年 7 月
赵宪河	梁山县小路口镇邓庄村	21	男	1941 年 7 月
王玉如	梁山县小路口镇邓庄村	21	男	1939 年 8 月
张效株	梁山县馆驿镇小营村	18	男	1941 年
王庆林	梁山县馆驿镇馆驿村	26	男	1942 年
李开温	梁山县馆驿镇馆驿村	27	男	1942 年
丁建茂之母	梁山县馆驿镇东丁村	39	女	1942 年
师存刚	梁山县馆驿镇师庄村	26	男	1942 年
师录文	梁山县馆驿镇师庄村	50	男	1942 年
齐承新	梁山县韩岗镇齐岗村	28	男	1942 年 5 月
师德士	梁山县馆驿镇师庄村	25	男	1942 年
丁兰峰	梁山县馆驿镇西北楼村	22	男	1942 年
蒋瑞连	梁山县馆驿镇蒋庄村	42	男	1942 年
代希兰	梁山县馆驿镇贾庄村	33	男	1942 年
张天道	梁山县馆驿镇张桥村	21	男	1942 年
张为中	梁山县馆驿镇张桥村	23	男	1942 年

姓 名	籍 贯	年龄	性别	死难时间
田专家	梁山县馆驿镇东田店村	37	男	1944 年
田树芝	梁山县馆驿镇东田店村	22	男	1944 年 9 月
田树臣	梁山县馆驿镇东田店村	30	男	1944 年 8 月
田均险	梁山县馆驿镇东田店村	28	男	1945 年 9 月
田方俊	梁山县馆驿镇东田店村	27	男	1943 年 8 月
田树久	梁山县馆驿镇东田店村	28	男	1944 年 7 月
田专成之子	梁山县馆驿镇东田店村	23	男	1942 年
田言会之妻	梁山县馆驿镇东田店村	40	女	1944 年
田焕武	梁山县馆驿镇东田店村	35	男	1942 年
郝新法	梁山县馆驿镇徐楼村	43	男	1943 年
麻 脸	梁山县馆驿镇馆驿村	22	男	1943 年
李尚伟	梁山县馆驿镇靳口村	25	男	1943 年
吴兴业	梁山县馆驿镇靳口村	24	男	1943 年
吴绪明	梁山县馆驿镇靳口村	26	男	1943 年
丁元武	梁山县馆驿镇东丁村	36	男	1943 年
丁庆忠	梁山县馆驿镇东丁村	20	男	1943 年
轩广福	梁山县馆驿镇轩庄村	86	男	1943 年
唐家平	梁山县馆驿镇西刘庄村	20	男	1943 年
侯家新	梁山县馆驿镇侯庄村	18	男	1944 年
唐年个	梁山县馆驿镇西刘庄村	6	女	1944 年
高平岭	梁山县馆驿镇井庄村	20	男	1945 年
曹连贞	梁山县馆驿镇井庄村	35	男	1944 年
李生翌	梁山县馆驿镇井庄村	46	男	1945 年
高继周	梁山县馆驿镇井庄村	47	男	1945 年
管相臣	梁山县馆驿镇苏庄村	21	男	1942 年
陈清潭	梁山县馆驿镇东靳口村	24	男	1942 年 5 月
任兰东	梁山县馆驿镇任庄村	19	男	1939 年 4 月
亓玉祥	梁山县馆驿镇王庄村	23	男	1940 年 8 月
张广斌	梁山县馆驿镇张庄村	26	男	1942 年
张世守	梁山县馆驿镇张庄村	24	男	1939 年 7 月
张广山	梁山县馆驿镇张庄村	29	男	1940 年
阎传友	梁山县馆驿镇小营村	45	男	1943 年 12 月
蒋典钦	梁山县馆驿镇何庄村	32	男	1942 年 10 月
杨文华	梁山县馆驿镇何庄村	24	男	1944 年 8 月

姓名	籍贯	年龄	性别	死难时间
杨宪成	梁山县馆驿镇何庄村	18	男	1939 年 8 月
蒋士锁	梁山县馆驿镇何庄村	25	男	1945 年 1 月
杨献全	梁山县馆驿镇何庄村	23	男	1944 年 8 月
李生喜	梁山县馆驿镇何庄村	20	男	1942 年 8 月
轩广申	梁山县馆驿镇轩庄村	26	男	1940 年 11 月
蒋吉贯	梁山县馆驿镇大营村	30	男	1938 年 7 月
蒋世亮	梁山县馆驿镇大营村	21	男	1940 年 5 月
李广梅	梁山县馆驿镇李庄村	20	男	1941 年 7 月
丁凤连	梁山县馆驿镇西北楼村	27	男	1943 年 4 月
唐家平	梁山县馆驿镇刘庄村	21	男	1942 年 2 月
于得教	梁山县馆驿镇侯集村	20	男	1941 年 11 月
于光洲	梁山县馆驿镇侯集村	24	男	1944 年 8 月
王兴诗	梁山县馆驿镇唐楼村	26	男	1944 年 8 月
刘月法	梁山县馆驿镇唐楼村	25	男	1945 年
吴绪统	梁山县馆驿镇唐楼村	24	男	1940 年
张天河	梁山县馆驿镇贾庄村	19	男	1942 年
任兰堂	梁山县馆驿镇任庄村	—	男	—
任兰明	梁山县馆驿镇任庄村	—	男	—
任 东	梁山县馆驿镇任庄村	—	男	—
刘 四	梁山县馆驿镇任庄村	—	男	—
任有伦	梁山县馆驿镇任庄村	—	男	—
付留成	梁山县馆驿镇任庄村	—	男	—
任兰申	梁山县馆驿镇任庄村	—	男	—
任有刚	梁山县馆驿镇任庄村	—	男	—
任宪伍	梁山县馆驿镇任庄村	—	男	—
程广恩	梁山县韩岗镇管庄村	23	男	1943 年
程广鲁	梁山县韩岗镇管庄村	25	男	1941 年
管学玲	梁山县韩岗镇管庄村	24	男	1943 年
管学杜	梁山县韩岗镇管庄村	25	男	1940 年
管学之	梁山县韩岗镇管庄村	28	男	1944 年
管洪合	梁山县韩岗镇管庄村	20	男	1939 年
贾米奎	梁山县韩岗镇贾庄村	22	男	1944 年
刘庆洋	梁山县韩岗镇鹿吊村	30	男	1941 年
王继芳	梁山县韩岗镇鹿吊村	22	男	1941 年

姓　名	籍　贯	年　龄	性　别	死难时间
孙庆安	梁山县韩岗镇西孙庄村	21	男	1943 年
季中印	梁山县韩岗镇季庙村	21	男	1943 年
董红喜	梁山县韩岗镇季庙村	22	男	1942 年
刘克瑞	梁山县韩岗镇司垓村	33	男	1941 年
张　锐	梁山县韩岗镇张坊村	22	男	1939 年
张和新	梁山县韩岗镇张坊村	19	男	1939 年
薛凡忙	梁山县韩岗镇薛庄村	17	男	1942 年
王相尧	梁山县韩岗镇王堂村	37	男	1943 年
李世才	梁山县韩岗镇王堂村	42	男	1943 年
张广明	梁山县韩岗镇前尧村	35	男	1941 年
韩圣旺	梁山县韩岗镇韩堂村	23	男	1941 年
薛保林	梁山县韩岗镇中孙庄村	20	男	1941 年
张广林	梁山县韩岗镇中孙庄村	16	男	1941 年
李知桂	梁山县韩岗镇西大屯村	42	男	1942 年
尚立正	梁山县韩岗镇刘庙村	24	男	1942 年
孙传信	梁山县黑虎庙乡义和村	36	男	1940 年 12 月
陈富路	梁山县黑虎庙乡义和村	28	男	1941 年
刘存仲	梁山县黑虎庙乡义和村	34	男	1941 年
杨兴科	梁山县黑虎庙乡义和村	30	男	1941 年
郭心德	梁山县黑虎庙乡义和村	32	男	1941 年
程丕聚	梁山县黑虎庙乡程那里村	54	男	1943 年
吕怀军	梁山县黑虎庙乡吕那里村	36	男	1939 年
吕怀义	梁山县黑虎庙乡吕那里村	—	男	1943 年 10 月
梁吉胜	梁山县黑虎庙乡梁口村	23	男	1944 年
程龙泉	梁山县黑虎庙乡梁口村	30	男	1942 年
刘继鲁	梁山县黑虎庙乡刘大庄村	22	男	1938 年
郭存爱	梁山县黑虎庙乡后郭村	30	男	1944 年 3 月
包文仲	梁山县黑虎庙乡包那里村	26	男	1938 年
王玉魁	梁山县黑虎庙乡包那里村	23	男	1940 年
许明道	梁山县黑虎庙乡许庄村	27	男	1940 年 5 月
张长生	梁山县黑虎庙乡许庄村	28	男	1941 年 11 月
高××	梁山县黑虎庙乡黑北村	51	男	1942 年
高景清	梁山县黑虎庙乡黑北村	43	男	1940 年
张新成	梁山县黑虎庙乡尚那里村	30	男	1942 年 1 月

姓 名	籍 贯	年 龄	性 别	死难时间
张万才	梁山县黑虎庙乡寻那里村	16	男	1944 年
王保良	梁山县小路口镇菜园村	18	男	1943 年 3 月
彭振启	梁山县小路口镇菜园村	42	男	1944 年 7 月
徐德振	梁山县小路口镇王尧村	28	男	1940 年 6 月
赵树海	梁山县黑虎庙乡	23	男	1941 年 10 月
李有永	梁山县黑虎庙乡吴楼村	25	男	1940 年 5 月
王家邦	梁山县黑虎庙乡吴楼村	17	男	1940 年 8 月
闫元存	梁山县黑虎庙乡闫集村	41	男	1941 年 5 月
许明道	梁山县黑虎庙乡杨桥村	21	男	1941 年 5 月
王广兴	梁山县黑虎庙乡河西村	18	男	1943 年 8 月
马令义	梁山县韩岗镇丁楼村	29	男	1940 年 5 月
王瑞型	梁山县黑虎庙乡河西村	19	男	1944 年
毕先铎	梁山县黑虎庙乡西小吴村	21	男	1944 年
李秋华	梁山县黑虎庙乡西小吴村	28	男	1940 年
刘传俭	梁山县黑虎庙乡刘老家村	21	男	1943 年 10 月
刘学读	梁山县黑虎庙乡毛庄村	20	男	1940 年
邱传文	梁山县黑虎庙乡邱堂村	23	男	1942 年
林玉胜	梁山县韩岗镇前林村	20	男	1943 年 7 月
陈永念	梁山县赵堌堆乡钟那里村	—	男	1940 年
钟玉田	梁山县赵堌堆乡钟那里村	—	男	1940 年
钟怀松	梁山县赵堌堆乡钟那里村	22	男	1940 年 9 月
刘秀永	梁山县赵堌堆乡刘力村	18	男	—
刘伦先	梁山县赵堌堆乡刘力村	23	男	—
刘伦长	梁山县赵堌堆乡刘力村	20	男	—
刘伦雨	梁山县赵堌堆乡刘力村	22	男	—
黄绍增	梁山县韩岗镇辛集村	20	男	1943 年 8 月
黄绍合	梁山县韩岗镇辛集村	20	男	1943 年 8 月
范希宽	梁山县赵堌堆乡范那里村	—	男	1938 年
范希俊	梁山县赵堌堆乡范那里村	—	男	1939 年
孙庆良	梁山县韩岗镇西孙庄村	20	男	1943 年 10 月
范景武	梁山县赵堌堆乡范那里村	—	男	1941 年
王金义	梁山县赵堌堆乡王和楼村	—	男	1942 年
王金銮	梁山县赵堌堆乡王和楼村	—	男	1942 年
李秀义	梁山县赵堌堆乡李楼村	—	男	1943 年 2 月

姓 名	籍 贯	年 龄	性 别	死难时间
郭春云	梁山县小路口镇张那里村	19	男	1945 年 6 月
王召生	梁山县小路口镇王尧村	27	男	1945 年 5 月
刘培平	梁山县韩岗镇东袁口村	21	男	1943 年
詹文清	梁山县韩岗镇东袁口村	21	男	1943 年
马孟怀	梁山县赵堌堆乡马湾村	—	男	1943 年 1 月
徐玉堂	郓城县王庄乡	18	男	1938 年
张传家	梁山县赵堌堆乡藕池村	18	男	1938 年
崔玉海	梁山县赵堌堆乡郭蔡村	30	男	1940 年
李同桂	梁山县赵堌堆乡东坦村	—	男	1939 年 3 月
孟昭修	梁山县赵堌堆乡王老君村	—	男	1941 年 9 月
雷德信	梁山县赵堌堆乡雷那里村	—	男	1939 年
雷德启	梁山县赵堌堆乡雷那里村	—	男	1939 年
雷光文	梁山县赵堌堆乡雷那里村	—	男	1939 年
雷德昌	梁山县赵堌堆乡雷那里村	—	男	1939 年
雷光秋	梁山县赵堌堆乡雷那里村	—	男	1939 年
雷光奋	梁山县赵堌堆乡雷那里村	—	男	1939 年
雷光仁	梁山县赵堌堆乡雷那里村	—	男	1939 年
雷德圈	梁山县赵堌堆乡雷那里村	—	男	1939 年
雷光希	梁山县赵堌堆乡雷那里村	—	男	1939 年
雷东振	梁山县赵堌堆乡雷那里村	—	男	1939 年
雷小启	梁山县赵堌堆乡雷那里村	—	男	1939 年
雷光冉	梁山县赵堌堆乡雷那里村	—	男	1939 年
雷光照	梁山县赵堌堆乡雷那里村	—	男	1939 年
雷光庆	梁山县赵堌堆乡雷那里村	—	男	1939 年
雷光柱	梁山县赵堌堆乡雷那里村	—	男	1939 年
雷朝印	梁山县赵堌堆乡雷那里村	—	男	1939 年
雷德祥	梁山县赵堌堆乡雷那里村	—	男	1939 年
雷德银	梁山县赵堌堆乡雷那里村	—	男	1939 年
雷朝营	梁山县赵堌堆乡雷那里村	—	男	1939 年
李文津	梁山县赵堌堆乡前范城村	34	男	1939 年 8 月
董进全	梁山县赵堌堆乡董花园村	20	男	1945 年 2 月
董兴昌	梁山县赵堌堆乡董花园村	40	男	1945 年 2 月
董东立	梁山县赵堌堆乡董花园村	18	男	1945 年 2 月
董贞义	梁山县赵堌堆乡董花园村	35	男	1940 年 3 月

姓 名	籍 贯	年龄	性 别	死难时间
董尚先	梁山县赵堌堆乡董花园村	34	男	1940 年 3 月
董兴印	梁山县赵堌堆乡董花园村	22	男	1940 年 3 月
姜朝祥	梁山县赵堌堆乡姚庄村	—	男	1939 年
姜小雨	梁山县赵堌堆乡姚庄村	—	男	1939 年
张振柱	梁山县赵堌堆乡孙孝溪村	42	男	1944 年 6 月
张振怀	梁山县赵堌堆乡孙孝溪村	20	男	1945 年 2 月
蔡怀辉	梁山县赵堌堆乡蔡楼村	30	男	—
蔡如才	梁山县赵堌堆乡蔡楼村	40	男	—
蔡召春	梁山县赵堌堆乡蔡楼村	31	男	—
王玉龙之妻	梁山县赵堌堆乡蔡楼村	31	女	—
王玉龙之子	梁山县赵堌堆乡蔡楼村	10	男	—
蔡锡堂	梁山县赵堌堆乡蔡楼村	60	男	—
蔡如森	梁山县赵堌堆乡蔡楼村	40	男	—
张木心	梁山县赵堌堆乡张湾村	62	男	1940 年 3 月
张小梅	梁山县赵堌堆乡张湾村	30	男	1940 年 3 月
王兴起	梁山县赵堌堆乡张湾村	30	男	1940 年 3 月
王兴淑	梁山县赵堌堆乡张湾村	29	男	1940 年 3 月
王德春	梁山县赵堌堆乡张湾村	22	男	1940 年 3 月
张纪青	梁山县赵堌堆乡张湾村	32	男	1940 年 3 月
张 柱	梁山县赵堌堆乡张湾村	20	男	1940 年 3 月
王兴东	梁山县赵堌堆乡张湾村	42	男	1940 年 3 月
张腊八	梁山县赵堌堆乡张湾村	32	男	1940 年 3 月
张宗成	梁山县赵堌堆乡房那里村	21	男	1944 年 3 月
郭东起	梁山县赵堌堆乡宁阳郭村	22	男	1942 年 8 月
郭东杰	梁山县赵堌堆乡宁阳郭村	21	男	1945 年
郭家珠	梁山县赵堌堆乡宁阳郭村	27	男	1939 年
郭家兴之弟	梁山县赵堌堆乡宁阳郭村	23	男	1939 年
杨东山	梁山县赵堌堆乡赵堌堆村	20	男	1940 年 9 月
秦守太	梁山县赵堌堆乡中坦村	19	男	1945 年
刘广兴之母	梁山县赵堌堆乡后范城村	—	女	1944 年
刘广兴之弟	梁山县赵堌堆乡后范城村	—	男	1944 年
刘广兴之弟	梁山县赵堌堆乡后范城村	—	男	1944 年
刘广兴之妹	梁山县赵堌堆乡后范城村	—	女	1944 年
蒋久忠	梁山县赵堌堆乡杨寨村	—	男	1940 年

姓 名	籍 贯	年 龄	性 别	死难时间
齐志田	梁山县韩岗镇齐岗村	33	男	1944 年 5 月
梁绪纯	梁山县赵堌堆乡梁岭村	—	男	1945 年
宋培士	梁山县赵堌堆乡梁岭村	—	男	1945 年 6 月
梁绪林	梁山县赵堌堆乡梁岭村	63	男	1939 年 3 月
梁久顶	梁山县赵堌堆乡梁岭村	40	男	1939 年 3 月
梁久荣	梁山县赵堌堆乡梁岭村	22	男	1939 年 3 月
孙振怀	梁山县赵堌堆乡孙孝溪村	20	男	1945 年 2 月
蔡怀亮	梁山县赵堌堆乡蔡楼村	25	男	1943 年 2 月
刘广雨	梁山县赵堌堆乡刘力村	22	男	1940 年 11 月
王伯谋	梁山县小安山镇彭村	39	男	1940 年 8 月
王起化	梁山县小安山镇彭村	25	男	1940 年 8 月
王允灵	梁山县小安山镇彭村	26	男	1939 年
王允来	梁山县小安山镇彭村	32	男	1938 年 5 月
王允思	梁山县小安山镇彭村	24	男	1942 年
张效岭	梁山县小安山镇曹庄村	24	男	1940 年
杨静斋	梁山县小安山镇杨提口村	55	男	1942 年 9 月
杨启凯	梁山县小安山镇杨提口村	18	男	1944 年 7 月
冯殿河	梁山县小安山镇杨提口村	28	男	1942 年 6 月
杨启平	梁山县小安山镇杨提口村	24	男	1939 年 3 月
杨启哲	梁山县小安山杨提口村	74	男	1940 年
陶金玉	梁山县小安山镇陈庄村	28	男	1941 年
冯建和	梁山县小安山镇杨提口村	21	男	1938 年
吕纪斌	梁山县小安山镇杨提口村	19	男	1938 年
李先瑞	梁山县韩岗镇郭楼村	28	男	1944 年 12 月
董林凤	梁山县小安山镇董庄村	27	男	1938 年
廉存后	梁山县韩岗镇东袁口村	25	男	1943 年
董怀诚	梁山县小安山镇董庄村	23	男	1938 年
董怀海	梁山县小安山镇董庄村	31	男	1944 年
小 路	梁山县小安山镇董庄村	20	男	1942 年
赵连登	梁山县小安山镇何官屯村	59	男	1943 年
赵宝价	梁山县小安山镇何官屯村	28	男	1943 年
王允恭	梁山县小安山镇李楼村	24	男	1938 年
王允曾	梁山县小安山镇李楼村	26	男	1940 年
王允森	梁山县小安山镇李楼村	35	男	1940 年

姓 名	籍 贯	年 龄	性 别	死难时间
吴衍四	梁山县小安山镇大吴村	32	男	1940 年 9 月
吴衍存	梁山县小安山镇大吴村	23	男	1940 年 9 月
吴桂双	梁山县小安山镇大吴村	19	男	1940 年 9 月
吴桂宗	梁山县小安山镇大吴村	21	男	1940 年
吴绪友	梁山县小安山镇大吴村	28	男	1940 年
于安信	梁山县韩岗镇东袁口村	24	男	1944 年
李长平	梁山县小安山镇大吴村	31	男	1940 年
郭学习	梁山县小安山镇郭庄村	27	男	1942 年
郭恩千	梁山县小安山镇郭庄村	28	男	1940 年
林英合	梁山县小安山镇东张村	28	男	1939 年
宋朝轩	梁山县小安山镇宋庄村	25	男	1941 年 10 月
宋井敏	梁山县小安山镇宋庄村	24	男	1940 年
宋朝伍	梁山县小安山镇宋庄村	26	男	1940 年
刘广成	梁山县小安山镇西唐村	38	男	1942 年 5 月
刘广圈	梁山县小安山镇西唐村	37	男	1943 年
闫振忠	梁山县小安山镇闫集村	23	男	1945 年 6 月
任庆禹	梁山县小安山镇闫集村	24	男	1944 年
任庆法	梁山县小安山镇闫集村	23	男	1942 年 3 月
闫仁清	梁山县小安山镇闫集村	40	男	1940 年 3 月
闫庆伦	梁山县小安山镇闫集村	24	男	1945 年
殷登华	梁山县小安山镇殷那里村	21	男	1943 年
殷传学	梁山县小安山镇殷那里村	17	男	1943 年
王成功	梁山县小安山镇李庄村	27	男	1941 年
屈岩成	梁山县小安山镇李庄村	29	男	1942 年
王笃林	梁山县小安山镇老王庄村	60	男	1940 年 10 月
王允瑞	梁山县小安山镇老王庄村	60	男	1941 年 10 月
王结实	梁山县小安山镇老王庄村	17	男	1940 年 7 月
王守成	梁山县小安山镇周楼村	23	男	1939 年 10 月
王克千	梁山县小安山镇陈庄村	31	男	1943 年 9 月
陈更新	梁山县小安山镇陈庄村	32	男	1939 年 7 月
陈更着	梁山县小安山镇陈庄村	35	男	1942 年 10 月
陈亚昌	梁山县小安山镇陈庄村	38	男	1941 年 5 月
陶金好	梁山县小安山镇陈庄村	25	男	1938 年 5 月
唐加功	梁山县小安山镇陈庄村	28	男	1942 年 5 月

姓 名	籍 贯	年 龄	性 别	死难时间
陈德士	梁山县小安山镇陈庄村	28	男	1942 年 7 月
陈更顺	梁山县小安山镇陈庄村	32	男	1938 年 4 月
王继祥	梁山县小安山镇黄河涯村	22	男	1941 年
王昌西	梁山县小安山镇黄河涯村	24	男	1942 年
王继功	梁山县小安山镇黄河涯村	40	男	1942 年
刘道琯	梁山县小安山镇黄河涯村	25	男	1944 年
王继久	梁山县小安山镇黄河涯村	23	男	1940 年
王笃芹	梁山县小安山镇彭村	28	男	1940 年
周茂秀	梁山县小安山镇周楼村	22	男	1940 年 3 月
邓传点	梁山县小安山镇南张村	29	男	1938 年
唐家振	梁山县小安山镇南张村	22	男	1938 年
于心洪	梁山县小安山镇南张村	29	男	1942 年
张 二	梁山县小安山镇南张村	22	男	1938 年
张兴要	梁山县小安山镇南张村	33	男	1938 年
孟庆山	梁山县小安山镇南张村	26	男	1938 年
唐家窑	梁山县小安山镇南张村	22	男	1941 年
张善良	梁山县小安山镇南张村	30	男	1942 年
张心清	梁山县小安山镇南张村	30	男	1942 年
张立业	梁山县小安山镇南张村	21	男	1942 年
张振朝	梁山县小路口镇葛集村	25	男	1942 年 7 月
祝贵堂	梁山县小安山镇祝庄村	19	男	1941 年 6 月
祝学友	梁山县小安山镇祝庄村	23	男	1941 年 6 月
祝新院	梁山县小安山镇祝庄村	15	男	1941 年 6 月
冯占东	梁山县小安山镇闫楼村	20	男	1939 年
冯占新	梁山县小安山镇闫楼村	24	男	1939 年
郑如庆	梁山县小安山镇闫楼村	20	男	1941 年
马德成	梁山县小安山镇闫楼村	22	男	1941 年
冯德珍	梁山县小安山镇闫楼村	27	男	1942 年 6 月
冯德功	梁山县小安山镇闫楼村	24	男	1940 年
马先科	梁山县小安山镇闫楼村	25	男	1940 年
李宪玉	梁山县小安山镇何官屯村	31	男	1944 年
张玉清	梁山县小安山镇何官屯村	29	男	1943 年
崔兴太	梁山县韩岗镇北袁口	42	男	1945 年 6 月
崔兴旺	梁山县韩岗镇北袁口	—	男	1945 年 6 月

姓 名	籍 贯	年龄	性别	死难时间
薛庆明	梁山县小安山镇周庄村	30	男	1940 年 11 月
冯云树	梁山县小安山镇冯庄村	27	男	—
刘电标	梁山县韩岗镇丁楼	36	男	1945 年 8 月
刘电行	梁山县韩岗镇丁楼	24	男	1945 年 8 月
闫洪苏	梁山县小安山镇冯庄村	32	男	—
于永元	梁山县小安山镇刘堂村	32	男	1938 年 10 月
闫臭三	梁山县小安山镇三元井村	24	男	1944 年
管 磊	梁山县韩岗镇管庄	22	男	1945 年
程广新	梁山县韩岗镇杨尧	23	男	1944 年
闫兴朋	梁山县小安山镇三元井村	41	男	1939 年 2 月
闫永场	梁山县小安山镇三元井村	21	男	1942 年
闫兴岳	梁山县小安山镇三元井村	22	男	1940 年
岳希华之堂叔	梁山县小安山镇百忍庄村	20	男	1944 年
张明芳	梁山县小安山镇百忍庄村	18	男	1944 年
李贵真	梁山县小安山镇百忍庄村	40	男	1940 年
万守仁	梁山县小安山镇干鱼头村	31	男	1942 年 10 月
谭吉林	梁山县小安山镇谭庄村	26	男	1945 年 2 月
王新芳	梁山县小安山镇张官屯村	21	男	1945 年
董士昌	梁山县小安山镇张官屯村	20	男	1941 年
李启雨	梁山县小安山镇张官屯村	21	男	1945 年
袁克山	梁山县小安山镇张官屯村	20	男	1942 年 3 月
何敬彦	梁山县小安山镇解庄村	27	男	1945 年 5 月
时思温	梁山县韩岗镇时庄	39	男	1945 年
魏小宝	梁山县小安山镇魏庄村	31	男	1945 年
唐崇福	梁山县小安山镇东唐村	20	男	1943 年
唐万生	梁山县小安山镇东唐村	17	男	1943 年
赵柳头	梁山县小安山镇东唐村	23	男	1942 年
唐民船	梁山县小安山镇东唐村	21	男	1939 年
房玉玺	梁山县小安山镇范庄村	25	男	1944 年 5 月
房传祥	梁山县小安山镇范庄村	40	男	1941 年 3 月
刘道才	梁山县小安山镇范庄村	21	男	1944 年 5 月
蔡德展	梁山县小安山镇范庄村	25	男	1940 年 6 月
高文忠	梁山县小安山镇范庄村	26	男	1941 年 8 月
唐跃安	梁山县小安山镇范庄村	25	男	1942 年 3 月

姓 名	籍 贯	年 龄	性 别	死难时间
唐一慎	梁山县小安山镇范庄村	25	男	1939 年 7 月
唐家山	梁山县小安山镇范庄村	23	男	1939 年 7 月
林成风	梁山县小安山镇水屯村	23	男	1939 年 7 月
孟昭柱	梁山县小安山镇水屯村	25	男	1940 年 4 月
闫永千	梁山县小安山镇三元井村	30	男	1943 年 4 月
闫兴学	梁山县小安山镇三元井村	25	男	1938 年
蔡德良	梁山县小安山镇阁楼村	25	男	1940 年 7 月
祝贵溃	梁山县小安山镇祝庄村	27	男	1941 年 6 月
祝贵和	梁山县小安山镇祝庄村	28	男	1941 年 6 月
林胜让	梁山县小安山镇祝庄村	45	男	1941 年 6 月
屈玉玺	梁山县小安山镇北张村	25	男	1944 年 5 月
杨承殿	梁山县拳铺镇西杨集村	40	男	1940 年 12 月
杨于银	梁山县拳铺镇西杨集村	34	男	1940 年 12 月
杨于福	梁山县拳铺镇西杨集村	65	男	1940 年 12 月
杨于赖	梁山县拳铺镇西杨集村	36	男	1940 年 12 月
杨张氏	梁山县拳铺镇西杨集村	69	女	1940 年 12 月
程德传	梁山县拳铺镇李乡村	16	男	1943 年
李再禹	梁山县拳铺镇玉皇庙村	19	男	1940 年
王小群	梁山县拳铺镇后杨楼村	18	男	—
路毛人	梁山县拳铺镇吴庄村	46	男	1938 年
路妮	梁山县拳铺镇吴庄村	31	男	1938 年
恩传之大祖母	梁山县拳铺镇吴庄村	62	女	1938 年
黄邦元	梁山县拳铺镇黄庄村	28	男	1940 年
黄乐乡	梁山县拳铺镇黄庄村	23	男	—
马郭氏	梁山县拳铺镇高庙村	19	女	1940 年 12 月
马心平之姐	梁山县拳铺镇高庙村	27	女	1940 年 12 月
马心会之祖母	梁山县拳铺镇高庙村	63	女	1940 年 12 月
马心池	梁山县拳铺镇高庙村	—	男	1940 年 12 月
王相宽	梁山县拳铺镇拳东村	25	男	1938 年 8 月
张玉栋	梁山县拳铺镇南杜村	—	男	—
张兰松	梁山县拳铺镇南杜村	—	男	—
杨奉菊	梁山县拳铺镇东杨集村	29	男	—
王士聚	梁山县拳铺镇路垓村	31	男	1940 年
小鸟	梁山县拳铺镇路垓村	15	男	1940 年

姓　名	籍　贯	年　龄	性　别	死难时间
王传德	梁山县拳铺镇方庄村	24	男	—
陈风魁	梁山县拳铺镇汪海屯村	29	男	—
王景山	梁山县拳铺镇汪海屯村	31	男	—
陈振东	梁山县拳铺镇汪海屯村	32	男	—
李桂峰	梁山县小路口镇葛集村	23	男	1942 年
赵宪和	梁山县小路口镇邓庄村	21	男	1941 年 7 月
袁兰芳	梁山县梁山镇丁庄村	28	男	1942 年
陈立朋	梁山县风景委孔坊村	—	男	1939 年
李庆义	梁山县寿张集乡李文斗村	28	男	1939 年
高兴华	梁山县杨营镇高庄村	43	男	1945 年
高绪庆	梁山县杨营镇高大庙村	35	男	1938 年
王玉玺	梁山县杨营镇太平王村	26	男	1941 年
周昌业	梁山县杨营镇周楼村	—	男	1943 年
周昌洼	梁山县杨营镇周楼村	—	男	1944 年
杨启典	梁山县杨营镇大杨村	29	男	1942 年
王传水	梁山县杨营镇大杨村	25	男	1942 年
张文门	梁山县杨营镇张庄村	31	男	1939 年
程文义	梁山县杨营镇程垓村	29	男	1945 年
王福文	梁山县杨营镇郭金台	60	男	1939 年
陈美生	梁山县杨营镇柏庄村	—	男	1944 年
李西光	梁山县杨营镇柏庄村	—	男	1940 年
李秀花	梁山县杨营镇柏庄村	—	女	1939 年
关金成	梁山县梁山镇前码头村	—	男	1941 年
关明祥	梁山县梁山镇前码头村	—	男	1940 年
关金运	梁山县梁山镇前码头村	—	男	1940 年 3 月
郑寿松	梁山县梁山镇郑垓村	16	男	1938 年 3 月
郑寿仁	梁山县梁山镇郑垓村	19	男	1938 年 3 月
郑怀占	梁山县梁山镇郑垓村	32	男	1938 年 3 月
关金府	梁山县梁山镇关庄村	42	男	1939 年
庞恒朝	梁山县梁山镇后码头村	—	男	1939 年
王炳臣	梁山县徐集镇西王村	21	男	1938 年
吴朝玉	梁山县徐集镇吴庄村	49	男	1943 年 12 月
梁保平	梁山县徐集镇吴庄村	23	男	1943 年 12 月
刘学旗	梁山县徐集镇刘庄村	33	男	1945 年

姓　名	籍　贯	年　龄	性　别	死难时间
刘德旺	梁山县徐集镇刘庄村	21	男	1945 年
刘九礼	梁山县徐集镇刘庄村	19	男	1945 年
信一英	梁山县徐集镇信楼村	—	男	1944 年
信本满	梁山县徐集镇信楼村	—	男	1944 年
郑云钊	梁山县韩岗镇郑楼村	23	男	1942 年
齐邦力	梁山镇韩岗镇齐庄村	37	男	1938 年
齐承明	梁山镇韩岗镇齐庄村	26	男	1942 年
崔清振	梁山县韩岗镇杨尧村	22	男	1938 年
孙玉本	梁山县韩岗镇玉皇庙村	33	男	1939 年
崔文清	梁山县韩岗镇辛庄村	34	男	1942 年
崔清兰	梁山县韩岗镇辛庄村	35	男	1942 年
崔清管	梁山县韩岗镇辛庄村	35	男	1942 年
盛培凝	梁山镇韩岗镇盛庄村	26	男	1938 年
盛培金	梁山镇韩岗镇盛庄村	24	男	1938 年
盛保德	梁山镇韩岗镇盛庄村	23	男	1942 年
齐承目	梁山镇韩岗镇齐庄村	30	男	1941 年
齐朝彦	梁山镇韩岗镇齐庄村	46	男	1938 年
李吉祥	梁山县寿张集乡李文斗村	28	男	1940 年
王化融	梁山县韩岗镇槐王村	41	男	1942 年
褚玉忠	梁山县拳铺镇褚庄村	47	男	1943 年
褚大孩	梁山县拳铺镇褚庄村	20	男	1943 年
张德高	梁山县拳铺镇褚庄村	19	男	1943 年
李庆玉	梁山镇韩岗镇盛庄村	44	男	1942 年
韩桑氏	梁山县韩岗镇韩堂村	40	女	1944 年
韩仰美	梁山县韩岗镇韩堂村	48	男	1945 年
崔凤明	梁山县韩岗镇杜庄村	23	男	1940 年
唐先林	梁山县韩岗镇郑庄村	30	男	1945 年
褚元杨	梁山县拳铺镇褚庄村	20	男	1943 年
褚若前	梁山县拳铺镇褚庄村	47	男	1943 年
李传香	梁山县大路口乡北李村	32	男	1943 年
李振功	梁山县大路口乡北李村	31	男	1943 年
李振韦	梁山县大路口乡北李村	32	男	1943 年
李振明	梁山县馆驿镇李村	30	男	1943 年
张德祯	梁山县拳铺镇褚庄村	17	男	1943 年

姓 名	籍 贯	年 龄	性 别	死难时间
张刚旦	梁山县拳铺镇褚庄村	15	男	1943 年
张长信	梁山县拳铺镇褚庄村	19	男	1943 年
张言标	梁山县拳铺镇褚庄村	47	男	1943 年
路二当	梁山县拳铺镇褚庄村	50	男	1943 年
路东杨	梁山县拳铺镇褚庄村	47	男	1943 年
路狗当	梁山县拳铺镇褚庄村	42	男	1943 年
刘昂脏之子	梁山县拳铺镇郭堂村	—	男	1943 年
张长尾巴狼	梁山县拳铺镇郭堂村	—	男	1943 年
王宜芹	梁山县拳铺镇琉璃井村	21	男	1939 年
王小怕	梁山县拳铺镇琉璃井村	21	男	1939 年
王于芹	梁山县拳铺镇琉璃井村	18	男	1943 年
王辉祥	梁山县拳铺镇琉璃井村	20	男	1943 年
张守金	梁山县拳铺镇琉璃井村	21	男	1943 年
刘昂脏	梁山县拳铺镇郭堂村	20	男	1939 年
张兆唤	梁山县拳铺镇郭堂村	—	男	1939 年
张三孩	梁山县拳铺镇郭堂村	—	男	1939 年
刘孝奎	梁山县拳铺镇郭堂村	—	男	1939 年
刘血虎	梁山县拳铺镇郭堂村	—	男	1939 年
刘麻相	梁山县拳铺镇郭堂村	—	男	1939 年
刘三晕	梁山县拳铺镇郭堂村	32	男	1939 年
陶长江	梁山县拳铺镇陶庄村	—	男	1942 年
崔日亮	梁山县小安山镇四柳树村	52	男	1940 年
崔守杠	梁山县小安山镇四柳树村	18	男	1940 年
郭云行	梁山县小安山镇郭庄村	31	男	1939 年
刘建洪	梁山县小安山镇魏庄村	33	男	1939 年
李瑞言	梁山县大路口乡北李村	34	男	1943 年
乔善才	梁山县马营乡江屯村	28	男	1942 年
李言义	梁山县馆驿镇李村	21	男	1937 年
井怀森	梁山县馆驿镇靳口村	21	男	1938 年
田焕巨	梁山县馆驿镇东田店	38	男	1942 年
李明茂	梁山县馆驿镇馆驿村	20	男	1943 年
吴振生	梁山县馆驿镇靳口村	35	男	1943 年
范志全	梁山县馆驿镇靳口村	26	男	1943 年
张传芝	梁山县馆驿镇靳口村	28	男	1943 年

姓 名	籍 贯	年 龄	性 别	死难时间
乔清元	梁山县马营乡江屯村	23	男	1941 年
胡甲居	梁山县马营乡胡坑村	30	男	1939 年
张金敬	梁山县马营乡胡坑村	29	男	1939 年
赵衍同	梁山县马营乡辛兴屯村	15	男	1941 年
雷德水	梁山县赵堌堆乡雷那里村	—	男	1939 年
雷先禄	梁山县赵堌堆乡雷那里村	—	男	1939 年
雷光友	梁山县赵堌堆乡雷那里村	—	男	1939 年
吴大科	梁山县韩垓镇碱场村	23	男	1938 年
合 计	**1093**			

责任人：闫宪民　　　核实人：丁清源　朱乐和　张恩行　　　　　　填表人：关雪华
　　　　　　　　　　　　　关雪华　马慧敏

填报单位（签章）：梁山县委党史研究室　　　　　　　填报时间：2009 年 4 月 20 日

泰安市岱岳区抗日战争时期死难者名录

姓 名	籍 贯	年 龄	性 别	死难时间
张协臣	岱岳区大汶口镇北西遥村	27	男	1937 年 12 月 26 日
张协臣之子	岱岳区大汶口镇北西遥村	7	男	1937 年 12 月 26 日
张协臣之妻	岱岳区大汶口镇北西遥村	25	女	1937 年 12 月 26 日
赵长玉之子	岱岳区大汶口镇和平街村	2	男	1937 年 12 月 26 日
赵长玉之妻	岱岳区大汶口镇和平街村	21	女	1937 年 12 月 26 日
赵长来之母	岱岳区大汶口镇和平街村	40	女	1937 年 12 月 26 日
赵长来之妻	岱岳区大汶口镇和平街村	19	女	1937 年 12 月 26 日
张玉珍之母	岱岳区大汶口镇和平街村	35	女	1937 年 12 月 26 日
卢方德之母	岱岳区大汶口镇和平街村	48	女	1937 年 12 月 26 日
卢方德之妹	岱岳区大汶口镇和平街村	22	女	1937 年 12 月 26 日
卢维强	岱岳区大汶口镇和平街村	16	男	1937 年 12 月 26 日
卢志忍	岱岳区大汶口镇和平街村	17	男	1937 年 12 月 26 日
卢宗浩之祖母	岱岳区大汶口镇和平街村	51	女	1937 年 12 月 26 日
卢西洋之母	岱岳区大汶口镇和平街村	28	女	1937 年 12 月 26 日
卢方德之姑父	岱岳区大汶口镇马家大吴村	30	男	1937 年 12 月 26 日
卢希良之舅	岱岳区大汶口镇东大吴村	24	男	1937 年 12 月 26 日
任建宝	岱岳区大汶口镇和平街村	19	男	1937 年 12 月 26 日
宋广才	岱岳区大汶口镇太平街村	31	男	1937 年 12 月 26 日
卢西常之妻	岱岳区大汶口镇太平街村	21	女	1937 年 12 月 26 日
卢西常之弟	岱岳区大汶口镇太平街村	16	男	1937 年 12 月 26 日
王京敦	岱岳区大汶口镇彭徐店村	27	男	1938 年 1 月 15 日
王保胜	—	28	男	1938 年 1 月 15 日
李昌川	岱岳区良庄镇良庄南村	23	女	1938 年 1 月 28 日
李恒金	岱岳区良庄镇良庄南村	43	男	1938 年 1 月 28 日
李洛武	岱岳区良庄镇良庄南村	41	男	1938 年 1 月 28 日
汪心友	岱岳区大汶口镇双杨店村	17	男	1938 年 1 月
王爱芳	岱岳区良庄镇山阳东村	45	女	1938 年 2 月 14 日
王爱邦	岱岳区良庄镇山阳东村	38	男	1938 年 2 月 14 日
王秀宫	岱岳区良庄镇山阳东村	40	男	1938 年 2 月 14 日
王秀梅之妻	岱岳区良庄镇山阳东村	32	女	1938 年 2 月 14 日
王佃录	岱岳区良庄镇山阳东村	47	男	1938 年 2 月 14 日

姓 名	籍 贯	年 龄	性 别	死难时间
张庆石	岱岳区良庄镇山阳东村	25	男	1938 年 2 月 14 日
张培录	岱岳区良庄镇山阳东村	29	男	1938 年 2 月 14 日
梁成木	岱岳区良庄镇山阳东村	35	男	1938 年 2 月 14 日
吴元茂之母	岱岳区良庄镇山阳东村	31	女	1938 年 2 月 14 日
石大宝	岱岳区良庄镇山阳北村	28	男	1938 年 2 月 14 日
高炳贤之祖父	岱岳区良庄镇山阳北村	66	男	1938 年 2 月 14 日
孔召武	岱岳区良庄镇山阳北村	41	男	1938 年 2 月 14 日
宋 ×	岱岳区良庄镇山阳北村	36	男	1938 年 2 月 14 日
王保仁之父	岱岳区良庄镇山阳西村	41	男	1938 年 2 月 14 日
程汉其	岱岳区良庄镇山阳北村	22	男	1938 年 2 月 14 日
吴 圣	岱岳区良庄镇山阳北村	28	男	1938 年 2 月 14 日
吴其义	岱岳区良庄镇山阳北村	26	男	1938 年 2 月 14 日
王保伦之父	岱岳区良庄镇山阳北村	48	男	1938 年 2 月 14 日
梁建洲之母	岱岳区良庄镇山阳北村	44	女	1938 年 2 月 14 日
梁振群之母	岱岳区良庄镇山阳北村	—	女	1938 年 2 月 14 日
梁振群之岳母	岱岳区良庄镇山阳北村	—	女	1938 年 2 月 14 日
梁振群之妻	岱岳区良庄镇山阳北村	—	女	1938 年 2 月 14 日
李××	岱岳区良庄镇山阳北村	—	男	1938 年 2 月 14 日
王宝善之女	岱岳区良庄镇山阳西村	12	女	1938 年 2 月 14 日
吴西财之妻	岱岳区良庄镇山阳东村	27	女	1938 年 2 月 14 日
王春学之父	岱岳区良庄镇山阳东村	43	男	1938 年 2 月 14 日
李升宽之祖父	岱岳区良庄镇山阳北村	63	男	1938 年 2 月 14 日
高炳信	岱岳区良庄镇山阳西村	31	男	1938 年 2 月 14 日
张业举	岱岳区良庄镇山阳北村	17	男	1938 年 2 月 14 日
孙永全	岱岳区良庄镇山阳北村	23	男	1938 年 2 月 14 日
高法仁	岱岳区良庄镇山阳北村	33	男	1938 年 2 月 14 日
耿光富之母	岱岳区良庄镇山阳北村	44	女	1938 年 2 月 14 日
梁东法之祖父	岱岳区良庄镇山阳北村	68	男	1938 年 2 月 14 日
梁振举	岱岳区良庄镇山阳北村	19	男	1938 年 2 月 14 日
王保证之母	岱岳区良庄镇山阳西村	46	女	1938 年 2 月 14 日
王袖银	岱岳区良庄镇山阳西村	27	男	1938 年 2 月 14 日
高法亮	岱岳区良庄镇山阳西村	22	男	1938 年 2 月 14 日
高炳贤之祖父	岱岳区良庄镇山阳西村	66	男	1938 年 2 月 14 日
高法同	岱岳区良庄镇山阳西村	32	男	1938 年 2 月 14 日

姓　名	籍　贯	年龄	性别	死难时间
高元木	岱岳区良庄镇山阳村	32	男	1938 年 2 月 14 日
孔大肚子	岱岳区良庄镇山阳村	46	男	1938 年 2 月 14 日
郭美江之祖父	岱岳区良庄镇山阳北村	70	男	1938 年 2 月 14 日
王××	岱岳区良庄镇山阳北村	32	男	1938 年 2 月 14 日
郭秀征	岱岳区良庄镇山阳北村	19	男	1938 年 2 月 14 日
孔庆喜	岱岳区良庄镇良庄东村	26	男	1938 年 2 月 28 日
朱玉明	岱岳区良庄镇良庄东村	33	男	1938 年 2 月 28 日
李佃玉之母	岱岳区良庄镇良庄村	33	女	1938 年 1 月
李昌松	岱岳区良庄镇东良庄村	35	男	1938 年 1 月
张志文之父	岱岳区良庄镇东良庄村	38	男	1938 年 1 月
张志甲之父	岱岳区良庄镇东良庄村	35	男	1938 年 1 月
张志仁之兄	岱岳区良庄镇东良庄村	25	男	1938 年 1 月
张志安之祖父	岱岳区良庄镇东良庄村	58	男	1938 年 1 月
张金宝之叔父	岱岳区良庄镇东良庄村	28	男	1938 年 1 月
颜振刚之祖母	岱岳区良庄镇东良庄村	52	女	1938 年 1 月
颜振刚之父	岱岳区良庄镇东良庄村	26	男	1938 年 1 月
李昌丰之父	岱岳区良庄镇东良庄村	26	男	1938 年 1 月
李昌时之父	岱岳区良庄镇东良庄村	27	男	1938 年 1 月
李恒贵	岱岳区良庄镇东良庄村	22	男	1938 年 1 月
娄存旺	岱岳区良庄镇东良庄村	30	男	1938 年 1 月
张建新	岱岳区良庄镇东良庄村	30	男	1938 年 1 月
李乐臣	岱岳区良庄镇良庄北村	52	男	1938 年 2 月 28 日
褚明刚	岱岳区良庄镇良庄东村	27	男	1938 年 2 月 28 日
张西雨	岱岳区良庄镇山阳北村	17	男	1938 年 2 月
李代河之祖父	岱岳区良庄镇山阳北村	60	男	1938 年 2 月
张二牛之母	岱岳区良庄镇山阳北村	29	女	1938 年 2 月
玉妮之祖母	岱岳区良庄镇山阳北村	58	女	1938 年 2 月
梁振存之姐	岱岳区良庄镇山阳北村	25	女	1938 年 2 月
梁振存之妻	岱岳区良庄镇山阳北村	22	女	1938 年 2 月
王　氏	岱岳区良庄镇山阳北村	33	女	1938 年 2 月
王×银	岱岳区良庄镇山阳北村	26	男	1938 年 2 月
张永征	岱岳区良庄镇山阳村	26	男	1938 年 2 月
李升宝之祖父	岱岳区良庄镇山阳村	61	男	1938 年 2 月
李佰富之祖父	岱岳区良庄镇山阳村	70	男	1938 年 2 月

姓 名	籍 贯	年 龄	性 别	死难时间
李佰富之祖母	岱岳区良庄镇山阳村	66	女	1938 年 2 月
李振香	岱岳区良庄镇山阳村	17	女	1938 年 2 月
陈焕德之姊	岱岳区良庄镇山阳村	27	女	1938 年 2 月
梁东营	岱岳区良庄镇山阳村	20	男	1938 年 2 月
梁庆才之祖父	岱岳区良庄镇山阳村	65	男	1938 年 2 月
梁庆才之叔	岱岳区良庄镇山阳村	30	男	1938 年 2 月
梁建洲之弟	岱岳区良庄镇山阳村	14	男	1938 年 2 月
程万松	岱岳区良庄镇山阳村	28	男	1938 年 2 月
陈焕德之母	岱岳区良庄镇山阳村	30	女	1938 年 2 月
张甲前之祖父	岱岳区良庄镇山阳村	69	男	1938 年 2 月 14 日
李平旺	岱岳区良庄镇良庄村	—	男	1938 年 2 月
李乐士	岱岳区良庄镇良庄村	—	男	1938 年 2 月
李东恒	岱岳区良庄镇良庄村	—	男	1938 年 2 月
李佃玉	岱岳区良庄镇良庄村	—	男	1938 年 2 月
李昌武之母	岱岳区良庄镇良庄村	—	女	1938 年 2 月
李恒荣	岱岳区良庄镇良庄村	—	男	1938 年 2 月
李恒通	岱岳区良庄镇良庄村	—	男	1938 年 2 月
李昌弟	岱岳区良庄镇良庄村	—	男	1938 年 2 月
李昌贵	岱岳区良庄镇良庄村	—	男	1938 年 2 月
宋存谦	岱岳区良庄镇良庄村	—	男	1938 年 2 月
孙清祥	岱岳区良庄镇良庄村	—	男	1938 年 2 月
张玉孝	岱岳区良庄镇良庄村	—	男	1938 年 2 月
张玉宽	岱岳区良庄镇良庄村	—	男	1938 年 2 月
张英翠	岱岳区良庄镇良庄村	—	男	1938 年 2 月
张佃之	岱岳区良庄镇良庄村	—	男	1938 年 2 月
张庆义	岱岳区良庄镇良庄村	—	男	1938 年 2 月
张敦和	岱岳区良庄镇良庄村	—	男	1938 年 2 月
陈元海	岱岳区良庄镇良庄村	—	男	1938 年 2 月
陈尚书之祖父	岱岳区良庄镇良庄村	—	男	1938 年 2 月
姜存明	岱岳区良庄镇良庄村	—	男	1938 年 2 月
颜振符	岱岳区良庄镇良庄村	24	男	1938 年 2 月
薛志三	岱岳区良庄镇良庄村	—	男	1938 年 2 月
朱广众	岱岳区大汶口镇太平街村	26	男	1938 年 2 月
李志大	岱岳区满庄镇满北村	—	男	1938 年 3 月

姓 名	籍 贯	年 龄	性 别	死难时间
宋继安	岱岳区北集坡镇道凹村	—	男	1938 年 3 月
周庆富	岱岳区北集坡镇道凹村	—	男	1938 年 3 月
宋传礼	岱岳区北集坡镇道凹村	—	男	1938 年 3 月
宋继富	岱岳区北集坡镇道凹村	—	男	1938 年 3 月
宋广奎之父	岱岳区北集坡镇道凹村	—	男	1938 年 3 月
宋广元之弟	岱岳区北集坡镇道凹村	—	男	1938 年 3 月
殷继仇	岱岳区北集坡镇道凹村	—	男	1938 年 3 月
刘金池	岱岳区北集坡镇道凹村	—	男	1938 年 3 月
殷宗成	岱岳区北集坡镇道凹村	—	男	1938 年 3 月
宋继来	岱岳区北集坡镇道凹村	—	男	1938 年 3 月
史殿武	岱岳区北集坡镇道凹村	—	男	1938 年 3 月
史殿武之妻	岱岳区北集坡镇道凹村	—	女	1938 年 3 月
李培庆	岱岳区北集坡镇道凹村	—	男	1938 年 3 月
张振敖	岱岳区北集坡镇庵上村	50	男	1938 年 3 月
关连僧	岱岳区北集坡镇庵上村	38	男	1938 年 3 月
李学忠	岱岳区北集坡镇庵上村	45	男	1938 年 3 月
李学忠之妻	岱岳区北集坡镇庵上村	45	女	1938 年 3 月
李学忠之女	岱岳区北集坡镇庵上村	6	女	1938 年 3 月
关清运	岱岳区北集坡镇庵上村	52	男	1938 年 3 月
关清泉	岱岳区北集坡镇庵上村	40	男	1938 年 3 月
潘树岱之父	岱岳区北集坡镇庵上村	52	男	1938 年 3 月
关宝善	岱岳区北集坡镇庵上村	60	男	1938 年 3 月
关仁圣之叔	岱岳区北集坡镇庵上村	40	男	1938 年 3 月
关清顺	岱岳区北集坡镇庵上村	52	男	1938 年 3 月
韩 三	岱岳区北集坡镇庵上村	30	男	1938 年 3 月
吴家连	岱岳区北集坡镇庵上村	40	男	1938 年 3 月
吴家富之女	岱岳区北集坡镇庵上村	13	女	1938 年 3 月
关连荣	岱岳区北集坡镇庵上村	50	男	1938 年 3 月
李学刚	岱岳区北集坡镇庵上村	51	男	1938 年 3 月
吴培太	岱岳区北集坡镇庵上村	60	男	1938 年 3 月
关连意	岱岳区北集坡镇庵上村	28	男	1938 年 3 月
李万振	岱岳区北集坡镇庵上村	52	男	1938 年 3 月
李万振之妻	岱岳区北集坡镇庵上村	45	女	1938 年 3 月
李连清	岱岳区北集坡镇庵上村	68	男	1938 年 3 月

姓 名	籍 贯	年 龄	性 别	死难时间
周纪曾	岱岳区北集坡镇庵上村	—	男	1938 年 3 月
潘树安	岱岳区北集坡镇庵上村	—	男	1938 年 3 月
关养尊	岱岳区北集坡镇庵上村	—	男	1938 年 3 月
关连山	岱岳区北集坡镇庵上村	50	男	1938 年 3 月
侯西山	岱岳区大汶口镇北大吴村	23	男	1938 年 3 月 29 日
宋纪生	岱岳区满庄镇中淳于村	32	男	1938 年 3 月
汪永福	岱岳区祝阳镇桐花沟村	33	男	1938 年 3 月
卢永木	岱岳区天平街道河东村	37	男	1938 年 4 月
司氏之子	岱岳区大汶口镇东大吴村	24	男	1938 年 4 月
刘西景	岱岳区大汶口镇东大吴村	46	男	1938 年 4 月
张传柏	岱岳区天平街道大桥村	—	男	1938 年春
杨玉贵	岱岳区天平街道大桥村	—	男	1938 年春
段宝雷	岱岳区天平街道西南村	—	男	1938 年春
徐西运	岱岳区大汶口镇东大吴村	32	男	1938 年春
徐西礼之三弟	岱岳区大汶口镇东大吴村	18	男	1938 年春
王继金	岱岳区大汶口镇前周村	—	男	1938 年春
周荣恩	岱岳区大汶口镇前周村	—	男	1938 年春
刘少青	岱岳区道朗镇玄庄村	29	男	1938 年 4 月
李善祥	岱岳区道朗镇玄庄村	25	男	1938 年 4 月
李善祥之祖母	岱岳区道朗镇玄庄村	65	女	1938 年 4 月
王西尧	岱岳区道朗镇道朗村	42	男	1938 年 4 月
王西荣	岱岳区道朗镇道朗村	33	男	1938 年 4 月
远静沧	河北省任丘县	37	男	1938 年 4 月
赵 木	岱岳区良庄镇官庄村	25	男	1938 年 5 月
薛李氏	岱岳区良庄镇官庄村	40	女	1938 年 5 月
梁永增	岱岳区山口镇后梁林村	21	男	1938 年 5 月
张灿河	岱岳区祝阳镇桐花沟村	—	男	1938 年 6 月
裴玉秀	岱岳区夏张镇律家庄村	62	男	1938 年 6 月
马子刚	—	—	男	1938 年 7 月 7 日
王维中	—	—	男	1938 年 7 月 7 日
杜 刚	—	—	男	1938 年 7 月 7 日
杜刚之战友	—	—	男	1938 年 7 月 7 日
金凤合	岱岳区下港乡过马滩村	16	男	1938 年 7 月
金凤玲	岱岳区下港乡过马滩村	17	男	1938 年 7 月

姓 名	籍 贯	年 龄	性 别	死难时间
徐连升	岱岳区夏张镇梨园村	24	男	1938 年 7 月
杨广臣	岱岳区大汶口镇岳家庄村	52	男	1938 年夏
吴培心	岱岳区范镇吴家庄村	50	男	1938 年 8 月
米于清	岱岳区满庄镇满南村	48	男	1938 年 8 月
刘兴胜	岱岳区下港乡花红峪村	—	男	1938 年 9 月
陈佃清	岱岳区下港乡下里村	—	男	1938 年 9 月
王洪仁	岱岳区下港乡向阳沟村	—	男	1938 年 9 月
尹左旺	岱岳区夏张镇峦湾崖村	22	男	1938 年 9 月
邹登信	岱岳区满庄镇东林村	16	男	1938 年 11 月
赵和义	岱岳区祝阳镇焦峪村	—	男	1938 年 11 月
赵和法	岱岳区祝阳镇焦峪村	—	男	1938 年 11 月
赵和俊	岱岳区祝阳镇焦峪村	—	男	1938 年 11 月
赵和营	岱岳区祝阳镇焦峪村	—	男	1938 年 11 月
吴××	岱岳区山口镇东段	—	男	1938 年 12 月 24 日
曹××	岱岳区山口镇西段	—	男	1938 年 12 月 24 日
王淑桂	岱岳区大汶口镇卫驾庄村	56	男	1938 年 12 月
夏崇法	岱岳区马庄镇夏家马庄村	18	男	1938 年 12 月
高传胜	岱岳区良庄镇员外庄村	30	男	1938 年
张立奎	岱岳区良庄镇东良庄村	30	男	1938 年
刘元林	岱岳区徂徕镇南上庄村	—	男	1938 年
刘学常	岱岳区徂徕镇南上庄村	50	男	1938 年
孙连生	岱岳区徂徕镇南上庄村	82	男	1938 年
董德胜	岱岳区徂徕镇南上庄村	50	男	1938 年
宫恒玉	岱岳区范镇岔河村	25	男	1938 年
石西泉	岱岳区范镇范西村	—	男	1938 年
李仲杰	岱岳区范镇范西村	—	男	1938 年
冶克山之子	岱岳区范镇范西村	—	男	1938 年
杨和玉之母	岱岳区角峪镇杨官庄村	—	女	1938 年
韩邦山	岱岳区马庄镇肖官庄村	—	男	1938 年
赵平海	岱岳区下港乡西祥沟村	30	男	1938 年
李怀亮	岱岳区粥店街道大官庄村	26	男	1938 年
唐振祥	岱岳区粥店街道大官庄村	25	男	1938 年
闫殿武	岱岳区粥店街道廿里埠村	42	男	1938 年
田郭氏	岱岳区粥店街道六郎坟村	—	女	1938 年

姓 名	籍 贯	年 龄	性 别	死难时间
吴树成	岱岳区粥店街道六郎坟村	—	男	1938 年
张传荣	岱岳区粥店街道六郎坟村	—	男	1938 年
董××	岱岳区粥店街道董家庄村	—	男	1938 年
董××	岱岳区粥店街道董家庄村	—	男	1938 年
董兆坚	岱岳区粥店街道董家庄村	—	男	1938 年
张成俊	岱岳区大汶口镇车家洼村	—	男	1938 年
焦念信	岱岳区大汶口镇太平街村	28	男	1938 年
李茂业	岱岳区房村镇良二村	—	男	1938 年
翟××	岱岳区房村镇北滕村	69	男	1938 年
翟万胜	岱岳区房村镇北滕村	49	男	1938 年
翟玉本之妻	岱岳区房村镇北滕村	20	女	1938 年
翟李氏	岱岳区房村镇北滕村	28	女	1938 年
大 贤	岱岳区良庄镇良庄东村	36	男	1938 年
王庆田	岱岳区良庄镇良庄东村	24	男	1938 年
卢再励	岱岳区良庄镇东良庄村	23	男	1938 年
孙永钱	岱岳区良庄镇东良庄村	22	男	1938 年
孙合雪之子	岱岳区良庄镇东良庄村	23	男	1938 年
孙合雪之儿媳	岱岳区良庄镇东良庄村	20	女	1938 年
张夫木	岱岳区良庄镇东良庄村	—	男	1938 年
张夫秋	岱岳区良庄镇东良庄村	28	男	1938 年
张夫堂	岱岳区良庄镇东良庄村	39	男	1938 年
张玉棋	岱岳区良庄镇东良庄村	38	男	1938 年
张立现	岱岳区良庄镇东良庄村	35	男	1938 年
张召宽	岱岳区良庄镇东良庄村	30	男	1938 年
张西芝	岱岳区良庄镇良庄东村	23	男	1938 年
张庆臣	岱岳区良庄镇良庄东村	41	男	1938 年
张志成	岱岳区良庄镇良庄东村	25	男	1938 年
张志敏	岱岳区良庄镇东良庄村	40	男	1938 年
张英偿	岱岳区良庄镇东良庄村	40	男	1938 年
李昌雨	岱岳区良庄镇东良庄村	35	男	1938 年
李昌芝	岱岳区良庄镇良庄东村	16	女	1938 年
李双喜	岱岳区良庄镇良庄东村	30	男	1938 年
李法平	岱岳区良庄镇东良庄村	40	男	1938 年
李法平之妹	岱岳区良庄镇东良庄村	18	女	1938 年

姓 名	籍 贯	年 龄	性 别	死难时间
沙头归	岱岳区良庄镇东良庄村	—	男	1938 年
董和青	岱岳区良庄镇良庄东村	22	男	1938 年
颜老仓之弟	岱岳区良庄镇东良庄村	3	男	1938 年
颜希银	岱岳区良庄镇东良庄村	40	男	1938 年
颜希银之妻	岱岳区良庄镇东良庄村	38	女	1938 年
薛训广	岱岳区良庄镇薛庄南村	—	男	1938 年
张儒俊	岱岳区黄前镇黄前村	—	男	1938 年
张传芳	岱岳区黄前镇窝角村	—	男	1938 年
张广乾之五弟	岱岳区黄前镇窝角村	—	男	1938 年
公元泗	岱岳区房村镇大寺村	—	男	1938 年
公光庄	岱岳区房村镇大寺村	—	男	1938 年
公延英之妻	岱岳区房村镇大寺村	—	女	1938 年
李纪来之父	岱岳区房村镇大寺村	—	男	1938 年
孙兆和	岱岳区马庄镇老宫官庄村	28	男	1938 年
张俊杰	岱岳区马庄镇南隅村	24	男	1938 年
曹夏氏	岱岳区马庄镇南隅村	32	女	1938 年
侯义深	岱岳区马庄镇董家庄村	34	男	1938 年
宗恒来	岱岳区徂徕镇河西村	—	男	1938 年
时金安	—	—	男	1938 年
张传富	—	—	男	1938 年
周庞云	—	—	男	1938 年
周庞雪	—	—	男	1938 年
朱 氏	岱岳区道朗镇八楼村	—	女	1938 年
朱有兴	岱岳区道朗镇八楼村	—	男	1938 年
朱有春	岱岳区道朗镇八楼村	—	男	1938 年
朱安臣	岱岳区道朗镇八楼村	—	男	1938 年
朱安录	岱岳区道朗镇八楼村	—	男	1938 年
朱安前	岱岳区道朗镇八楼村	—	男	1938 年
朱安帮	岱岳区道朗镇八楼村	—	男	1938 年
朱光顺	岱岳区道朗镇八楼村	—	男	1938 年
马绪贤	岱岳区道朗镇李马村	24	男	1938 年
马绪保	岱岳区道朗镇李马村	26	男	1938 年
孙传富	岱岳区道朗镇朱庄村	—	男	1938 年
杨 三	岱岳区道朗镇朱庄村	—	男	1938 年

姓 名	籍 贯	年 龄	性 别	死难时间
史培成	岱岳区道朗镇拉马洼村	—	男	1938 年
马希典	岱岳区道朗镇大马村	25	男	1938 年
马希君	岱岳区道朗镇大马村	26	男	1938 年
马长同	岱岳区道朗镇大马村	40	男	1938 年
马文柱	岱岳区道朗镇大马村	27	男	1938 年
马圣臣	岱岳区道朗镇大马村	21	男	1938 年
马绪晋	岱岳区道朗镇大马村	38	男	1938 年
王昌运	岱岳区道朗镇大马村	30	男	1938 年
王学增	岱岳区道朗镇大马村	22	男	1938 年
展光迎	岱岳区道朗镇大马村	32	男	1938 年
王家征	岱岳区道朗镇大马村	28	男	1938 年
玄昌金	岱岳区道朗镇大马村	26	男	1938 年
薛新安	岱岳区道朗镇大马村	27	男	1938 年
张学广	岱岳区徂徕镇徂徕村	16	男	1938 年
梁亭合之四姨	岱岳区徂徕镇徂徕村	1	女	1938 年
梁亭合之三姨	岱岳区徂徕镇徂徕村	7	女	1938 年
王发友	岱岳区道朗镇李马沟村	—	男	1938 年
马小根	岱岳区道朗镇李马沟村	—	男	1938 年
马昆同	岱岳区道朗镇李马沟村	—	男	1938 年
马绪食	岱岳区道朗镇李马沟村	—	男	1938 年
马绪亭	岱岳区道朗镇李马沟村	—	男	1938 年
马希军	岱岳区道朗镇大马村	33	男	1938 年
马西晋	岱岳区道朗镇大马村	31	男	1938 年
马希伍	岱岳区道朗镇大马村	29	男	1938 年
王淑田	岱岳区道朗镇馍馍山村	46	男	1938 年
王淑尧	岱岳区道朗镇馍馍山村	45	男	1938 年
王永善	岱岳区道朗镇馍馍山村	58	男	1938 年
王淑孝	岱岳区道朗镇馍馍山村	50	男	1938 年
王永厚	岱岳区道朗镇馍馍山村	54	男	1938 年
王昌运	岱岳区道朗镇薛岭村	—	男	1938 年
展光运	岱岳区道朗镇薛岭村	—	男	1938 年
杨丰财	岱岳区道朗镇西山村	24	男	1938 年
陈学勤	岱岳区道朗镇城子寨村	—	男	1938 年
陈振点	岱岳区道朗镇城子寨村	—	男	1938 年

姓　名	籍　贯	年　龄	性　别	死难时间
陈广泉	岱岳区道朗镇城子寨村	—	男	1938 年
李学甲	岱岳区道朗镇鱼西村	—	男	1938 年
卢继祥	岱岳区道朗镇鱼西村	—	男	1938 年
徐允太	岱岳区道朗镇下洼村	—	男	1938 年
王道新	岱岳区道朗镇鱼东村	—	男	1938 年
王道新之女	岱岳区道朗镇鱼东村	—	女	1938 年
宋献武	岱岳区道朗镇鱼东村	—	男	1938 年
张怀忠之祖父	岱岳区道朗镇鱼东村	—	男	1938 年
闫洪义	岱岳区道朗镇鱼东村	—	男	1938 年
玄克才之祖父	岱岳区道朗镇鱼东村	—	男	1938 年
华立东之堂哥	岱岳区道朗镇鱼东村	—	男	1938 年
史兆乐之父	岱岳区道朗镇鱼东村	—	男	1938 年
玄振松	岱岳区道朗镇鱼东村	—	男	1938 年
玄昌周	岱岳区道朗镇鱼东村	—	男	1938 年
李永刚之叔父	岱岳区道朗镇鱼东村	—	男	1938 年
郑广华之曾祖父	岱岳区道朗镇鱼东村	—	男	1938 年
李瑞兰	岱岳区道朗镇道朗村	36	男	1938 年
谢雄峰	岱岳区道朗镇道朗村	45	男	1938 年
王西龙	岱岳区道朗镇道朗村	46	男	1938 年
王西×	岱岳区道朗镇道朗村	46	男	1938 年
王西吉	岱岳区道朗镇道朗村	42	男	1938 年
王西奎	岱岳区道朗镇道朗村	38	男	1938 年
王西斌	岱岳区道朗镇道朗村	—	男	1938 年
王太民	岱岳区道朗镇道朗村	41	男	1938 年
王圣敏	岱岳区道朗镇道朗村	—	男	1938 年
刘长旺	岱岳区道朗镇道朗村	—	男	1938 年
康学政	岱岳区道朗镇康庄村	70	男	1938 年
康俊山	岱岳区道朗镇康庄村	30	男	1938 年
康殿臣	岱岳区道朗镇康庄村	27	男	1938 年
康殿恭	岱岳区道朗镇康庄村	22	男	1938 年
李西范	岱岳区道朗镇玄庄村	33	男	1938 年
李　氏	岱岳区道朗镇玄庄村	33	女	1938 年
李介昌	岱岳区道朗镇玄庄村	—	男	1938 年
玄振德	岱岳区道朗镇玄庄村	29	男	1938 年

姓　名	籍　贯	年龄	性别	死难时间
周建林	岱岳区道朗镇玄庄村	27	男	1938 年
周　三	岱岳区道朗镇玄庄村	31	男	1938 年
李介长	岱岳区道朗镇玄庄村	28	男	1938 年
李西山	岱岳区道朗镇玄庄村	31	男	1938 年
玄李氏	岱岳区道朗镇玄庄村	26	女	1938 年
玄振江	岱岳区道朗镇玄庄村	29	男	1938 年
玄龚氏	岱岳区道朗镇玄庄村	27	女	1938 年
孟玉圣	岱岳区道朗镇玄庄村	25	男	1938 年
刘　×	岱岳区范镇范东村	45	男	1938 年
李振茂	岱岳区范镇东辛店村	—	男	1938 年
倪冠英	岱岳区角峪镇北徐冶村	21	男	1938 年
王承禄	岱岳区化马湾乡石湾村	17	男	1938 年
李老大	岱岳区满庄镇曹家寨村	—	男	1938 年
李继雨	岱岳区满庄镇曹家寨村	—	男	1938 年
王　伍	岱岳区满庄镇满北村	—	男	1938 年
王兴堂	岱岳区满庄镇满北村	—	男	1938 年
米春生	岱岳区满庄镇满北村	13	男	1938 年
苏合文之子	岱岳区满庄镇满北村	—	男	1938 年
张作杰	岱岳区满庄镇满北村	—	男	1938 年
常宗典	岱岳区满庄镇满北村	—	男	1938 年
淳合田	岱岳区满庄镇满北村	—	男	1938 年
刘　金	岱岳区满庄镇西林村	—	男	1938 年
杜恒佳	岱岳区满庄镇南留中村	—	男	1938 年
彭万田	岱岳区满庄镇南留南村	21	男	1938 年
吴开镇之妻	岱岳区山口镇东村	—	女	1938 年
王培前	岱岳区山口镇新庄村	—	男	1938 年
王培除	岱岳区山口镇新庄村	—	男	1938 年
孙永香	岱岳区下港乡北崖头村	—	男	1938 年
刘玉秋	岱岳区下港乡下里村	26	男	1938 年
张崇武	岱岳区下港乡过马滩村	—	男	1938 年
薛学武	岱岳区下港乡过马滩村	—	男	1938 年
李军昌	岱岳区粥店街道大辛庄村	34	男	1938 年
李　宝	岱岳区粥店街道大辛庄村	10	男	1938 年
张克荣	岱岳区粥店街道曹家村	23	男	1938 年

姓 名	籍 贯	年 龄	性 别	死难时间
王增胜	岱岳区粥店街道大辛庄村	20	男	1938 年
刘兴考	岱岳区粥店街道堰东村	—	男	1938 年
刘纪春	岱岳区粥店街道小堰堤村	19	男	1938 年
吕世隆	岱岳区粥店街道小堰堤村	29	男	1938 年
张灿寅	岱岳区祝阳镇桐花沟村	27	男	1938 年
张圣儒	岱岳区祝阳镇穆家庄村	40	男	1938 年
苏良秀	岱岳区天平街道大陡山村	24	男	1938 年
马善教	岱岳区大汶口镇马家大吴村	30	男	1938 年
赵树棕	岱岳区大汶口镇柏子村	41	男	1938 年
侯树义	岱岳区大汶口镇申西村	—	男	1938 年
侯于依之弟	岱岳区大汶口镇申西村		男	1938 年
石树芝	岱岳区大汶口镇石家庄村	32	男	1938 年
朱兆岭	岱岳区大汶口镇孙家庙村	29	男	1938 年
夏光义	—	26	男	1938 年
夏崇法	—	20	男	1938 年
夏继旺	—	—	男	1938 年
李志汉	—		男	1938 年
李孝企	岱岳区大汶口镇北臭泉村	—	男	1938 年
高化垣	岱岳区大汶口镇北臭泉村		男	1938 年
侯义深	岱岳区马庄镇董家庄村	36	男	1938 年
吴成珠	岱岳区房村镇乡城北村	—	男	1938 年
李充春	岱岳区房村镇西西住村	23	男	1938 年
贾振福	岱岳区房村镇北滕村	36	男	1938 年
赵淑田	岱岳区夏张镇赵家庄村	34	男	1938 年
张永杰	岱岳区夏张镇赵家庄村	36	男	1938 年
王春峰	岱岳区夏张镇大西牛村	—	男	1938 年
王丙银	岱岳区夏张镇大西牛村		男	1938 年
高 虎	岱岳区夏张镇南寨村	19	男	1938 年
蔡兴仁	岱岳区夏张镇夏北村	—	男	1938 年
李发水	岱岳区夏张镇次章村	26	男	1938 年
吴握胜	岱岳区夏张镇次章村	28	男	1938 年
李大撇之妻	岱岳区夏张镇夏南村	45	女	1938 年
李介宝	岱岳区夏张镇新河西村	25	男	1938 年
郭方顺	岱岳区夏张镇裴家庄村	22	男	1938 年

姓 名	籍 贯	年 龄	性 别	死难时间
李玉稳	岱岳区良庄镇八里庄村	24	男	1938 年
石大宝	岱岳区良庄镇山阳北村	—	男	1938 年
梁庆志	岱岳区良庄镇凤凰村	20	男	1938 年
赵方民	岱岳区良庄镇凤凰村	—	男	1938 年
赵方金之母	岱岳区良庄镇凤凰村	—	女	1938 年
赵允法	岱岳区良庄镇凤凰村	25	男	1938 年
王光富之母	岱岳区良庄镇石楼村	—	女	1938 年
王光富之弟	岱岳区良庄镇石楼村	—	男	1938 年
朱纪英之母	岱岳区良庄镇石楼村	—	女	1938 年
张业屯	岱岳区良庄镇石楼村	—	男	1938 年
朱绍英之妹	岱岳区良庄镇石楼村	—	女	1938 年
朱绍英	岱岳区良庄镇石楼村	—	男	1938 年
吕世隆	岱岳区粥店街道李家庄村	29	男	1938 年
刘承进	岱岳区粥店街道老王府村	—	男	1938 年
刘光祥	岱岳区粥店街道老王府村	—	男	1938 年
刘伟成	岱岳区粥店街道老王府村	—	男	1938 年
杜延忠	岱岳区粥店街道老王府村	—	男	1938 年
杜 ×	岱岳区粥店街道老王府村	—	男	1938 年
宋光梅	岱岳区粥店街道老王府村	—	男	1938 年
宋其玉	岱岳区粥店街道老王府村	—	男	1938 年
宋绍泉	岱岳区粥店街道老王府村	—	男	1938 年
左玉路	岱岳区满庄镇泥沟村	23	男	1939 年 1 月
左玉常	岱岳区满庄镇泥沟村	40	男	1939 年 1 月
李正修	岱岳区满庄镇黄家林村	17	男	1939 年 1 月
孔兆军	岱岳区大汶口镇北大吴村	27	男	1939 年 1 月
杨玉冬	岱岳区房村镇朱家庄村	30	男	1939 年 1 月
孙继武	岱岳区满庄镇孙安阜村	28	男	1939 年 3 月
冯登会	岱岳区祝阳镇北乔村	—	男	1939 年 3 月
冯锡合	岱岳区祝阳镇北乔村	—	男	1939 年 3 月
冯登林	岱岳区祝阳镇北乔村	—	男	1939 年 3 月
姜彦岭之子	岱岳区祝阳镇北乔村	—	男	1939 年 3 月
姜彦水之妻	岱岳区山口镇	—	女	1939 年 3 月
孔茂荣	岱岳区大汶口镇北大吴村	24	男	1939 年 3 月
郝家平之母	岱岳区大汶口镇北大吴村	22	女	1939 年 3 月

姓 名	籍 贯	年 龄	性 别	死难时间
刘灿昌	岱岳区夏张镇高家院村	—	男	1939 年 3 月
杨立京	岱岳区房村镇南滕村	33	男	1939 年 4 月
赵元俊	岱岳区房村镇南滕村	36	男	1939 年 4 月
钱广彬	岱岳区山口镇油坊村	—	男	1939 年春
陈兆生	岱岳区马庄镇漕河崖村	36	男	1939 年 5 月
王安会	岱岳区马庄镇刘家大坡村	22	男	1939 年 5 月
刘纪辰	岱岳区马庄镇坊子村	39	男	1939 年 5 月
弭松岩	岱岳区满庄镇东牛村	31	男	1939 年 5 月
路晋明	岱岳区满庄镇黄家庄村	19	男	1939 年 5 月
马舍生	岱岳区天平街道姜庄村	20	男	1939 年 5 月
倪开山	岱岳区夏张镇王士店村	22	男	1939 年 5 月
王德长	岱岳区夏张镇王士店村	21	男	1939 年 5 月
朱 氏	岱岳区夏张镇南白楼四村	30	女	1939 年 5 月
范正义	岱岳区夏张镇夏张南村	21	男	1939 年 5 月
王风志	岱岳区夏张镇大西牛村	17	男	1939 年 5 月
马安廷	岱岳区夏张镇南白楼村	17	男	1939 年 5 月
赵方伍	岱岳区良庄镇良庄北村	18	男	1939 年 6 月 6 日
张立元	岱岳区马庄镇西隅村	25	男	1939 年 6 月
胡灿友	岱岳区祝阳镇金井村	29	男	1939 年 6 月
郑玉成	岱岳区满庄镇满北村	27	男	1939 年 7 月
李科富	岱岳区祝阳镇金井村	—	男	1939 年 7 月
刘金奎	岱岳区祝阳镇金井村	30	男	1939 年 7 月
刘盘州	岱岳区祝阳镇金井村	18	男	1939 年 7 月
刘文州	岱岳区祝阳镇金井村	27	男	1939 年 7 月
倪桂桐	岱岳区祝阳镇金井村	—	男	1939 年 7 月
朱京进	岱岳区夏张镇于家官庄	25	男	1939 年 7 月
玄振水	岱岳区夏张镇关王庙村	37	男	1939 年 7 月
于长安	岱岳区夏张镇关王庙村	24	男	1939 年 7 月
王瑞堂	岱岳区夏张镇于家官庄村	36	男	1939 年 7 月
王瑞生	岱岳区夏张镇于家官庄村	30	男	1939 年 7 月
王小六	岱岳区夏张镇于家官庄村	—	男	1939 年 7 月
李仲杰	岱岳区范镇范东村	39	男	1939 年 8 月
黄继正	岱岳区满庄镇王家园村	36	男	1939 年 8 月
路广×	岱岳区满庄镇林家安阜村	16	男	1939 年 8 月

姓 名	籍 贯	年 龄	性 别	死难时间
孙永珠	岱岳区满庄镇孙安阜村	32	男	1939 年 8 月
赵平安	岱岳区祝阳镇	35	男	1939 年 8 月
李效公	岱岳区大汶口镇双杨店村	19	男	1939 年 8 月
冯全根	岱岳区房村镇北阳关村	27	男	1939 年 8 月
李发兰	岱岳区夏张镇李上章村	23	男	1939 年 8 月
杨兴恒	岱岳区祝阳镇	22	男	1939 年 9 月
张传炳	岱岳区山口镇吴家庄村	21	男	1939 年秋
于可坡	岱岳区房村镇西南望村	19	男	1939 年 11 月
苏登胜	岱岳区黄前镇大北岭村	—	男	1939 年
张兴河	岱岳区黄前镇黄前村	—	男	1939 年
张夫忠	岱岳区黄前镇石屋志村	—	男	1939 年
张富举	岱岳区黄前镇李子峪村	—	男	1939 年
王西党之哥	岱岳区黄前镇李子峪村	—	男	1939 年
王宗忠	岱岳区马庄镇大寺村	—	男	1939 年
张会保	岱岳区祝阳镇西张村	20	男	1939 年
平光水	岱岳区马庄镇平家村	—	男	1939 年
侯义坤	岱岳区马庄镇平家村	—	男	1939 年
朱绪禹	岱岳区徂徕镇宽店村	30	男	1939 年
孙法岳之妻	岱岳区徂徕镇南黄村	—	女	1939 年
朱宗乾之姊	岱岳区徂徕镇北望村	—	女	1939 年
张希善	岱岳区徂徕镇	—	男	1939 年
李运龄	岱岳区道朗镇李马村	22	男	1939 年
鲍振才	岱岳区道朗镇北白楼村	20	男	1939 年
王秉焕	岱岳区道朗镇馍馍山村	40	男	1939 年
张炳尧	岱岳区道朗镇西张村	25	男	1939 年
张 波	岱岳区道朗镇西张村	21	男	1939 年
石兴部	岱岳区范镇后杨村	22	男	1939 年
岳即水	岱岳后范镇上埠东村	20	男	1939 年
岳即续	岱岳区范镇上埠东村	17	男	1939 年
王德祥	岱岳区化马湾乡化马湾村	60	男	1939 年
彭石七	岱岳区化马湾乡茌庄村	21	男	1939 年
马守一	岱岳区角峪镇角西村	34	男	1939 年
杨永会	岱岳区满庄镇黄家庄村	30	男	1939 年
张金顺	岱岳区山口镇春阳沟村	—	男	1939 年

姓 名	籍 贯	年 龄	性 别	死难时间
李洪柱	岱岳区粥店街道大辛庄村	42	男	1939 年
张永禄	岱岳区粥店街道曹家村	21	男	1939 年
刘善志	—	—	男	1939 年
庞兴泰	岱岳区粥店街道大堰堤村	—	男	1939 年
闫有春之长子	岱岳区粥店街道廿里埠村	28	男	1939 年
闫有春之次子	岱岳区粥店街道廿里埠村	26	男	1939 年
金光海之妻	岱岳区粥店街道廿里埠村	24	女	1939 年
马路青之大妹	岱岳区道朗镇白楼村	—	女	1939 年
马路青之二妹	岱岳区道朗镇白楼村	—	女	1939 年
王培新之大爷	岱岳区粥店街道廿里埠村	19	男	1939 年
杨华臣	岱岳区粥店街道下旺村	21	男	1939 年
刘玉圣	岱岳区粥店街道小辛庄村	22	男	1939 年
李振玺	岱岳区粥店街道	29	男	1939 年
伏继文	岱岳区祝阳镇梭东村	21	男	1939 年
伏光超	岱岳区祝阳镇梭东村	19	男	1939 年
袁绪坤	岱岳区天平街道韩刘冯村	—	男	1939 年
郭兴凯	岱岳区大汶口镇郭家楼村	26	男	1939 年
张继庚	岱岳区大汶口镇东大吴村	—	男	1939 年
明玉和之妻	岱岳区大汶口镇	—	女	1939 年
李广营	岱岳区大汶口镇	—	男	1939 年
陈佐太	岱岳区房村镇东南望村	—	男	1939 年
陈佐书	岱岳区房村镇东南望村	—	男	1939 年
李太银	岱岳区房村镇北埠东村	—	男	1939 年
左保贵	岱岳区房村镇朱家庄村	17	男	1939 年
郑兴武	岱岳区夏张镇郝家宅村	29	男	1939 年
邹玉梅	岱岳区夏张镇赵家店村	—	男	1939 年
王 文	岱岳区夏张镇南寨村	30	男	1939 年
刘兴顺	岱岳区夏张镇张家庄村	19	男	1939 年
李善文	岱岳区夏张镇新河西村	22	男	1939 年
孙兆富	岱岳区夏张镇梨园村无梁店	30	男	1939 年
訾继宝	岱岳区夏张镇梨园村无梁店	29	男	1939 年
叶凤川	岱岳区夏张镇夏张北村	19	男	1939 年
马士进	岱岳区夏张镇夏张北村	34	男	1939 年
范正德	岱岳区夏张镇夏张南村	32	男	1939 年

姓 名	籍 贯	年 龄	性 别	死难时间
宋绍彬	岱岳区夏张镇马家店村	17	男	1939 年
陈树稳	岱岳区良庄镇西良庄村	30	男	1939 年
陈树柳	岱岳区良庄镇西良庄村	16	男	1939 年
张树重	岱岳区良庄镇西良庄村	16	男	1939 年
赵方档	岱岳区良庄镇西良庄村	17	男	1939 年
赵方新	岱岳区良庄镇西良庄村	28	男	1939 年
程焕文	岱岳区良庄镇山阳南村	20	男	1939 年
程夫柱	岱岳区良庄镇山阳南村	22	男	1939 年
耿光海	岱岳区良庄镇白庙村	—	男	1939 年
刘兴田	岱岳区粥店街道小堰堤村	—	男	1939 年
张广玉	—	35	男	1940 年 1 月
张 ×	岱岳区大汶口镇西大吴村	15	男	1940 年 1 月
韩扬名	岱岳区大汶口镇西大吴村	38	男	1940 年 1 月
华联山	岱岳区大汶口镇卫驾庄村	30	男	1940 年 1 月
张广德	岱岳区天平街道起驾店村	25	男	1940 年 3 月
王灿堂	岱岳区范镇大沟头村	33	男	1940 年 3 月
李纪祯	岱岳区马庄镇李家大坡村	30	男	1940 年 4 月
张继桶	岱岳区马庄镇河口村	34	男	1940 年 4 月
程明之	岱岳区夏张镇孙家况洞村	52	男	1940 年 4 月
李安仁	岱岳区天平街道河东村	62	男	1940 年 4 月
张传顺	岱岳区山口镇后迓庄村	40	男	1940 年春
张纪芹	岱岳区夏张镇孙家况洞村	30	男	1940 年 5 月
王怀正	岱岳区大汶口镇北大吴村	26	男	1940 年 5 月
孔茂泉	岱岳区大汶口镇北大吴村	27	男	1940 年 5 月
田义存	岱岳区夏张镇王士店村	—	男	1940 年 6 月
吴传耘	岱岳区夏张镇王士店村	74	男	1940 年 6 月
李长考	岱岳区祝阳镇西大官村	—	男	1940 年 7 月
贾兴成	岱岳区祝阳镇西大官村	—	男	1940 年 7 月
谢庚木	岱岳区祝阳镇西大官村	—	男	1940 年 7 月
谢庚水	岱岳区祝阳镇西大官村	—	男	1940 年 7 月
裴传绪	岱岳区夏张镇裴家庄村	30	男	1940 年 7 月
裴继山	岱岳区夏张镇裴家庄村	24	男	1940 年 7 月
王子厚	岱岳区山口镇	—	男	1940 年 8 月
吴 六	岱岳区山口镇	—	男	1940 年 8 月

姓 名	籍 贯	年 龄	性 别	死难时间
姚斗子	岱岳区山口镇	—	男	1940 年 8 月
程守金	岱岳区夏张镇孙家况洞村	30	男	1940 年 8 月
杨洪其	岱岳区马庄镇肖官庄村	35	男	1940 年 9 月
魏永庆	岱岳区马庄镇肖官庄村	36	男	1940 年 9 月
李春伍	岱岳区夏张镇南白楼二村	35	男	1940 年 9 月
李玉泉之妻	岱岳区夏张镇南白楼二村	37	女	1940 年 9 月
金凤元	岱岳区下港乡过马滩村	30	男	1940 年 10 月
宋广庆	岱岳区满庄镇	28	男	1940 年 11 月
张纪元	岱岳区粥店街道过驾院村	30	男	1940 年 11 月
高洪林	岱岳区房村镇东杨庄村	23	男	1940 年 11 月
高富海	岱岳区马庄镇漕河崖村	22	男	1940 年 12 月
尹承贵	岱岳区马庄镇肖家官庄村	35	男	1940 年 12 月
高富德	岱岳区马庄镇肖家官庄村	23	男	1940 年 12 月
韩帮正	岱岳区马庄镇肖家官庄村	28	男	1940 年 12 月
孙纪宽	岱岳区满庄镇	24	男	1940 年 12 月
王希孔	岱岳区天平街道重河村	46	男	1940 年秋
安乐田	岱岳区黄前镇瓦屋头村	—	男	1940 年冬
李善泉	岱岳区黄前镇红河村	—	男	1940 年
刘殿星	岱岳区黄前镇黄前村	—	男	1940 年
张富岭	岱岳区黄前镇李子峪村	—	男	1940 年
王金友	岱岳区黄前镇第三峪村	—	男	1940 年
王培发	岱岳区黄前镇第三峪村	—	男	1940 年
张灿洪	岱岳区黄前镇白云寺村	—	男	1940 年
张响石	岱岳区黄前镇大北岭村	—	男	1940 年
周传文	岱岳区黄前镇户家庄村	—	男	1940 年
王安惠	岱岳区马庄镇王大坡村	19	男	1940 年
彭小稳	岱岳区马庄镇平家村	—	女	1940 年
门杰三	岱岳区马庄镇李家大坡村	28	男	1940 年
明延德	岱岳区马庄镇漕河崖村	29	男	1940 年
姜延茂	岱岳区马庄镇漕河崖村	27	男	1940 年
孙纪文之父	岱岳区祖徕镇南上庄村	—	男	1940 年
王兆富	岱岳区祖徕镇北上庄村	—	男	1940 年
郑兴荣	岱岳区祖徕镇郑庄村	30	男	1940 年
李 氏	岱岳区祖徕镇郑庄村	50	女	1940 年

姓 名	籍 贯	年 龄	性 别	死难时间
郑兆庆	岱岳区徂徕镇郑庄村	65	男	1940 年
郑兴连之妻	岱岳区徂徕镇郑庄村	40	女	1940 年
郑培宣之姐	岱岳区徂徕镇郑庄村	18	女	1940 年
朱绪富之父	岱岳区徂徕镇北望村	—	男	1940 年
蒋传森	岱岳区徂徕镇北望村	—	男	1940 年
宗元新	岱岳区徂徕镇官路村	—	男	1940 年
罗圣新	岱岳区道朗镇朱家峪村	45	男	1940 年
马方泽	岱岳区道朗镇北白楼村	40	男	1940 年
刘文安	岱岳区道朗镇北白楼村	—	男	1940 年
刘文志	岱岳区道朗镇北白楼村	39	男	1940 年
刘泰华	岱岳区道朗镇北白楼村	31	男	1940 年
庞永河	岱岳区道朗镇北白楼村	—	男	1940 年
胡宝武	岱岳区道朗镇大胡村	—	男	1940 年
刘庆河之子	岱岳区道朗镇高庄村	—	男	1940 年
李云周	岱岳区道朗镇李家庄村	54	男	1940 年
张柏堂	岱岳区道朗镇西孙村	27	男	1940 年
张树堂	岱岳区道朗镇西孙村	23	男	1940 年
许长假	岱岳区道朗镇丰山村	50	男	1940 年
陈玉中	岱岳区道朗镇丰山村	30	男	1940 年
陈学荣	岱岳区道朗镇丰山村	40	男	1940 年
靳殿常	岱岳区道朗镇丰山村	30	男	1940 年
李西尧	岱岳区道朗镇玄庄村	—	男	1940 年
孟玉升	岱岳区道朗镇玄庄村	—	男	1940 年
孟兴河	岱岳区道朗镇玄庄村	—	男	1940 年
刘维岱	岱岳区范镇范东村	27	男	1940 年
黄金升	岱岳区范镇范东村	30	男	1940 年
冶京水	岱岳区范镇范东村	37	男	1940 年
冶京河	岱岳区范镇范东村	53	男	1940 年
冶克山	岱岳区范镇范东村	53	男	1940 年
彭明俊	岱岳区范镇东辛村	—	男	1940 年
赵巾盈	岱岳区范镇谷庄村	44	男	1940 年
吴化银	岱岳区化马湾乡东掌村	33	男	1940 年
彭松兰	岱岳区化马湾乡东掌村	30	女	1940 年
李祥清	岱岳区化马湾乡南韩村	22	男	1940 年

姓 名	籍 贯	年 龄	性 别	死难时间
程子水	岱岳区化马湾乡西庄村	40	男	1940 年
王焕德	岱岳区化马湾乡双河村	—	男	1940 年
贾金林	岱岳区化马湾乡双河村	—	男	1940 年
边 氏	岱岳区化马湾乡双河村	—	女	1940 年
边让培	岱岳区化马湾乡双河村	—	男	1940 年
张洪忠	岱岳区化马湾乡双河村	—	男	1940 年
李春祥之母	岱岳区角峪镇埠上村	—	女	1940 年
张顾新	岱岳区角峪镇鲁东村	21	男	1940 年
苗永珍	岱岳区角峪镇鲁西村	26	男	1940 年
王来云	岱岳区角峪镇南角峪村	—	男	1940 年
李培长	岱岳区角峪镇苏庄村	—	男	1940 年
李荣顺	岱岳区角峪镇苏庄村	—	男	1940 年
王法俭	岱岳区角峪镇纸房村	—	男	1940 年
刘汉臣	岱岳区满庄镇东牛村	10	男	1940 年
宋继昂	岱岳区满庄镇中淳于村	23	男	1940 年
赵象会	岱岳区满庄镇西林村	—	男	1940 年
姚宗岭	岱岳区山口镇西官庄村	—	男	1940 年
张荣青	岱岳区山口镇春阳沟村	—	男	1940 年
周志岩	岱岳区山口镇大马庄村	19	男	1940 年
李玉秋	岱岳区下港乡下里村	24	男	1940 年
刘金富	岱岳区下港乡南岭村	28	男	1940 年
李德俊	岱岳区粥店街道曹家村	25	男	1940 年
王希臣之祖父	岱岳区粥店街道廿里埠村	50	男	1940 年
任建武	岱岳区夏张镇	21	男	1940 年
孙兆水	岱岳区祝阳镇梭东村	22	男	1940 年
周美悦	岱岳区祝阳镇西石汶村	20	男	1940 年
徐炳佑	岱岳区祝阳镇徐家汶村	40	男	1940 年
朱明贵	岱岳区天平街道黑水湾村	—	男	1940 年
孙业保	岱岳区天平街道邱家庄村	—	男	1940 年
胡月义	岱岳区天平街道起驾店村	52	男	1940 年
马培忠	岱岳区大汶口镇马家大吴村	32	男	1940 年
姜培存	岱岳区大汶口镇申西村	—	男	1940 年
王小良	岱岳区大汶口镇北西遥村	20	男	1940 年
石传先	岱岳区大汶口镇石家庄村	31	男	1940 年

姓 名	籍 贯	年 龄	性 别	死难时间
刘太来	岱岳区大汶口镇山西街村	一	男	1940 年
小 蛋	岱岳区房村镇周全村	—	男	1940 年
张夫典	岱岳区房村镇周全村	—	男	1940 年
李均红之父	岱岳区房村镇周全村	—	男	1940 年
张清利	岱岳区房村镇周全村	—	男	1940 年
高法平	岱岳区房村镇周全村	—	男	1940 年
高兴岳	岱岳区房村镇周全村	—	男	1940 年
高法家	岱岳区房村镇周全村	—	男	1940 年
高法奎	岱岳区房村镇周全村	—	男	1940 年
施金端之祖父	岱岳区房村镇周全村	—	男	1940 年
程中成	岱岳区房村镇程白塔村	—	男	1940 年
程中强	岱岳区房村镇程白塔村	—	男	1940 年
侯西传	岱岳区房村镇程白塔村	—	男	1940 年
侯希梅	岱岳区房村镇程白塔村	—	男	1940 年
李安民	岱岳区房村镇北埠东村	—	男	1940 年
郑茂训	岱岳区房村镇北埠东村	—	男	1940 年
杨礼富	岱岳区房村镇东杨庄村	24	男	1940 年
杨志田	岱岳区房村镇东杨庄村	22	男	1940 年
邹荣德	岱岳区房村镇东良甫村	24	男	1940 年
李昌科	岱岳区房村镇涝坡村	32	男	1940 年
张夫林	岱岳区房村镇周全村	24	男	1940 年
夏广银	岱岳区房村镇朱家庄村	25	男	1940 年
吴金山	岱岳区夏张镇王士店村	23	男	1940 年
华金富	岱岳区夏张镇王士店村	21	男	1940 年
鲁纪正	岱岳区夏张镇前后牛村	20	男	1940 年
张金岭	岱岳区夏张镇赵家店村	—	男	1940 年
牛继更	岱岳区夏张镇刘家庄村	20	男	1940 年
刘兴泉	岱岳区夏张镇刘家庄村	24	男	1940 年
李传新	岱岳区夏张镇南寨村	18	男	1940 年
远振祥	岱岳区夏张镇南寨村	17	男	1940 年
赵金发	岱岳区夏张镇前后牛村	19	男	1940 年
鲁维正	岱岳区夏张镇前后牛村	18	男	1940 年
刘金胜	岱岳区夏张镇韩家岗村	31	男	1940 年
赵建水	岱岳区良庄镇西良庄村	30	男	1940 年

姓　名	籍　贯	年　龄	性　别	死难时间
陈尚俭	岱岳区良庄镇西良庄村	—	男	1940 年
李玉华	岱岳区良庄镇八里庄村	30	男	1940 年
张庆珠	岱岳区良庄镇良庄东村	24	男	1940 年
张庆晋	岱岳区良庄镇良庄东村	30	男	1940 年
张庆喜	岱岳区良庄镇良庄东村	36	男	1940 年
张庆秀	岱岳区良庄镇良庄东村	35	男	1940 年
张西坤	岱岳区良庄镇良庄东村	30	男	1940 年
张西良	岱岳区良庄镇良庄东村	26	男	1940 年
张殿乡	岱岳区良庄镇良庄东村	28	男	1940 年
李振喜	岱岳区天平街道西黄村	40	男	1941 年 1 月
段英河	岱岳区满庄镇灌庄村	25	男	1941 年 1 月
孙继宽	岱岳区满庄镇孙安阜村	24	男	1941 年 1 月
李志本	岱岳区满庄镇南留中村	38	男	1941 年 1 月
王夫营	岱岳区大汶口镇颜南村	19	男	1941 年 1 月
张　杰	岱岳区马庄镇李家大坡村	38	男	1941 年 2 月
赵和庭	岱岳区下港乡石槽村	45	男	1941 年 2 月
李发生	岱岳区夏张镇河西上章村	34	男	1941 年 2 月
路广富	岱岳区满庄镇灌庄村	25	男	1941 年 3 月
范继文	岱岳区满庄镇灌庄村	21	男	1941 年 3 月
韩庆富	岱岳区满庄镇南留北村	28	男	1941 年 3 月
韩克仁	岱岳区满庄镇南留北村	35	男	1941 年 3 月
杜广伟	岱岳区满庄镇南留北村	20	男	1941 年 3 月
周光柱	岱岳区房村镇房村村	16	男	1941 年 3 月
周××	—	—	男	1941 年 4 月
李正华	岱岳区马庄镇漕河崖村	36	男	1941 年 4 月
杨礼功	岱岳区房村镇西杨庄村	24	男	1941 年 4 月
褚正芳	岱岳区房村镇东杨庄村	24	男	1941 年 4 月
王刚岭	岱岳区满庄镇华家岭村	30	男	1941 年 5 月
王俊岭	岱岳区满庄镇华家岭村	32	男	1941 年 5 月
李素修	岱岳区满庄镇华家岭村	25	男	1941 年 5 月
李柏成	岱岳区满庄镇华家岭村	46	男	1941 年 5 月
华志安	岱岳区满庄镇华家岭村	27	男	1941 年 5 月
华志封	岱岳区满庄镇华家岭村	32	男	1941 年 5 月
宋记印	岱岳区满庄镇华家岭村	26	男	1941 年 5 月

姓 名	籍 贯	年 龄	性 别	死难时间
孙方德	岱岳区满庄镇灌庄村	29	男	1941 年 7 月
郑茂轩	岱岳区房村镇北埠西村	27	男	1941 年 7 月
石庭奎	岱岳区夏张镇河西上章村	30	男	1941 年 7 月
张玉杰	岱岳区祝阳镇保全村	30	男	1941 年 7 月
徐学文	岱岳区祝阳镇保全村	19	男	1941 年 7 月
郑成锔	岱岳区房村镇北埠西村	—	男	1941 年 8 月 16 日
张云胜	岱岳区大汶口镇送驾庄村	32	男	1941 年 8 月 20 日
尹承德	岱岳区马庄镇肖家官庄村	21	男	1941 年 8 月
杨洪基	岱岳区马庄镇肖家官庄村	36	男	1941 年 8 月
杨德宅	岱岳区满庄镇南迎村	24	男	1941 年 8 月
孙永利	岱岳区祝阳镇西张村	60	男	1941 年 8 月
周明堂	岱岳区天平街道天平店村	35	男	1941 年 8 月
王士贞	岱岳区夏张镇河西上章村	32	男	1941 年 8 月
金光高	岱岳区夏张镇郑家杭村	15	男	1941 年 8 月
明延更	岱岳区马庄镇漕河崖村	30	男	1941 年 9 月
谢清印	岱岳区祝阳镇蒲台村	20	男	1941 年 9 月
李兆和	岱岳区粥店街道廿里埠村	28	男	1941 年 9 月
王 琪	岱岳区天平街道河东村	30	男	1941 年 10 月
孙日功	岱岳区祝阳镇西石汶村	43	男	1941 年秋
赵家荣	岱岳区天平街道孙家沟村	28	男	1941 年秋
张庆善	岱岳区满庄镇东牛南村	21	男	1941 年 11 月
吴振友	岱岳区满庄镇东牛南村	21	男	1941 年 11 月
段宗文	岱岳区夏张镇孙家况洞村	40	男	1941 年 11 月
段宗武	岱岳区夏张镇孙家况洞村	43	男	1941 年 11 月
段延利	岱岳区夏张镇孙家况洞村	20	男	1941 年 11 月
李自和	岱岳区马庄镇李家大坡村	20	男	1941 年 12 月
冯广生	岱岳区祝阳镇李胡村	37	男	1941 年 12 月
徐宝河之父	岱岳区山口镇吴家庄村	55	男	1941 年腊月
徐宝河	岱岳区山口镇吴家庄村	33	男	1941 年腊月
宗德营	岱岳区山口镇吴家庄村	19	男	1941 年腊月
吴开儒	岱岳区山口镇吴家庄村	44	男	1941 年腊月
张广玉	岱岳区山口镇洼里村	28	男	1941 年冬
宋绍贵	岱岳区山口镇洼里村	25	男	1941 年冬
朱兴甲	岱岳区黄前镇刘家峪村	—	男	1941 年

姓 名	籍 贯	年龄	性别	死难时间
赵平仓	岱岳区黄前镇孟家庄村	—	男	1941年
裴纪银	岱岳区马庄镇马庄村	22	男	1941年
李小合	岱岳区马庄镇南李村	16	女	1941年
李曾廷	岱岳区马庄镇南李村	13	男	1941年
李武洁之弟	岱岳区马庄镇南李村	45	男	1941年
李武洁之弟媳	岱岳区马庄镇南李村	45	女	1941年
苏兴银	岱岳区马庄镇苏家大坡村	34	男	1941年
董兆水	岱岳区徂徕镇南上庄村	39	男	1941年
郑兴路	岱岳区徂徕镇郑庄村	45	男	1941年
郑兴宣	岱岳区徂徕镇郑庄村	30	男	1941年
郑培生	岱岳区徂徕镇郑庄村	30	男	1941年
庞继义	岱岳区徂徕镇北望村	—	男	1941年
吴永宽	岱岳区徂徕镇北黄村	—	男	1941年
朱绪甲之父	岱岳区徂徕镇	—	男	1941年
胡宝界	岱岳区道朗镇大胡村	—	男	1941年
王秉禄	岱岳区道朗镇搬倒井村	—	男	1941年
李桂芳	岱岳区道朗镇搬倒井村	21	女	1941年
高淑静	岱岳区道朗镇搬倒井村	19	男	1941年
刘洪图	岱岳区道朗镇鱼池村	—	男	1941年
孙业磊	岱岳区道朗镇邱家庄村	—	男	1941年
周传红	岱岳区道朗镇	—	—	1941年
刘西江	岱岳区范镇范东村	40	男	1941年
张风柱	岱岳区范镇范东村	40	男	1941年
王南永	岱岳区范镇上埠东村	40	男	1941年
岳建起	岱岳区范镇上埠东村	40	男	1941年
路长喜	岱岳区化马湾乡长安村	—	男	1941年
路敬胜	岱岳区化马湾乡长安村	—	男	1941年
路敬涛	岱岳区化马湾乡长安村	—	男	1941年
路敬志	岱岳区化马湾乡长安村	—	男	1941年
倪灿庚	岱岳区角峪镇北冶村	33	男	1941年
倪灿贵	岱岳区角峪镇北冶村	40	男	1941年
刘兴洋	岱岳区满庄镇南淳于村	25	男	1941年
李振洋	岱岳区满庄镇南淳于村	31	男	1941年
郝相谦	岱岳区满庄镇南淳于村	33	男	1941年

姓　名	籍　贯	年　龄	性　别	死难时间
孙兴庆	岱岳区满庄镇南迎村	—	男	1941 年
刘相斗	岱岳区满庄镇西林村	44	男	1941 年
刘继汉	岱岳区满庄镇黄家庄村	30	男	1941 年
黄金鏊	岱岳区满庄镇黄家庄村	20	男	1941 年
黄继敏	岱岳区满庄镇黄家庄村	30	男	1941 年
黄玉奇	岱岳区满庄镇黄家庄村	18	男	1941 年
黄风仁	岱岳区满庄镇黄家庄村	23	男	1941 年
陈北新	岱岳区满庄镇黄家庄村	40	男	1941 年
王培磊	岱岳区山口镇西官庄村	—	男	1941 年
王光胜	岱岳区山口镇北村	21	男	1941 年
卢荣芝	岱岳区山口镇北村	21	男	1941 年
张传义	岱岳区山口镇新庄村	24	男	1941 年
张荣宝	岱岳区山口镇东碾疃村	37	男	1941 年
李万清	岱岳区山口镇卜官庄村	40	男	1941 年
于发康	岱岳区山口镇大马庄村	19	男	1941 年
张传阁	岱岳区山口镇大马庄村	22	男	1941 年
王培祥	岱岳区山口镇新庄村	21	男	1941 年
张兴泉	岱岳区山口镇西碾疃村	25	男	1941 年
张继新	岱岳区山口镇西碾疃村	23	男	1941 年
赵炳增	岱岳区山口镇西碾疃村	25	男	1941 年
张广毓	岱岳区山口镇洼里村	19	男	1941 年
宋绍桂	岱岳区山口镇洼里村	27	男	1941 年
解传远	岱岳区山口镇洼里村	29	男	1941 年
张灿敏	岱岳区山口镇	—	男	1941 年
张　普	岱岳区山口镇吴家庄村	—	男	1941 年
张×××	岱岳区山口镇北庄村	—	男	1941 年
孙玉水	岱岳区下港乡朝阳村	19	男	1941 年
陈仲汉	岱岳区下港乡朝阳村	20	男	1941 年
陈仲言	岱岳区下港乡朝阳村	37	男	1941 年
李××	岱岳区下港乡上港村	30	男	1941 年
姚洪可	岱岳区下港乡开山村	—	男	1941 年
倪灿同	岱岳区下港乡开山村	—	男	1941 年
王字明之母	岱岳区天平街道西黄村	50	女	1941 年
刘儒成	岱岳区粥店街道小辛庄村	28	男	1941 年

姓 名	籍 贯	年 龄	性 别	死难时间
公森林	岱岳区祝阳镇公家汶村	—	男	1941 年
冯正干	岱岳区祝阳镇公家汶村	—	男	1941 年
赵平云	岱岳区祝阳镇公家汶村	—	男	1941 年
赵来才	岱岳区祝阳镇梭东村	21	男	1941 年
赵来友	岱岳区祝阳镇梭东村	18	男	1941 年
杨广增	岱岳区祝阳镇梭北村	33	男	1941 年
李振平	岱岳区祝阳镇姚西村	—	男	1941 年
赵和珍	岱岳区祝阳镇祝阳村	—	男	1941 年
赵慧正	岱岳区祝阳镇祝阳村	—	男	1941 年
李宝安	—	—	男	1941 年
张广得	岱岳区天平街道起驾店村	38	男	1941 年
张志才	岱岳区天平街道天平北大圈村	—	男	1941 年
王 琪	岱岳区天平街道卧牛石村	21	男	1941 年
王连周	岱岳区天平街道卧牛石村	23	男	1941 年
刘京清	岱岳区天平街道姜庄村	32	男	1941 年
孙业磊	岱岳区天平街道邱家庄村	—	男	1941 年
陈文宝	岱岳区大汶口镇柏子村	40	男	1941 年
陈绪亭	岱岳区大汶口镇柏子村	18	男	1941 年
杨立田	岱岳区大汶口镇南西遥村	19	男	1941 年
孙兆兴	岱岳区大汶口镇北大吴村	23	男	1941 年
周××	—	—	—	1941 年
侯方山	岱岳区房村镇东西住村	25	男	1941 年
李元昌	岱岳区房村镇西西住村	23	男	1941 年
李昌法	岱岳区房村镇涝坡村	24	男	1941 年
张清林	岱岳区房村镇房村村	21	男	1941 年
王来才	岱岳区房村镇周全庄村	20	男	1941 年
张夫深	岱岳区房村镇周全庄村	22	男	1941 年
徐孝苏	岱岳区房村镇周全庄村	24	男	1941 年
杨绍农	岱岳区房村镇金银庄村	21	男	1941 年
朱玉干	岱岳区祖徕镇北望村	35	男	1941 年
马纯阳	岱岳区夏张镇前后牛村	23	男	1941 年
庄超范	岱岳区夏张镇马家店村	30	男	1941 年
刘发瑞	岱岳区夏张镇肖家庄村	39	男	1941 年
王纪堂	岱岳区夏张镇于家官庄村	23	男	1941 年

姓 名	籍 贯	年 龄	性 别	死难时间
郑新田	岱岳区夏张镇平家官庄村	24	男	1941 年
崔平胜	岱岳区夏张镇夏张北村	36	男	1941 年
任学成	岱岳区夏张镇前后牛村	42	男	1941 年
宋绍礼	岱岳区夏张镇前后牛村	21	男	1941 年
高明星	岱岳区夏张镇南寨村	34	男	1941 年
马安富	岱岳区夏张镇南白楼村	31	男	1941 年
任西祥	岱岳区夏张镇南白楼村	28	男	1941 年
陈尚奇	岱岳区良庄镇西良庄村	30	男	1941 年
葛振银	岱岳区良庄镇北宋村	33	男	1941 年
李玉宽	—	—	男	1941 年
张炳坤	岱岳区良庄镇白庙村	—	男	1941 年
李文信	岱岳区满庄镇灌庄村	39	男	1942 年 1 月
崔传宝	岱岳区满庄镇灌庄村	28	男	1942 年 1 月
韩绪根	岱岳区满庄镇灌庄村	16	男	1942 年 1 月
杨光亮	岱岳区满庄镇北迎村	30	男	1942 年 1 月
金风元	岱岳区下港乡过马滩村	36	男	1942 年 1 月
马学彬	岱岳区祝阳镇梭村	18	男	1942 年 1 月
刘正山	岱岳区祝阳镇二王安村	24	男	1942 年 1 月
张永福	岱岳区祝阳镇桐花沟村	42	男	1942 年 1 月
耿炳法	岱岳区祝阳镇祝阳村	26	男	1942 年 1 月
孙吉生	岱岳区黄前镇邱家庄村	36	男	1942 年 1 月
孙吉信	岱岳区黄前镇邱家庄村	26	男	1942 年 1 月
赵正林	岱岳区黄前镇红河村	25	男	1942 年 1 月
张付利	岱岳区黄前镇红河村	19	男	1942 年 1 月
吴殿家	岱岳区山口镇吴家庄村	36	男	1942 年 1 月
宋广平	岱岳区山口镇春阳沟村	39	男	1942 年 1 月
国树德	岱岳区山口镇张家户村	76	男	1942 年 1 月
钱宗信	岱岳区山口镇油坊村	33	男	1942 年 1 月
钱光玺	岱岳区山口镇油坊村	54	男	1942 年 1 月
张富华	岱岳区山口镇山口东村	41	男	1942 年 1 月
石树叶	岱岳区黄前镇花果峪村	29	男	1942 年 1 月
孙继章之三弟	岱岳区黄前镇邱家庄	17	男	1942 年 1 月
吕冠三	岱岳区夏张镇	—	男	1942 年 1 月
于衍山	岱岳区大汶口镇柏子村	22	男	1942 年 2 月

姓　名	籍　贯	年　龄	性　别	死难时间
尹作成	岱岳区黄前镇宋家庄村	12	男	1942 年 4 月 3 日
宋绪堂	岱岳区粥店街道廿里埠村	18	男	1942 年 4 月 3 日
杨礼尧	岱岳区房村镇西杨庄村	39	男	1942 年 4 月 3 日
杨志星	岱岳区房村镇西杨庄村	21	男	1942 年 4 月 3 日
于绍仁	岱岳区房村镇西南望村	25	男	1942 年 4 月 3 日
刘加臣	岱岳区房村镇东南望村	46	男	1942 年 4 月 3 日
邹仁义	岱岳区房村镇邹家庄村	24	男	1942 年 4 月 3 日
邹本尧	岱岳区房村镇邹家庄村	21	男	1942 年 4 月 3 日
李其峰	岱岳区房村镇乡城南村	22	男	1942 年 4 月 3 日
夏荣河	岱岳区房村镇朱家庄村	27	男	1942 年 4 月 3 日
董长幸	岱岳区房村镇程白塔村	28	男	1942 年 4 月 3 日
于可倦	岱岳区房村镇西南望村	30	男	1942 年 4 月 3 日
高广利	岱岳区房村镇韩家寨村	18	男	1942 年 4 月 3 日
韩焕强	岱岳区房村镇韩家寨村	34	男	1942 年 4 月 3 日
薛其关	岱岳区良庄镇茅茨村	19	男	1942 年 4 月 3 日
薛其松	岱岳区良庄镇薛庄北村	—	男	1942 年 4 月 3 日
薛其常	岱岳区良庄镇薛庄北村	—	男	1942 年 4 月 3 日
薛玉贵之母	岱岳区良庄镇薛庄北村	—	女	1942 年 4 月 3 日
薛玉贵之婶	岱岳区良庄镇薛庄北村	—	女	1942 年 4 月 3 日
薛玉贵之姑	岱岳区良庄镇薛庄北村	—	女	1942 年 4 月 3 日
薛训奎	岱岳区良庄镇薛庄北村	—	男	1942 年 4 月 3 日
薛训请	岱岳区良庄镇薛庄北村	—	男	1942 年 4 月 3 日
薛修文之二哥	岱岳区良庄镇薛庄北村	—	男	1942 年 4 月 3 日
薛修竹	岱岳区良庄镇薛庄北村	—	男	1942 年 4 月 3 日
彭德茂	岱岳区马庄镇吴家新庄村	—	男	1942 年 4 月
靖文兴	岱岳区满庄镇中淳于村	30	男	1942 年 4 月
郝四妮	岱岳区祝阳镇西石汶村	18	女	1942 年春
李纪检	岱岳区马庄镇李家大坡村	49	男	1942 年 5 月
于代松	岱岳区满庄镇东林村	50	男	1942 年 5 月
于会东	岱岳区满庄镇东林村	31	男	1942 年 5 月
邹玉印	岱岳区满庄镇东林村	59	男	1942 年 5 月
邹玉卓	岱岳区满庄镇东林村	32	男	1942 年 5 月
李化照	岱岳区下港乡上港村	16	男	1942 年 5 月
魏光翰	岱岳区下港乡上港村	22	男	1942 年 5 月

姓　名	籍　贯	年　龄	性　别	死难时间
李本尚	岱岳区大汶口镇双杨店村	21	男	1942 年 5 月
任建五	岱岳区夏张镇鸡鸣返村	—	男	1942 年 5 月
陈京洋	岱岳区夏张镇孙上章村	32	男	1942 年 5 月
武传正	岱岳区良庄镇茅茨北村	—	男	1942 年 5 月
侯希鹏	岱岳区良庄镇茅茨北村	—	男	1942 年 5 月
林　栋	岱岳区良庄镇茅茨北村	—	男	1942 年 5 月
王新贵	岱岳区良庄镇茅茨北村	—	男	1942 年 5 月
牛	岱岳区房村镇新杨庄村	12	男	1942 年 6 月
杨玉涛	岱岳区房村镇新杨庄村	42	男	1942 年 6 月
曹传兴	岱岳区夏张镇南胡县村	31	男	1942 年 6 月
春　子	岱岳区房村镇房村村	29	男	1942 年 7 月
刘伟山	岱岳区马庄镇河口村	42	男	1942 年 8 月
姚玉勇	岱岳区下港乡西圈村	29	男	1942 年 8 月
赵中玉	岱岳区祝阳镇井家洼村	48	男	1942 年 8 月
王连祥	岱岳区夏张镇峦湾崖村	36	男	1942 年 8 月
徐学增	岱岳区下港乡水泉峪村	27	男	1942 年 9 月
徐学勤	岱岳区下港乡水泉峪村	20	男	1942 年 9 月
孙纪凯之二伯父	岱岳区下港乡下里村	—	男	1942 年 9 月
孙培祥	岱岳区夏张镇郭家小庄村	25	男	1942 年 9 月
高法士	岱岳区良庄镇山阳村	—	男	1942 年 10 月
钱广玺	岱岳区山口镇油坊村	—	男	1942 年秋
程玉连	岱岳区山口镇西太平村	—	男	1942 年秋后
魏安玉	岱岳区下港乡黄芹村	—	男	1942 年 11 月
李万胜	岱岳区房村镇房村村	37	男	1942 年 11 月
周　松	岱岳区房村镇房村村	33	男	1942 年 11 月
黄凤桐	岱岳区满庄镇黄家庄村	30	男	1942 年 12 月
李　敏	岱岳区下港乡胡家峪村	20	女	1942 年 12 月
侯方柱	岱岳区良庄镇官庄村	42	男	1942 年 12 月
张洪纯	岱岳区山口镇东碾疃村	31	男	1942 年腊月
张荣义	岱岳区山口镇东碾疃村	50	男	1942 年腊月
张继兰	岱岳区山口镇王庄村	26	男	1942 年冬
张相荣	岱岳区黄前镇大北岭村	—	男	1942 年
焦忠科	岱岳区黄前镇窝角村	—	男	1942 年
焦殿星之妻	岱岳区黄前镇窝角村	—	女	1942 年

姓　名	籍　贯	年　龄	性　别	死难时间
张圣同	岱岳区黄前镇红河村	—	男	1942 年
赵会川	岱岳区黄前镇谷家泉村	—	男	1942 年
李光坎	岱岳区黄前镇砚池河村	—	男	1942 年
李明扬	岱岳区黄前镇砚池河村	—	男	1942 年
李继泉	岱岳区黄前镇木口峪村	—	男	1942 年
邱佰广	岱岳区黄前镇木口峪村	—	男	1942 年
邱佰富	岱岳区黄前镇木口峪村	—	男	1942 年
赵正叶	岱岳区黄前镇木口峪村	—	男	1942 年
李七妮	岱岳区马庄镇北李村	15	女	1942 年
杨文河	岱岳区马庄镇漕河崖村	20	男	1942 年
刘正友	岱岳区祖徕镇寺河村	27	男	1942 年
刘学宽	岱岳区祖徕镇寺河村	25	男	1942 年
孙连生	岱岳区祖徕镇寺河村	26	男	1942 年
时赠科	岱岳区祖徕镇寺河村	32	男	1942 年
张运让	岱岳区祖徕镇许庄村	—	男	1942 年
张清资	岱岳区祖徕镇新庄村	60	男	1942 年
时祥锦	岱岳区祖徕镇新庄村	58	男	1942 年
崔风云	岱岳区祖徕镇新庄村	60	男	1942 年
翟登明	岱岳区祖徕镇许庄村	—	男	1942 年
朱丙水	岱岳区祖徕镇邓庄村	17	男	1942 年
张西善	岱岳区祖徕镇邓庄村	39	男	1942 年
张传保	岱岳区祖徕镇邓庄村	19	男	1942 年
崔连保	岱岳区祖徕镇邓庄村	22	男	1942 年
聂士德	岱岳区祖徕镇邓庄村	21	男	1942 年
聂圣银	岱岳区祖徕镇邓庄村	16	男	1942 年
刘善仁	岱岳区祖徕镇祖徕村	—	男	1942 年
姬传英	岱岳区祖徕镇祖徕村	18	女	1942 年
刘会森	岱岳区祖徕镇曹庄村	30	男	1942 年
刘传典	岱岳区祖徕镇曹庄村	—	男	1942 年
刘继道	岱岳区祖徕镇曹庄村	—	男	1942 年
朱绪基	岱岳区祖徕镇宽店村	20	男	1942 年
韩邦原	岱岳区祖徕镇石崖村	26	男	1942 年
李元成	岱岳区祖徕镇西埠前村	—	男	1942 年
朱玉学	岱岳区祖徕镇北望村	—	男	1942 年

姓　名	籍　贯	年　龄	性　别	死难时间
朱宗仉之母	岱岳区祖徕镇北望村	—	女	1942 年
吴兆烜之妻	岱岳区祖徕镇北望村	—	女	1942 年
吴佐旺	岱岳区祖徕镇土门村	40	男	1942 年
刘相元	—	—	男	1942 年
马玉荣	岱岳区道朗镇朱洼村	—	男	1942 年
王家贞	岱岳区道朗镇拉马洼村	—	男	1942 年
薛新安	岱岳区道朗镇薛岭村	—	男	1942 年
庞永林	岱岳区道朗镇庞伍村	—	男	1942 年
庞善正	岱岳区道朗镇庞伍村	—	男	1942 年
刘树生	岱岳区道朗镇道朗村	18	男	1942 年
许永昌	岱岳区道朗镇丰山村	40	男	1942 年
许汝全	岱岳区道朗镇丰山村	18	男	1942 年
徐元泰	岱岳区道朗镇下洼村	32	男	1942 年
戚运杰	岱岳区范镇戚家台头村	26	男	1942 年
张宾苓	岱岳区范镇张家梭头村	37	男	1942 年
孟广翠	岱岳区范镇谷家村	18	女	1942 年
孟昭仓	岱岳区范镇孟家村	19	男	1942 年
王　氏	岱岳区范镇谷家村	22	女	1942 年
孟　氏	岱岳区范镇谷家村	22	女	1942 年
韩玉祥	岱岳区范镇谷家村	28	男	1942 年
程保车	岱岳区化马湾乡东掌村	30	男	1942 年
窦学贵	岱岳区化马湾乡东掌村	25	男	1942 年
邓苏云	岱岳区化马湾乡石湾村	23	男	1942 年
张兴银	岱岳区化马湾乡牛山村	33	男	1942 年
高　义	岱岳区化马湾乡北崖村	18	男	1942 年
程仲良	岱岳区化马湾乡西庄村	42	男	1942 年
吴佐泉	岱岳区化马湾乡洪山村	27	男	1942 年
邹化哲	岱岳区化马湾乡洪山村	32	男	1942 年
邹宗杭	岱岳区化马湾乡洪山村	30	男	1942 年
邹绍风之母	岱岳区化马湾乡洪山村	50	女	1942 年
邹绍志	岱岳区化马湾乡洪山村	40	男	1942 年
张洪英	岱岳区化马湾乡草茨村	21	女	1942 年
边跟岭	岱岳区化马湾乡草茨村	19	男	1942 年
彭西海	岱岳区化马湾乡洼里村	22	男	1942 年

姓 名	籍 贯	年 龄	性 别	死难时间
王金来之弟	岱岳区角峪镇柴庄村	—	男	1942 年
朱正亮	岱岳区角峪镇河西村	38	男	1942 年
李双泉	岱岳区角峪镇泉上村	31	男	1942 年
范继任	岱岳区满庄镇灌庄村	22	男	1942 年
李佰贞	岱岳区满庄镇黄家林村	23	男	1942 年
孙培元	岱岳区山口镇响水崖村	21	男	1942 年
纪老三	岱岳区山口镇辛水崖村	40	男	1942 年
李中银	岱岳区山口镇	42	男	1942 年
宋广成	岱岳区山口镇春阳沟村	20	男	1942 年
张继盈	岱岳区山口镇春阳沟村	21	男	1942 年
张灿朋	岱岳区山口镇北庄村	34	男	1942 年
尹士顿	岱岳区山口镇赵石汶村	40	男	1942 年
张圣贵	岱岳区山口镇禹石汶村	25	男	1942 年
于兴祥	岱岳区山口镇杨石汶村	29	男	1942 年
杨永义	岱岳区山口镇杨石汶村	37	男	1942 年
钱光金	岱岳区山口镇油坊村	33	男	1942 年
姚宗昌	岱岳区山口镇西官庄村	—	男	1942 年
朱要芝之妻	岱岳区山口镇大马庄村	—	女	1942 年
张玉厚	岱岳区山口镇大马庄村	—	男	1942 年
邵文亭	岱岳区山口镇大马庄村	—	男	1942 年
邵敬亭	岱岳区山口镇大马庄村	—	男	1942 年
钱光法	岱岳区山口镇油坊村	22	男	1942 年
吴鸭子	岱岳区山口镇西村	23	男	1942 年
吴鸭子之弟	岱岳区山口镇西村	—	男	1942 年
周昌宝	岱岳区山口镇西村	25	男	1942 年
曹德儒	岱岳区山口镇西村	21	男	1942 年
王守宝	岱岳区山口镇东村	38	男	1942 年
孙继山	岱岳区山口镇东村	36	男	1942 年
吴月行	岱岳区山口镇东村	21	男	1942 年
吴月和	岱岳区山口镇东村	—	男	1942 年
王风选	岱岳区山口镇吴家庄村	21	男	1942 年
王风展	岱岳区山口镇吴家庄村	23	男	1942 年
孙三元	岱岳区山口镇响水崖村	—	男	1942 年
倪学培	岱岳区下港乡彭家庄村	21	男	1942 年

姓 名	籍 贯	年 龄	性 别	死难时间
黄排长	—	—	男	1942 年
赵惠川	—	—	男	1942 年
吴玉员	—	—	男	1942 年
倪桂星	岱岳区下港乡石槽村	24	男	1942 年
赵和运	岱岳区下港乡上里村	36	男	1942 年
韩玉香	岱岳区下港乡上里村	40	男	1942 年
刘东海	岱岳区下港乡保家庄村	21	男	1942 年
孙光池	岱岳区下港乡保家庄村	25	男	1942 年
沈九子	岱岳区下港乡保家庄村	19	男	1942 年
沈正志	岱岳区下港乡保家庄村	25	男	1942 年
沈正信	岱岳区下港乡保家庄村	26	男	1942 年
沈正富	岱岳区下港乡保家庄村	24	男	1942 年
沈光仓	岱岳区下港乡保家庄村	19	男	1942 年
沈培太	岱岳区下港乡保家庄村	18	男	1942 年
赵金川	岱岳区下港乡保家庄村	24	男	1942 年
朱振更	岱岳区下港乡上港村	—	男	1942 年
李化用	岱岳区下港乡上港村	30	男	1942 年
李化永	岱岳区下港乡上港村	—	男	1942 年
李化昌	岱岳区下港乡上港村	—	男	1942 年
李化茂	岱岳区下港乡上港村	40	男	1942 年
李光杜	岱岳区下港乡上港村	—	男	1942 年
李光都	岱岳区下港乡上港村	—	男	1942 年
张庆江	岱岳区下港乡上港村	30	男	1942 年
魏光寒	岱岳区下港乡上港村	—	男	1942 年
徐仲河	岱岳区下港乡八亩地村	20	男	1942 年
陈子春	岱岳区下港乡朝阳村	22	男	1942 年
王大壮	岱岳区下港乡下里村	—	男	1942 年
张洪春	岱岳区下港乡下港村	—	男	1942 年
姚玉合	岱岳区下港乡下港村	—	男	1942 年
姚玉京	岱岳区下港乡下港村	—	男	1942 年
姚玉连	岱岳区下港乡下港村	—	男	1942 年
姚玉贵	岱岳区下港乡下港村	—	男	1942 年
姚玉岱	岱岳区下港乡下港村	—	男	1942 年
李永升	岱岳区下港乡石腊村	46	男	1942 年

姓 名	籍 贯	年 龄	性 别	死难时间
宋玉辛	岱岳区下港乡石腊村	46	男	1942 年
高立河之妻	岱岳区下港乡石腊村	43	女	1942 年
刘德会	岱岳区粥店街道曹家村	36	男	1942 年
王长高	岱岳区粥店街道廿里埠村	35	男	1942 年
王长财	岱岳区粥店街道廿里埠村	37	男	1942 年
王怀山之大爷	岱岳区粥店街道廿里埠村	46	男	1942 年
王怀山之大娘	岱岳区粥店街道廿里埠村	45	女	1942 年
宋洪俊	岱岳区粥店街道廿里埠村	38	男	1942 年
金志茂	岱岳区粥店街道廿里埠村	28	男	1942 年
金继曾	岱岳区粥店街道廿里埠村	26	男	1942 年
郭玉吉	岱岳区粥店街道北黄村	34	男	1942 年
庞兴让	岱岳区粥店街道堰东村	—	男	1942 年
李兆明	岱岳区粥店街道下旺村	30	男	1942 年
刘光德	岱岳区祝阳镇东大官村	18	男	1942 年
刘 氏	岱岳区祝阳镇东石汶村	—	女	1942 年
赵和山	岱岳区祝阳镇东石汶村	29	男	1942 年
周美岳	岱岳区祝阳镇西石汶村	22	男	1942 年
宋士忠	岱岳区祝阳镇东大官庄村	42	男	1942 年
马学滨	—	22	男	1942 年
李传岭	岱岳区祝阳镇谢官庄村	—	男	1942 年
陈寿芝	—	28	男	1942 年
周传江	岱岳区天平街道黑水湾村	—	男	1942 年
胡继祥	岱岳区天平街道大坦地村	64	男	1942 年
刘广泰	岱岳区天平街道孙家沟村	27	男	1942 年
张承祥	岱岳区大汶口镇柏子村	39	男	1942 年
周传才	岱岳区大汶口镇柏子村	31	男	1942 年
周传甲	岱岳区大汶口镇柏子村	35	男	1942 年
周高氏	岱岳区大汶口镇柏子村	57	女	1942 年
颜承文	岱岳区大汶口镇柏子村	25	男	1942 年
董兴龙	岱岳区房村镇董白塔村	—	男	1942 年
董传英	岱岳区房村镇董白塔村	—	男	1942 年
董传宏	岱岳区房村镇董白塔村	—	男	1942 年
董常卫	岱岳区房村镇董白塔村	—	男	1942 年
董常兰	岱岳区房村镇董白塔村	—	男	1942 年

姓 名	籍 贯	年 龄	性 别	死难时间
董常耕	岱岳区房村镇董白塔村	—	男	1942 年
董振端	岱岳区房村镇董白塔村	—	男	1942 年
于学运	岱岳区房村镇乡城北村	—	男	1942 年
郑成段	岱岳区房村镇乡城北村	—	男	1942 年
杨义贵	岱岳区房村镇西杨庄村	34	男	1942 年
杨礼棠	岱岳区房村镇西杨庄村	19	男	1942 年
高士林	岱岳区房村镇韩家寨村	19	男	1942 年
李成法	岱岳区房村镇涝坡村	21	男	1942 年
杨西保	岱岳区房村镇涝坡村	34	男	1942 年
蒋圣贤	岱岳区房村镇北阳关村	25	男	1942 年
周长义	岱岳区房村镇房村村	21	男	1942 年
侯存富	岱岳区房村镇周全村	23	男	1942 年
侯培文	岱岳区房村镇肖庄村	29	男	1942 年
程会程	岱岳区房村镇程白塔村	24	男	1942 年
邵字兴	岱岳区房村镇朱家庄村	21	男	1942 年
高子文	岱岳区房村镇朱家庄村	21	男	1942 年
秦家昌之前妻	岱岳区房村镇朱家庄村	—	女	1942 年
颜振高之弟	岱岳区房村镇东杨庄村	18	男	1942 年
程宗伦	岱岳区良庄镇山阳村	—	男	1942 年
赵成典之三弟	岱岳区夏张镇尹家庄村	20	男	1942 年
武延庆	岱岳区夏张镇蒯沟村	24	男	1942 年
周 氏	岱岳区夏张镇下官庄村	32	女	1942 年
李允昌	岱岳区夏张镇新河西村	37	男	1942 年
段××	岱岳区夏张镇峦湾崖村	51	男	1942 年
王炳伦	岱岳区夏张镇王士店村	31	男	1942 年
杨海岱	岱岳区夏张镇王士店村	16	男	1942 年
张传伦	岱岳区夏张镇宁家庄村	38	男	1942 年
刘景高	岱岳区夏张镇赵家店村	—	男	1942 年
赵丙乾	岱岳区夏张镇赵家店村	—	男	1942 年
王凤海	岱岳区夏张镇大西牛村	—	男	1942 年
李延丰	岱岳区夏张镇东城村	32	男	1942 年
李于民	岱岳区夏张镇新河西村	—	女	1942 年
王兆贵	岱岳区夏张镇下官庄村	42	男	1942 年
吴 涛	岱岳区夏张镇郝家宅村	29	男	1942 年

姓 名	籍 贯	年 龄	性 别	死难时间
刘董氏	岱岳区良庄镇西良庄村	35	女	1942 年
张清平	岱岳区良庄镇西良庄村	28	男	1942 年
张清汉	岱岳区良庄镇西良庄村	34	男	1942 年
张清修	岱岳区良庄镇西良庄村	30	男	1942 年
陈文油	岱岳区良庄镇西良庄村	18	男	1942 年
陈文食	岱岳区良庄镇西良庄村	30	男	1942 年
王继动之父	岱岳区良庄镇黄石崖村	—	男	1942 年
姬光泉	岱岳区良庄镇黄石崖村	—	男	1942 年
李夫祥	岱岳区良庄镇黄石崖村	—	男	1942 年
周庆怀	岱岳区良庄镇黄石崖村	—	男	1942 年
李圣长	岱岳区良庄镇黄石崖村	—	男	1942 年
薛文友	岱岳区良庄镇黄石崖村	—	男	1942 年
姬传英	岱岳区良庄镇茅茨南村	—	女	1942 年
王学英	岱岳区良庄镇茅茨南村	—	女	1942 年
程西胜	岱岳区良庄镇茅茨南村	—	男	1942 年
王学友	岱岳区良庄镇黄石崖村	—	男	1942 年
薛货子	岱岳区房村镇么山峪村	—	男	1942 年
马方贵	岱岳区良庄镇茅茨北村	—	男	1942 年
薛德刚	岱岳区良庄镇薛庄南村	—	男	1942 年
薛其松	岱岳区良庄镇薛庄南村	—	男	1942 年
薛王巴	岱岳区良庄镇薛庄南村	—	男	1942 年
薛二迎	岱岳区良庄镇薛庄南村	—	男	1942 年
程智胜	岱岳区良庄镇茅茨北村	—	男	1942 年
蔡林栋	岱岳区良庄镇茅茨东村	—	男	1942 年
李振元	岱岳区良庄镇茅茨东村	—	男	1942 年
夏洪波	岱岳区良庄镇茅茨东村	—	男	1942 年
李圣仇	岱岳区良庄镇茅茨东村	—	男	1942 年
姬长荣	岱岳区良庄镇茅茨东村	—	男	1942 年
王圣山	岱岳区良庄镇茅茨东村	—	男	1942 年
蔡林楷	岱岳区良庄镇茅茨东村	—	男	1942 年
蔡林松	岱岳区良庄镇茅茨东村	—	男	1942 年
武之先之大哥	岱岳区良庄镇茅茨北村	42	男	1942 年
周长席	岱岳区良庄镇茅茨南村	19	男	1942 年
吴圣才	岱岳区良庄镇茅茨东村	—	男	1942 年

姓　名	籍　贯	年　龄	性　别	死难时间
马传实	岱岳区良庄镇茅茨东村	—	男	1942 年
梁杨氏	岱岳区良庄镇高胡庄村	32	女	1942 年
梁运孝	岱岳区良庄镇山阳村	—	男	1942 年
程宗枝	岱岳区良庄镇山阳村	—	男	1942 年
张业腾之祖父	岱岳区良庄镇山阳村	—	男	1942 年
杜庆风之弟	岱岳区良庄镇山阳村	—	男	1942 年
孔令泉之祖父	岱岳区良庄镇山阳村	—	男	1942 年
黄庆俭	岱岳区良庄镇白庙村	—	男	1942 年
张彦读	岱岳区良庄镇北宋村	45	男	1942 年
房兆义	岱岳区良庄镇房家宣洛村	24	男	1942 年
张召习	岱岳区良庄镇东良庄村	40	男	1942 年
马传富	岱岳区良庄镇茅茨村	24	男	1942 年
王新瑞	岱岳区良庄镇茅茨村	21	男	1942 年
李振才	岱岳区良庄镇茅茨村	32	男	1942 年
武甲成	岱岳区良庄镇茅茨村	24	男	1942 年
程全炳	岱岳区良庄镇茅茨村	26	男	1942 年
程春水	岱岳区良庄镇茅茨村	26	男	1942 年
薛玉忠	岱岳区良庄镇茅茨村	26	男	1942 年
薛其木	岱岳区良庄镇茅茨村	36	男	1942 年
李春成	岱岳区祝阳镇永宁村	46	男	1942 年
李春成之子	岱岳区祝阳镇永宁村	22	男	1942 年
陈兆恒	岱岳区祝阳镇永宁村	35	男	1942 年
张景华之兄	岱岳区天平街道姜庄村	—	男	1942 年
杨　氏	岱岳区天平街道岩庄村	60	女	1942 年
孙吉海	岱岳区黄前镇邱家庄村	23	男	1943 年 1 月 20 日
张富重	岱岳区黄前镇瓦屋头村	39	男	1943 年 1 月 20 日
孙继海	岱岳区黄前镇砚池河村	70	男	1943 年 1 月 20 日
杨立连	岱岳区黄前镇砚池河村	66	男	1943 年 1 月 20 日
吴佃旺	岱岳区黄前镇邵家庄村	26	男	1943 年 1 月 20 日
张相冉	岱岳区黄前镇白云寺村	21	男	1943 年 1 月 20 日
朱汝开	岱岳区黄前镇门庄村	55	男	1943 年 1 月 20 日
尹士兑	岱岳区黄前镇宋家庄村	58	男	1943 年 1 月 20 日
张玉厚	岱岳区黄前镇宋家庄村	44	男	1943 年 1 月 20 日
吴开月	岱岳区黄前镇高家圈村	19	男	1943 年 1 月 20 日

姓 名	籍 贯	年 龄	性 别	死难时间
沙永亮之母	岱岳区黄前镇户家庄村	45	女	1943 年 1 月 20 日
沙永亮之妹	岱岳区黄前镇户家庄村	19	女	1943 年 1 月 20 日
孙际山	岱岳区黄前镇刘家峪村	29	男	1943 年 1 月 20 日
焦圣干之祖母	岱岳区黄前镇刘家峪村	57	女	1943 年 1 月 20 日
王受道	岱岳区黄前镇刘家峪村	30	男	1943 年 1 月 20 日
京 妮	岱岳区黄前镇黄前村	10	女	1943 年 1 月 20 日
李善起	岱岳区黄前镇大北岭村	48	男	1943 年 1 月 20 日
张富言	岱岳区黄前镇大地村	34	男	1943 年 1 月 20 日
张宗瑞	岱岳区黄前镇大地村	37	男	1943 年 1 月 20 日
赵发林	岱岳区黄前镇红河村	45	男	1943 年 1 月 20 日
周茂泉	岱岳区马庄镇漕河崖村	38	男	1943 年 1 月
张力尽	岱岳区满庄镇南留北村	30	男	1943 年 1 月
杨金坡	岱岳区下港乡茅茨舍村	19	男	1943 年 1 月
李善运	岱岳区大汶口镇陈家石墙村	22	男	1943 年 1 月
李金栋	岱岳区夏张镇北庄村	25	男	1943 年 1 月
吴在连	岱岳区祝阳镇焦南村	47	男	1943 年 1 月
梁振仓	岱岳区祝阳镇横岭村	30	男	1943 年 2 月 2 日
刘岱云	岱岳区马庄镇河口村	29	男	1943 年 2 月
曹金尧	岱岳区下港乡茅茨舍村	25	男	1943 年 2 月
薛夫瑞	岱岳区马庄镇薛家庄村	37	男	1943 年 3 月
郭德玉	岱岳区马庄镇漕河崖村	30	男	1943 年 3 月
张连臣	岱岳区粥店街道黄草岭村	—	男	1943 年 3 月
冯杜氏	岱岳区房村镇北阳关村	34	女	1943 年 3 月
刘树茂	岱岳区夏张镇关王庙村	40	男	1943 年 3 月
徐英基	岱岳区祝阳镇北高北村	27	女	1943 年 4 月
马振东	岱岳区满庄镇宿家庄村	26	男	1943 年 4 月
李光为	岱岳区下港乡木营村	23	男	1943 年 4 月
姚文平	岱岳区下港乡西祥沟村	26	男	1943 年 4 月
张灿亮	岱岳区祝阳镇宋家庄村	19	男	1943 年 4 月
孙永常	岱岳区祝阳镇西张村	22	男	1943 年 4 月
颜景春	岱岳区大汶口镇卫驾庄村	24	男	1943 年 4 月
贾济春	岱岳区大汶口镇西大吴村	20	男	1943 年 4 月
翟××	岱岳区山口镇东村	—	男	1943 年春
王树颜	岱岳区角峪镇	—	男	1943 年 5 月

姓 名	籍 贯	年 龄	性 别	死难时间
蒋爱新	岱岳区房村镇北阳关村	13	女	1943 年 5 月
岳云亭	岱岳区满庄镇中淳于村	31	男	1943 年 6 月
郑和田	岱岳区夏张镇关王庙村	60	男	1943 年 6 月
苏广银	岱岳区马庄镇苏大坡村	30	男	1943 年 7 月
苏学洪	岱岳区马庄镇苏大坡村	40	男	1943 年 7 月
王安菊	岱岳区马庄镇苏大坡村	38	男	1943 年 7 月
张全三	岱岳区角峪镇鲁东村	23	男	1943 年 7 月
刘延春	岱岳区祝阳镇二王安村	60	男	1943 年 7 月
赵正文	岱岳区祝阳镇二王安村	40	男	1943 年 7 月
赵兴斗	岱岳区祝阳镇永宁庄村	23	男	1943 年 7 月
刘东阳	岱岳区祝阳镇秋林村	32	男	1943 年 7 月
国连川	岱岳区祝阳镇上太和村	—	男	1943 年 7 月
张传有	岱岳区祝阳镇上太和村	—	男	1943 年 7 月
张连泉	岱岳区祝阳镇下太和村	25	男	1943 年 7 月
张连昌	岱岳区祝阳镇下太和村	40	男	1943 年 7 月
赵京怀	岱岳区马庄镇萨家庄村	38	男	1943 年 8 月
王安程	岱岳区马庄镇刘家大坡村	21	男	1943 年 8 月
张登友	岱岳区化马湾乡沙沟村	22	男	1943 年 8 月
任道平	岱岳区化马湾乡	—	男	1943 年 8 月
张东静	岱岳区化马湾乡	—	男	1943 年 8 月
李天祥	岱岳区角峪镇泉上村	—	男	1943 年 8 月
孙继文	岱岳区满庄镇孙安阜村	30	男	1943 年 8 月
张相涛	岱岳区山口镇户栗村	20	男	1943 年 9 月
孙永代	岱岳区下港乡新庄村	—	男	1943 年 9 月
孙永告	岱岳区下港乡新庄村	—	男	1943 年 9 月
孙光雨	岱岳区下港乡新庄村	—	男	1943 年 9 月
李运英	岱岳区下港乡新庄村	—	女	1943 年 9 月
孙传增	岱岳区下港乡新庄村	—	男	1943 年 9 月
付灿太	岱岳区范镇付庄村	—	男	1943 年秋
钱玉德	岱岳区山口镇油坊村	—	男	1943 年秋
周庆云	岱岳区山口镇油坊村	—	男	1943 年秋
张培胜	岱岳区良庄镇山阳村	—	男	1943 年 10 月 9 日
孔召伍	岱岳区良庄镇山阳村	—	男	1943 年 10 月 9 日
梁建洲之弟	岱岳区良庄镇山阳村	—	男	1943 年 10 月

姓 名	籍 贯	年 龄	性 别	死难时间
吴玉江之母	岱岳区良庄镇山阳村	—	女	1943 年 10 月
王心荣	岱岳区马庄镇苏大坡村	40	男	1943 年 11 月
苏学法	岱岳区马庄镇苏大坡村	40	男	1943 年 11 月
刘德芳	岱岳区满庄镇东牛北村	—	男	1943 年 11 月
宋光厚	岱岳区大汶口镇北西遥村	62	男	1943 年 12 月 15 日
韩茂增	岱岳区满庄镇南留北村	40	男	1943 年 12 月
梁洪吉	岱岳区满庄镇南留北村	35	男	1943 年 12 月
李常华	岱岳区下港乡石河村	—	男	1943 年 12 月
李绪国	岱岳区大汶口镇前周村	—	男	1943 年冬
杨振东	岱岳区大汶口镇前周村	—	男	1943 年冬
尹二妮	岱岳区黄前镇宋家庄村	—	男	1943 年
周茂盛	岱岳区黄前镇高家圈村	—	男	1943 年
郭兴田	岱岳区黄前镇黄前麻塔村	19	男	1943 年
赵和泉	岱岳区黄前镇北麻塔村	25	男	1943 年
曹传坡	岱岳区马庄镇顺河村	—	男	1943 年
刘端年	岱岳区马庄镇坊子村	42	男	1943 年
裴康年	岱岳区马庄镇马庄村	30	男	1943 年
李传栋	岱岳区马庄镇西李临汶村	—	男	1943 年
孙纪安	岱岳区徂徕镇南上庄村	—	男	1943 年
张传祥	岱岳区徂徕镇南上庄村	50	男	1943 年
孙连仉	岱岳区徂徕镇南上庄村	22	男	1943 年
李世举	岱岳区徂徕镇下庄村	47	男	1943 年
彭清仉	岱岳区徂徕镇北上庄村	—	男	1943 年
李长栋	岱岳区徂徕镇李峪村	25	男	1943 年
邓兴运之大哥	岱岳区徂徕镇徂徕村	—	男	1943 年
解存秀	岱岳区道朗镇道朗村	21	男	1943 年
刘永岳	岱岳区范镇岔河村	35	男	1943 年
戚桂勤	岱岳区范镇戚台村	23	男	1943 年
严振富	岱岳区化马湾乡殷林村	28	男	1943 年
方来才	岱岳区化马湾乡周庄村	23	男	1943 年
张志海	岱岳区角峪镇鲁东村	27	男	1943 年
张干普	岱岳区角峪镇鲁西村	20	男	1943 年
张家超	岱岳区角峪镇鲁西村	—	男	1943 年
韦存海	岱岳区角峪镇磨石埠村	—	男	1943 年

姓 名	籍 贯	年 龄	性 别	死难时间
杨洪春	岱岳区角峪镇磨石埠村	—	男	1943 年
丁连庆	岱岳区角峪镇岳家庄村	37	男	1943 年
岳维栋	岱岳区角峪镇岳家庄村	23	男	1943 年
李丙芳	岱岳区满庄镇曹家寨村	—	男	1943 年
宋广泰	岱岳区满庄镇宋家庄村	22	男	1943 年
段成语	岱岳区满庄镇滩清湾村	23	男	1943 年
卜相春	岱岳区满庄镇滩清湾村	23	男	1943 年
王兴常	岱岳区满庄镇曹家寨村	33	男	1943 年
王瑞法	岱岳区满庄镇曹家寨村	19	男	1943 年
李承业	岱岳区满庄镇曹家寨村	31	男	1943 年
马清忠	岱岳区满庄镇宿家庄村	17	男	1943 年
张立远	岱岳区满庄镇南留北村	50	男	1943 年
孟广聚	岱岳区山口镇大兰沃村	21	男	1943 年
张圣德	岱岳区山口镇东碾疃村	22	男	1943 年
姚洪顺	岱岳区下港乡西祥沟村	48	男	1943 年
姚洪德	岱岳区下港乡下港村	—	男	1943 年
王太利	岱岳区下港乡石槽村	22	男	1943 年
江会林	岱岳区下港乡石槽村	29	男	1943 年
倪桂言	岱岳区下港乡石槽村	27	男	1943 年
倪灿合	岱岳区下港乡石槽村	25	男	1943 年
李化东	岱岳区下港乡陈寺峪村	36	男	1943 年
张连安	岱岳区下港乡小安门村	25	男	1943 年
赵和臣	岱岳区下港乡小安门村	52	男	1943 年
徐汉英	岱岳区下港乡小安门村	23	男	1943 年
李光太	岱岳区下港乡上港村	—	男	1943 年
李××	岱岳区下港乡上港村	—	男	1943 年
李化义	岱岳区下港乡上港村	—	男	1943 年
魏××	岱岳区下港乡上港村	—	男	1943 年
倪桂明	岱岳区下港乡下里村	20	男	1943 年
张圣德	岱岳区下港乡下里村	17	男	1943 年
李玉秀	岱岳区下港乡木营村	23	男	1943 年
赵平水	岱岳区下港乡西祥沟村	36	男	1943 年
姚文胜	岱岳区下港乡西祥沟村	60	男	1943 年
张玉林	岱岳区下港乡西祥沟村	54	男	1943 年

姓 名	籍 贯	年 龄	性 别	死难时间
卢左芝	岱岳区下港乡小安门村	—	男	1943 年
赵正友	岱岳区下港乡小安门村	—	男	1943 年
金风之	—	—	男	1943 年
李兴合	岱岳区黄前镇曹家村	29	男	1943 年
宋洪灿	岱岳区粥店街道廿里埠村	30	男	1943 年
闫玉茂之二弟	岱岳区粥店街道廿里埠村	17	男	1943 年
王能之祖母	岱岳区粥店街道小官庄村	56	女	1943 年
刘法瑞	岱岳区夏张镇	38	男	1943 年
申兆谟	岱岳区粥店街道	27	男	1943 年
赵仁正	岱岳区祝阳镇东大官村	60	男	1943 年
张明福	岱岳区祝阳镇东大官村	30	男	1943 年
张岱苍	岱岳区祝阳镇东大官村	18	男	1943 年
孟继光	岱岳区祝阳镇横岭村	27	男	1943 年
李汝顺	岱岳区祝阳镇姚西村	46	男	1943 年
张向水	岱岳区祝阳镇陡沟村	18	男	1943 年
伏光起	岱岳区祝阳镇梭村	16	男	1943 年
景兆祥	岱岳区祝阳镇焦家峪村	27	男	1943 年
赵和成	岱岳区祝阳镇小梭庄村	—	男	1943 年
姚亭军	岱岳区祝阳镇姚中村	45	男	1943 年
赵汉三	—	—	男	1943 年
杨 雷	—	—	男	1943 年
齐维召	—	—	男	1943 年
王树仁	—	—	男	1943 年
徐佃三	岱岳区天平街道送驾庄村	—	男	1943 年
宋广俊	岱岳区天平街道送驾庄村	—	男	1943 年
施成德	岱岳区天平街道池子崖村	20	男	1943 年
苏长宝	岱岳区天平街道黑水湾村	—	男	1943 年
苏长太之三弟	岱岳区天平街道黑水湾村	—	男	1943 年
陈绍增	岱岳区天平街道黑水湾村	—	男	1943 年
周明礼	岱岳区天平街道黑水湾村	—	男	1943 年
朱有富	岱岳区天平街道南大圈村	50	男	1943 年
胡长信	岱岳区天平街道起驾店村	26	男	1943 年
苗西奎	岱岳区天平街道耿庄村	21	男	1943 年
杨继生	岱岳区天平街道耿庄村	21	男	1943 年

姓　名	籍　贯	年　龄	性　别	死难时间
李学忠	岱岳区天平街道耿庄村	18	男	1943 年
李　端	岱岳区天平街道耿庄村	21	男	1943 年
李　明	岱岳区天平街道耿庄村	19	男	1943 年
李玉荣之父	岱岳区天平街道耿庄村	31	男	1943 年
刘北岱	岱岳区天平街道耿庄村	22	男	1943 年
张建臣	岱岳区天平街道耿庄村	21	男	1943 年
杨洪生	岱岳区天平街道送驾庄村	——	男	1943 年
张钦孝	岱岳区天平街道重河村	22	男	1943 年
张二栓	岱岳区天平街道大陡山村	18	男	1943 年
陈松生	岱岳区大汶口镇柏子村	23	男	1943 年
杜春春	岱岳区大汶口镇北西遥村	30	男	1943 年
刘　查	岱岳区大汶口镇焦家庄村	30	男	1943 年
焦　兆	岱岳区大汶口镇焦家庄村	30	男	1943 年
程洪长	宁阳县磁窑镇花观村	——	男	1943 年
郑××	岱岳区房村镇鲁里村	41	男	1943 年
田京滨	岱岳区房村镇鲁里村	——	男	1943 年
郑希高	岱岳区房村镇鲁里村	——	男	1943 年
李长安	岱岳区房村镇西西住村	20	男	1943 年
翟万杨	岱岳区房村镇北滕村	28	男	1943 年
杜庆亮	岱岳区房村镇东良甫村	34	男	1943 年
郭秀水	岱岳区房村镇东良甫村	25	男	1943 年
于绍印	岱岳区房村镇西南望村	22	男	1943 年
杨锡田	岱岳区房村镇金庄村	20	男	1943 年
周文德	岱岳区房村镇肖庄村	40	男	1943 年
张业后	岱岳区房村镇董家白塔村	22	男	1943 年
高士贵	岱岳区房村镇朱家庄村	22	男	1943 年
高传春	岱岳区房村镇朱家庄村	23	男	1943 年
颜振林之子	岱岳区房村镇东杨庄村	24	男	1943 年
翟清平	岱岳区房村镇东杨庄村	28	男	1943 年
高相友之祖父	岱岳区房村镇东杨庄村	53	男	1943 年
颜承德之大伯父	岱岳区房村镇东杨庄村	69	男	1943 年
周茂泉	岱岳区满庄镇漕河崖村	38	男	1943 年
王连国	岱岳区粥店街道粥店村	——	男	1943 年
王　氏	岱岳区夏张镇下官庄村	41	女	1943 年

姓　名	籍　贯	年　龄	性　别	死难时间
王宝珠	岱岳区夏张镇下官庄村	45	男	1943 年
石文斋	岱岳区夏张镇下官庄村	38	男	1943 年
石殿财	岱岳区夏张镇下官庄村	42	男	1943 年
李传伟	岱岳区夏张镇下官庄村	40	男	1943 年
吕仁堂之兄	岱岳区夏张镇下官庄村	31	男	1943 年
华金栋	岱岳区夏张镇王士店	24	男	1943 年
郭清亭	岱岳区夏张镇郭家小庄村	—	男	1943 年
任西贵	岱岳区夏张镇南白楼一村	37	男	1943 年
张炳德	岱岳区良庄镇白庙村	23	男	1943 年
刘玉香	岱岳区夏张镇	—	男	1943 年
张光蕊	岱岳区夏张镇	—	男	1943 年
李兴文	岱岳区夏张镇无梁店村	27	男	1943 年
徐玉琢	岱岳区夏张镇裴家庄村	26	男	1943 年
王长胜	岱岳区夏张镇车家上章村	26	男	1943 年
郑传祥	岱岳区夏张镇平家官庄村	22	男	1943 年
赵玉如	岱岳区夏张镇刘家庄村	36	男	1943 年
郑连章	岱岳区夏张镇杜家岗村	35	男	1943 年
黄继发	岱岳区夏张镇南寨村	17	男	1943 年
马长玉	岱岳区夏张镇南白楼村	31	男	1943 年
时益三	岱岳区良庄镇东良庄村	32	男	1943 年
赵方增	岱岳区良庄镇西良庄村	40	男	1943 年
赵培高	岱岳区良庄镇西良庄村	40	男	1943 年
薛训奎	岱岳区良庄镇薛庄南村	—	男	1943 年
薛德功	岱岳区良庄镇薛庄南村	—	男	1943 年
张亮德	岱岳区良庄镇山阳村	—	男	1943 年
张海起	岱岳区良庄镇山阳村	—	男	1943 年
耿文青	岱岳区良庄镇山阳村	—	男	1943 年
梁京堂	岱岳区良庄镇山阳村	—	男	1943 年
吴万生	岱岳区良庄镇白庙村	—	男	1943 年
耿王生	岱岳区良庄镇白庙村	—	男	1943 年
耿刘生	岱岳区良庄镇白庙村	—	男	1943 年
黄庆芳	岱岳区良庄镇白庙村	—	男	1943 年
高玉曾	岱岳区良庄镇房宣洛村	—	男	1943 年
侯方考	岱岳区良庄侯宣洛村	—	男	1943 年

姓 名	籍 贯	年 龄	性 别	死难时间
范纪泰	岱岳区满庄镇灌庄村	39	男	1944 年 1 月
张　彬	岱岳区山口镇卞石汶村	21	男	1944 年 1 月
姚洪贵	岱岳区下港乡姚峪村	20	男	1944 年 1 月
张圣可	岱岳区黄前镇砚池河村	22	男	1944 年 1 月
马振鸿	岱岳区祝阳镇蒲台村	25	男	1944 年 1 月
张灿印	岱岳区祝阳镇桐花沟村	26	男	1944 年 1 月
赵和顺	岱岳区祝阳镇公家汶村	39	男	1944 年 1 月
张文志	岱岳区夏张镇赵家店村	42	男	1944 年 1 月
王秀敬	岱岳区角峪镇苏家庄村	23	男	1944 年 2 月
庄玉虎	岱岳区	17	男	1944 年 2 月
王心等	岱岳区马庄镇王家大坡村	20	男	1944 年 3 月
曹如盛	岱岳区下港乡上港村	21	男	1944 年 3 月
高秀峰	岱岳区大汶口镇东武家庄村	35	男	1944 年 3 月
钱即友	岱岳区范镇唐北埠村	24	男	1944 年 5 月
卜凡禄	岱岳区满庄镇滩清湾村	—	男	1944 年 5 月
张学田	岱岳区满庄镇滩清湾村	—	男	1944 年 5 月
张学圣	岱岳区满庄镇滩清湾村	35	男	1944 年 5 月
周兴荣	岱岳区满庄镇滩清湾村	—	男	1944 年 5 月
姜立祥	岱岳区满庄镇滩清湾村	—	男	1944 年 5 月
高修正	岱岳区夏张镇南寨村	25	男	1944 年 5 月
高淑正	岱岳区夏张镇南寨村	30	男	1944 年 5 月
张相绪	岱岳区山口镇户栗村	51	男	1944 年 5 月
岳广祥	岱岳区满庄镇中淳于村	23	男	1944 年 5 月
马光林	岱岳区大汶口镇北大吴村	22	男	1944 年 5 月
李承祥	岱岳区马庄镇漕河崖村	19	男	1944 年 6 月
韩玉俊	岱岳区满庄镇泥沟村	20	男	1944 年 6 月
赵征兴	岱岳区祝阳镇麻峪村	22	男	1944 年 7 月
王风和	岱岳区祝阳镇麻峪村	25	男	1944 年 7 月
李升冉	岱岳区房村镇房村村	17	男	1944 年 7 月
武黑子	岱岳区马庄镇洼口村	24	男	1944 年 8 月
李振海	岱岳区满庄镇泥沟村	20	男	1944 年 8 月
侯培桐	岱岳区大汶口镇北大吴村	24	男	1944 年 8 月
赵忠良	岱岳区良庄镇良庄北村	25	男	1944 年 8 月
李纪勇	岱岳区马庄镇李家大坡村	22	男	1944 年 9 月

姓 名	籍 贯	年 龄	性 别	死难时间
赵正冕之女	岱岳区祝阳镇吴家庄村	4	女	1944 年 10 月
王西林之女	岱岳区祝阳镇吴家庄村	3	女	1944 年 10 月
陈忠科	岱岳区祝阳镇蒲台村	22	男	1944 年 10 月
赵中明	岱岳区祝阳镇祝阳村	—	男	1944 年 10 月
解圣茂	岱岳区祝阳镇祝阳村	—	男	1944 年 10 月
郭玉吉	岱岳区天平街道北黄村	47	男	1944 年 11 月
王益堂	岱岳区夏张镇鸡鸣返村	—	男	1944 年 11 月
吕洪芹	岱岳区山口镇大兰沃村	16	女	1944 年 12 月
尹绪洲	—	—	男	1944 年 12 月
张传明	岱岳区黄前镇大地村	—	男	1944 年
周茂清	岱岳区黄前镇西麻塔村	—	男	1944 年
张圣可	岱岳区黄前镇曹家林村	22	男	1944 年
张 荣	岱岳区黄前镇春阳沟村	—	男	1944 年
孙兆钦	岱岳区徂徕镇南上庄村	—	男	1944 年
程元清	岱岳区徂徕镇寺河村	26	男	1944 年
李元成	岱岳区徂徕镇李峪村	36	男	1944 年
李元党	岱岳区徂徕镇李峪村	35	男	1944 年
吴希明	岱岳区徂徕镇李峪村	35	男	1944 年
庞绪会	岱岳区徂徕镇北望村	—	男	1944 年
庞继林	岱岳区徂徕镇北望村	—	男	1944 年
庞继信	岱岳区徂徕镇北望村	—	男	1944 年
郑培根	岱岳区徂徕镇水泉村	38	男	1944 年
梁善言	岱岳区徂徕镇水泉村	38	男	1944 年
王清泰	岱岳区范镇刘埠东村	—	男	1944 年
刘立义	岱岳区范镇刘埠东村	—	男	1944 年
石萝磷	岱岳区范镇前杨庄村	—	男	1944 年
严积和	岱岳区化马湾乡殷家庄村	18	男	1944 年
张××	岱岳区角峪镇角东村	—	男	1944 年
张××	岱岳区角峪镇角东村	—	男	1944 年
马守慧	岱岳区角峪镇角西村	30	男	1944 年
张节荣	岱岳区满庄镇西林村	24	男	1944 年
张需连	岱岳区满庄镇西林村	19	男	1944 年
宋其忠	岱岳区满庄镇中淳于村	20	男	1944 年
张 斌	岱岳区山口镇卞石汶村	18	男	1944 年

姓 名	籍 贯	年 龄	性 别	死难时间
张锡温	岱岳区山口镇新庄村	—	男	1944 年
杜子华	岱岳区山口镇碾疃村	—	男	1944 年
佟银选	岱岳区山口镇西碾疃村	30	男	1944 年
陈 可	肥城市安驾庄	—	男	1944 年
房乐亭	莱芜市	—	男	1944 年
耿树兰	—	—	男	1944 年
孙光堂	岱岳区下港乡下里村	22	男	1944 年
李法川	岱岳区下港乡拉马峪村	18	男	1944 年
刘安元	岱岳区下港乡周家庄村	28	男	1944 年
姚文平	岱岳区下港乡陈家沟村	31	男	1944 年
杨中兰之三叔	岱岳区下港乡杜家庄村	32	男	1944 年
张纪明	岱岳区祝阳镇东大官村	39	男	1944 年
姚玉良	岱岳区祝阳镇横岭村	26	男	1944 年
梁永水	岱岳区祝阳镇横岭村	19	男	1944 年
梁永友	岱岳区祝阳镇横岭村	27	男	1944 年
赵玉根之兄	岱岳区祝阳镇小梭庄村	8	男	1944 年
李奎基	岱岳区祝阳镇姚西村	—	男	1944 年
李镇富	岱岳区祝阳镇姚西村	—	男	1944 年
金光盈	岱岳区天平街道黑水湾村	22	男	1944 年
白昌俭	岱岳区大汶口镇柏子村	21	男	1944 年
陈松生之弟	岱岳区大汶口镇柏子村	22	男	1944 年
周常亭	岱岳区大汶口镇柏子村	24	男	1944 年
侯于氏	岱岳区大汶口镇申东村	—	女	1944 年
宋洪福	岱岳区大汶口镇颜东村	29	男	1944 年
程学木	岱岳区大汶口镇程家庄村	23	男	1944 年
朴洪池	岱岳区大汶口镇南泊家庄村	—	男	1944 年
侯礼文	岱岳区马庄镇董家庄村	26	男	1944 年
甄延广	岱岳区马庄镇董家庄村	18	男	1944 年
都成林	岱岳区房村镇邹家庄村	—	男	1944 年
马 山	岱岳区房村镇东良甫二村	—	男	1944 年
欧阳广胜	岱岳区房村镇东良甫二村	—	男	1944 年
翟现理	岱岳区房村镇北滕村	22	男	1944 年
翟相炳	岱岳区房村镇北滕村	24	男	1944 年
李庆昌	岱岳区房村镇邹家庄村	21	男	1944 年

姓　名	籍　贯	年　龄	性　别	死难时间
张文堂	岱岳区夏张镇赵家庄村	40	男	1944 年
商学义	岱岳区夏张镇鸡鸣返村	—	男	1944 年
侯公田	岱岳区夏张镇鸡鸣返村	—	男	1944 年
于松苓	岱岳区夏张镇马家店村	36	男	1944 年
马兴林	岱岳区夏张镇大西牛村	19	男	1944 年
范维治	岱岳区夏张镇夏北村	25	男	1944 年
李传洲	岱岳区夏张镇南白楼村	39	男	1944 年
张广银之弟	岱岳区良庄镇房宣洛村	—	男	1944 年
程金前	岱岳区良庄镇山阳村	—	男	—
高士洪	岱岳区房村镇朱家庄村	—	男	1945 年 1 月 20 日
高士桐	岱岳区房村镇朱家庄村	—	男	1945 年 1 月 20 日
韩焕林	岱岳区房村镇朱家庄村	—	男	1945 年 1 月 20 日
小补子	岱岳区房村镇朱家庄村	—	男	1945 年 1 月 20 日
刘向正	岱岳区房村镇朱家庄村	—	男	1945 年 1 月 20 日
高传新	岱岳区房村镇朱家庄村	—	男	1945 年 1 月
徐兆荣	岱岳区下港乡西峪村	23	男	1945 年 1 月
马西友	岱岳区满庄镇泥沟村	27	男	1945 年 1 月
李炳坤	岱岳区角峪镇角东村	20	男	1945 年 2 月
马怀珍	岱岳区夏张镇贾家岗村	22	男	1945 年 2 月
公之文	岱岳区祝阳镇公家汶村	25	男	1945 年 2 月
曹金富	岱岳区祝阳镇公家汶村	23	男	1945 年 2 月
李兆江	岱岳区角峪镇角西村	23	男	1945 年 2 月
徐兆财	岱岳区下港乡上港村	21	男	1945 年 2 月
李光三	岱岳区下港乡上港村	21	男	1945 年 2 月
李元淮	岱岳区下港乡上港村	22	男	1945 年 2 月
李玉甲	岱岳区下港乡上港村	18	男	1945 年 2 月
李玉湖	岱岳区下港乡上港村	17	男	1945 年 2 月
倪生培	岱岳区下港乡西圈村	22	男	1945 年 2 月
赵兴奎	岱岳区下港乡小安门	18	男	1945 年 2 月
韩堂平	岱岳区下港乡下里村	23	男	1945 年 2 月
李化珍	岱岳区下港乡下里村	19	男	1945 年 2 月
李庆忠	岱岳区下港乡下里村	24	男	1945 年 2 月
刘玉海	岱岳区下港乡八亩地村	21	男	1945 年 2 月
李庆言	岱岳区下港乡南庄村	21	男	1945 年 2 月

姓 名	籍 贯	年 龄	性 别	死难时间
孙兆明	岱岳区下港乡新庄村	17	男	1945 年 2 月
王仲明	岱岳区祝阳镇麻峪村	26	男	1945 年 2 月
李光乾	岱岳区下港乡水泉峪村	17	男	1945 年 2 月
李二妮	岱岳区祝阳镇祝阳村	—	女	1945 年 2 月
相金友	岱岳区祝阳镇祝阳村	—	男	1945 年 2 月
赵正秀	岱岳区祝阳镇祝阳村	—	男	1945 年 2 月
冯连增	岱岳区祝阳镇上太和村	17	男	1945 年 2 月
姚玉府	岱岳区下港乡下港村	17	男	1945 年 2 月
张连庆	岱岳区下港乡尧子湾村	19	男	1945 年 2 月
姚洪雨	岱岳区下港乡下港村	18	男	1945 年 2 月
李化川	岱岳区下港乡木营村	17	男	1945 年 2 月
陈中克	岱岳区祝阳镇蒲台村	24	男	1945 年 2 月
李荣学	岱岳区祝阳镇永宁庄村	28	男	1945 年 2 月
孙兆夏	岱岳区祝阳镇梭村	19	男	1945 年 2 月
王中明	岱岳区祝阳镇永宁庄村	28	男	1945 年 2 月
张洪贵	岱岳区祝阳镇麻峪村	21	男	1945 年 2 月
张子爱	岱岳区祝阳镇麻峪村	22	男	1945 年 2 月
张灿水	岱岳区下港乡茅茨舍村	19	男	1945 年 2 月
柴荣胜	岱岳区马庄镇漕河崖村	48	男	1945 年 3 月
胡发平	岱岳区山口镇东太平村	22	男	1945 年 3 月
王振捍	岱岳区大汶口镇北西遥村	40	男	1945 年 3 月
翟玉泉	岱岳区房村镇东杨庄村	26	男	1945 年 3 月
范红停	岱岳区粥店街道粥店村	30	男	1945 年春
李瑞遂	岱岳区大汶口镇前周村	—	男	1945 年春
夏纪艮	岱岳区房村镇朱家庄村	—	男	1945 年 4 月 15 日
李振山	岱岳区满庄镇泥沟村	22	男	1945 年 5 月
魏光利	岱岳区下港乡谷山庄村	23	男	1945 年 5 月
吴奎轩	—	—	男	1945 年 6 月
刘广镇	岱岳区大汶口镇东庄村	37	男	1945 年夏
夏广义	岱岳区马庄镇夏家马庄村	20	男	1945 年 7 月
马振学	岱岳区祝阳镇蒲台村	23	男	1945 年 7 月
刘加英	岱岳区大汶口镇颜北村	23	男	1945 年 7 月
刘广振	岱岳区大汶口镇东庄村	33	男	1945 年 7 月
于印海	岱岳区夏张镇车家上章村	19	男	1945 年 8 月

姓 名	籍 贯	年 龄	性 别	死难时间
王廷奎	岱岳区夏张镇车家上章村	32	男	1945 年 8 月
冯殿伦	岱岳区马庄镇肖家官庄村	41	男	1945 年 8 月
姚洪港	岱岳区下港乡下港村	17	男	1945 年
姚玉圣	岱岳区下港乡下港村	21	男	1945 年
马京生之兄	岱岳区天平街道姜庄村	—	男	1945 年
李善兴	岱岳区下港乡下里村	27	男	1945 年
朱玉山	岱岳区黄前镇门庄村	—	男	1945 年
张圣明	岱岳区黄前镇董家庄村	25	男	1945 年
常兴荣	岱岳区黄前镇李子峪村	16	男	1945 年
任辛胜	岱岳区黄前镇红河村	18	男	1945 年
刘安东	岱岳区黄前镇黄前村	17	男	1945 年
李连勇	岱岳区马庄镇漕河崖村	36	男	1945 年
戚兆法	岱岳区马庄镇徐官大队	23	男	1945 年
金××之妻	岱岳区马庄镇马庄村	—	女	1945 年
钟兰坡	—	—	男	1945 年
张树仉	岱岳区徂徕镇水泉村	24	男	1945 年
马兴雨	岱岳区道朗镇朱洼村	—	男	1945 年
路会海	岱岳区范镇岔河村	51	男	1945 年
岳印水	岱岳区范镇上埠东村	40	男	1945 年
岳印渎	岱岳区范镇上埠东村	40	男	1945 年
巩怀波	岱岳区范镇上埠东村	35	男	1945 年
吴连前	岱岳区化马湾乡王家庄村	17	男	1945 年
张永超	岱岳区角峪镇角东村	—	男	1945 年
马守冠	岱岳区角峪镇角西村	—	男	1945 年
王兆冉	岱岳区角峪镇鲁西村	22	男	1945 年
张家仓	岱岳区角峪镇鲁西村	24	男	1945 年
王金祥	岱岳区角峪镇南角峪村	—	男	1945 年
任万年	—	—	男	1945 年
贾立明	岱岳区角峪镇角峪村	—	男	1945 年
王东岱	岱岳区满庄镇西河北村	37	男	1945 年
李燕宝	岱岳区满庄镇西河北村	36	男	1945 年
仇传山	岱岳区山口镇卞石汶村	40	男	1945 年
朱如宝	岱岳区山口镇前梁林村	50	男	1945 年
杨和亭	岱岳区山口镇禹石汶村	—	男	1945 年

姓 名	籍 贯	年龄	性别	死难时间
王贞基	岱岳区山口镇西太平村	19	男	1945 年
孙兆连	岱岳区山口镇西太平村	20	男	1945 年
张传中	—	—	男	1945 年
倪桂吉	岱岳区下港乡石槽村	26	男	1945 年
李光读	岱岳区下港乡上港村	50	男	1945 年
李光遵	岱岳区下港乡上港村	45	男	1945 年
刘长荣	岱岳区下港乡木营村	23	男	1945 年
王传江	岱岳区下港乡木营村	23	男	1945 年
宋传利	岱岳区下港乡黄芹村	26	男	1945 年
王玉英之父	岱岳区粥店街道廿里埠村	48	男	1945 年
王永来	岱岳区祝阳镇梭村	24	男	1945 年
冯钦白	岱岳区祝阳镇后上庄村	22	男	1945 年
梁振花	岱岳区祝阳镇横岭村	33	男	1945 年
赵兴俊	岱岳区祝阳镇石龙头村	23	男	1945 年
张恒久	岱岳区大汶口镇西大吴村	33	男	1945 年
高化明	岱岳区大汶口镇大候村	33	男	1945 年
张桂仁	岱岳区大汶口镇扈家石墙村	52	男	1945 年
裴广廷	宁阳县磁窑镇西海子村	21	男	1945 年
李元凤	岱岳区房村镇西西住村	20	男	1945 年
郑城镇	岱岳区房村镇北埠村	26	男	1945 年
蒋圣忠	岱岳区房村镇西南望村	31	男	1945 年
刘相泉	岱岳区房村镇涝坡村	30	男	1945 年
冯培洲	岱岳区房村镇南阳关村	48	男	1945 年
董富柱	岱岳区房村镇董家白塔村	20	男	1945 年
武道泉	岱岳区房村镇朱家庄村	22	男	1945 年
石殿粥	岱岳区夏张镇下官庄村	46	男	1945 年
于绍苓	岱岳区夏张镇马家店村	36	男	1945 年
李玉春	岱岳区夏张镇下官庄村	42	男	1945 年
陈贵善	岱岳区夏张镇孔家庄村	23	男	1945 年
王振义	岱岳区夏张镇马家店村	35	男	1945 年
张振明	岱岳区夏张镇南寨村	19	男	1945 年
高华峰	岱岳区夏张镇南寨村	40	男	1945 年
任西公	岱岳区夏张镇南白楼村	25	男	1945 年
陈树吾	岱岳区良庄镇西良庄村	30	男	1945 年

姓 名	籍 贯	年 龄	性 别	死难时间
程夫香	岱岳区良庄镇白庙村	—	女	1945 年
户荣振之伯父	岱岳区黄前镇户家庄村	—	男	1945 年
李荣学	岱岳区	28	男	1945 年
张希严	岱岳区道朗镇薛岭村	—	男	—
赵志等	岱岳区化马湾乡董庄村	33	男	—
滕国吉	岱岳区角峪镇角东村		男	—
滕国利	岱岳区角峪镇角东村		男	—
赵国义	岱岳区角峪镇西南峪村		男	—
高连水	岱岳区角峪镇西南峪村		男	—
赵国利	岱岳区角峪镇西南峪村		男	—
陈建成	岱岳区角峪镇西南峪村		男	—
龚成伦	岱岳区角峪镇西南峪村		男	—
张德教之兄	岱岳区角峪镇西南峪村	18	男	—
杨合明	岱岳区角峪镇杨官庄村	—	男	—
徐学庆	岱岳区下港乡水泉峪村	25	男	—
鞠庭春	岱岳区祝阳镇陈良村	—	男	—
倪桂贞	岱岳区祝阳镇陈良村	—	男	—
冯焕斋	岱岳区祝阳镇后上村	—	男	—
张圣水	岱岳区祝阳镇小南峪村	75	男	—
任学坤	岱岳区道朗镇田峪村	39	男	—
邹玉山	岱岳区道朗镇田峪村	—	男	—
任建宝	岱岳区道朗镇田峪村	27	男	—
陈培贤	岱岳区道朗镇田峪村	—	男	—
李 代	岱岳区天平街道北大圈村	20	男	—
陈殿青	岱岳区天平街道北大圈村		男	—
陈金氏	岱岳区天平街道北大圈村		女	—
陈淑祥	岱岳区天平街道北大圈村		男	—
陈殿杰	岱岳区天平街道北大圈村		男	—
陈殿有	岱岳区天平街道北大圈村		男	—
陈淑迁之妻	岱岳区天平街道北大圈村		女	—
张延仑	岱岳区天平街道北大圈村		男	—
杨西稳	岱岳区房村镇涝坡村		男	—
于少文	岱岳区房村镇黑石埠村	—	男	—
于克梦	岱岳区房村镇黑石埠村		男	—

姓 名	籍 贯	年 龄	性 别	死难时间
王新岭	岱岳区房村镇么山峪村	—	男	—
董传英	岱岳区房村镇么山峪村	—	男	—
董 伍	岱岳区房村镇么山峪村	—	男	—
王传敬	岱岳区房村镇么山峪村	—	男	—
杨坤亮	岱岳区房村镇金庄村	—	男	—
杨希常	岱岳区房村镇金庄村	—	男	—
侯××	岱岳区房村镇金庄村	—	男	—
杨永倍之兄	岱岳区房村镇金庄村	—	男	—
侯希娥	岱岳区房村镇肖庄村	—	男	—
侯方荣	岱岳区房村镇肖庄村	—	男	—
王维新	—	—	男	—
陈丙岚	岱岳区良庄镇西良庄村	31	男	—
侯培文	岱岳区良庄镇西良庄村	28	男	—
张清荣	岱岳区良庄镇西良庄村	26	男	—
程金石	岱岳区良庄镇新庄村	—	男	—
程夫香	岱岳区良庄镇新庄村	—	男	—
梁京海	岱岳区良庄镇山阳西村	—	男	—
孔召玉	岱岳区良庄镇山阳村	—	男	—
耿方利	岱岳区良庄镇白庙村	—	男	—
刘仁杰	岱岳区良庄镇刘宣洛村	—	男	—
贾忠水	岱岳区天平街道南黄村	—	男	1938 年冬
贾炳文	岱岳区天平街道南黄村	—	男	1938 年冬
贾炳文之妻	岱岳区天平街道南黄村	—	女	1938 年冬
白茂江	岱岳区马庄镇后营村	18	男	1938 年
董日盛	岱岳区满庄镇北留村	—	男	1938 年
崔玉坤	岱岳区满庄镇灌庄村	—	男	1938 年
苏汉秀	岱岳区天平街道大陡山村	28	男	1938 年
卢明友	岱岳区天平街道河东村	42	男	1939 年 3 月
卢富生	岱岳区天平街道河东村	19	男	1939 年 3 月
刘玉山	岱岳区满庄镇北留村	41	男	1939 年 11 月
刘玉山之子	岱岳区满庄镇北留村	22	男	1939 年 12 月
刘学法	岱岳区满庄镇北留村	28	男	1939 年 12 月
刘 信	岱岳区满庄镇北留村	36	男	1939 年 12 月
郭德光	岱岳区满庄镇北留村	29	男	1939 年 12 月

姓 名	籍 贯	年 龄	性 别	死难时间
郭德良	岱岳区满庄镇北留村	26	男	1939 年 12 月
郭圣利	岱岳区满庄镇北留村	—	男	1939 年
吕和顺	岱岳区粥店街道小堰堤村	—	男	1939 年
刘兴行	岱岳区粥店街道小堰堤村	—	男	1939 年
刘承恩	岱岳区粥店街道小堰堤村	40	男	1939 年
李五银	岱岳区粥店街道小堰堤村	—	男	1939 年
卢永龙	岱岳区天平街道河东村	19	男	1939 年
法凤友	岱岳区天平街道法岭村	—	男	1939 年
韩龙祥之妻	岱岳区天平街道韩刘冯村	—	女	1939 年
于代富	岱岳区满庄镇南淳于村	42	男	1940 年 3 月
于金卜	岱岳区满庄镇南淳于村	16	男	1940 年 3 月
闫勇常	岱岳区满庄镇南淳于村	45	男	1940 年 3 月
李振江	岱岳区满庄镇南淳于村	40	男	1940 年 3 月
杨德才之父	岱岳区满庄镇南淳于村	50	男	1940 年 3 月
宋光汉	岱岳区满庄镇南淳于村	30	男	1940 年 3 月
宋继昌	岱岳区满庄镇南淳于村	34	男	1940 年 3 月
宋继常	岱岳区满庄镇南淳于村	14	男	1940 年 3 月
宋其印	岱岳区粥店街道过驾院村	20	男	1940 年 4 月
李光祥	岱岳区天平街道南黄村	—	男	1940 年春
玄李氏	岱岳区夏张镇玄家楼村	33	女	1940 年 5 月
明延庚	岱岳区马庄镇漕河崖村	29	男	1940 年 9 月
陈荣子	岱岳区下港乡彭家庄村	20	男	1940 年 12 月
张茂山	岱岳区下港乡彭家庄村	22	男	1940 年 12 月
宋传仁	岱岳区道朗镇榴石村	40	男	1940 年
杨福勒	岱岳区满庄镇北迎村	26	男	1940 年
马光居	岱岳区大汶口镇马家大吴村	38	男	1940 年
刘钦德	岱岳区房村镇黑石埠村	—	男	1940 年
孙茂山	岱岳区角峪镇埠上村	—	男	1940 年
王学秀	岱岳区角峪镇埠上村	—	男	1940 年
徐殿文	岱岳区下港乡陈寺峪村	27	男	1941 年 9 月
张成顺	岱岳区夏张镇河洼村	35	男	1941 年 7 月
李玉柱	岱岳区夏张镇孙家况洞村	38	男	1941 年 11 月
段延河之母	岱岳区夏张镇孙家况洞村	—	女	1941 年 11 月
高西海	岱岳区满庄镇东牛中村	35	男	1941 年

姓 名	籍 贯	年 龄	性 别	死难时间
王万勇	岱岳区满庄镇南淳于村	17	男	1941 年
李海洋	岱岳区天平街道井家庄村	—	男	1941 年
刘景顺	岱岳区天平街道姜庄村	—	男	1941 年
苏长伍	岱岳区天平街道黑水湾村	—	男	1941 年
周传宝	岱岳区天平街道黑水湾村	—	男	1941 年
玄昌明	岱岳区天平街道起驾店村	31	男	1941 年
卢明涛	岱岳区天平街道三峪村	—	男	1942 年春
孔宪塘	岱岳区马庄镇泉头村	29	男	1942 年 8 月
杨文政	岱岳区满庄镇北迎村	34	男	1942 年
梁善言	岱岳区祝阳镇姚东村	24	男	1942 年
吕德华之祖父	岱岳区天平街道黑水湾村	—	男	1942 年
王小秋	岱岳区天平街道岩庄村	24	男	1942 年
田胜美	岱岳区夏张镇刘家庄村	21	男	1942 年
代长山	岱岳区夏张镇刘家庄村	20	男	1942 年
代传孝之二哥	岱岳区夏张镇刘家庄村	21	男	1942 年
石方正	岱岳区夏张镇赵家店村	—	男	1942 年
石方洪	岱岳区夏张镇赵家店村	—	男	1942 年
刘景芳	岱岳区夏张镇赵家店村	—	男	1942 年
王兆林	岱岳区夏张镇大西牛村	—	男	1942 年
赵西银	岱岳区夏张镇赵家店村	—	男	1942 年
姚洪佩	岱岳区下港乡下港村	—	男	1942 年
徐兆明	岱岳区下港乡下港村	—	男	1942 年
张兴华	岱岳区黄前镇大地村	—	男	1943 年 1 月
高建荣	岱岳区满庄镇东牛中村	45	男	1943 年 1 月
马振英	岱岳区满庄镇宿家庄村	25	男	1943 年 4 月
李建祥	岱岳区天平街道南黄村	—	男	1943 年 5 月
高西灏	岱岳区满庄镇东牛中村	26	男	1943 年 5 月
张心福	岱岳区马庄镇萨家庄村	38	男	1943 年 6 月
孙承浩	岱岳区马庄镇萨家庄村	42	男	1943 年 7 月
高立星	岱岳区满庄镇东牛中村	21	男	1943 年 8 月
高立章	岱岳区满庄镇东牛中村	21	男	1943 年 10 月
李尚星之母	岱岳区天平街道南黄村	—	女	1943 年冬
李光秀	岱岳区马庄镇双庙村	23	男	1943 年
刘树泰	岱岳区徂徕镇小埠前村	23	男	1943 年

姓 名	籍 贯	年 龄	性 别	死难时间
常玉石	岱岳区满庄镇王家园村	24	男	1943 年
常玉佩	岱岳区满庄镇王家园村	35	男	1943 年
常玉道	岱岳区满庄镇王家园村	43	男	1943 年
常西顺	岱岳区满庄镇王家园村	30	男	1943 年
尚忠信	岱岳区满庄镇南迎村	—	男	1943 年
高立良	岱岳区满庄镇东牛中村	18	男	1943 年
刘学林	岱岳区粥店街道小辛庄村	—	男	1943 年
鲁吉田	岱岳区粥店街道小辛庄村	—	男	1943 年
管兴诗之父	岱岳区粥店街道小辛庄村	—	男	1943 年
刘凤来	岱岳区粥店街道大官庄村	—	男	1943 年
赵长顺	岱岳区粥店街道大官庄村	—	男	1943 年
高长山	岱岳区粥店街道大官庄村	42	男	1943 年
韩富祥	岱岳区粥店街道大官庄村	—	男	1943 年
潘士祥	岱岳区粥店街道大官庄村	—	男	1943 年
李绍俊之弟	岱岳区粥店街道廿里埠村	—	男	1943 年
刘庆英之女	岱岳区粥店街道廿里埠村	幼	女	1943 年
鲁发兰邻居之一	岱岳区粥店街道王家庄村	4	女	1943 年
鲁发兰邻居之二	岱岳区粥店街道王家庄村	5	女	1943 年
金德祥	岱岳区粥店街道下旺村	28	男	1943 年
霍广菊	岱岳区粥店街道小官庄村	20	女	1943 年
马仁祥	岱岳区大汶口镇马家大吴村	28	男	1943 年
赵大岭	岱岳区大汶口镇马家大吴村	16	男	1943 年
赵文军	岱岳区大汶口镇马家大吴村	32	男	1943 年
赵继温	岱岳区大汶口镇马家大吴村	37	男	1943 年
徐佃三之长子	岱岳区天平街道送驾庄村	—	男	1943 年
徐佃三之次子	岱岳区天平街道送驾庄村	—	男	1943 年
徐佃兴之女	岱岳区天平街道送驾庄村	—	女	1943 年
程 全	岱岳区天平街道送驾庄村	—	男	1943 年
宁二喜	岱岳区天平街道耿庄村	20	男	1943 年
宁洪和	岱岳区天平街道耿庄村	31	男	1943 年
李桂生	岱岳区天平街道耿庄村	25	男	1943 年
路春四	岱岳区天平街道耿庄村	29	男	1943 年
田绪志之三弟	岱岳区天平街道黑水湾村	—	男	1943 年
吕振山	岱岳区天平街道黑水湾村	—	男	1943 年

姓 名	籍 贯	年龄	性别	死难时间
吕德平之母	岱岳区天平街道黑水湾村	—	女	1943 年
赵小扣	岱岳区天平街道南大圈村	—	女	1943 年
赵兴臣	岱岳区天平街道南大圈村	50	男	1943 年
赵傻子	岱岳区天平街道南大圈村	—	男	1943 年
高兴荣	岱岳区天平街道南大圈村	60	男	1943 年
高尚友	岱岳区天平街道南大圈村	60	男	1943 年
玄绪忠	岱岳区天平街道大坦地村	63	男	1943 年
王运公	岱岳区天平街道岩庄村	62	男	1943 年
王维友	岱岳区天平街道岩庄村	11	男	1943 年
三 串	岱岳区房村镇鲁里村	30	男	1943 年
小 闹	岱岳区房村镇鲁里村	28	男	1943 年
田荣胶	岱岳区房村镇鲁里村	30	男	1943 年
喇 叭	岱岳区房村镇鲁里村	—	男	1943 年
梅继德	岱岳区夏张镇刘家庄村	20	男	1943 年
梅树群	岱岳区夏张镇刘家庄村	18	男	1943 年
郑马祥	岱岳区夏张镇刘家庄村	17	男	1943 年
郑非德	岱岳区夏张镇刘家庄村	22	男	1943 年
索延忠之父	岱岳区夏张镇刘家庄村	22	男	1943 年
王士安	岱岳区夏张镇马家店村	37	男	1943 年
宋其江	岱岳区夏张镇马家店村	17	男	1943 年
宋绍绪	岱岳区夏张镇马家店村	41	男	1943 年
朱秀纤	岱岳区夏张镇杨家坡村	31	男	1943 年
朱修生	岱岳区夏张镇杨家坡村	40	男	1943 年
李金祥	岱岳区夏张镇大西牛村	—	男	1943 年
张万乾	岱岳区夏张镇大西牛村	—	男	1943 年
张大顺	岱岳区夏张镇大西牛村	—	男	1943 年
张传家	岱岳区夏张镇大西牛村	—	男	1943 年
宋景泰	岱岳区夏张镇大西牛村	—	男	1943 年
宋广田	岱岳区夏张镇东城村	22	男	1943 年
程元江	岱岳区徂徕镇寺河村	27	男	1944 年
刘庆英之长子	岱岳区粥店街道廿里埠村	—	男	1944 年
王培伦之二叔	岱岳区粥店街道廿里埠村	26	男	1944 年
王培伦之大叔	岱岳区粥店街道廿里埠村	28	男	1944 年
赵玉根	岱岳区祝阳镇小梭庄村	—	男	1944 年

姓 名	籍 贯	年 龄	性 别	死难时间
杨清岐	岱岳区天平街道黑水湾村	—	男	1944 年
薛美兰	岱岳区天平街道大坦地村	53	女	1944 年
刘传德	岱岳区夏张镇史家庄村	48	男	1944 年
刘继贤	岱岳区夏张镇史家庄村	41	男	1944 年
张继兰	岱岳区夏张镇史家庄村	43	男	1944 年
蒋荣辰	岱岳区夏张镇史家庄村	39	男	1944 年
王化明	岱岳区夏张镇南寨村	52	男	1944 年
员化成	岱岳区角峪镇河西村	—	男	1944 年
方永水	岱岳区角峪镇角东村	—	男	1944 年
贾明刚	岱岳区角峪镇角东村	—	男	1944 年
江少胜	岱岳区下港乡杨台村	—	男	1944 年
赵合菊	岱岳区下港乡杨台村	—	男	1944 年
李善成	岱岳区下港乡杨台村	—	男	1944 年
姚洪山	岱岳区下港乡杨台村	—	男	1944 年
赵纪坦之兄	岱岳区天平街道姜庄村	—	男	1945 年秋
孙兆钋	岱岳区夏张镇孔家庄村	—	男	1945 年
石兰生	岱岳区天平街道韩刘冯村	—	男	1945 年
马守会	岱岳区角峪镇岳庄村	—	男	1944 年
田存有	岱岳区天平街道田峪村	—	男	—
葛立广	岱岳区天平街道田峪村	—	男	—
葛金泉	岱岳区天平街道田峪村	—	男	—
玄永孝	岱岳区天平街道大坦地村	—	男	—
玄昌致	岱岳区天平街道大坦地村	—	男	—
玄振水	岱岳区天平街道大坦地村	—	男	—
玄振泉	岱岳区天平街道大坦地村	—	男	—
玄振河	岱岳区天平街道大坦地村	—	男	—
玄振昆	岱岳区天平街道大坦地村	—	男	—
玄振琢	岱岳区天平街道大坦地村	—	男	—
李恒金	岱岳区良庄镇东良庄村	41	男	—
李发燕	岱岳区夏张镇李山头村	26	男	—
于可宽	岱岳区房村镇西南望村	—	男	—
于可连	岱岳区房村镇西南望村	—	男	—
于可紧	岱岳区房村镇西南望村	—	男	—
王心中	岱岳区房村镇黑石埠村	—	男	—

姓 名	籍 贯	年 龄	性 别	死难时间
刘少保	岱岳区房村镇黑石埠村	—	男	—
刘钦英	岱岳区房村镇黑石埠村	—	男	—
周中金	岱岳区房村镇黑石埠村	—	男	—
周振水	岱岳区房村镇黑石埠村	—	男	—
周振河	岱岳区房村镇黑石埠村	—	男	—
王京正	岱岳区大汶口镇彭徐店村	20	男	—
王怀仓	岱岳区大汶口镇彭徐店村	19	男	—
王京山	岱岳区大汶口镇彭徐店村	21	男	—
合 计	**2011**			

责任人：张宗恩　张玉成　　　　核实人：彭相英　常炳成　　　　填表人：马玉胜　张爱华
　　　　　　　　　　　　　　　　　　　　马文楠　　　　　　　　　　　　路瑾瑾
填报单位（签章）：泰安市岱岳区党史史志工作办公室　　　　填报时间：2009 年 5 月 12 日

新泰市抗日战争时期死难者名录

姓 名	籍 贯	年 龄	性 别	死 难 时 间
范明河	新泰市果都镇东石沟村	18	男	1938 年
高相贵	新泰市泉沟镇庙子牌村	31	男	1938 年
泥守光	新泰市泉沟镇庙子牌村	40	男	1938 年
任友伦	新泰市东都镇王家庄村	20	男	1938 年 3 月
王继同	新泰市翟镇平家庄村	—	男	1938 年 3 月
曹志常	新泰市青云街道明珠社区	40	男	1938 年 3 月
王继元	新泰市翟镇平家庄村	—	男	1938 年 3 月
牛兴旺	新泰市楼德镇杨家庄村	20	男	1938 年 4 月
牛老六	新泰市楼德镇杨家庄村	27	男	1938 年 4 月
王敬峰	新泰市楼德镇杨家庄村	30	男	1938 年 4 月
王敬常	新泰市楼德镇杨家庄村	16	男	1938 年 4 月
任恒吉	新泰市楼德镇杨家庄村	40	男	1938 年 4 月
张正臣	新泰市楼德镇杨家庄村	25	男	1938 年 4 月
张龙池	新泰市楼德镇杨家庄村	48	男	1938 年 4 月
张伯才	新泰市楼德镇杨家庄村	22	男	1938 年 4 月
张述善	新泰市楼德镇杨家庄村	67	男	1938 年 4 月
张郎氏	新泰市楼德镇杨家庄村	49	女	1938 年 4 月
张焕英	新泰市楼德镇杨家庄村	18	女	1938 年 4 月
李存友	新泰市楼德镇杨家庄村	37	男	1938 年 4 月
李存松	新泰市楼德镇杨家庄村	36	男	1938 年 4 月
陈玉可	新泰市楼德镇杨家庄村	35	男	1938 年 4 月
程德常	新泰市楼德镇杨家庄村	23	男	1938 年 4 月
田子文	新泰市汶南镇南岙阳村	—	男	1938 年 4 月
梁孙氏	新泰市汶南镇南岙阳村	—	女	1938 年 4 月
梁守新	新泰市汶南镇南岙阳村	—	男	1938 年 4 月
梁李氏	新泰市汶南镇南岙阳村	—	女	1938 年 4 月
杨增淇	新泰市羊流镇杨家庄村	23	男	1938 年 4 月
刘长存之母	新泰市翟镇平家庄村	—	女	1938 年 4 月
单兆岩	新泰市青云街道南公西村	21	男	1938 年 4 月
牛光来	新泰市龙廷镇掌平洼村	20	男	1938 年 4 月
刘德身	新泰市石莱镇道泉峪村	40	男	1938 年春

姓　名	籍　贯	年龄	性别	死难时间
李银生	新泰市翟镇小港村	—	男	1938 年春
王元亭	新泰市天宝镇彭家庄村	—	男	1938 年 5 月
陈洪英	新泰市泉沟镇河山子村	18	男	1938 年 5 月
陈张氏	新泰市泉沟镇河山子村	43	女	1938 年 5 月
孙陈氏	新泰市泉沟镇河山子村	42	女	1938 年 5 月
肖王氏	新泰市泉沟镇河山子村	45	女	1938 年 5 月
刘玉环	新泰市泉沟镇河山子村	36	男	1938 年 5 月
孙　氏	新泰市泉沟镇河山子村	42	女	1938 年 5 月
陈　氏	新泰市泉沟镇河山子村	41	女	1938 年 5 月
田西纯之母	新泰市青云街道果园村	—	女	1938 年 5 月
田西纯之儿媳	新泰市青云街道果园村	—	女	1938 年 5 月
王立义	新泰市新汶街道程家楼村	26	男	1938 年 5 月 19 日
王学贵	新泰市新汶街道程家楼村	30	男	1938 年 5 月 19 日
王等阳	新泰市新汶街道程家楼村	47	男	1938 年 5 月 19 日
成尹氏	新泰市新汶街道程家楼村	50	女	1938 年 5 月 19 日
成光合	新泰市新汶街道程家楼村	50	男	1938 年 5 月 19 日
宋传仁	新泰市新汶街道程家楼村	60	男	1938 年 5 月 19 日
闫王氏	新泰市新汶街道程家楼村	57	女	1938 年 5 月 19 日
田春吉之母	新泰市青云街道果园村	—	女	1938 年 5 月
田西简之兄	新泰市青云街道果园村	—	男	1938 年 5 月
高　山	新泰市青云街道南关社区	—	男	1938 年 5 月 26 日
田自冬	新泰市青云街道果园村	—	男	1938 年 5 月 26 日
田配吉之妻	新泰市青云街道果园村	—	女	1938 年 5 月 26 日
田配吉之子	新泰市青云街道果园村	—	男	1938 年 5 月 26 日
曹和光	新泰市青云街道明珠社区	42	男	1938 年 5 月
王怀长	新泰市青云街道明珠社区	38	男	1938 年 5 月
王德振	新泰市青云街道明珠社区	20	男	1938 年 5 月
尹士存之母	新泰市小协镇小协社区	—	女	1938 年 6 月
陈兆俭之母	新泰市小协镇陈家庄村	63	女	1938 年 6 月
陈绪水之祖母	新泰市小协镇陈家庄村	60	女	1938 年 6 月
曹尚礼	新泰市青云街道明珠社区	25	男	1938 年 6 月
陈传恩之祖母	新泰市小协镇陈家庄村	62	女	1938 年 6 月
陈培之	新泰市小协镇陈家庄村	48	男	1938 年 6 月
陈绪传	新泰市小协镇陈家庄村	47	男	1938 年 6 月

姓 名	籍 贯	年 龄	性 别	死难时间
陈艾举之祖母	新泰市小协镇陈家庄村	60	女	1938 年 6 月
陈兆勤之母	新泰市小协镇陈家庄村	—	女	1938 年 6 月
陈传录之祖母	新泰市小协镇陈家庄村	—	女	1938 年 6 月
陈传德之祖母	新泰市小协镇陈家庄村	—	女	1938 年 6 月
杨尊才之父	新泰市小协镇陈家庄村	—	男	1938 年 6 月
安京臣	新泰市小协镇小协社区	—	男	1938 年 6 月 21 日
尹示存	新泰市小协镇小协社区	—	男	1938 年 6 月 21 日
陶桂林	新泰市小协镇小协社区	—	男	1938 年 6 月 21 日
布令泉之母	新泰市小协镇小协社区	—	女	1938 年 6 月 21 日
孙同昌之子	新泰市小协镇小协社区	—	男	1938 年 6 月 21 日
郭玉成	新泰市小协镇小协社区	—	男	1938 年 6 月 21 日
陈×××	新泰市放城镇南涝坡村	—	—	1938 年 7 月
刘子云之母	新泰市汶南镇南峇阳村	—	女	1938 年 7 月
刘杜光之子	新泰市汶南镇沈家庄村	—	男	1938 年 7 月
赵×××	新泰市汶南镇杨家洼村	—	—	1938 年 7 月
王 氏	新泰市翟镇石灰峪村	—	女	1938 年 7 月
段永学	新泰市谷里镇大新兴村	68	男	1938 年 8 月
许小文	新泰市谷里镇大新兴村	39	男	1938 年 8 月
刘洪良	新泰市泉沟镇西刘村	32	男	1938 年 8 月
刘丁氏	新泰市石莱镇琵琶庄村	60	女	1938 年 8 月
刘登高	新泰市青云街道大驻马村	23	男	1938 年 8 月
安西德	新泰市小协镇大协村	52	男	1938 年 8 月 4 日
赵振温	新泰市小协镇大协村	68	男	1938 年 8 月 4 日
李 囊	新泰市小协镇大协村	—	男	1938 年 8 月 4 日
赵玉增	新泰市小协镇大协村	67	男	1938 年 8 月 4 日
赵小三	新泰市小协镇大协村	—	男	1938 年 8 月 4 日
李善耕	新泰市小协镇大协村	24	男	1938 年 8 月
赵文学	新泰市小协镇大协村	26	男	1938 年 8 月 4 日
安汉照	新泰市刘杜镇门家庄村	45	男	1938 年 8 月 15 日
安香廷	新泰市刘杜镇门家庄村	40	男	1938 年 8 月 15 日
安汉坡	新泰市刘杜镇门家庄村	43	男	1938 年 8 月 15 日
安苏宝	新泰市刘杜镇门家庄村	47	男	1938 年 8 月 15 日
安夫俞	新泰市刘杜镇门家庄村	45	男	1938 年 8 月 15 日
安国廷	新泰市刘杜镇门家庄村	50	男	1938 年 8 月 15 日

姓 名	籍 贯	年龄	性别	死难时间
王玉奎	新泰市楼德镇东村	18	男	1938 年 10 月
于建沧	新泰市翟镇春阳庄村	23	男	1938 年 10 月
付均录	新泰市翟镇春阳庄村	22	男	1938 年 10 月
王 氏	新泰市翟镇大港村	20	女	1938 年 10 月
高书林	新泰市青云街道金马社区	—	男	1938 年 10 月 15 日
李玉发	新泰市谷里镇后北佐村	40	男	1938 年秋
于永连	新泰市楼德镇霄岚村	—	男	1938 年
李传耕	新泰市宫里镇宫北村	45	男	1938 年
李继尧	新泰市宫里镇宫北村	27	男	1938 年
刘春来	新泰市小协镇碗窑头村	—	男	1938 年
柳瘸子	新泰市小协镇碗窑头村	—	男	1938 年
柳经周	新泰市小协镇碗窑头村	—	男	1938 年
马义成	新泰市楼德镇寺岭村	20	男	1938 年
顾乃江	新泰市楼德镇寺岭村	31	男	1938 年
韩长法	新泰市楼德镇西村	25	男	1938 年
巩文氏	新泰市楼德镇霄岚村	—	女	1938 年
巩玉秀	新泰市楼德镇霄岚村	—	男	1938 年
张继享	新泰市谷里镇北谷里村	—	男	1938 年
刘 六	新泰市谷里镇北谷里村	60	男	1938 年
范令厚	新泰市谷里镇北谷里村	20	男	1938 年
三麻子	新泰市谷里镇北谷里村	22	男	1938 年
高清云	新泰市谷里镇北谷里村	40	男	1938 年
高利到	新泰市谷里镇北谷里村	50	男	1938 年
张洪彬	新泰市谷里镇北谷里村	15	男	1938 年
吴三裁	新泰市谷里镇北谷里村	20	男	1938 年
张小亭	新泰市谷里镇北谷里村	20	男	1938 年
曹志礼	新泰市谷里镇北谷里村	50	男	1938 年
杨敦友	新泰市谷里镇北谷里村	60	男	1938 年
范法荣	新泰市谷里镇北谷里村	24	男	1938 年
范红印	新泰市谷里镇北谷里村	20	男	1938 年
张玉灿	新泰市谷里镇北谷里村	20	男	1938 年
毛清法	新泰市谷里镇北谷里村	25	男	1938 年
张继花	新泰市谷里镇北谷里村	80	男	1938 年
范明卜	新泰市谷里镇北谷里村	—	男	1938 年

姓　名	籍　贯	年　龄	性　别	死难时间
张蒲洲	新泰市谷里镇北谷里村	—	男	1938 年
张法洲	新泰市谷里镇北谷里村	—	男	1938 年
李　氏	新泰市东都镇东桥村	51	女	1938 年
李　氏	新泰市东都镇东桥村	40	女	1938 年
李怀文	新泰市东都镇东桥村	49	男	1938 年
曹豁子	新泰市东都镇平陵庄村	30	男	1938 年
吴长顺	新泰市东都镇乌珠台村	31	男	1938 年
柏天族	新泰市东都镇乌珠台村	35	男	1938 年
邵方义	新泰市东都镇小峪村	42	男	1938 年
邵郑氏	新泰市东都镇小峪村	50	女	1938 年
张西生之祖母	新泰市刘杜镇联盟村	—	女	1938 年
张义才	新泰市岳家庄乡田家庄村	17	男	1938 年
张夫随	新泰市刘杜镇联盟村	18	女	1938 年
陈庆伦	新泰市天宝镇寇家庄村	22	男	1938 年
陈衍汉	新泰市天宝镇寇家庄村	24	男	1938 年
孟光武	新泰市天宝镇寇家庄村	21	男	1938 年
孟继木	新泰市天宝镇寇家庄村	23	男	1938 年
焦德公	新泰市天宝镇寇家庄村	—	男	1938 年
丁从周	新泰市放城镇丁家庄村	30	男	1938 年
丁恩善之母	新泰市放城镇丁家庄村	42	女	1938 年
徐长星	新泰市新汶街道东良社区	—	男	1938 年
牛万子	新泰市新汶街道孙村社区	—	男	1938 年
牛兴保之母	新泰市新汶街道孙村社区	—	女	1938 年
牛兴秋之母	新泰市新汶街道孙村社区	—	女	1938 年
牛庆刚之三伯父	新泰市新汶街道孙村社区	—	男	1938 年
牛庆法	新泰市新汶街道孙村社区	—	男	1938 年
牛法德	新泰市新汶街道孙村社区	—	男	1938 年
牛振柱	新泰市新汶街道孙村社区	—	男	1938 年
牛锡红	新泰市新汶街道孙村社区	—	男	1938 年
牛德隆	新泰市新汶街道孙村社区	—	男	1938 年
王贵礼	新泰市新汶街道孙村社区	—	男	1938 年
何才啓	新泰市新汶街道孙村社区	—	男	1938 年
宋斗法	新泰市新汶街道孙村社区	—	男	1938 年
宋占田之三伯父	新泰市新汶街道孙村社区	—	男	1938 年

姓 名	籍 贯	年 龄	性 别	死难时间
张大憨	新泰市新汶街道孙村社区	—	男	1938 年
张宗兴	新泰市新汶街道孙村社区	—	男	1938 年
张振田	新泰市新汶街道孙村社区	—	男	1938 年
李爱智	新泰市新汶街道孙村社区	—	男	1938 年
韩家治	新泰市新汶街道西良社区	—	男	1938 年
韩耕田	新泰市新汶街道西良社区	—	男	1938 年
郑炳文	新泰市新汶街道张庄社区	32	男	1938 年
高志珍	新泰市新汶街道张庄社区	38	男	1938 年
刘春梓	新泰市新汶街道中洛沟村	70	男	1938 年
付履志	新泰市汶南镇借庄村	—	男	1938 年
滕志周	新泰市汶南镇东南辰村	46	男	1938 年
史宗法	新泰市泉沟镇麻峪村	′39	男	1938 年
王振忠	新泰市羊流镇单家庄村	42	男	1938 年
王继言	新泰市羊流镇单家庄村	40	男	1938 年
牛朱氏	新泰市羊流镇单家庄村	60	女	1938 年
陈京全	新泰市羊流镇桃花峪村	43	男	1938 年
和士魁	新泰市羊流镇桃花峪村	42	男	1938 年
陈瑞林	新泰市羊流镇桃花峪村	43	男	1938 年
郭等东	新泰市羊流镇闫家庄村	20	男	1938 年
刘淑生	新泰市翟镇高家店村	24	男	1938 年
巩兴忍	新泰市翟镇井家庄村	42	男	1938 年
李征起	新泰市翟镇井家庄村	43	男	1938 年
王悦东	新泰市翟镇穆家店村	—	男	1938 年
刘付永	新泰市翟镇穆家店村	—	男	1938 年
张少廷	新泰市翟镇穆家店村	—	男	1938 年
穆兴吉	新泰市翟镇穆家店村	—	男	1938 年
穆兴珍	新泰市翟镇穆家店村	—	男	1938 年
穆兴海	新泰市翟镇穆家店村	—	男	1938 年
王文海之父	新泰市翟镇史家庄村	24	男	1938 年
鲁长友	新泰市翟镇王家园村	—	男	1938 年
石成保之祖父	新泰市翟镇榆山村	70	男	1938 年
赵化臣之曾祖母	新泰市翟镇榆山村	75	女	1938 年
王培增	新泰市翟镇翟北村	—	男	1938 年
王 兰	新泰市翟镇翟家庄村	50	女	1938 年

姓 名	籍 贯	年 龄	性 别	死难时间
王增智	新泰市翟镇翟家庄村	—	男	1938 年
肖××之小儿媳	新泰市翟镇赵家庄村	—	女	1938 年
田西广	新泰市青云街道果园村	—	男	1938 年
田振吉	新泰市青云街道果园村	—	男	1938 年
张冯氏	新泰市青云街道东关社区	—	女	1938 年
王昌生	新泰市青云街道东关社区	—	男	1938 年
高志诚	新泰市青云街道东关社区	—	男	1938 年
安朝荣	新泰市青云街道东南关社区	—	男	1938 年
李金祥	新泰市青云街道东南关社区	—	男	1938 年
李金安	新泰市青云街道东南关社区	—	男	1938 年
王蔡氏	新泰市青云街道北寨社区	46	女	1938 年
李奎芳	新泰市青云街道西关社区	25	男	1938 年
赵传钵	新泰市青云街道西关社区	25	男	1938 年
刘建武	新泰市青云街道金马社区	16	男	1938 年
曹尚银	新泰市青云街道明珠社区	26	男	1938 年
李寅存	新泰市龙廷镇两县村	—	男	1938 年
刘信元	新泰市龙廷镇南河东庄村	22	男	1938 年
刘福才	新泰市新汶街道东良社区	—	男	1939 年 2 月
陈玉堂	新泰市楼德镇前柴城村	32	男	1939 年 3 月
孙学泉	新泰市泉沟镇张家兰子村	25	男	1939 年 3 月
王慎珂	新泰市青云街道水浒村	39	男	1939 年 4 月 14 日
陈 氏	新泰市禹村镇后寨村	31	女	1939 年 4 月
郭京连	新泰市羊流镇上裴家庄村	40	男	1939 年春
陈宋氏	新泰市小协镇陈家庄村	55	女	1939 年 5 月
陈赵氏	新泰市小协镇陈家庄村	68	女	1939 年 5 月
柳经传	新泰市小协镇碗窑头村	—	男	1939 年 5 月
尹序瑶	新泰市楼德镇霄岚村	—	男	1939 年 5 月
王 氏	新泰市楼德镇霄岚村	13	女	1939 年 5 月
王李氏	新泰市楼德镇霄岚村	—	女	1939 年 5 月
张刘带	新泰市楼德镇霄岚村	—	男	1939 年 5 月
李 氏	新泰市楼德镇霄岚村	—	女	1939 年 5 月
李赵氏	新泰市楼德镇霄岚村	—	女	1939 年 5 月
李恒带	新泰市楼德镇霄岚村	—	男	1939 年 5 月
樊苗氏	新泰市楼德镇霄岚村	—	女	1939 年 5 月

姓　名	籍　贯	年龄	性别	死难时间
巩　氏	新泰市岳家庄乡涝南村	38	女	1939 年 5 月
于德平	新泰市岳家庄乡涝南村	39	男	1939 年 5 月
刘传京	新泰市小协镇碗窑头村	—	男	1939 年 5 月 10 日
马云仁	新泰市小协镇碗窑头村	—	男	1939 年 5 月 10 日
刘洪训	新泰市小协镇碗窑头村	—	男	1939 年 5 月 10 日
陈京泰	新泰市宫里镇李灵村	60	男	1939 年 5 月 13 日
庄敬春	新泰市宫里镇绳峪村	28	男	1939 年 6 月
陈友堂	新泰市果都镇果都村	40	男	1939 年 6 月
牛光太	新泰市龙廷镇掌平洼村	22	男	1939 年 6 月
牛光法	新泰市新汶街道孙村社区	26	男	1939 年 7 月
徐圣勤	新泰市翟镇前羊村	—	男	1939 年 8 月
杨富恒	新泰市青云街道马庄前村	30	男	1939 年 8 月
尹士栋	新泰市楼德镇霄岚村	24	男	1939 年 8 月
孙孟海之姐	新泰市天宝镇年家峪村	—	女	1939 年 9 月
武文仁之曾祖母	新泰市天宝镇年家峪村	—	女	1939 年 9 月
张文太之姑	新泰市天宝镇年家峪村	—	女	1939 年 9 月
张学山	新泰市天宝镇年家峪村	—	男	1939 年 9 月
罗文春之父	新泰市天宝镇年家峪村	—	男	1939 年 9 月
罗文春之兄	新泰市天宝镇年家峪村	—	男	1939 年 9 月
罗夫荣之姑	新泰市天宝镇年家峪村	—	女	1939 年 9 月
罗富友	新泰市天宝镇年家峪村	—	男	1939 年 9 月
王兴仁	新泰市翟镇近格庄村	21	男	1939 年 9 月
类淑昌	新泰市汶南镇国家庄村	29	男	1939 年 10 月
赵德祯	新泰市楼德镇西柴城村	20	男	1939 年 11 月
刘元才	新泰市龙廷镇安子村	54	男	1939 年 11 月
刘元成	新泰市龙廷镇安子村	52	男	1939 年 11 月
刘兆松	新泰市龙廷镇安子村	16	男	1939 年 11 月
刘兆东	新泰市龙廷镇安子村	40	男	1939 年 11 月
刘兆训	新泰市龙廷镇安子村	56	男	1939 年 11 月
刘兆朝	新泰市龙廷镇安子村	28	男	1939 年 11 月
刘笃俭	新泰市龙廷镇安子村	21	男	1939 年 11 月
庞黑子	新泰市龙廷镇榆山前村	—	男	1939 年冬
曹心公	新泰市泉沟镇曹家坪村	55	男	1939 年
曹心乐	新泰市泉沟镇曹家坪村	49	男	1939 年

姓　名	籍　贯	年　龄	性　别	死难时间
张长银	新泰市宫里镇白家庄村	23	男	1939 年
张长铸	新泰市宫里镇白家庄村	41	男	1939 年
李学珠	新泰市宫里镇宫南村	—	男	1939 年
刘仕祥	新泰市宫里镇李灵村	12	男	1939 年
葛宝山之妻	新泰市小协镇郭家泉村	—	女	1939 年
葛宝山之子	新泰市小协镇郭家泉村	—	男	1939 年
史宗鲁	新泰市小协镇雷明村	39	男	1939 年
朱业久	新泰市禹村镇程家峪村	28	男	1939 年
曹吉荣	新泰市东都镇平陵庄村	44	男	1939 年
刘和尚	新泰市东都镇平陵庄村	14	男	1939 年
曹吉贤	新泰市东都镇平陵庄村	38	男	1939 年
刘成富	新泰市东都镇乌珠台村	32	男	1939 年
陈荣祥	新泰市东都镇西都社区	25	男	1939 年
张　典	新泰市岳家庄乡田家庄村	37	男	1939 年
苏江归	新泰市天宝镇苏家庄村	—	男	1939 年
高光增之妻	新泰市天宝镇天宝一村	—	女	1939 年
长　青	新泰市天宝镇天宝六村	—	男	1939 年
老　掌	新泰市天宝镇天宝六村	—	男	1939 年
曹某某	新泰市岳家庄乡冯家村	26	男	1939 年
谭得友	新泰市岳家庄乡岔河村	24	男	1939 年
鲁子水	新泰市岳家庄乡西邱村	28	男	1939 年
张义贵	新泰市岳家庄乡西邱村	29	男	1939 年
鲁德银之父	新泰市岳家庄乡西邱村	40	男	1939 年
范加美	新泰市岳家庄乡西邱村	27	女	1939 年
吴佃德	新泰市岳家庄乡西邱村	42	男	1939 年
马佃平	新泰市岳家庄乡西邱村	40	男	1939 年
鲁德仁之母	新泰市岳家庄乡西邱村	29	女	1939 年
张守信	新泰市新汶街道大河村	50	男	1939 年
孙登高	新泰市新汶街道大寺山村	21	男	1939 年
牛振度	新泰市新汶街道孙村社区	—	男	1939 年
高继星	新泰市新汶街道张庄社区	20	男	1939 年
臧彦鑫	新泰市新汶街道中合寨村	14	男	1939 年
臧敦基	新泰市新汶街道中合寨村	50	男	1939 年
吴×××	新泰市泉沟镇泉沟村	6	男	1939 年

姓 名	籍 贯	年 龄	性 别	死难时间
刘夫山	新泰市泉沟镇运舟湖村	17	男	1944 年
刘灿胜	新泰市泉沟镇运舟湖村	28	男	1939 年
王永昌	新泰市泉沟镇运舟湖村	67	男	1939 年
徐良怀	新泰市羊流镇朝阳村	49	男	1939 年
亓爱德	新泰市羊流镇红旗村	22	男	1939 年
王桂俊	新泰市羊流镇上裴家庄村	39	男	1939 年
闫安伦	新泰市羊流镇闫家庄村	16	男	1939 年
李振吉之妻	新泰市西张庄镇浮邱村	50	女	1939 年
和士臣	新泰市西张庄镇浮邱村	—	男	1939 年
和尚泉之子	新泰市西张庄镇浮邱村	25	男	1939 年
赵迷糊	新泰市西张庄镇浮邱村	40	男	1939 年
王式都	新泰市西张庄镇西韩庄村	29	男	1939 年
王兴方	新泰市青云街道葛沟河村	30	男	1939 年
刘士河	新泰市青云街道福田社区	—	男	1939 年
周士建	新泰市青云街道福田社区	—	男	1939 年
康福来	新泰市青云街道北寨社区	33	男	1939 年
刘赵氏	新泰市青云街道北寨社区	50	女	1939 年
王德功	新泰市青云街道明珠社区	25	男	1939 年
李会义	新泰市龙廷镇崇本庄村	20	男	1939 年
包 二	新泰市龙廷镇大栗裕村	—	男	1939 年
刘兆吉	新泰市龙廷镇大沙坡村	29	男	1939 年
刘乃业	新泰市龙廷镇龙廷村	26	男	1939 年
苗培芝	新泰市龙廷镇土门村	39	男	1939 年
庞风栾	新泰市龙廷镇榆山前村	29	男	1939 年
王金友	新泰市宫里镇绳家峪村	51	男	1940 年 1 月
刘二公道	新泰市宫里镇绳家峪村	53	男	1940 年 1 月
张保义	新泰市宫里镇绳家峪村	26	男	1940 年 1 月
张荣彪	新泰市谷里镇南谷里村	28	男	1940 年 1 月
牛广胜	新泰市东都镇燕家庄村	20	男	1940 年 2 月
刘百朋	新泰市汶南镇重兴村	15	男	1940 年 2 月
韩学修	新泰市新汶街道西良社区	—	男	1940 年春
柳京会	新泰市小协镇躲庄村	39	男	1940 年 5 月
王传友	新泰市羊流镇香水河村	24	男	1940 年 5 月
张式武	新泰市青云街道城里社区	17	男	1940 年 5 月

姓 名	籍 贯	年 龄	性 别	死难时间
戴伯堂	新泰市东都镇谢家庄村	38	男	1940 年 6 月
周庆同	新泰市楼德镇东营村	34	男	1940 年 7 月
李顺元	新泰市刘杜镇龙华村	41	男	1940 年 7 月
秦贞才	新泰市汶南镇南洪河村	30	男	1940 年 7 月
李茂绩	新泰市泉沟镇刘家上汪村	—	男	1940 年 7 月
刘洪良	新泰市泉沟镇刘家上汪村	—	男	1940 年 7 月
李××	新泰市翟镇羊村	—	男	1940 年 7 月
赵××	新泰市青云街道城西社区	—	男	1940 年 7 月
赵经营	新泰市岳家庄乡冯家村	24	男	1940 年 7 月 15 日
马守左	新泰市岳家庄乡冯家村	28	男	1940 年 7 月 15 日
刘承林	新泰市谷里镇大尧沟村	—	男	1940 年 7 月 18 日
鲍升文	新泰市谷里镇南谷里村	—	男	1940 年 7 月 18 日
单赵氏	新泰市谷里镇东蒲村	—	女	1940 年 8 月中旬
王玉安	新泰市宫里镇上宫隅村	—	男	1940 年 8 月
程金武	新泰市禹村镇东沈村	19	男	1940 年 8 月
张举田	新泰市谷里镇西蒲村	29	男	1940 年 8 月
赵明堂	新泰市刘杜镇南流泉村	22	男	1940 年 8 月
李富善	新泰市翟镇后羊村	—	男	1940 年 8 月
李代阳	新泰市龙廷镇大上庄村	33	男	1940 年 8 月
马春读	新泰市天宝镇西峪村	—	男	1940 年 9 月
陈培匀	新泰市谷里镇后北佐村	—	男	1940 年 10 月
焦丰良	新泰市天宝镇豪山前村	27	男	1940 年 10 月
李寅彬	新泰市龙廷镇两县村	33	男	1940 年 10 月
高月忠	新泰市刘杜镇联盟村	—	男	1940 年秋
李 伍	新泰市龙廷镇龙溪庄村	20	男	1940 年秋
安玉亭	新泰市小协镇小协社区	30	男	1940 年 11 月
张京智	新泰市泉沟镇劝里村	—	男	1940 年 12 月中旬
陈占昌	—	—	男	1940 年 12 月中旬
陈佩良	新泰市羊流镇徐家庄村	—	男	1940 年 12 月
尹礼水之父	新泰市天宝镇花拉湾村	63	男	1940 年
刘德成	新泰市宫里镇宫北村	21	男	1940 年
曹刘氏	新泰市小协镇柏角峪村	—	女	1940 年
曹李氏	新泰市小协镇柏角峪村	—	女	1940 年
曹东苏	新泰市小协镇柏角峪村	—	女	1940 年

姓 名	籍 贯	年 龄	性 别	死难时间
史宗湖	新泰市小协镇雷明村	42	男	1940 年
郝希粹	新泰市楼德镇东村	18	男	1940 年
李现金	新泰市禹村镇中杜村	20	男	1940 年
张居田	新泰市谷里镇东蒲村	—	男	1940 年
张淑智	新泰市谷里镇南谷里村	60	男	1940 年
陈培检	新泰市谷里镇徐庄村	32	男	1940 年
李吴进	新泰市东都镇大峪村	25	男	1940 年
李吴仁	新泰市东都镇大峪村	22	男	1940 年
郭玉芳	新泰市东都镇马家庄村	60	男	1940 年
杨和宪	新泰市东都镇马家庄村	52	男	1940 年
类可东	新泰市东都镇马家庄村	48	男	1940 年
曹丕有	新泰市东都镇平陵庄村	19	男	1940 年
纪玉德	新泰市东都镇王家庄村	37	男	1940 年
吴兴昌	新泰市东都镇乌珠台村	28	男	1940 年
王振山	新泰市东都镇乌珠台村	42	男	1940 年
孔兆恩	新泰市刘杜镇光明东村	29	男	1940 年
孔现常	新泰市刘杜镇光明东村	27	男	1940 年
张西德	新泰市刘杜镇联盟村	22	男	1940 年
高士更	新泰市刘杜镇联盟村	20	男	1940 年
李从先	新泰市刘杜镇山泉村	40	男	1940 年
李贵元	新泰市刘杜镇山泉村	50	男	1940 年
许贵增	新泰市刘杜镇联盟村	—	男	1940 年
刘汉香之妹	新泰市刘杜镇联盟村	—	女	1940 年
陈丕水	新泰市刘杜镇邓家沟村	20	男	1940 年
陈绪明	新泰市岳家庄乡北邱村	35	男	1940 年
陈绪启	新泰市岳家庄乡北邱村	36	男	1940 年
陈绪富	新泰市岳家庄乡北邱村	40	男	1940 年
郗西泮	新泰市放城镇放城二村	35	男	1940 年
邵兴义	新泰市放城镇放城三村	34	男	1940 年
王新平	新泰市放城镇马家寨子村	28	男	1940 年
丁玉清	新泰市放城镇邱子峪村	28	男	1940 年
刘彬常	新泰市放城镇上峪村	32	男	1940 年
刘海泉	新泰市放城镇上峪村	33	男	1940 年
刘海泉之妻	新泰市放城镇上峪村	30	女	1940 年

姓　名	籍　贯	年　龄	性　别	死难时间
刘俊宾	新泰市放城镇上峪村	33	男	1940 年
刘力常	新泰市放城镇上峪村	20	男	1940 年
王刘氏	新泰市放城镇上峪村	28	女	1940 年
王顺斗	新泰市放城镇上峪村	31	男	1940 年
营常太之大姑	新泰市放城镇西店子村	—	女	1940 年
李国金	新泰市放城镇西店子村	—	男	1940 年
李国善之祖母	新泰市放城镇西店子村	—	女	1940 年
赵之桃	新泰市放城镇西店子村	—	男	1940 年
王恒雨之妻	新泰市放城镇上峪村	22	女	1940 年
陈丕昌	新泰市新汶街道中合寨村	51	男	1940 年
房雅田	新泰市汶南镇西南辰村	17	男	1940 年
刘西茂	新泰市泉沟刘家牌村	25	男	1940 年
曹化文	新泰市泉沟镇曹家庄村	65	男	1940 年
曹王氏	新泰市泉沟镇曹家庄村	63	女	1940 年
王义泉	新泰市泉沟镇小良庄村	30	男	1940 年
韩十五	新泰市羊流镇安乐庄村	22	男	1940 年
邵西荣	新泰市羊流镇梨园沟村	—	男	1940 年
万梅春	新泰市羊流镇松树林	70	男	1940 年
刘朝连	新泰市羊流镇松树林	25	男	1940 年
范子泉	新泰市翟镇红石板村	24	男	1940 年
张学秀	新泰市翟镇后羊村	29	男	1940 年
李耐甫	新泰市翟镇后羊村	29	男	1940 年
李善芹	新泰市翟镇后羊村	20	男	1940 年
李善寅	新泰市翟镇后羊村	29	男	1940 年
陈一新	新泰市翟镇后羊村	29	男	1940 年
高清瑞	新泰市西张庄镇高孟村	26	男	1940 年
王仲申	新泰市青云街道葛沟河村	20	男	1940 年
张有青	新泰市青云街道葛沟河村	23	男	1940 年
仇××	新泰市青云街道管家洼村	28	男	1940 年
刘××	新泰市青云街道管家洼村	18	男	1940 年
张××	新泰市青云街道管家洼村	18	男	1940 年
管×氏	新泰市青云街道管家洼村	42	女	1940 年
管×女	新泰市青云街道管家洼村	12	女	1940 年
赵××	新泰市青云街道管家洼村	48	男	1940 年

姓 名	籍 贯	年 龄	性 别	死难时间
张 ×	新泰市青云街道花峪村	45	男	1940 年
娄增德	新泰市青云街道娄家庄村	21	男	1940 年
吴冠田	新泰市青云街道围平庄村	21	男	1940 年
刘如高	新泰市青云街道城里社区	25	男	1940 年
刘金才	新泰市龙廷镇北山村	20	男	1940 年
王怀胜	新泰市龙廷镇将军堂村	—	男	1940 年
李志才	新泰市龙廷镇将军堂村	—	男	1940 年
曹学进	新泰市龙廷镇将军堂村	—	男	1940 年
李德才	新泰市龙廷镇两县村	33	男	1940 年
刘庆啟	新泰市龙廷镇龙廷村	—	男	1940 年
赵克清	新泰市龙廷镇龙廷村	—	男	1940 年
郑肖仁	新泰市龙廷镇平子村	58	男	1940 年
马丙林	新泰市龙廷镇下豹峪村	22	男	1940 年
刘士美之弟	新泰市龙廷镇下豹峪村	25	男	1940 年
刘少顺	新泰市龙廷镇下豹峪村	23	男	1940 年
刘顺元	新泰市龙廷镇将军堂村	25	男	1940 年
贾传现	新泰市刘杜镇清河村	28	男	1941 年 1 月
张百合	新泰市天宝镇东峪村	30	男	1941 年 1 月
吴可法	新泰市岳家庄乡婆婆峪村	—	男	1941 年 1 月
宋子英	新泰市岳家庄乡婆婆峪村	—	男	1941 年 1 月
陈绪生之兄	新泰市岳家庄乡婆婆峪村	—	男	1941 年 1 月
尹士宗之妻	新泰市岳家庄乡婆婆峪村	—	女	1941 年 1 月
尹燕启之母	新泰市岳家庄乡婆婆峪村	—	女	1941 年 1 月
孙英俊	新泰市岳家庄乡田家庄村	22	男	1941 年 1 月
陶振宽	新泰市天宝镇上官庄村	30	男	1941 年 2 月
朱钦增	新泰市羊流镇雌山村	24	男	1941 年 2 月
董玉珍	新泰市青云街道上松山村	20	男	1941 年 2 月
韩延文	新泰市西张庄镇东张庄村	21	男	1941 年 2 月 15 日
刘恒让	新泰市刘杜镇闫家沟村	—	男	1941 年 3 月
柏世杰	新泰市刘杜镇闫家沟村	—	男	1941 年 3 月
王恒志	新泰市汶南镇涝坡村	36	男	1941 年 3 月
马居富	新泰市石莱镇北官庄村	23	男	1941 年 3 月
马泗朋	新泰市石莱镇北官庄村	26	男	1941 年 3 月
刘少芹	新泰市龙廷镇龙溪庄村	20	男	1941 年 3 月

姓 名	籍 贯	年 龄	性 别	死难时间
曹丙银	新泰市龙廷镇龙溪庄村	20	男	1941 年 3 月
艾铭礼	新泰市龙廷镇官庄村	—	男	1941 年 3 月
林先营	新泰市汶南镇岙山东村	40	男	1941 年 4 月
巩振付	新泰市青云街道狄家沟村	22	男	1941 年 4 月
崔　氏	新泰市龙廷镇尚志庄村	76	女	1941 年 4 月
张西岭	新泰市刘杜镇联盟村	20	男	1941 年春
张西三	新泰市刘杜镇联盟村	19	男	1941 年春
赵景芝	新泰市青云街道城西社区	20	男	1941 年 5 月
徐敏富	新泰市龙廷镇西枣林村	48	男	1941 年 5 月
刘少彬之子	新泰市龙廷镇下豹峪村	8	男	1941 年 7 月
刘少彬之妻	新泰市龙廷镇下豹峪村	30	女	1941 年 7 月
牛光富	新泰市龙廷镇掌平洼村	22	男	1941 年 7 月
刘秀元	新泰市龙廷镇掌平洼村	21	男	1941 年 7 月
陈　氏	新泰市禹村镇后寨村	33	女	1941 年 8 月
许茂泉	新泰市谷里镇大新兴村	20	男	1941 年 8 月
张宗贵	新泰市岳家庄乡石棚村	31	男	1941 年 8 月
李宗祥	新泰市岳家庄乡石棚村	22	男	1941 年 8 月
葛宝珍	新泰市岳家庄乡石棚村	25	男	1941 年 8 月
葛柳兰	新泰市岳家庄乡石棚村	15	女	1941 年 8 月
张永和	新泰市青云街道见子山村	23	男	1941 年 8 月
张经来	新泰市泉沟镇麻峪村	29	男	1941 年 8 月 5 日
焦方超	新泰市小协镇龙泉村	20	男	1941 年 9 月
郑镇西	新泰市楼德镇东村	29	男	1941 年 9 月
张玉贵	新泰市谷里镇大新兴村	27	男	1941 年 9 月
王传和	新泰市东都镇东都二村	18	男	1941 年 9 月
苏立善	新泰市岳家庄乡婆婆峪村	21	男	1941 年 9 月
王现茂	新泰市东都镇东都二村	20	男	1941 年 9 月
王安东	新泰市东都镇东都二村	16	男	1941 年 9 月
许学诗	新泰市刘杜镇围山村	32	男	1941 年 9 月 6 日凌晨
邱金会	新泰市刘杜镇围山村	35	男	1941 年 9 月 6 日凌晨
邱凤选	新泰市刘杜镇围山村	32	男	1941 年 9 月 6 日凌晨
邱建本	新泰市刘杜镇围山村	25	男	1941 年 9 月 6 日凌晨
邱凤照	新泰市刘杜镇围山村	40	男	1941 年 9 月 6 日凌晨
邱学正	新泰市刘杜镇围山村	28	男	1941 年 9 月 6 日凌晨

姓 名	籍 贯	年 龄	性 别	死难时间
邱学正	新泰市刘杜镇围山村	22	男	1941 年 9 月 6 日凌晨
邱学同	新泰市刘杜镇围山村	23	男	1941 年 9 月 6 日凌晨
邱学成	新泰市刘杜镇围山村	25	男	1941 年 9 月 6 日凌晨
邱学建	新泰市刘杜镇围山村	26	男	1941 年 9 月 6 日凌晨
邱学践	新泰市刘杜镇围山村	20	男	1941 年 9 月 6 日凌晨
张毛氏	新泰市刘杜镇围山村	36	女	1941 年 9 月 6 日凌晨
张丙山	新泰市刘杜镇围山村	31	男	1941 年 9 月 6 日凌晨
张丙合	新泰市刘杜镇围山村	30	男	1941 年 9 月 6 日凌晨
张刘氏	新泰市刘杜镇围山村	50	女	1941 年 9 月 6 日凌晨
张西忠	新泰市刘杜镇围山村	28	男	1941 年 9 月 6 日凌晨
张西岱	新泰市刘杜镇围山村	25	男	1941 年 9 月 6 日凌晨
张西法	新泰市刘杜镇围山村	24	男	1941 年 9 月 6 日凌晨
张西富	新泰市刘杜镇围山村	29	男	1941 年 9 月 6 日凌晨
张洪让	新泰市刘杜镇围山村	20	男	1941 年 9 月 6 日凌晨
张洪利	新泰市刘杜镇围山村	23	男	1941 年 9 月 6 日凌晨
张洪荣	新泰市刘杜镇围山村	30	男	1941 年 9 月 6 日凌晨
张洪烈	新泰市刘杜镇围山村	30	男	1941 年 9 月 6 日凌晨
张西德	新泰市刘杜镇围山村	25	男	1941 年 9 月 6 日凌晨
张焦氏	新泰市刘杜镇围山村	40	女	1941 年 9 月 6 日凌晨
赵马氏	新泰市刘杜镇围山村	45	女	1941 年 9 月 6 日凌晨
赵玉才	新泰市刘杜镇围山村	35	男	1941 年 9 月 6 日凌晨
赵玉丰	新泰市刘杜镇围山村	38	男	1941 年 9 月 6 日凌晨
赵玉江	新泰市刘杜镇围山村	20	男	1941 年 9 月 6 日凌晨
赵玉英	新泰市刘杜镇围山村	18	女	1941 年 9 月 6 日凌晨
赵玉法	新泰市刘杜镇围山村	28	男	1941 年 9 月 6 日凌晨
赵玉修	新泰市刘杜镇围山村	30	男	1941 年 9 月 6 日凌晨
赵玉清	新泰市刘杜镇围山村	29	男	1941 年 9 月 6 日凌晨
赵玉璞	新泰市刘杜镇围山村	28	男	1941 年 9 月 6 日凌晨
赵传家	新泰市刘杜镇围山村	32	男	1941 年 9 月 6 日凌晨
赵杨氏	新泰市刘杜镇围山村	50	女	1941 年 9 月 6 日凌晨
赵春堂	新泰市刘杜镇围山村	22	男	1941 年 9 月 6 日凌晨
赵振生	新泰市刘杜镇围山村	25	男	1941 年 9 月 6 日凌晨
赵振兴	新泰市刘杜镇围山村	29	男	1941 年 9 月 6 日凌晨
赵振荣	新泰市刘杜镇围山村	45	男	1941 年 9 月 6 日凌晨

姓 名	籍 贯	年 龄	性 别	死难时间
曹邱氏	新泰市刘杜镇围山村	45	女	1941年9月6日凌晨
曹振义	新泰市刘杜镇围山村	30	男	1941年9月6日凌晨
曹振礼	新泰市刘杜镇围山村	22	男	1941年9月6日凌晨
曹德富	新泰市刘杜镇围山村	20	男	1941年9月6日凌晨
曹德云	新泰市刘杜镇围山村	21	男	1941年9月6日凌晨
曹德春	新泰市刘杜镇围山村	30	男	1941年9月6日凌晨
曹鲁氏	新泰市刘杜镇围山村	39	女	1941年9月6日凌晨
邱学修	新泰市刘杜镇围山村	35	男	1941年9月6日凌晨
许天之	新泰市刘杜镇围山村	30	男	1941年9月6日
马小娥	新泰市刘杜镇围山村	15	女	1941年9月6日
马文彬	新泰市刘杜镇围山村	22	男	1941年9月6日
马廷云	新泰市刘杜镇围山村	38	男	1941年9月6日
马廷兰	新泰市刘杜镇围山村	40	男	1941年9月6日
马廷举	新泰市刘杜镇围山村	43	男	1941年9月6日
马荣常	新泰市刘杜镇围山村	28	男	1941年9月6日
马荣合	新泰市刘杜镇围山村	25	男	1941年9月6日
马硕成	新泰市刘杜镇围山村	49	男	1941年9月6日
马硕海	新泰市刘杜镇围山村	50	男	1941年9月6日
马硕德	新泰市刘杜镇围山村	52	男	1941年9月6日
王丁氏	新泰市刘杜镇围山村	48	女	1941年9月6日
王龙氏	新泰市刘杜镇围山村	55	女	1941年9月6日
王光申	新泰市刘杜镇围山村	53	男	1941年9月6日
王自省	新泰市刘杜镇围山村	26	男	1941年9月6日
孔来义	新泰市刘杜镇围山村	23	男	1941年9月6日
刘才智	新泰市刘杜镇围山村	20	男	1941年9月6日
刘清元	新泰市刘杜镇围山村	21	男	1941年9月6日
曲光山	新泰市刘杜镇围山村	25	男	1941年9月6日
曲光义	新泰市刘杜镇围山村	28	男	1941年9月6日
曲光劲	新泰市刘杜镇围山村	30	男	1941年9月6日
曲安氏	新泰市刘杜镇围山村	35	女	1941年9月6日
许守花	新泰市刘杜镇围山村	30	女	1941年9月6日
曲光富	新泰市刘杜镇围山村	28	男	1941年9月6日
许史氏	新泰市刘杜镇围山村	29	女	1941年9月6日
张焕章	新泰市楼德镇东王庄村	38	男	1941年10月

姓　名	籍　贯	年　龄	性　别	死难时间
张希征	新泰市谷里镇大新兴村	63	男	1941 年 10 月
单长贵	新泰市羊流镇乐义庄村	—	男	1941 年 10 月
曹丰先	新泰市青云街道银河社区	29	男	1941 年 10 月
陶贵林之母	新泰市小协镇小协社区	—	女	1941 年 11 月
时运杰	新泰市天宝镇时家庄村	25	男	1941 年 11 月
侯法贵	新泰市天宝镇上官庄村	25	男	1941 年 12 月
陈俊功	新泰市果都镇东霞务村	21	男	1941 年 12 月 10 日
张西弘	新泰市小协镇横山村	22	男	1941 年
李善孝	新泰市小协镇横山村	16	男	1941 年
安朝山	新泰市小协镇卧龙村	57	男	1941 年
尹作起	新泰市小协镇卧龙村	26	男	1941 年
张　氏	新泰市小协镇卧龙村	55	女	1941 年
赵恕祥	新泰市楼德镇埠前村	18	男	1941 年
张建银	新泰市楼德镇西村	24	男	1941 年
郑成河	新泰市楼德镇苗庄村	18	男	1941 年
刘政海	新泰市楼德镇西安门村	19	男	1941 年
陈培梁	新泰市谷里镇徐庄村	35	男	1941 年
李明珠	新泰市东都镇西都社区	43	男	1941 年
代孔西	新泰市东都镇谢家庄村	25	男	1941 年
刘承忠	新泰市东都镇乌珠台村	21	男	1941 年
曲守礼	新泰市刘杜镇东刘杜村	26	男	1941 年
李曲氏	新泰市刘杜镇东刘杜村	60	女	1941 年
曲守安	新泰市刘杜镇东刘杜村	52	男	1941 年
曲守举	新泰市刘杜镇东刘杜村	57	男	1941 年
李从慎	新泰市刘杜镇东刘杜村	50	男	1941 年
朱纯恩	新泰市刘杜镇东刘杜村	36	男	1941 年
李贵星	新泰市刘杜镇东刘杜村	52	男	1941 年
曲守章	新泰市刘杜镇东刘杜村	42	男	1941 年
曲光祥	新泰市刘杜镇东刘杜村	48	男	1941 年
李天斗之五弟	新泰市刘杜镇东刘杜村	16	男	1941 年
张×氏	新泰市刘杜镇光明东村	—	女	1941 年
张立山	新泰市刘杜镇光明东村	—	男	1941 年
张如良	新泰市刘杜镇光明东村	—	男	1941 年
张荣泉	新泰市刘杜镇光明东村	—	男	1941 年

姓 名	籍 贯	年 龄	性 别	死难时间
肖陈举	新泰市刘杜镇光明东村	—	男	1941 年
张继伦	新泰市刘杜镇光明东村	—	男	1941 年
孔照泉	新泰市刘杜镇光明东村	—	男	1941 年
吴常太	新泰市刘杜镇黄义庄村	—	男	1941 年
刘汉英	新泰市刘杜镇联盟村	24	男	1941 年
曲业聚	新泰市刘杜镇东刘杜村	36	男	1941 年
张西福	新泰市刘杜镇光明东村	—	男	1941 年
秦光银	新泰市天宝镇东峪村	—	男	1941 年
尹礼星之父	新泰市天宝镇花拉湾村	65	男	1941 年
李春北	新泰市岳家庄乡角山村	55	男	1941 年
郝二两	新泰市岳家庄乡角山村	—	男	1941 年
薛吉雨	新泰市岳家庄乡角山村	—	男	1941 年
燕士杰	新泰市岳家庄乡角山村	—	男	1941 年
燕西荣	新泰市岳家庄乡角山村	—	男	1941 年
张桂彬	新泰市岳家庄乡田家庄村	21	男	1941 年
宁洪三	新泰市岳家庄乡山头村	30	男	1941 年
张万莲	新泰市放城镇菅家峪村	29	女	1941 年
丁玉珠	新泰市放城镇邱子峪村	39	男	1941 年
李长真	新泰市放城镇东石井村	42	男	1941 年
寇宗孝	新泰市放城镇郗家峪村	28	男	1941 年
牛兴洪	新泰市新汶街道大河村	32	男	1941 年
牛兴富	新泰市新汶街道大河村	27	男	1941 年
王玉春	新泰市新汶街道大河村	58	男	1941 年
王昭勇	新泰市新汶街道大河村	45	男	1941 年
滕继先	新泰市新汶街道大河村	56	男	1941 年
滕继贤	新泰市新汶街道大河村	58	男	1941 年
王奋勇	新泰市新汶街道大河村	45	男	1941 年
刘玉明	新泰市泉沟镇刘家牌村	56	男	1941 年
陈树祥	新泰市泉沟镇小良庄村	30	男	1941 年
刘 氏	新泰市泉沟镇泉沟村	20	女	1941 年
吴××	新泰市泉沟镇泉沟村	21	男	1941 年
韩连河	新泰市羊流镇安乐村	20	男	1941 年
周学仁	新泰市羊流镇桃花峪村	22	男	1941 年
刘××	新泰市羊流镇乐义庄村	—	男	1941 年

姓 名	籍 贯	年 龄	性 别	死难时间
尹作常	新泰市翟镇小湖村	26	男	1941 年
王朝福	新泰市翟镇兴隆屯村	27	男	1941 年
徐勤荣	新泰市翟镇兴隆屯村	33	男	1941 年
尹承弟	新泰市翟镇前羊村	—	男	1941 年
范继荣	新泰市西张庄镇前高佐村	30	男	1941 年
李胡元	新泰市西张庄镇前高佐村	14	男	1941 年
王兴儒	新泰市青云街道葛沟河村	22	男	1941 年
王兴彩	新泰市青云街道葛沟河村	20	男	1941 年
石玉得	新泰市青云街道郝家庄村	—	男	1941 年
曹学正	新泰市青云街道大驻马村	—	男	1941 年
石玉本	新泰市青云街道北师店村	24	男	1941 年
赵文和	新泰市青云街道瑞山后村	26	男	1941 年
赵文奎	新泰市青云街道瑞山后村	28	男	1941 年
董玉文	新泰市青云街道瑞山后村	27	男	1941 年
陈立坤	新泰市青云街道北师店村	21	男	1941 年
潘兆生	新泰市青云街道孔家岭村	21	男	1941 年
王德一	新泰市青云街道明珠社区	30	男	1941 年
张式祥	新泰市青云街道西南关社区	21	男	1941 年
宁玉奎	新泰市青云街道西南关社区	29	男	1941 年
陈传珍	新泰市青云街道前孤山村	22	男	1941 年
王文告	新泰市青云街道望驾山村	33	男	1941 年
安效生	新泰市青云街道丁家庄村	21	男	1941 年
张永让	新泰市青云街道见子山村	23	男	1941 年
李付周	新泰市龙廷镇大上庄村	47	男	1941 年
李付剑	新泰市龙廷镇大上庄村	32	男	1941 年
刘庆启	新泰市龙廷镇龙廷村	32	男	1941 年
张先生	新泰市龙廷镇龙廷村	—	男	1941 年
放羊娃	新泰市龙廷镇土门村	—	男	1941 年
刘锡珠	新泰市龙廷镇小上庄村	—	男	1941 年
张德祥	新泰市龙廷镇小上庄村	—	男	1941 年
李彦合	新泰市龙廷镇小上庄村	—	男	1941 年
刘秀芝	新泰市龙廷镇演马庄村	—	女	1941 年
崔家路	新泰市龙廷镇演马庄村	—	男	1941 年
庞玉江	新泰市龙廷镇榆山前村	18	男	1941 年

姓 名	籍 贯	年龄	性别	死难时间
刘文征	新泰市龙廷镇南河庄西村	—	男	1941 年
王文波	新泰市青云街道林后村	65	男	1941 年
徐纯朴	—	—	男	1941 年
冯少奎	新泰市楼德镇西村	37	男	1941 年
刘××	新泰市羊流镇沟西村	—	男	1941 年
巩清让	新泰市石莱镇东马林村	30	男	1942 年 1 月
刘西员之子	新泰市小协镇安家庄村	—	男	1942 年 2 月
刘丙谟	新泰市楼德镇东营村	40	男	1942 年 2 月
王立保	新泰市禹村镇程家峪村	18	男	1942 年 2 月
李志珉	新泰市汶南镇杨家洼村	32	男	1942 年 2 月
郑友仁	新泰市汶南镇太平庄村	—	男	1942 年 2 月
张立潮	新泰市汶南镇杨家洼村	—	男	1942 年 2 月 12 日
张李氏	新泰市汶南镇杨家洼村	—	女	1942 年 3 月 6 日
杨大明	新泰市东都镇沈村	35	男	1942 年 3 月
程魁一	新泰市汶南镇张家庄村	34	男	1942 年 3 月
李万堂	新泰市龙廷镇大上庄村	23	男	1942 年 3 月
郝明喜	新泰市龙廷镇尚志庄村	18	女	1942 年 3 月
苗培早	新泰市龙廷镇土门村	34	男	1942 年 3 月
张夫同之妹	新泰市刘杜镇联盟村	—	女	1942 年春
王焕才	新泰市岳家庄乡婆婆峪村	22	男	1942 年 4 月
王 朝	新泰市东都镇东都村	23	男	1942 年 5 月
刘乃福	新泰市龙廷镇北山村	38	男	1942 年 5 月
郭李氏	新泰市龙廷镇黄山坡村	26	女	1942 年 5 月
焦长福	新泰市小协镇龙泉村	62	男	1942 年 6 月
牛德祥	新泰市新汶街道大洛沟社区	35	男	1942 年 6 月
和尚成	新泰市羊流镇和庄村	27	男	1942 年 6 月
田锡启	—	—	男	1942 年 6 月
张经田	新泰市泉沟镇麻峪村	34	男	1942 年 6 月 4 日
陈绪华	新泰市岳家庄乡北邱村	38	男	1942 年 7 月
王富贵	新泰市岳家庄乡聂家庄村	32	男	1942 年 7 月
李化等	新泰市青云街道马庄前村	24	男	1942 年 7 月
刘司仲	新泰市龙廷镇黄山坡村	30	男	1942 年 7 月
李喜善	新泰市龙廷镇东枣林村	—	男	1942 年 7 月
李宗田	新泰市东都镇西都社区	18	男	1942 年 7 月

姓 名	籍 贯	年 龄	性 别	死难时间
吴可仁	新泰市岳家庄乡婆婆峪村	18	男	1942 年 7 月
李在祥	新泰市岳家庄乡婆婆峪村	23	男	1942 年 7 月
邱建本	新泰市刘杜镇围山村	27	男	1942 年 7 月
刘瑞富	新泰市天宝镇大西峪村	—	男	1942 年 7 月 26 日
刘瑞绪	新泰市天宝镇小西峪村	20	男	1942 年 7 月 26 日
赵允木	新泰市天宝镇小西峪村	—	男	1942 年 7 月 26 日
赵允合	新泰市天宝镇小西峪村	—	男	1942 年 7 月 26 日
赵允朝	新泰市天宝镇小西峪村	—	男	1942 年 7 月 26 日
刘永盛	新泰市岳家庄乡涝南村	26	男	1942 年 8 月
王兴汉	新泰市刘杜镇下盐店村	—	男	1942 年 8 月 15 日
王兴德	新泰市刘杜镇下盐店村	—	男	1942 年 8 月 15 日
王兴保	新泰市刘杜镇下盐店村	—	男	1942 年 8 月 15 日
王兴林	新泰市刘杜镇下盐店村	—	男	1942 年 8 月 15 日
王兴带	新泰市刘杜镇下盐店村	—	男	1942 年 8 月 15 日
杨秀生	新泰市宫里镇杨家隅村	26	男	1942 年 9 月
赵协武	新泰市禹村镇西杜村	17	男	1942 年 9 月
李敬水	新泰市东都镇西都村	18	男	1942 年 9 月
张敬三	新泰市石莱镇琵琶庄村	20	男	1942 年 9 月
魏敬盛	新泰市石莱镇苏家庄村	31	男	1942 年 9 月
张永月	新泰市羊流镇西天井峪村	19	男	1942 年 9 月
赵富桂	新泰市青云街道旋崮河村	24	男	1942 年 9 月
李振东	新泰市龙廷镇大上庄村	24	男	1942 年 9 月
刘乃春	新泰市龙廷镇龙廷村	36	男	1942 年 9 月
崔家财	新泰市龙廷镇苗东村	24	男	1942 年 9 月
刘兆香	新泰市龙廷镇大沙坡村	27	男	1942 年 9 月
刘庆学	新泰市龙廷镇下豹峪村	29	男	1942 年 9 月
王桂义	新泰市西张庄镇东张庄村	39	男	1942 年 10 月
刘四金	新泰市青云街道后孤山村	24	男	1942 年 10 月 1 日
董永海	新泰市青云街道后孤山村	42	男	1942 年 10 月 1 日
刘陈氏	新泰市青云街道后孤山村	26	女	1942 年 10 月 1 日
方建兰	新泰市青云街道后孤山村	30	女	1942 年 10 月 1 日
吴学厚	新泰市石莱镇崔家庄村	30	男	1942 年秋
吴建广	新泰市石莱镇崔家庄村	35	男	1942 年秋
王敏美	新泰市龙廷镇龙溪庄村	14	女	1942 年秋

姓 名	籍 贯	年 龄	性 别	死难时间
刘杜长	新泰市龙廷镇龙溪庄村	36	男	1942 年秋
娄 氏	—	—	女	1942 年秋
朱业来	新泰市楼德镇	—	男	1942 年 11 月
李田元	新泰市刘杜镇新华村	51	男	1942 年 11 月
王化容	新泰市龙廷镇下演马村	—	男	1942 年 11 月
王慎连	新泰市龙廷镇下演马村	—	男	1942 年 11 月
石玉发	新泰市龙廷镇下演马村	—	男	1942 年 11 月
刘笃俭	新泰市龙廷镇下演马村	39	男	1942 年 11 月
刘笃春	新泰市龙廷镇下演马村	20	男	1942 年 11 月
崔 氏	新泰市龙廷镇下演马村	23	女	1942 年 11 月
吴孝山	新泰市龙廷镇迎丰庄村	25	男	1942 年 11 月
李丛山	新泰市羊流镇陡沟村	19	男	1942 年 11 月
史怀仁	—	—	男	1942 年 11 月 18 日
滕天义	新泰市楼德镇甘露村	21	男	1942 年 12 月
翁新敏	新泰市楼德镇甘露村	32	男	1942 年 12 月
田长街	新泰市石莱镇西马林村	25	男	1942 年 12 月
黄寿益	新泰市天宝镇南汶西村	29	男	1942 年 12 月
牛德海	新泰市小协镇西牛村	43	男	1942 年
柏其相	新泰市小协镇陈角峪村	21	男	1942 年
李瑞合	新泰市小协镇横山村	27	男	1942 年
牛登伦	新泰市小协镇西牛村	50	男	1942 年
于士水	新泰市小协镇西牛村	36	男	1942 年
朱平新	新泰市楼德镇东村	18	男	1942 年
彭德寅	新泰市楼德镇西村	23	男	1942 年
郑成国	新泰市楼德镇苗庄村	18	男	1942 年
卢志喜	新泰市楼德镇前柴城村	22	男	1942 年
杨敬喜	新泰市楼德镇西封家庄村	23	男	1942 年
张希卫	新泰市楼德镇颜庄村	26	男	1942 年
陈传协	新泰市谷里镇后北佐村	13	男	1942 年
和进挺	新泰市谷里镇店子村	45	男	1942 年
王步安	新泰市东都镇东都二村	18	男	1942 年
张延文	新泰市东都镇酒台村	33	男	1942 年
王兆和	新泰市东都镇西都村	21	男	1942 年
李明存	新泰市东都镇西都村	30	男	1942 年

姓 名	籍 贯	年 龄	性 别	死难时间
李田元	新泰市东都镇新庄村	54	男	1942 年
高丕云	新泰市东都镇余粮村	28	男	1942 年
闫承瑞	新泰市刘杜镇东刘杜村	32	男	1942 年
马玉卫	新泰市岳家庄乡东邱村	17	男	1942 年
刘泮祥	新泰市刘杜镇东赵村	24	男	1942 年
赵玉成	新泰市刘杜镇东赵村	24	男	1942 年
高增恒	新泰市刘杜镇高家圈村	—	男	1942 年
王兴奎	新泰市刘杜镇下盐店村	34	男	1942 年
王兴义	新泰市刘杜镇下盐店村	43	男	1942 年
刘张氏	新泰市天宝镇大西峪村	—	女	1942 年
刘瑞河之妻	新泰市天宝镇大西峪村	40	女	1942 年
陈绪伦	新泰市天宝镇大西峪村	21	男	1942 年
陈绪富	新泰市天宝镇大西峪村	28	男	1942 年
尹礼勤之父	新泰市天宝镇花拉湾村	60	男	1942 年
王少忠	新泰市天宝镇寨山东村	—	男	1942 年
夏庆洋	新泰市天宝镇寨山东村	—	男	1942 年
夏奉军	新泰市天宝镇寨山东村	—	男	1942 年
尹志善	新泰市天宝镇花拉湾村	45	男	1942 年
赵三九	新泰市岳家庄乡冯家村	31	男	1942 年
王焕平之三叔	新泰市岳家庄乡岔河村	27	男	1942 年
刘 兴	新泰市岳家庄乡岔河村	26	男	1942 年
王朝仁	新泰市岳家庄乡张家村	27	男	1942 年
王兴柱	新泰市岳家庄乡张家村	29	男	1942 年
岳丕玉	新泰市岳家庄乡车往峪村	50	男	1942 年
李方安	新泰市岳家庄乡南杨庄村	31	男	1942 年
金仕爱	新泰市放城镇东街村	—	女	1942 年
巩二妮	新泰市放城镇放城村	16	女	1942 年
巩刘氏	新泰市放城镇放城村	46	女	1942 年
小迷糊	新泰市放城镇涝坡村	19	男	1942 年
徐志合	新泰市放城镇南涝坡村	—	男	1942 年
巩兆仲之妻	新泰市放城镇放城二村	—	女	1942 年
寇廷员	新泰市放城镇放城二村	39	男	1942 年
郗广崖之三弟	新泰市放城镇放城二村	—	男	1942 年
郗西洋	新泰市放城镇放城二村	35	男	1942 年

姓 名	籍 贯	年 龄	性 别	死难时间
阚学臣	新泰市放城镇阚家庄村	37	男	1942 年
巩现珍	新泰市放城镇南涝坡村	61	男	1942 年
连 玉	新泰市放城镇南涝坡村	18	男	1942 年
栓 柱	新泰市放城镇南涝坡村	—	男	1942 年
闫凤明	新泰市放城镇南涝坡村	64	男	1942 年
王新龙	新泰市放城镇马家寨子村	18	男	1942 年
王顺保	新泰市放城镇上峪村	22	男	1942 年
臧使之	新泰市新汶街道北寺山村	22	男	1942 年
王长力	新泰市新汶街道东良社区	23	男	1942 年
王福俊	新泰市果都镇王莫庄村	40	男	1942 年
杨连贞	新泰市果都镇中坦村	22	女	1942 年
王吉平	新泰市汶南镇两桥庄村	16	男	1942 年
刘文贞	新泰市汶南镇太平庄村	25	男	1942 年
李圣春	新泰市汶南镇岩庄村	37	男	1942 年
徐勤海	新泰市汶南镇沈家庄村	24	男	1942 年
曹之先	新泰市汶南镇李仙庄村	20	男	1942 年
曹尚营	新泰市汶南镇太平庄村	41	男	1942 年
韩修家	新泰市汶南镇韩家庄村	—	男	1942 年
刘西三	新泰市泉沟镇刘家牌村	25	男	1942 年
赵现隆	新泰市泉沟镇庙子牌村	27	男	1942 年
刘茂党	新泰市泉沟镇西刘村	33	男	1942 年
高玉贵	新泰市石莱镇下马家峪村	34	男	1943 年 10 月
高衍海	新泰市石莱镇下马家峪村	36	男	1943 年 10 月
左洪方	新泰市石莱镇木厂峪村	27	男	1942 年
左洪军	新泰市石莱镇木厂峪村	23	男	1942 年
左 氏	新泰市石莱镇木厂峪村	20	女	1942 年
左洪前	新泰市石莱镇木厂峪村	21	男	1942 年
刘世元	新泰市羊流镇北天井峪	32	男	1942 年
郭心哲	新泰市羊流镇上裴家庄村	54	男	1942 年
王步松之妻	新泰市羊流镇羊流村	—	女	1942 年
仇敬坡	新泰市翟镇葛沟村	24	男	1942 年
李成善	新泰市翟镇后羊村	27	男	1942 年
高祥法	新泰市西张庄镇前高佐村	24	男	1942 年
徐纯坡	新泰市西张庄镇浮邱村	22	男	1942 年

姓　名	籍　贯	年　龄	性　别	死难时间
刘永宽	新泰市西张庄镇明德庄村	21	男	1942 年
王文茂	新泰市青云街道后上庄村	37	男	1942 年
赵传玉	新泰市青云街道西关社区	32	男	1942 年
梁茂恒	新泰市青云街道西关社区	18	男	1942 年
付殿玉	新泰市青云街道东关社区	23	男	1942 年
赵丙党	新泰市青云街道旋崮河村	25	男	1942 年
李复奎	新泰市青云街道金马社区	17	男	1942 年
张友山	新泰市青云街道花峪村	41	男	1942 年
崔士恩	新泰市青云街道后孤山村	20	男	1942 年
王连祥之兄	新泰市青云街道葛沟河村	19	男	1942 年
王兴法之兄	新泰市青云街道葛沟河村	23	男	1942 年
刘汉法之兄	新泰市青云街道葛沟河村	24	男	1942 年
李代等	新泰市龙廷镇大上庄村	31	男	1942 年
李乐善	新泰市龙廷镇胡家庄村	—	男	1942 年
刘　毓	新泰市龙廷镇将军堂村	17	男	1942 年
佟　四	新泰市龙廷镇两县村	—	男	1942 年
赵克宗	新泰市龙廷镇龙池庙村	25	男	1942 年
赵克财	新泰市龙廷镇龙廷村	21	男	1942 年
王文友	新泰市龙廷镇苗西村	30	男	1942 年
王文和	新泰市龙廷镇苗西村	24	男	1942 年
陈瑞义	新泰市龙廷镇苗西村	34	男	1942 年
张守政	新泰市龙廷镇上演马村	30	男	1942 年
王绪教	新泰市龙廷镇太公峪村	—	男	1942 年
苗培菊	新泰市龙廷镇土门村	26	女	1942 年
彭左石	新泰市龙廷镇榆山前村	21	男	1942 年
张成志	新泰市龙廷镇南河庄西村	—	男	1942 年
乔加奎	新泰市龙廷镇苗西村	—	男	1942 年
王文章	—	64	男	1942 年
王一林	—	—	男	1942 年
刘义敬	新泰市刘杜镇东赵村	25	男	1943 年 2 月
刘万贵	新泰市刘杜镇东赵村	26	男	1943 年 2 月
王公栋	新泰市刘杜镇东赵村	28	男	1943 年 2 月
宋贞四	新泰市汶南镇西官庄村	—	男	1943 年 2 月
于淑维	新泰市青云街道马庄后村	28	男	1943 年 2 月

姓　名	籍　贯	年　龄	性　别	死难时间
郝明证	新泰市龙廷镇尚志庄村	22	男	1943 年 2 月
崔加礼	新泰市龙廷镇尚志庄村	42	男	1943 年 2 月
刘栏柱	新泰市楼德镇东村	30	男	1943 年 3 月
代佰山	新泰市东都镇谢庄村	19	男	1943 年 3 月
于文忠	新泰市岳家庄乡涝南村	25	男	1943 年 3 月
王义堂	新泰市泉沟镇小良庄村	24	男	1943 年 3 月
陈士英	新泰市翟镇葛沟桥村	27	男	1943 年 3 月
和进昌	新泰市翟镇前羊村	25	男	1943 年 3 月
和尚勤	新泰市翟镇前羊村	—	男	1943 年 3 月
李延清	新泰市龙廷镇官庄村	22	男	1943 年 3 月
刘绍玉	新泰市龙廷镇小栗峪村	21	男	1943 年 3 月
尹承弟	新泰市泉沟镇魏家峪村	—	男	1943 年 3 月 3 日
鹿守让	新泰市小协镇大协村	69	男	1943 年 4 月
袁西森	新泰市小协镇大沟村	24	男	1943 年 4 月
赵文芳	新泰市小协镇大协村	21	男	1943 年 4 月
王怀俊	新泰市东都镇谢家庄村	30	男	1943 年 4 月
陈绪新	新泰市岳家庄乡北邱村	38	男	1943 年 4 月
肖永法	新泰市新汶街道大寺山村	—	男	1943 年 4 月
赵敬水	新泰市石莱镇西石莱二村	22	男	1943 年 4 月
管相菊	新泰市青云街道赵家栗行社区	26	女	1943 年 4 月
小　妮	新泰市汶南镇西鲁村	—	女	1943 年 4 月 29 日
阚　氏	新泰市汶南镇西鲁村	40	女	1943 年 4 月 29 日
任学良	新泰市龙廷镇老瓜峪村	22	男	1943 年 5 月
王培禄	新泰市龙廷镇龙溪庄村	23	男	1943 年 5 月
刘道增	新泰市刘杜镇闫家沟村	—	男	1943 年 6 月
柏士春	新泰市刘杜镇闫家沟村	—	男	1943 年 6 月
刘瑞志	新泰市天宝镇杨庄村	—	男	1943 年 6 月
张宝银	新泰市石莱镇东石莱三村	30	男	1943 年 6 月
杨吉木	新泰市汶南镇杨家洼村	—	男	1943 年阴历 6 月 6 日
韩希美	新泰市楼德镇西柴城村	46	男	1943 年夏
王守宽	新泰市东都镇大峪村	24	男	1943 年 7 月
张彬芝	新泰市东都镇酒台村	32	男	1943 年 7 月
李瑞清	新泰市汶南镇李家楼村	—	男	1943 年 7 月
李瑞章	新泰市汶南镇李家楼村	—	男	1943 年 7 月

姓 名	籍 贯	年龄	性别	死难时间
曹利仁	新泰市龙廷镇下演马村	27	男	1943 年 7 月
曹恒仁	新泰市龙廷镇下演马村	27	男	1943 年 7 月
刘兆云之妻	新泰市龙廷镇小栗峪村	—	女	1943 年 7 月
马登岁	新泰市禹村镇后寨村	26	男	1943 年 8 月
吴建卫	新泰市石莱镇崔家庄村	—	男	1943 年 8 月
李枚青	新泰市青云街道西南关社区	28	男	1943 年 8 月
张守田	新泰市龙廷镇大栗裕村	37	男	1943 年 8 月
程继琦	新泰市禹村镇琵琶庵村	23	男	1943 年 8 月
贾圣修	新泰市小协镇横山村	50	男	1943 年 9 月
贾传仓	新泰市小协镇横山村	30	男	1943 年 9 月
刘恒旗	新泰市刘杜镇闫家沟村	—	男	1943 年 9 月
梁传忠	新泰市天宝镇涝洼村	24	男	1943 年 9 月
刁树资	新泰市龙廷镇野猪旺村	25	男	1943 年 9 月
孙兆有	新泰市天宝镇涝洼村	18	男	1943 年 9 月
封柏利	新泰市楼德镇西封家庄	26	男	1943 年 9 月
高顺财	新泰市青云街道城里社区	24	男	1943 年 9 月
马兴业	新泰市禹村镇东沈东村	—	男	1943 年 10 月
徐小仓	新泰市龙廷镇龙溪庄村	13	男	1943 年秋
安雪廷	新泰市刘杜镇龙华村	36	男	1943 年 11 月 4 日
杨衍英	新泰市东都镇尚庄村	32	男	1943 年 12 月
刘春美	新泰市翟镇前羊村	—	男	1943 年 12 月
杨兴存	新泰市翟镇前羊村	—	男	1943 年 12 月
董仲君	新泰市翟镇前羊村	—	男	1943 年 12 月
徐勤六	新泰市翟镇前羊村	—	男	1943 年 12 月
王继祥	新泰市宫里镇宫南村	10	男	1943 年
庄全会	新泰市宫里镇贺一村	27	男	1943 年
庄建刚	新泰市宫里镇贺一村	25	男	1943 年
庄衍德	新泰市宫里镇贺一村	30	男	1943 年
金富保	新泰市宫里镇马家庄村	32	男	1943 年
赵和元	新泰市小协镇大协村	25	男	1943 年
史东鲁	新泰市小协镇云明村	38	男	1943 年
臧西发	新泰市小协镇卧龙村	26	男	1943 年
饶运泗	新泰市楼德镇东村	30	男	1943 年
张希考	新泰市楼德镇甘露村	—	男	1943 年

姓 名	籍 贯	年 龄	性 别	死难时间
王会安	新泰市楼德镇后柴城村	25	男	1943 年
冯明瑞	新泰市楼德镇后柴城村	28	男	1943 年
周全新	新泰市楼德镇南泉村	27	男	1943 年
许起兰	新泰市楼德镇前柴城村	32	男	1943 年
张学德	新泰市楼德镇前柴城村	39	男	1943 年
刘政兴	新泰市楼德镇西安门村	22	男	1943 年
刘政宽	新泰市楼德镇西安门村	39	男	1943 年
张兆江	新泰市楼德镇西柴城村	28	男	1943 年
张丰亮	新泰市楼德镇颜庄村	29	男	1943 年
马光业	新泰市禹村镇东杜村	23	男	1943 年
孙学成	新泰市禹村镇中杜村	26	男	1943 年
安宝贤	新泰市禹村镇朱家庄村	21	男	1943 年
张洪祥	新泰市谷里镇北谷里村	—	男	1943 年
王步和	新泰市东都镇东都村	32	男	1943 年
王怀信	新泰市东都镇东都二村	18	男	1943 年
王春丰	新泰市东都镇东一社区	33	男	1943 年
王连成	新泰市东都镇东一社区	—	男	1943 年
尚延丰	新泰市东都镇凤凰泉村	43	男	1943 年
曹培增	新泰市东都镇平陵庄村	21	男	1943 年
陈少仁	新泰市东都镇王家庄村	38	男	1943 年
王兆祥	新泰市东都镇西都社区	42	男	1943 年
邢友祥	新泰市东都镇西都社区	41	男	1943 年
王怀胜	新泰市东都镇谢家庄村	25	男	1943 年
王常亮	新泰市东都镇徐家庄村	14	男	1943 年
徐志红	新泰市东都镇徐家庄村	15	男	1943 年
聂徐氏	新泰市东都镇余粮村	57	女	1943 年
张淑文	新泰市刘杜镇光明北村	30	男	1943 年
王永进	新泰市刘杜镇光明北村	31	男	1943 年
刘士岭	新泰市刘杜镇联盟村	29	男	1943 年
安夫贵	新泰市刘杜镇龙华村	34	男	1943 年
葛同志	新泰市刘杜镇下盐店村	26	男	1943 年
李善成	新泰市刘杜镇新华村	24	男	1943 年
魏学荣	新泰市刘杜镇新华村	25	男	1943 年
曲 氏	新泰市刘杜镇邓家沟村	25	女	1943 年

姓 名	籍 贯	年 龄	性 别	死难时间
解立堂	新泰市天宝镇河西村	35	男	1943 年
孙召周	新泰市天宝镇涝洼村	25	男	1943 年
孙迎皆	新泰市天宝镇涝洼村	23	男	1943 年
张庆玉	新泰市天宝镇涝洼村	27	男	1943 年
张现才	新泰市天宝镇涝洼村	20	男	1943 年
王福祥之父	新泰市天宝镇颜后村	—	男	1943 年
朱立公之父	新泰市天宝镇颜后村	—	男	1943 年
朱立金	新泰市天宝镇颜后村	—	男	1943 年
刘加坤	新泰市天宝镇杨庄村	38	男	1943 年
尹志明	新泰市天宝镇花拉湾村	51	男	1943 年
黄绪安	新泰市天宝镇南汶西村	30	男	1943 年
周茂朋	新泰市天宝镇庄庄村	—	男	1943 年
李宝仁之二姐	新泰市岳家庄乡椹子沟村	12	女	1943 年
鲁德水	新泰市岳家庄乡山头村	40	男	1943 年
庞化春	新泰市岳家庄乡张家村	27	男	1943 年
穆东法	新泰市岳家庄乡张家村	22	男	1943 年
马佃兵	新泰市岳家庄乡东邱村	32	男	1943 年
马玉更之母	新泰市岳家庄乡东邱村	29	女	1943 年
马佃忠	新泰市岳家庄乡东邱村	30	男	1943 年
钱永美	新泰市岳家庄乡南杨庄村	47	男	1943 年
钟 武	新泰市岳家庄乡山头村	29	男	1943 年
董如成	新泰市岳家庄乡山头村	32	男	1943 年
巩元三	新泰市岳家庄乡山头村	32	男	1943 年
赵钱仁	新泰市岳家庄乡山头村	27	男	1943 年
赵钱理	新泰市岳家庄乡山头村	31	男	1943 年
刘西明	新泰市岳家庄乡山头村	29	男	1943 年
陈绪本	新泰市岳家庄乡冯家村	—	男	1943 年
尹作启	新泰市岳家庄乡张家村	26	男	1943 年
鲁元青	新泰市放城镇太平村	60	男	1943 年
刘俊让	新泰市放城镇三小庄村	25	男	1943 年
刘成佃	新泰市新汶街道云山村	50	男	1943 年
安小山	新泰市新汶街道云山村	—	男	1943 年
李在本	新泰市新汶街道张庄社区	25	男	1943 年
郭德利	新泰市新汶街道张庄社区	25	男	1943 年

续表

姓 名	籍 贯	年 龄	性 别	死难时间
陈占祥	新泰市果都镇陈家庄村	25	男	1943 年
刘西角	新泰市汶南镇岩庄村	28	男	1943 年
曹尚孔	新泰市汶南镇西南辰村	35	男	1943 年
梁培东	新泰市汶南镇南岙阳村	22	男	1943 年
张　五	新泰市泉沟镇刘家牌村	22	男	1943 年
泥守美	新泰市泉沟镇庙子牌村	22	男	1943 年
徐敏询	新泰市泉沟镇庙子牌村	20	男	1943 年
刘炳忠	新泰市泉沟镇孙家庄村	20	男	1943 年
刘炳田	新泰市泉沟镇孙家庄村	20	男	1943 年
刘炳远	新泰市泉沟镇孙家庄村	18	男	1943 年
刘仁凡	新泰市泉沟镇西刘村	40	男	1943 年
刘茂公	新泰市泉沟镇西刘村	43	男	1943 年
赵中宣	新泰市泉沟镇赵家峪村	37	男	1943 年
石怀保	新泰市石莱镇木厂峪村	26	男	1943 年
宋现祥	新泰市石莱镇木厂峪村	22	男	1943 年
常乃合	新泰市石莱镇搬倒井村	43	男	1943 年
陈共友	新泰市羊流镇贾庄村	22	男	1943 年
陈一德	新泰市翟镇葛沟村	23	男	1943 年
王立春	新泰市翟镇羊村	23	男	1943 年
王现存	新泰市翟镇于山村	26	男	1943 年
史良立	新泰市青云街道东杏山村	59	男	1943 年
管向转	新泰市青云街道马庄后村	18	女	1943 年
管向旭	新泰市青云街道马庄后村	16	男	1943 年
巩兴邦	新泰市青云街道马庄后村	22	男	1943 年
刘瑞环	新泰市青云街道马庄后村	32	男	1943 年
吴士发	新泰市青云街道马庄后村	29	男	1943 年
王　氏	新泰市青云街道马庄后村	31	女	1943 年
谢金龙	新泰市青云街道马庄后村	26	男	1943 年
杨付恒	新泰市青云街道马庄后村	30	男	1943 年
于元美	新泰市青云街道马庄后村	19	男	1943 年
管相艳	新泰市青云街道赵家栗行社区	26	女	1943 年
赵京宝	新泰市青云街道赵家栗行社区	18	男	1943 年
赵西琛	新泰市青云街道赵家栗行社区	19	男	1943 年
刘瑞云之妻	新泰市青云街道稠布河村	80	女	1943 年

姓　名	籍　贯	年　龄	性　别	死难时间
刘尚志	新泰市青云街道稠布河村	40	男	1943 年
刘瑞昌	新泰市青云街道稠布河村	60	男	1943 年
刘金发	新泰市青云街道稠布河村	23	男	1943 年
刘尚才	新泰市青云街道稠布河村	25	男	1943 年
刘瑞圆	新泰市青云街道稠布河村	38	男	1943 年
冯云起	新泰市青云街道前孤山村	19	男	1943 年
刘西三	新泰市青云街道围平庄村	23	男	1943 年
王怀玉	新泰市青云街道前孤山村	22	男	1943 年
单传义	新泰市青云街道南关社区	24	男	1943 年
郑明文	新泰市青云街道南关社区	40	男	1943 年
康延录	新泰市青云街道后孤山村	31	男	1943 年
刘宝吉	新泰市龙廷镇大河东村	29	男	1943 年
刘元亮	新泰市龙廷镇大沙坡村	44	男	1943 年
刘兆胜	新泰市龙廷镇大沙坡村	48	男	1943 年
刘兆起	新泰市龙廷镇大沙坡村	29	男	1943 年
刘笃申	新泰市龙廷镇大沙坡村	28	男	1943 年
肖永振	新泰市龙廷镇大沙坡村	33	男	1943 年
崔　五	新泰市龙廷镇大上庄村	31	男	1943 年
崔大元	新泰市龙廷镇大上庄村	16	男	1943 年
李本善	新泰市龙廷镇胡家庄村	23	男	1943 年
赵文奇	新泰市龙廷镇龙廷村	—	男	1943 年
乔平里	新泰市龙廷镇苗西村	20	男	1943 年
褚乐祥	新泰市龙廷镇苗西村	29	男	1943 年
刘少田	新泰市龙廷镇大沙坡村	23	男	1943 年
徐勤法	新泰市龙廷镇土门村	20	男	1943 年
马廷增	新泰市龙廷镇下豹峪村	36	男	1943 年
刘长俭	新泰市龙廷镇南河庄西村	—	男	1943 年
邢　氏	—	—	女	1943 年
姜佃友	新泰市西张庄镇四槐树村	24	男	1944 年 1 月
姜万富	新泰市西张庄镇四槐树村	26	男	1944 年 1 月
吕汝宽	新泰市青云街道林前村	32	男	1944 年 1 月
褚其来	新泰市龙廷镇掌平洼村	25	男	1944 年 1 月
郭信周	新泰市小协镇西牛村	—	男	1944 年 2 月 1 日
燕希荣	新泰市东都镇燕家庄村	26	男	1944 年 2 月

姓 名	籍 贯	年 龄	性 别	死难时间
禹传友	新泰市汶南镇鲁家沟村	25	男	1944 年 2 月
曹富先	新泰市汶南镇山口村	26	男	1944 年 2 月
韩跃武	新泰市羊流镇安乐庄村	18	男	1944 年 2 月
陈玉山	新泰市楼德镇东安门村	—	男	1944 年 3 月
三石匠	新泰市刘杜镇闫家沟村	—	男	1944 年 3 月
王焕之	新泰市汶南镇南洪河村	35	男	1944 年 3 月
郑步乐	新泰市汶南镇刘家庄村	20	男	1944 年 3 月
高修善	新泰市石莱镇下马家峪村	39	男	1944 年 3 月
尹小成	新泰市翟镇李家庄村	20	男	1944 年 3 月
韩青和	新泰市青云街道大驻马村	25	男	1944 年 3 月
陈占法	新泰市青云街道前孤山村	24	男	1944 年 3 月
刘笃让	新泰市龙廷镇下演马村	22	男	1944 年 3 月
杨在洲	新泰市龙廷镇掌平洼村	42	男	1944 年 3 月
王有容	新泰市泉沟镇魏家峪村	62	男	1944 年 3 月 20 日
尹承敏	新泰市泉沟镇魏家峪村	29	男	1944 年 3 月 20 日
尹作海	新泰市泉沟镇魏家峪村	69	男	1944 年 3 月 20 日
佳 生	新泰市泉沟镇魏家峪村	21	男	1944 年 3 月 20 日
和尚志	新泰市泉沟镇魏家峪村	33	男	1944 年 3 月 20 日
王化田	新泰市泉沟镇魏家峪村	20	男	1944 年 3 月 20 日
鲁自起	新泰市泉沟镇魏家峪村	68	男	1944 年 3 月 20 日
周茂伦	新泰市天宝镇庄庄村	22	男	1944 年 4 月
杨淑昌	新泰市龙廷镇将军堂村	22	男	1944 年 4 月
褚成元	新泰市龙廷镇太公峪村	42	男	1944 年 4 月
尹 端	新泰市楼德镇霄岚村	42	男	1944 年 5 月
张夫亮之母	新泰市刘杜镇光明中村	37	女	1944 年 5 月
肖陈举	新泰市刘杜镇光明中村	—	男	1944 年 5 月
张立山	新泰市刘杜镇光明中村	—	男	1944 年 5 月
张荣泉	新泰市刘杜镇光明中村	—	男	1944 年 5 月
张继友	新泰市刘杜镇光明中村	—	男	1944 年 5 月
张继伦	新泰市刘杜镇光明中村	—	男	1944 年 5 月
张夫堂之父	新泰市刘杜镇光明中村	—	男	1944 年 5 月
孔照泉	新泰市刘杜镇光明中村	—	男	1944 年 5 月
张夫成之父	新泰市刘杜镇光明中村	—	男	1944 年 5 月
牛大田	新泰市刘杜镇魏家河村	—	男	1944 年 5 月

姓　名	籍　贯	年　龄	性　别	死难时间
李××	新泰市刘杜镇新华村	20	男	1944 年 5 月
高学文	新泰市刘杜镇新华村	51	男	1944 年 5 月
鲍济海	新泰市天宝镇南汶西村	29	男	1944 年 5 月
高学之	新泰市岳家庄乡东峪村	51	男	1944 年 5 月
朱增祥	新泰市羊流镇雌山村	32	男	1944 年 5 月
邹悦增	新泰市青云街道葛沟河村	26	男	1944 年 5 月
刘思胜	新泰市龙廷镇北河庄村	24	男	1944 年 5 月
戚安贤	新泰市天宝镇天宝二村	19	男	1944 年 6 月
朱德宝	新泰市石莱镇东石莱三村	24	男	1944 年 6 月
鲁子贵	新泰市汶南镇西鲁村	34	男	1944 年 6 月 22 日
鲁子绪	新泰市汶南镇西鲁村	29	男	1944 年 6 月 22 日
焦其生	新泰市小协镇龙泉村	38	男	1944 年 7 月
薛敬明	新泰市楼德镇薛家庄村	23	男	1944 年 7 月
杨增和	新泰市东都镇沈村	31	男	1944 年 7 月
毛佃夫	新泰市刘杜镇西赵村	47	男	1944 年 7 月
曲守英	新泰市刘杜镇西赵村	42	女	1944 年 7 月
李振楼	新泰市天宝镇赵庄村	23	男	1944 年 7 月
岳培五	新泰市岳家庄乡椹子沟村	38	男	1944 年 7 月
岳培平	新泰市岳家庄乡椹子沟村	38	男	1944 年 7 月
李在富	新泰市岳家庄乡婆婆峪村	22	男	1944 年 7 月
杨万和	新泰市果都镇杨家楼村	48	男	1944 年 7 月
王朝夫	新泰市翟镇兴隆屯村	27	男	1944 年 7 月
石颜存	新泰市翟镇于山村	—	男	1944 年 7 月
徐芹堂	新泰市青云街道龙埠庄村	20	男	1944 年 7 月
刘德元	新泰市青云街道龙埠庄村	30	男	1944 年 7 月
程兴田	新泰市龙廷镇程家峪村	27	男	1944 年 7 月
赵宝山	—	—	男	1944 年 7 月
杨秀生	新泰市宫里镇西柳村	—	男	1944 年 8 月
牛德俭	新泰市小协镇西牛村	35	男	1944 年 8 月
李美仁	新泰市东都镇大峪村	22	男	1944 年 8 月
刘承法	新泰市东都镇乌珠台村	28	男	1944 年 8 月
陈司洋	新泰市东都镇平陵庄村	28	男	1944 年 8 月
王连财	新泰市天宝镇时家庄村	24	男	1944 年 8 月
张立臣	新泰市天宝镇时家庄村	29	男	1944 年 8 月

姓　名	籍　贯	年　龄	性　别	死难时间
任在田	新泰市翟镇榆山村	23	男	1944 年 8 月
徐勤叶	新泰市西张庄镇车庄村	44	男	1944 年 8 月
徐勤广	新泰市西张庄镇车庄村	44	男	1944 年 8 月
王者平	新泰市龙廷镇下演马村	23	男	1944 年 8 月
杨文生	新泰市龙廷镇掌平洼村	29	男	1944 年 8 月
马存德	—	—	男	1944 年 8 月
李在东	—	—	男	1944 年 8 月
李在彬	—	—	男	1944 年 8 月
高继星	—	—	男	1944 年 8 月
刘清云	新泰市岳家庄乡涝北村	38	男	1944 年 8 月
刘乐善	新泰市岳家庄乡涝北村	20	男	1944 年 8 月
牛慎佐	新泰市东都镇东牛村	27	男	1944 年 9 月
刘清才	新泰市岳家庄乡涝北村	29	男	1944 年 9 月
魏敬明	新泰市石莱镇苏家庄村	35	男	1944 年 9 月
张宗聚	新泰市青云街道前孤山村	26	男	1944 年 9 月
刘善庆	—	—	男	1944 年 9 月
张锡震	新泰市宫里镇北宅村	41	男	1944 年 10 月
杨冠增	新泰市东都镇栾家庄村	23	男	1944 年 10 月
王有峰	新泰市东都镇平岭村	28	男	1944 年 10 月
杨西坤	新泰市东都镇羊蹄村	23	男	1944 年 10 月
周和然	新泰市天宝镇庄庄村	24	男	1944 年 10 月
史修江	新泰市翟镇史家庄村	22	男	1944 年 10 月
范月星	新泰市龙廷镇榆山前村	32	男	1944 年 10 月
刘清源	新泰市岳家庄乡涝北村	36	男	1944 年 10 月
王乐俭	新泰市龙廷镇栗峪村	—	男	1944 年 10 月 14 日
刘学林	新泰市宫里镇大桥庄村	22	男	1944 年 11 月
刘松武	—	—	男	1944 年 11 月
王凤秋	新泰市石莱镇东石莱一村	24	男	1944 年 11 月
刘干事	—	—	男	1944 年 11 月 11 日
李　苏	—	—	男	1944 年 11 月 11 日
郑成合	新泰市楼德镇苗庄村	18	男	1944 年 12 月
王立宝	新泰市禹村镇程家峪村	23	男	1944 年 12 月
张崇荣	新泰市刘杜镇西赵村	—	男	1944 年 12 月
张崇兰	新泰市刘杜镇西赵村	27	男	1944 年 12 月

姓名	籍贯	年龄	性别	死难时间
岳公廷	新泰市岳家庄乡岳家庄村	25	男	1944 年 12 月
岳建文	新泰市岳家庄乡岳家庄村	33	男	1944 年 12 月
岳丕安	新泰市岳家庄乡岳家庄村	32	男	1944 年 12 月
岳公传	新泰市岳家庄乡岳家庄村	—	男	1944 年 12 月
岳公和	新泰市岳家庄乡岳家庄村	23	男	1944 年 12 月
类可居	新泰市汶南镇东官庄村	32	男	1944 年 12 月
孙圣本	新泰市西张庄镇明德庄村	—	男	1944 年 12 月 1 日
田凯安	—	—	男	1944 年 9—11 月间
陈赵氏	新泰市泉沟镇麻峪村	68	女	1944 年秋
陈洪贡	新泰市泉沟镇麻峪村	68	男	1944 年秋
陈肖氏	新泰市泉沟镇麻峪村	40	女	1944 年秋
王训堂之兄	新泰市宫里镇王家庄村	—	男	1944 年
王训堂之表兄	新泰市宫里镇王家庄村	—	男	1944 年
王光居之父	新泰市宫里镇王家庄村	28	男	1944 年
张士安	新泰市宫里镇夏家隅村	26	男	1944 年
黄金昇	新泰市小协镇陈角峪村	—	男	1944 年
高林德	新泰市楼德镇东安门村	22	男	1944 年
封元林	新泰市楼德镇东封家庄村	28	男	1944 年
封秀英	新泰市楼德镇东封家庄村	20	女	1944 年
高法印	新泰市楼德镇甘露村	—	男	1944 年
翟希宝	新泰市楼德镇甘露村	—	男	1944 年
李万路	新泰市楼德镇南泉村	26	男	1944 年
陈玉祥	新泰市楼德镇前柴城村	30	男	1944 年
王兴林	新泰市楼德镇仁义庄村	21	男	1944 年
朱绪斗	新泰市楼德镇仁义庄村	17	男	1944 年
薛传喜	新泰市楼德镇薛家庄村	28	男	1944 年
王立申	新泰市禹村镇北峪村	24	男	1944 年
张自春	新泰市禹村镇南峪村	59	男	1944 年
万传江	新泰市禹村镇南峪村	—	男	1944 年
张德山	新泰市禹村镇南峪村	26	男	1944 年
陈司详	新泰市东都镇平陵庄村	28	男	1944 年
朱全让	新泰市东都镇平陵庄村	40	男	1944 年
陈兆义	新泰市东都镇圣泉村	17	男	1944 年
王兴良	新泰市东都镇圣泉村	28	男	1944 年

姓 名	籍 贯	年 龄	性 别	死难时间
吴长泰	新泰市东都镇乌珠台村	30	男	1944 年
岳建田	新泰市东都镇西都村	27	男	1944 年
庄登明	新泰市东都镇西都村	38	男	1944 年
庄登臣	新泰市东都镇西都村	25	男	1944 年
庄陈氏	新泰市东都镇西都村	43	女	1944 年
陈现申	新泰市东都镇西都村	36	男	1944 年
刘复存之父	新泰市东都镇西桥村	33	男	1944 年
李 文	新泰市东都镇西桥村	25	男	1944 年
燕士杰	新泰市东都镇燕家庄村	29	男	1944 年
聂廷宣	新泰市东都镇余粮村	21	男	1944 年
杨增和	新泰市东都镇尚庄村	31	男	1944 年
刘泮章	新泰市刘杜镇东赵村	22	男	1944 年
张洪泰	新泰市刘杜镇下盐店村	—	男	1944 年
徐征安	新泰市刘杜镇下盐店村	—	男	1944 年
徐敏玲	新泰市刘杜镇下盐店村	—	女	1944 年
王龙玉	新泰市刘杜镇下盐店村	—	女	1944 年
王纪龙	新泰市刘杜镇下盐店村	24	男	1944 年
张继友	新泰市刘杜镇光明南村	65	男	1944 年
张继伦	新泰市刘杜镇光明南村	42	男	1944 年
张孔氏	新泰市刘杜镇光明南村	40	女	1944 年
周于氏	新泰市刘杜镇光明南村	70	女	1944 年
陈 举	新泰市刘杜镇光明南村	20	男	1944 年
孔立银	新泰市刘杜镇光明南村	20	男	1944 年
马守河	新泰市刘杜镇光明南村	24	男	1944 年
张文举	新泰市天宝镇黄道沟村	—	男	1944 年
程兆海	新泰市天宝镇黄道沟村	—	男	1944 年
赵铁梨	新泰市岳家庄乡冯家村	—	男	1944 年
邵老大	新泰市放城镇东埠村	—	男	1944 年
王 五	新泰市放城镇东埠村	—	男	1944 年
王加栓之母	新泰市放城镇东埠村	—	女	1944 年
金玉田	新泰市放城镇东街村	20	男	1944 年
李振祥	新泰市放城镇东街村	—	男	1944 年
马文奎	新泰市放城镇东街村	—	男	1944 年
邵光义	新泰市放城镇放城三村	36	男	1944 年

姓　名	籍　贯	年龄	性别	死难时间
郗光德	新泰市放城镇放城三村	37	男	1944 年
郗光富	新泰市放城镇放城三村	40	男	1944 年
牛建义	新泰市新汶街道孙村社区	39	男	1944 年
杨继彬	新泰市果都镇杨莫庄村	26	男	1944 年
刘祯福	新泰市汶南镇大官庄	30	男	1944 年
杨光安	新泰市汶南镇赵家庄村	34	男	1944 年
甄茂林	新泰市汶南镇甄家庄村	28	男	1944 年
李化贵	新泰市泉沟镇康乐庄村	18	男	1944 年
王振营	新泰市石莱镇搬倒井村	23	男	1944 年
郇存诗	新泰市石莱镇观音堂村	31	男	1944 年
陈保仁	新泰市石莱镇南王庄村	27	男	1944 年
赵协坤	新泰市石莱镇唐家庄村	12	男	1944 年
王郭氏	新泰市石莱镇唐家庄村	22	女	1944 年
陈宝娥	新泰市石莱镇唐家庄村	21	女	1944 年
郭仲宝	新泰市石莱镇西刘家山村	—	男	1944 年
魏更山	新泰市羊流镇大柳行村	24	男	1944 年
徐志钢	新泰市羊流镇大柳行村	24	男	1944 年
徐志田	新泰市羊流镇沟西村	23	男	1944 年
崔传新	新泰市羊流镇黄草村	27	男	1944 年
崔家启	新泰市羊流镇黄草村	28	男	1944 年
宁天衡	新泰市羊流镇山草峪村	22	男	1944 年
刘慎方	新泰市羊流镇下刘家庄村	22	男	1944 年
王　成	新泰市翟镇大港村	24	男	1944 年
李善道	新泰市翟镇后羊村	—	男	1944 年
殷哑巴	新泰市翟镇李家庄村	30	男	1944 年
徐熙春	新泰市西张庄镇车庄村	27	男	1944 年
董仲法	新泰市青云街道董家街	21	男	1944 年
邹月存	新泰市青云街道葛沟河村	25	男	1944 年
王仲连之兄	新泰市青云街道葛沟河村	22	男	1944 年
孙清河	新泰市青云街道大驻马村	—	男	1944 年
董仲杨	新泰市青云街道董家街村	24	男	1944 年
乔家贵	新泰市青云街道龙埠庄村	32	男	1944 年
于学谦	新泰市青云街道高崖村	24	男	1944 年
周长友	新泰市青云街道望驾山村	31	男	1944 年

姓　名	籍　贯	年　龄	性　别	死难时间
王善礼	新泰市青云街道城里社区	21	男	1944 年
石玉杰	新泰市青云街道北师店村	24	男	1944 年
杨吉才	新泰市青云街道路踏泉村	25	男	1944 年
邢端平	新泰市青云街道马庄后村	18	男	1944 年
刘新元	新泰市青云街道前孤山村	24	男	1944 年
李会宝	新泰市龙廷镇崇本庄村	26	男	1944 年
李万存	新泰市龙廷镇大上庄村	19	男	1944 年
李万廷	新泰市龙廷镇大上庄村	18	男	1944 年
李万志	新泰市龙廷镇大上庄村	49	男	1944 年
李付申	新泰市龙廷镇大上庄村	52	男	1944 年
李付忠	新泰市龙廷镇大上庄村	36	男	1944 年
曹丙兰	新泰市龙廷镇大上庄村	34	女	1944 年
李庆山	新泰市龙廷镇将军堂村	25	男	1944 年
李广庭	新泰市龙廷镇龙廷村	—	男	1944 年
赵思成	新泰市龙廷镇龙廷村	—	男	1944 年
刘元学	新泰市龙廷镇上演马村	26	男	1944 年
郭守禄	新泰市龙廷镇尚志庄村	28	男	1944 年
王自端	新泰市龙廷镇太公峪村	21	男	1944 年
王悦进	新泰市龙廷镇下演马村	30	男	1944 年
褚友星	新泰市龙廷镇下演马村	22	男	1944 年
魏长林	新泰市龙廷镇小上庄村	26	男	1944 年
王自星	新泰市龙廷镇太公峪村	—	男	1944 年
崔家聚	—	—	男	1944 年
冯明山	新泰市楼德镇霄岚村	26	男	1945 年 1 月
夏广顺	新泰市楼德镇霄岚村	25	男	1945 年 1 月
李冠群	新泰市东都镇圣泉村	27	男	1945 年 1 月 1 日
吴顺贤	新泰市东都镇余粮村	22	男	1945 年 1 月
王继龙	新泰市岳家庄乡孟家屯村	60	男	1945 年 1 月
尹奎元	—	—	男	1945 年 1 月 1 日
吕博泉	新泰市青云街道林前村	—	男	1945 年 1 月 1 日
刘奎武	新泰市龙廷镇南河庄村	24	男	1945 年 1 月 1 日
吴学胜	新泰市龙廷镇迎丰庄村	28	男	1945 年 1 月
刘承忠	新泰市东都镇乌珠台村	21	男	1941 年
王开祥	新泰市东都镇东都村	29	男	1945 年 2 月

姓 名	籍 贯	年 龄	性 别	死难时间
范继之	新泰市翟镇红石板村	26	男	1945 年 2 月
张茂堂	新泰市青云街道旋崮河村	36	男	1945 年 2 月
崔传海	新泰市龙廷镇尚志庄村	39	男	1945 年 2 月
陈学告	新泰市东都镇西都村	31	男	1945 年 3 月
邱建祥	新泰市新汶街道黄山村	—	男	1945 年 3 月
王元善	新泰市翟镇前羊村	25	男	1945 年 3 月
刘玉平	新泰市青云街道外峪村	25	男	1945 年 3 月
安孝尚	新泰市青云街道丁家庄村	24	男	1945 年 3 月
安孝尚之妻	新泰市青云街道丁家庄村	—	女	1945 年 3 月
张西儒	新泰市村小协镇横山村	—	男	1945 年 3 月 4 日
阚仁礼	新泰市刘杜镇清河村	36	男	1945 年 4 月
王玉金	新泰市龙廷镇太公峪村	22	男	1945 年 4 月
陈洪保	新泰市龙廷镇掌平洼村	20	男	1945 年 4 月
李仕伦	—	—	男	1945 年 4 月
乔家贵	新泰市龙廷镇野猪旺村	24	男	1945 年 4 月
赵彦才	—	—	男	1945 年 4 月
陈庆有	新泰市天宝镇天宝五村	25	男	1945 年 5 月
陈建芝	新泰市泉沟镇上河村	28	男	1945 年 5 月
王永合	新泰市青云街道明珠社区	28	男	1945 年 5 月
朱德璧	新泰市小协镇西牛村	—	男	1945 年 6 月 12 日
赵振林	新泰市小协镇西牛村	42	男	1945 年 6 月 12 日
牛德会	新泰市小协镇西牛村	—	男	1945 年 6 月 12 日
路永利	新泰市禹村镇程家峪村	20	男	1945 年 6 月
生 子	新泰市刘杜镇北流泉村	13	男	1945 年 6 月
昌 子	新泰市刘杜镇北流泉村	14	男	1945 年 6 月
孙良海	新泰市石莱镇东石莱一村	49	男	1945 年 6 月
刘转正	新泰市翟镇兴隆屯村	30	男	1945 年 6 月
吴自永	新泰市龙廷镇永丰庄村	26	男	1945 年 6 月
徐敏增	新泰市龙廷镇下豹峪村	—	男	1945 年 6 月
陈允金	新泰市石莱镇东石莱二村	36	男	1945 年 6 月
王传永	新泰市东都镇东都村	30	男	1945 年 6 月
王传春	新泰市东都镇东都村	30	男	1945 年 6 月
牛德明	新泰市小协镇西牛村	45	男	1945 年 7 月 12 日
王庆美	新泰市小协镇安家庄村	41	男	1945 年 7 月 20 日

姓名	籍贯	年龄	性别	死难时间
王慎美	新泰市小协镇安家庄村	45	男	1945 年 7 月 20 日
牛德肇	新泰市小协镇西牛村	50	男	1945 年 7 月
牛德田	新泰市小协镇西牛村	30	男	1945 年 7 月
牛砚田	新泰市小协镇西牛村	29	男	1945 年 7 月
牛德英	新泰市小协镇西牛村	30	女	1945 年 7 月
牛大会	新泰市小协镇西牛村	30	男	1945 年 7 月
牛德申	新泰市小协镇西牛村	35	男	1945 年 7 月
史良辅	新泰市小协镇云明村	26	男	1945 年 7 月
柏士勤	新泰市小协镇陈角峪村	26	男	1945 年 7 月
杨敬盼	新泰市楼德镇甘露村	—	男	1945 年 7 月
宋吉元	新泰市石莱镇左家沟村	21	男	1945 年 7 月
李志海	新泰市青云街道东南关社区	—	男	1945 年麦季
张玉亭	新泰市宫里镇金马庄村	35	男	1945 年 8 月
夏廷顺	新泰市楼德镇力里村	27	男	1945 年 8 月
董西红	新泰市刘杜镇光明东村	23	男	1945 年 8 月
张明修	新泰市果都镇杜家庄村	19	男	1945 年 8 月
孙海粟	新泰市天宝镇西羊舍村	25	男	1945 年 8 月
李美进	新泰市东都镇大峪村	25	男	1945 年 8 月
赵佃玉	新泰市岳家庄乡婆婆峪村	25	男	1945 年 8 月
刘德恒	新泰市楼德镇西封家庄村	20	男	1945 年
朱玉成	新泰市刘杜镇东刘杜村	31	男	1945 年
菅胜发	新泰市青云街道马庄后村	24	男	1945 年
陈允福	新泰市石莱镇东石莱二村	44	男	1945 年
王英进	新泰市东都镇东都村	21	男	1945 年
金宝玉	新泰市禹村镇山东村	20	男	1945 年
李志禹	新泰市宫里镇宫北村	32	男	1945 年
李玉同之父	新泰市宫里镇宫北村	34	男	1945 年
王连彩	新泰市谷里镇立庄村	—	男	1945 年
李永春	新泰市宫里镇西李家庄村	25	男	1945 年
李希明	新泰市宫里镇西李家庄村	36	男	1945 年
王永文	新泰市小协镇安家庄村	24	男	1945 年
王贵礼	新泰市小协镇陈角峪村	31	男	1945 年
李瑞恒	新泰市小协镇横山村	25	男	1945 年
史良富	新泰市小协镇云明村	17	男	1945 年

姓　名	籍　贯	年　龄	性　别	死难时间
王继才	新泰市楼德镇东岭村	25	男	1945 年
张圣良	新泰市楼德镇东王庄村	26	男	1945 年
卞成友	新泰市楼德镇甘露村	23	男	1945 年
卢志安	新泰市楼德镇前柴城村	28	男	1945 年
许起泉	新泰市楼德镇前柴城村	21	男	1945 年
吴加峰	新泰市楼德镇西城前村	29	男	1945 年
吴保文	新泰市楼德镇西城前村	25	男	1945 年
吴钦平	新泰市楼德镇西城前村	28	男	1945 年
李炳千	新泰市楼德镇霄岚村	30	男	1945 年
张宝坤	新泰市禹村镇南峪村	—	男	1945 年
陈富汗	新泰市禹村镇琵琶庵村	61	男	1945 年
王丙木	新泰市禹村镇西白村	29	男	1945 年
王丙方	新泰市禹村镇西白村	33	男	1945 年
崔成良	新泰市禹村镇西白村	26	男	1945 年
汪宝传	新泰市禹村镇朱家沟村	22	男	1945 年
朱立鹏之子	新泰市禹村镇朱家沟村	23	男	1945 年
牛法勇	新泰市谷里镇北谷里村	17	男	1945 年
杨大和	新泰市东都镇南鲍村	40	男	1945 年
高如喜	新泰市东都镇西都社区	36	男	1945 年
高茂生	新泰市东都镇西都社区	31	男	1945 年
尹绪香	新泰市刘杜镇邓家沟村	27	男	1945 年
曲守林	新泰市刘杜镇东刘杜村	25	男	1945 年
刘冠因	新泰市刘杜镇东刘杜村	30	男	1945 年
闫承奎	新泰市刘杜镇东刘杜村	26	男	1945 年
张西荣	新泰市刘杜镇联盟村	31	男	1945 年
刘士元	新泰市刘杜镇联盟村	30	男	1945 年
王登才	新泰市岳家庄乡东堂峪村	36	男	1945 年
杨成保	新泰市岳家庄乡东堂峪村	—	男	1945 年
赵吉昌	新泰市岳家庄乡冯家村	29	男	1945 年
王召庆	新泰市岳家庄乡冯家村	27	男	1945 年
赵育才	新泰市岳家庄乡冯家村	32	男	1945 年
张大友	新泰市岳家庄乡张家村	34	男	1945 年
崔加公	新泰市岳家庄乡马头庄村	24	男	1945 年
张进庭	新泰市岳家庄乡田家庄村	30	男	1945 年

姓　名	籍　贯	年　龄	性　别	死难时间
刘富行	新泰市放城镇三小庄村	25	男	1945 年
张传乐	新泰市新汶街道大寺山村	—	男	1945 年
张传德	新泰市新汶街道大寺山村	—	男	1945 年
曹玉成	新泰市新汶街道良村	20	男	1945 年
曹胜伍	新泰市新汶街道良村	40	男	1945 年
谭少宝	新泰市果都镇大谭村	22	男	1945 年
刘祯财	新泰市汶南镇大官庄村	28	男	1945 年
许云传	新泰市泉沟镇邓家庄村	30	男	1945 年
肖光昌	新泰市泉沟镇黑石山子村	32	男	1945 年
王春范	新泰市泉沟镇孙家庄村	39	男	1945 年
王义志	新泰市泉沟镇小良庄村	21	男	1945 年
张甲虎	新泰市泉沟镇新官庄村	25	男	1945 年
徐志俭	新泰市泉沟镇麻峪村	30	男	1945 年
杨笃厚	新泰市石莱镇贾家庄村	22	男	1945 年
王彦孝	新泰市羊流镇朝阳村	25	男	1945 年
陈兴友	新泰市羊流镇贾庄村	19	男	1945 年
梁元富	新泰市羊流镇乐义庄村	18	男	1945 年
于元宝	新泰市翟镇于家庄村	32	男	1945 年
陈继文	新泰市翟镇榆山村	50	男	1945 年
胡士泮	新泰市翟镇榆山村	45	男	1945 年
刘淑生	新泰市西张庄镇尚义庄村	22	男	1945 年
张守先	新泰市西张庄镇高孟村	31	男	1945 年
刘树生	新泰市西张庄镇尚义庄村	22	男	1945 年
李从正	新泰市西张庄镇东张庄村	25	男	1945 年
董玉祥	新泰市青云街道上松山村	25	男	1945 年
王文乐	新泰市青云街道后上庄村	24	男	1945 年
何松亮	新泰市青云街道何李村	18	男	1945 年
史宗廷	新泰市青云街道东杏山村	44	男	1945 年
管老五	新泰市青云街道管家洼村	38	男	1945 年
仇永春之兄	新泰市青云街道管家洼村	28	男	1945 年
刘玉名之弟	新泰市青云街道管家洼村	17	男	1945 年
张春生之弟	新泰市青云街道管家洼村	17	男	1945 年
管圣波之侄女	新泰市青云街道管家洼村	10	女	1945 年
管圣波之嫂	新泰市青云街道管家洼村	40	女	1945 年

姓 名	籍 贯	年龄	性别	死难时间
赵申俭之大伯	新泰市青云街道管家洼村	48	男	1945 年
刘训军	新泰市青云街道瑞山后村	24	男	1945 年
刘兴军	新泰市青云街道瑞山后村	24	男	1945 年
董玉信	新泰市青云街道瑞山后村	30	男	1945 年
马培青	新泰市青云街道金马社区	19	男	1945 年
王化兴	新泰市青云街道金马社区	20	男	1945 年
刘浩元	新泰市青云街道马庄后村	24	男	1945 年
胡小黑	新泰市青云街道西关社区	26	男	1945 年
牛光忠	新泰市青云街道南关社区	23	男	1945 年
董仲臣	新泰市青云街道瑞山后村	22	男	1945 年
褚云堂	新泰市青云街道后孤山村	23	男	1945 年
曹心代	新泰市青云街道何李村	29	男	1945 年
张元德	新泰市青云街道前孤山村	25	男	1945 年
董仲恒	新泰市青云街道瑞山后村	25	男	1945 年
张守平	新泰市青云街道东关社区	28	男	1945 年
谢张氏	新泰市龙廷镇岙阴村	—	女	1945 年
刘如元	新泰市龙廷镇将军堂村	22	男	1945 年
刘泗元	新泰市龙廷镇将军堂村	—	男	1945 年
张罗军	新泰市龙廷镇将军堂村	—	男	1945 年
李代顺	新泰市龙廷镇将军堂村	—	男	1945 年
杨夫田	新泰市龙廷镇将军堂村	—	男	1945 年
张守增	新泰市龙廷镇上演马村	25	男	1945 年
刘玉合	新泰市龙廷镇下豹峪村	34	男	1945 年
张以增	新泰市龙廷镇下豹峪村	45	男	1945 年
徐贞古之弟	新泰市龙廷镇下豹峪村	27	男	1945 年
徐敏富	新泰市龙廷镇下豹峪村	34	男	1945 年
薛西贵	新泰市龙廷镇下豹峪村	53	男	1945 年
彭作山	新泰市龙廷镇榆山前村	22	男	1945 年
崔家生	新泰市龙廷镇苗西村	—	男	1945 年
阎志礼	新泰市龙廷镇苗东村	—	男	1945 年
方孝兰	—	22	男	1945 年
刘 岩	—	—	男	1945 年
王春元	新泰市东都镇	—	男	抗战时期
王庭成	新泰市东都镇	—	男	抗战时期

姓　名	籍　贯	年　龄	性　别	死难时间
王怀信	新泰市东都镇	—	男	抗战时期
刘玉来	新泰市放城镇放城村	—	男	抗战时期
任克孝之弟	新泰市放城镇放城村	—	男	抗战时期
郗广富	新泰市放城镇放城村	—	男	抗战时期
郗广贵	新泰市放城镇放城村	—	男	抗战时期
赵志涛	新泰市放城镇西店子村	—	男	抗战时期
李××	新泰市宫里镇宫南村	—	女	抗战时期
张顺英	—	—	女	抗战时期
王玉仙	新泰市楼德镇赤坂村	—	男	抗战时期
孙积档	新泰市楼德镇赤坂村	—	男	抗战时期
陈兴富	新泰市楼德镇赤坂村	—	男	抗战时期
高洪义	新泰市楼德镇燕家庄	—	男	抗战时期
王立义	新泰市禹村镇程家峪村	—	男	抗战时期
赵俊合	新泰市禹村镇东杜村	25	男	抗战时期
张自臣	新泰市禹村镇南峪村	—	男	抗战时期
王连法	新泰市谷里镇立庄村	44	男	抗战时期
任保纯	新泰市东都镇王庄村	—	男	抗战时期
任玉荣	新泰市东都镇王庄村	—	男	抗战时期
伍马氏	新泰市刘杜镇光明中村	—	女	抗战时期
刘瑞河	新泰市天宝镇小西峪村	—	男	抗战时期
赵云衡	新泰市天宝镇小西峪村	—	男	抗战时期
时亨鲁	新泰市天宝镇时家庄村	—	男	抗战时期
赵连仉	新泰市天宝镇时家庄村	—	男	抗战时期
尹成水	新泰市天宝镇时家庄村	—	男	抗战时期
王光玉	新泰市天宝镇时家庄村	—	男	抗战时期
丁从会之女	新泰市放城镇丁家庄村	18	女	抗战时期
丁从海	新泰市放城镇丁家庄村	29	男	抗战时期
刘金花	新泰市放城镇下峪村	28	女	抗战时期
刘金铭	新泰市放城镇下峪村	31	男	抗战时期
刘学起	新泰市放城镇下峪村	51	男	抗战时期
刘长具	新泰市放城镇下峪村	28	男	抗战时期
曹英先	新泰市新汶街道东良社区	—	男	抗战时期
张传玉	新泰市新汶街道东良社区	—	男	抗战时期
范树资	新泰市果都镇	19	男	抗战时期

姓名	籍贯	年龄	性别	死难时间
杨光法	新泰市汶南镇赵家庄村	—	男	抗战时期
李作	新泰市汶南镇双山村	—	男	抗战时期
李尚坤	新泰市汶南镇双山村	—	男	抗战时期
韩成氏	—	—	女	抗战时期
魏佃顺	新泰市石莱镇三山村	21	男	抗战时期
高元昌	新泰市石莱镇下马家峪村	76	男	抗战时期
高修江	新泰市石莱镇下马家峪村		男	抗战时期
高丙昌	新泰市石莱镇下马家峪村		男	抗战时期
陈新宝	新泰市石莱镇下马家峪村	77	男	抗战时期
毕××之妻	新泰市羊流镇贾庄村	—	女	抗战时期
王书更	新泰市翟镇葛沟村	23	男	抗战时期
尹序合之兄	新泰市翟镇唐立庄村	16	男	抗战时期
刘少柱	新泰市西张庄镇尚义庄村	—	男	抗战时期
徐勤光	新泰市西张庄镇	44	男	抗战时期
李从业之祖父	新泰市西张庄镇前高佐村	—	男	抗战时期
李天祥之祖父	新泰市西张庄镇前高佐村	—	男	抗战时期
高致同之母	新泰市西张庄镇前高佐村	—	女	抗战时期
侯范氏	新泰市青云街道泉西村	—	女	抗战时期
郭氏	新泰市青云街道东关社区	—	女	抗战时期
李兆京	新泰市青云街道何李村	37	男	抗战时期
李鸿翘	新泰市青云街道何李村	43	男	抗战时期
刘启厚	新泰市青云街道稠布河村	82	男	抗战时期
刘如永	新泰市龙廷镇宝泉庄村	—	男	抗战时期
陈绪昌	新泰市龙廷镇宝泉庄村	—	男	抗战时期
刘笃全	新泰市龙廷镇黄崖村	—	男	抗战时期
崔家起	新泰市龙廷镇苗西村	32	男	抗战时期
曹丙强	—	—	男	抗战时期
曹丙元	—	—	男	抗战时期
曹丙顺	—	—	男	抗战时期
王传江	新泰市羊流镇单家峪村	24	男	1938年12月
王氏	—	—	女	1938年12月
刘承林	新泰市谷里镇立庄村	—	男	1938年春
代贞华	新泰市楼德镇西营西村	31	男	1938年
张文武	新泰市天宝镇黄花岭村	20	男	1938年

姓 名	籍 贯	年 龄	性 别	死难时间
巩振富	新泰市翟镇井家庄村	45	男	1938 年
穆兴成之兄	新泰市翟镇穆家店村	—	男	1938 年
穆兴奎	新泰市翟镇穆家店村	—	男	1938 年
马瑞义	新泰市青云街道明珠社区	35	男	1938 年
刘玉春	新泰市小协镇碗窑头村	—	男	1939 年 5 月 10 日
曹××	新泰市楼德镇燕家庄村	—	男	1939 年 9 月
赵崇召	新泰市禹村镇东杜村	24	男	1939 年
杨笃勇	新泰市禹村镇西沈村	30	男	1939 年
陈少同	新泰市东都镇王家庄村	30	男	1939 年
纪守龙	新泰市东都镇王家庄村	45	男	1939 年
杨辉泰	新泰市禹村镇西沈村	30	男	1940 年
牛纪先	新泰市新汶街道孙村社区	—	男	1940 年
公茂甲	新泰市翟镇刘官庄村	—	男	1940 年
尹式亨	新泰市翟镇刘官庄村	—	男	1940 年
尹序贞	新泰市翟镇刘官庄村	41	男	1940 年
尹承香	新泰市翟镇刘官庄村	50	男	1940 年
尹彦金	新泰市翟镇刘官庄村	38	男	1940 年
王悦怀	新泰市青云街道下西峪村	50	男	1940 年
送 举	新泰市青云街道下西峪村	17	男	1940 年
王泗正	新泰市楼德镇南泉	28	男	1941 年
彭德印	新泰市楼德镇西村	—	男	1941 年
李继平	新泰市楼德镇西村	—	男	1941 年
赵俊义	新泰市禹村镇东杜村	33	男	1941 年
李善学	新泰市翟镇后羊村	—	男	1941 年
李善德	新泰市翟镇后羊村	—	男	1941 年
公茂堂	新泰市翟镇刘官庄村	43	男	1941 年
赵振海	新泰市翟镇崖头村	—	男	1941 年
王贵明	新泰市泉沟镇小良庄村	38	男	1942 年 2 月
赵忠玉之女	—	—	女	1942 年 3 月
陈西智	新泰市翟镇黄泥庄村	23	男	1942 年 6 月 9 日
苗 氏	—	—	女	1942 年 7 月
辛光泉	—	—	男	1942 年 7 月
楚建元	—	—	男	1942 年 7 月
刘丙培	新泰市天宝镇大西峪村	—	男	1942 年 7 月 26 日

姓 名	籍 贯	年 龄	性 别	死难时间
刘廷居	新泰市天宝镇大西峪村	—	男	1942 年 7 月 26 日
刘忠桃	新泰市天宝镇大西峪村	—	男	1942 年 7 月 26 日
刘瑞年	新泰市天宝镇大西峪村	—	男	1942 年 7 月 26 日
张建会	—	—	男	1942 年 9 月
马纪忠	新泰市石莱镇北桥村	—	男	1942 年秋
李文平	新泰市泉沟镇黄崖村	25	男	1942 年 12 月
常乃合	新泰市石莱镇搬倒井村	—	男	1942 年 12 月
张希诰	—	—	男	1942 年 12 月
徐其兰	—	—	男	1942 年 12 月
王大荣	—	—	男	1942 年 12 月
杨国辉之妻	—	—	女	1942 年 12 月
张丰举	新泰市楼德镇颜庄村	25	男	1942 年
张丰俭	新泰市楼德镇颜庄村	22	男	1942 年
刘安祥	新泰市楼德镇颜庄村	21	男	1942 年
王春田	新泰市东都镇酒台村	—	男	1942 年
王李氏	新泰市东都镇酒台村	—	女	1942 年
刘相录	新泰市天宝镇上官庄村	—	男	1942 年
王富贤	新泰市天宝镇天宝一村	—	男	1942 年
李 氏	新泰市天宝镇天宝一村	—	女	1942 年
王圣兰	新泰市泉沟镇魏家峪村	27	男	1942 年
王教习	新泰市泉沟镇魏家峪村	24	男	1942 年
鲁效孔	新泰市泉沟镇魏家峪村	23	男	1942 年
鲁德厚	新泰市泉沟镇魏家峪村	24	男	1942 年
高 雪	新泰市翟镇刘官庄村	46	男	1942 年
杨杜成	—	—	男	1943 年 1 月
徐 氏	—	—	女	1943 年 2 月
张彦元	新泰市楼德镇霄岚村	—	男	1943 年 3 月
尹成地	新泰市翟镇前羊村	—	男	1943 年 3 月
刘庆民	新泰市楼德镇霄岚村	—	男	1943 年 3 月
李玉谦	新泰市楼德镇霄岚村	—	男	1943 年 3 月
李丙义	新泰市楼德镇霄岚村	—	男	1943 年 3 月
李玉贵	新泰市楼德镇霄岚村	—	男	1943 年 3 月
颜成富	新泰市楼德镇霄岚村	—	男	1943 年 3 月
王新善	—	—	男	1943 年 6 月

姓 名	籍 贯	年 龄	性 别	死难时间
杨吉存	新泰市汶南镇杨家洼村	—	男	1943 年 7 月
于富安	新泰市楼德镇西营西村	30	男	1943 年秋
腾良志	新泰市楼德镇甘露村	15	男	1943 年
赵普理	新泰市东都镇徐庄村	—	男	1943 年
张衍路	新泰市天宝镇豪山前村	—	男	1943 年
刘现民	新泰市新汶街道云山村	—	男	1943 年
高连起	新泰市新汶街道张庄社区	20	男	1943 年
小 群	新泰市汶南镇杨家洼村	—	男	1943 年
杨吉水	新泰市汶南镇杨家洼村	—	男	1943 年
杨吉堂	新泰市汶南镇杨家洼村	—	男	1943 年
杨 儒	新泰市翟镇保安庄村	—	男	1943 年
牛学成	新泰市翟镇牛家庄村	18	男	1943 年
杨会堂	新泰市禹村镇西沈村	40	男	1944 年 6 月
杨会富	新泰市禹村镇西沈村	28	男	1944 年 7 月
王桂礼	—	—	男	1944 年 8 月
乔 四	—		男	1944 年 8 月
杨会佛	新泰市禹村镇西沈村	40	男	1944 年 9 月
王如香	新泰市岳家庄乡岔河村	—	男	1944 年 9 月 22 日
杨会宪	新泰市禹村镇西沈村	25	男	1944 年 10 月
杨辉石	新泰市禹村镇西沈村	37	男	1944 年 10 月
王洪山	—		男	1944 年 10 月
芦载林	—		男	1944 年 10 月
徐德林	—		男	1944 年 10 月
高玉喜	新泰市东都镇西都社区	—	男	1944 年 11 月 5 日
高茂升	新泰市东都镇西都社区	—	男	1944 年 11 月 5 日
王如仓	新泰市岳家庄乡岔河村	—	男	1944 年 11 月 9 日
王小克	新泰市岳家庄乡岔河村	—	男	1944 年 11 月 9 日
王照×	新泰市岳家庄乡岔河村	—	男	1944 年 11 月 9 日
高雪之父	新泰市西张庄镇前高佐村	—	男	1944 年 11 月 18 日
高雪之母	新泰市西张庄镇前高佐村	—	女	1944 年 11 月 20 日
杨会路	新泰市禹村镇西沈村	26	男	1944 年 11 月
鲍西太	—		男	1944 年 11 月
王学义	新泰市楼德镇甘露村	—	男	1944 年 12 月
郎庆诺	新泰市禹村镇大寨村	22	男	1944 年 12 月

姓 名	籍 贯	年 龄	性 别	死难时间
陈占水	新泰市谷里镇龟山店村	—	男	1944 年 12 月 10 日
范长田	新泰市谷里镇龟山店村	37	男	1944 年 12 月 10 日
高秀水	新泰市谷里镇龟山店村	31	男	1944 年 12 月 10 日
焦念水	新泰市谷里镇龟山店村	31	男	1944 年 12 月 11 日
范老实	新泰市谷里镇龟山店村	35	男	1944 年 12 月 12 日
李世祥	新泰市新汶街道云山村	—	男	1944 年冬
刘宪民	新泰市新汶街道云山村	—	男	1944 年冬
封本俭	新泰市楼德镇东封家庄村	—	男	1944 年腊月
安英连	新泰市宫里镇桃园村	50	男	1944 年
安业成	新泰市宫里镇新泰市宫北村	27	男	1944 年
常德厚	新泰市楼德镇甘露村	—	男	1944 年
李为玉	新泰市楼德镇西村	—	男	1944 年
戴贞品	新泰市楼德镇西营东村	21	男	1944 年
李从禄	新泰县孙村区黄山村	—	男	1944 年
邱建发	新泰市新汶街道黄山村	—	男	1944 年
李善明	新泰市翟镇古子山村	26	男	1944 年
董玉勤	新泰市翟镇古子山村	27	男	1944 年
王学忠	新泰市翟镇于家庄村	—	男	1944 年
王敬荣	新泰市翟镇于家庄村	—	男	1944 年
王敬禄	新泰市翟镇于家庄村	45	男	1944 年
穆兴让	新泰市翟镇前羊村	—	男	1944 年
张同山	新泰市天宝镇黄花岭村	—	男	1945 年 1 月
王从水	新泰市翟镇红石板村	41	男	1945 年 1 月
刘庆阶	—	—	男	1945 年 1 月 29 日
傅文友	—	—	男	1945 年 1 月 29 日
曲广祥	—	—	男	1945 年 3 月
张淑连	—	19	男	1945 年 3 月
尹 瑞	新泰市楼德镇霄岚村	—	男	1945 年 4 月
王中元	新泰市楼德镇新庄村	25	男	1945 年 8 月
乔建洪	新泰市楼德镇新庄村	—	男	1945 年 8 月
孙小黑	新泰市新汶街道东良社区	—	男	1945 年 8 月
张传西	新泰市新汶街道东良社区	—	男	1945 年 8 月
田春生	新泰市宫里镇西李家庄村	45	男	1945 年
王泗政	新泰市楼德镇西村	—	男	1945 年

姓 名	籍 贯	年 龄	性 别	死难时间
郭文焕	新泰市楼德镇东岭村	23	男	1945 年
程德增	新泰市楼德镇东岭村	19	男	1945 年
卢仲熙	新泰市楼德镇南泉村	16	男	1945 年
张自顺	新泰市禹村镇南峪村	31	男	1945 年
王丙辉	新泰市禹村镇西白村	18	男	1945 年
孙昭海	新泰市禹村镇西白村	24	男	1945 年
付明合	新泰市禹村镇西白村	24	男	1945 年
刘元华	新泰市禹村镇西沈村	51	男	1945 年
王道平	新泰市青云街道渭河村	29	男	1945 年
李维玉	—	—	男	1945 年
范长清	—	—	男	1945 年
徐熙春	新泰市西张庄镇车庄村	—	男	1945 年
王同秀	—	—	男	1945 年
刘长圣	—	—	男	1945 年
杜荣贵	—	—	男	1945 年
庄可财	新泰市汶南镇庄家庄	20	男	抗战时期
张荣安	新泰市龙廷镇下豹峪村	57	男	抗战时期
合 计	**1714**			

责任人：郭俊杰　王茂宁　　　　核实人：褚建国　王延军　马田苗　　　填表人：王延军
填报单位（签章）：新泰市委党史委　　　　　　　　　　　填报时间：2009 年 7 月 1 日

后　记

在中央党史研究室组织指导下，山东省于 2006 年开展了抗日战争时期人口伤亡和财产损失大型调研活动（以下简称"抗损调研"）。抗损调研的成果之一，是通过全省普遍的乡村走访调查，广泛收集见证人和知情人的口述资料，如实记录伤亡者的姓名、籍贯、性别、年龄、死难时间等信息，编纂一部《山东省抗日战争时期伤亡人员名录》（以下简称《名录》）。《名录》于 2010 年编纂完成后，共收录抗日战争时期日军造成的山东现行政区域范围内的伤亡人员 46.9 万余名。以《名录》为基础，我们选择信息比较完整、填写比较规范的 100 个县（市、区）抗日战争时期死难人员名录，经省市县三级党史部门进一步整理、编纂，形成了《山东省百县（市、区）抗日战争时期死难者名录》，共收录死难者 169173 人。

2005 年，中央党史研究室部署开展《抗日战争时期中国人口伤亡和财产损失》这一重大课题的调研工作。考虑到这项课题是一项艰巨复杂的浩大工程，山东省委党史研究室确定先行试点，在取得经验的基础上全面展开。2006 年 3 月，山东省委党史研究室在全省 17 个市选择 30 个县（市、区）作为抗损调研试点单位。在中央党史研究室指导下，山东省委党史研究室按照全国调研工作方案确定的指导思想、组织领导、调研项目、工作步骤、基本要求等，制定下发了《山东省抗日战争时期人口伤亡和财产损失调研试点工作方案》。各试点县（市、区）建立了两支调研队伍：一是县（市、区）建立由党史、档案、史志等单位人员组成的档案与文献资料查阅队伍；二是乡（镇）、村建立走访调查队伍。调查的方式是：以村为单位，以 70 岁以上老人为重点，走访调查见证人和知情人，调查人员根据访问情况填写调查表，被调查人员确认填写的内容准确无误后签字（按手印）；以乡（镇）为单位对调查表记录的人员伤亡和财产损失情况进行汇总统计；以县（市、区）为单位查阅历史档案和文献资料，细致梳理人员伤亡和财产损失情况记录，汇总统计本县（市、区）人口伤亡和财产损失情况。试点工作于 7 月底结束。

试点期间，中央党史研究室不仅从方案规划设计，调研方法步骤确定，以及走访调查和档案查阅等各个环节需要把握的问题，给予我们精心指导，而且一再提出把调研工作做成"基础工程、精品工程、警世工程、传世工程"的标准要求，不断提升我们对这项工作的认识高度。

在中央党史研究室的悉心指导下，试点工作不仅取得重要成果，而且深化了我们对抗损调研工作的认识，增强了我们做好这项工作的责任意识。

一是收集了大量历史档案和文献资料，掌握了历史上山东省对抗损问题的调研情况，对如何深化调研取得了新的认识。

试点期间，30个试点县（市、区）共查阅历史档案2.36万卷，文献资料6859册，收集档案、文献资料3.72万份。主要包括：抗日战争胜利后，山东解放区政府、冀鲁豫解放区政府和国民党山东省政府、国民党青岛市政府对抗日战争时期山东省境内人口伤亡和财产损失所做的调查资料；新中国成立后，为收集日本战犯罪行证据，由山东省人民政府统一组织领导，各级公安、检察机关所做的调查资料；20世纪五六十年代和改革开放以来，各级党史、史志、文史部门，社科研究单位和民间人士对抗日战争时期发生在山东省境内的人口伤亡和财产损失重大事件所做的典型调查资料等。

通过分析这些资料，可以看到，解放区政府和国民党政府所做的调查，调查时间是抗战胜利后至1946年初，调查方法是按照联合国救济总署设定的战争灾害损失调查项目进行的，调查目的在于战后救济与善后，着重于人口伤亡和财产损失的数据统计，其调查覆盖山东全境，统计数据全面、可靠，但缺少伤亡者具体信息的记录。新中国成立后及改革开放新时期的调查，留存了日本战犯和受害人、当事人的大量口供和证词。这些口供和证词记录了伤亡者姓名、被害经过等许多具体信息，但仅限于部分重大事件中的少数伤亡者。据此，我们认识到，虽然通过系统整理散落在各级档案馆、图书馆、博物馆的档案和文献中的历次调查资料，可以在确凿的历史档案、文献资料以及人证、物证等证据的基础上，进一步查明山东省抗日战争时期人口伤亡和财产损失的情况，但还是难以在全省范围内查明伤亡者更多的具体信息。因此，还需要我们做更多的工作。

二是收集了大量见证人、知情人口述资料，掌握了乡村走访调查的样本选择和操作方法，深化了对直接调查重要性的认识。

30个试点县（市、区）走访调查19723个村庄、103.6万人，召开座谈会13.13万人次，收集证人证言22.42万份。这些证言证词记载了当年日军的累累罪行。虽然时间已经过去了六七十年，见证人的有些记忆已很不完整、有些仅是片段式的，但亲眼目睹过同胞亲人惨遭劫难的老人们，仍能清晰讲述出其刻骨铭心的深刻记忆；虽然有些村庄已经消失，有些家族整个被日军杀绝，从而导致一些信息中断，但大多数村庄仍然保留有历史记忆，大量死难者有亲人或后人在世。

基于对证言证词的分析，我们认识到：村落是民族记忆的历史载体、家族生活的社会单元，保留着家族绵延续绝的历史信息；70 岁以上老人在抗日战争胜利时已有十几岁，具备准确记忆的能力。以行政村为调查样本、以全省 609 万在世的 70 岁以上老人为重点人群，采用乡村走访调查的方法，可以收集更多的抗日战争时期伤亡人员信息，以弥补过去历次调查留下的缺憾。

三是查阅了世界其他国家对二战时期死难者调查的文献资料，增强了我们对历史负责、对死难者亡灵负责、对国际社会和人类文明负责的民族担当意识。

试点期间，山东省委党史研究室组织研究人员查阅了世界各国对二战时期死难者调查和纪念的相关资料。"尊重每一个生命，珍惜每一个人的存亡"，在第二次世界大战灾难的调查和纪念中得到充分体现。2004 年，以色列纪念纳粹大屠杀的主题是"直到最后一个犹太人，直到最后一个名字"。在美国建立的珍珠港纪念碑上，死难者有名有姓，十分具体。在泰国、缅甸交界的二战遗址桂河大桥旁，盟军死难者纪念公墓整齐刻写着死难者的名字。铭记死难者的名字，抚平创伤让死难者安息，成为国际社会通行的做法。但是，日本全面侵华战争中造成数百万山东人民伤亡，60 多年来在尘封的历史档案中记录的多是一串串伤亡数字，至今没有一部记录死难者相关信息的大型专著。随着当事人和见证者相继逝去，再不完成这方面的调查，将会成为无法弥补的历史缺憾。推动开展一次乡村普遍调查，尽可能多地查找死难者的名字、记录死难者的相关信息，既可告慰死难者的冤魂亡灵，又可留存日军残酷暴行的铁证。这是我们历史工作者的良心所在，责任所在！

中央党史研究室对山东试点工作及取得的成果给予充分肯定和高度评价，同意山东省委党史研究室对试点成果的分析和对抗损调研工作的认识，提出了开展山东省抗日战争时期人口伤亡和财产损失大型调研活动的指导意见，并要求努力实现以下两个主要目标：

一是在收集整理以往历次抗损调研成果的基础上，准确查明山东省抗日战争时期人口伤亡和财产损失的情况。即由省市县三级党史、史志、档案等部门具有一定研究能力的人员，广泛收集散落在各地档案馆、图书馆、博物馆的抗损资料，在系统整理、深入分析研究 60 多年来各级政府、社会团体、研究机构等调查和研究成果的基础上，准确查明山东省抗日战争时期人口伤亡和财产损失的情况；

二是开展一次普遍的乡村走访调查，尽可能多地调查记录伤亡者的信息，弥补以往历次调查的不足。即按照统一方法步骤，由乡村两级组成走访调查队伍，以行政村为调查样本、以70岁以上老人为重点调查人群，通过进村入户走访调查，广泛收集见证人和知情人的口述资料，如实记录死难者的姓名、性别、年龄、籍贯、伤亡时间、伤亡原因等信息。

在中央党史研究室的指导下，山东省委党史研究室研究制定了《山东省抗日战争时期人口伤亡和财产损失课题调研工作方案》，明确了抗损调研的指导思想、目标任务、方法步骤和保障措施等要求。在中央党史研究室的推动下，山东省成立了由党史、财政、史志、档案、民政、文化、出版、统计、司法等单位组成的大型调研活动领导小组，下设课题研究办公室（重大专项课题组）。

2006年10月中旬，山东省抗损调研领导小组研究通过并下发了《山东省抗日战争时期人口伤亡和财产损失课题调研工作方案》及关于录制走访取证声像资料、重大惨案进行司法公证、编写抗损大事记等相关配套方案，统一复制并下发了由中央党史研究室设计制定的"抗日战争时期人口伤亡调查表"、"抗日战争时期财产损失调查表"、"抗日战争时期人口伤亡统计表"、"抗日战争时期财产损失统计表"。

各市、县（市、区）按照方案要求进行了筹备部署：

一是组织调研队伍。各市、县（市、区）成立了抗损调查委员会，从党史、史志、档案、民政、统计、图书馆等单位抽调10～20名人员组成抗损课题办公室，主要负责本地调研工作的组织协调，历史档案和文献资料的查阅、收集、分析整理、汇总统计等任务。全省共组织档案文献查阅人员3910名。各乡（镇）抽调5～10人组成走访调查取证组，具体承担本乡（镇）各村的走访调查取证工作。全省各乡（镇）调查组依托村党支部、村委会共组织走访调查取证人员32万余名。

二是培训调研人员。各市培训所属县（市、区）骨干调研队伍，培训主要采取以会代训的形式，重点推广试点县（市、区）调研工作中的成功做法。各县（市、区）培训所属乡（镇）调研队伍，培训采取选择一个典型村或镇进行集中调研、现场观摩的形式。

三是乡（镇）以行政村为单位对辖区内70岁以上老人登记造册，统一印制并向70岁以上老人发放了"抗日战争时期人口伤亡和财产损失入户调查明白纸"，告知调查的目的和有关事项。

2006 年 10 月 25 日，山东省抗损调研领导小组召开了全省抗损调研动员会议。10 月 26 日，走访取证工作在全省乡村全面展开。各乡（镇）走访调查取证组携带录音、录像设备和"抗日战争时期人口伤亡调查表"、"抗日战争时期财产损失调查表"等深入辖区行政村走访调查。调查人员主要由乡（镇）调查组人员和村党支部、村委会成员以及离退休老干部和退休教师组成。调查对象是各村 70 岁以上老人。

调查人员按照"抗日战争时期人口伤亡调查表"设置的栏目，主要询问被调查人所知道的抗日战争时期伤亡者姓名、年龄，伤亡时间、地点、经过（被日军枪杀、烧杀、活埋、砍杀、奸杀、溺水等情节）、伤亡者人数等情况。被调查人讲述，调查人员如实记录。记录完成后调查人员当场向被调查人宣读记录，被调查人确认无误后签名或盖章、按手印，调查人同时填写调查单位、调查人姓名、调查日期。证人讲述的死难者遇难现场遗址存在或部分存在的，调查组在证人指证的遗址现场（田埂、河沟、大树、坟地、小桥、水井、宅基地等）拍摄照片、录制声像资料。至此，形成一份完整的证言证词。

对于文献资料中记载的一次伤亡 10 人以上的惨案，各县（市、区）课题办公室组织党史、档案、史志等部门专业人员进行了专题调查，调查主要采取召开见证人、知情人座谈会的形式，调查过程全程录音、录像。对证言证词准确完整、具备司法公证条件的惨案，司法公证部门进行了司法公证。

为加强对调研工作的协调和指导，确保乡村走访调查目标的实现，山东省抗损课题研究办公室建立了督导制度、联系点制度、信息通报制度。省市县三级抗损课题研究办公室主任负责本辖区调研工作的督查指导，分别深入市、县（市、区）、乡（镇）检查调研工作开展情况。各市抗损课题研究办公室向所属县（市、区）派出督导员，深入乡（镇）、村检查指导调查取证工作，解决遇到的具体问题。省、市抗损课题研究办公室每位成员确定一个县（市、区）或一个乡（镇）为联系点，各县（市、区）抗损课题研究办公室每位成员联系一个乡（镇）或一个重点村，具体指导调研工作开展。为交流经验，落实措施，山东省抗损课题研究办公室编发课题调研《工作简报》150 多期。

截止到 2006 年 12 月中旬，大规模的乡村走访取证工作结束，全省乡村两级走访调查队伍共走访调查 8 万余个行政村、507 万余名 70 岁以上老人，分别占全省行政村总数和 70 岁以上老人总数的 95% 和 80% 以上，共收集证言证词 79 万余份。录制了包括证人讲述事件过程、事件遗址、有关实物证据等内容的大量影像资料，其中拍摄照片 7376 幅（同一底片者计为一幅），录音录像 49678 分钟，制作光盘 2037 张，并对专题调查的 301 个惨案进行了司法公证。

自 2006 年 12 月中旬开始，调研工作进入回头检查和分类汇总调研材料阶段。各乡（镇）调查组回头检查走访调查取证是否有遗漏的重点村庄和重点人群，收集的证言证词中证人是否签名、盖章、留下指纹，证言是否表述准确，调查人、调查单位、调查日期等是否填写齐全。在回头检查的基础上，将有关事件、伤亡者信息等如实记载下来，填写"抗日战争时期人口伤亡统计表"、"抗日战争时期财产损失统计表"。

12 月 16 日，山东省抗损课题研究办公室印制并下发了《山东省抗日战争时期伤亡人员名录》表格。《名录》包括死难人员和受伤人员的"姓名"、"籍贯"、"年龄"、"性别"、"伤亡时间"、"伤亡地点"、"伤亡原因"等要素。《名录》以乡（镇）为单位填写，以县（市、区）为单位汇总，于 2007 年 7 月完成。

自 2007 年 8 月开始，山东省抗损课题研究办公室对各地上报的调研资料进行分类整理和分析研究，发现《名录》明显存在以下不足：一是《名录》收录的伤亡人员数远远少于档案资料中记载的抗日战争时期全省伤亡人数。山东解放区政府和冀鲁豫解放区政府调查统计的山东省平民伤亡人口为 518 万余人，国民党山东省政府和青岛市政府调查统计的全省平民伤亡人口为 653 万余人，《名录》收录的查清姓名的伤亡人员仅有 46 万余人，不到全省实际伤亡人口数的十分之一。分析其中原因，从见证人、知情人的层面看，主要是此次调研距抗日战争胜利已达 61 年之久，大多数见证人、知情人已经去世，加之部分村庄消失、搬迁，大量人口流动，调研活动中接受调查的 70 岁以上老人仅是当时见证人和知情人中的极少部分，而且他们中有些当时年龄较小、记忆模糊，只能回忆印象深刻的部分。从死难者的层面看，主要是记录伤亡者名字信息的家谱、墓碑在"文化大革命"时期大多已被销毁、损坏，许多名字随着时间流逝难以被后人记住。受农村传统习俗的影响，大多数农村妇女没有具体名字，而许多儿童在名字还没有固定下来时就已遇难。许多家族灭绝的遇难者，因没有留下后人而造成信息中断，难以通过知情人准确回忆姓名等信息。二是各县（市、区）名录收录的查清姓名的伤亡人员在人数的多少上与实际伤亡人数的多少不成正比，其中部分县（市、区）在抗日战争时期遭日军破坏程度接近，但所收录的伤亡人员在数量上存在较大差异。主要原因是调研活动的走访调查阶段，各县（市、区）对此项工作的重视程度、投入力量和走访调查的深入细致程度存在较大差异，有些县（市、区）在走访调查中遗漏见证人和知情人，有的在证言证词的梳理中遗漏伤亡者的填写。三是《名录》确定的各项要素有的填写不全，有些填写不完整、不规范。主要原因是，《名录》所依据的"证言证词"记录的要素有许多本身就不完整、不全面，而《名录》填写者来自乡（镇）调查组的数万名调查人员，在填写规范上也难以达到一致。

根据中央党史研究室关于编纂《抗日战争时期中国人口伤亡和财产损失调研丛书》的要求，针对《名录》中存在的主要问题，山东省抗损课题研究办公室于2009年初制定下发了《关于编纂〈山东省抗日战争时期伤亡人员名录〉有关要求的通知》（以下简称《通知》）。《通知》要求各市、县（市、区）党史部门以对历史高度负责的精神，集中时间、集中力量，对《名录》进行逐一核实和修订，真正把《名录》编纂成经得起历史检验和各方质疑的精品工程、传世工程、警世工程。《通知》明确了各市、县（市、区）的编纂任务和责任要求，各市委党史研究室负责所辖县（市、区）、高新技术开发区、经济开发区伤亡人员名录补充和核实校订工作的具体部署、组织指导、督促检查和汇总上报工作。各市委党史研究室主任为第一责任人，对本市所辖县（市、区）伤亡人员名录核实校订工作质量和完成时限负总责；确定一名科长为具体责任人，协助第一责任人做好工作部署和组织指导工作，具体做好督促检查和汇总上报工作。各县（市、区）委党史研究室具体负责本县（市、区）伤亡人员名录的补充、核实和校订工作。县（市、区）委党史研究室主任为责任人，对伤亡人员名录的真实性、可靠性负总责。各县（市、区）分别确定1至2名填表人和核实人。填表人根据《名录》表格的规范标准认真填写，确保无遗漏、无错误。《名录》正式出版后，责任人和填表人、核实人具体负责对来自各方的质询进行答疑。责任人、核实人、填表人在本县（市、区）伤亡人员名录最后一页页尾签名，并注明填报单位和填报时间。

《通知》下发后，各市委党史研究室确定了本市抗日战争时期伤亡人员名录编纂工作第一责任人和直接责任人。全省140个县（市、区）和16个经济开发区、高新技术开发区共确定了460余名责任人、核实人、填表人，并明确了责任。各县（市、区）党史研究室根据《通知》要求，细致梳理调研资料特别是走访调查资料，认真核实伤亡人员各要素，补充遗漏的伤亡人员。部分县（市、区）还针对调研资料中存在的伤亡人员基本要素表述不清、填写不完整等情况，进行实地回访或电话回访，补充了部分遗漏和填写不完整的要素。各县（市、区）抗日战争时期伤亡人员名录补充、核实工作完成后，各市委党史研究室按照《通知》提出的要求，进行了认真审核把关，对达不到要求的，返回县（市、区）进一步修订。

至 2010 年 10 月，全省 140 个县（市、区）和 16 个经济开发区、高新技术开发区共 156 个区域单位全部完成了《名录》的补充、核实和校订工作，共收录抗日战争时期因战争因素造成的、查清姓名的伤亡人员 46 万余名。此后，中央党史研究室安排中共党史出版社对《名录》进行多次编校，但终因《名录》存在伤亡原因、伤亡地点等要素不规范、不完整和缺失较多等诸多因素，未能正式出版。

2014 年初，中央党史研究室组织展开新一轮抗损课题调研成果审核出版工作，并把《名录》纳入《抗日战争时期中国人口伤亡和财产损失调研丛书》第一批出版。按照中央党史研究室的部署要求，山东省抗损课题研究办公室组织力量对 2010 年整理编纂的《名录》再次进行认真审核，从中选择死难者信息比较完整、规范的 100 个县（市、区）死难者名录，组织力量集中进行编纂。在编纂中，删除了信息缺失较多的死难者死难原因、死难地点等要素，保留了信息比较完整的姓名、籍贯、性别、年龄、死难时间等 5 项要素。2014 年 8 月，《山东省百县（市、区）抗日战争时期死难者名录》编纂完成后，山东省抗损课题研究办公室将其下发各市和相关县（市、区）进行了再次核对。

山东省抗日战争时期人口伤亡和财产损失大型调研活动和《山东省百县（市、区）抗日战争时期死难者名录》的编纂工作是一项极其复杂的系统工程。这项工程自始至终按照中央党史研究室设定的调研项目、方法步骤和基本要求开展，自始至终得到中央党史研究室的精心指导，倾注着中央党史研究室领导和专家的智慧和心血；这项工程得到了全省各级各有关部门和广大基层干部的积极支持和热情参与，包含着全省数十万名调研人员的辛勤奉献和全省各级党史部门数百名编纂人员历时数年的艰辛付出。

在调研活动和《名录》编纂过程中，每位死难者的名字，都激起亲历者、知情人难以言尽的惨痛回忆和血泪控诉，他们的所说令人震颤、催人泪下。我们深知：通过系统、详尽、具体的调查，将当年山东人民的巨大伤亡和损失尽可能完整地记载下来，上可告慰死难者的冤魂亡灵，表达后人的祭奠和怀念，下可教育子孙后代"牢记历史、珍爱和平"。我们深感：对发生在六七十年前的巨大灾难进行调查，由于资料散失、在世证人越来越少，调查和研究的难度难以想象，但良心和责任驱使我们力求使调查更加扎实、有力、具体和准确，给历史、给子孙一个负责任的交代。由于对那场巨大的战争灾难进行调查研究，毕竟是一项复杂的浩大工程，需要经过一个长期的研究过程，我们对许多调研资料的梳理还不够细致全面，对调研资料的研究还需进一步深化，我们目前取得的调研成果和研究编纂成果，都与中央党史研究室的要求存在一定差距。我们将以对历史负责、对人民负责、对死难者负责、对子孙负责的态度，不断深化研究，陆续推出阶段性研究成果，为推动人类和平和文明进步作出应有的贡献。

山东省抗损课题研究办公室
山东省委党史研究室重大专项课题组
2014 年 8 月